Recuperação Judicial

Recuperação Judicial

ANÁLISE COMPARADA BRASIL-ESTADOS UNIDOS

2020

Coordenadores
André Chateaubriand Martins
Márcia Yagui

RECUPERAÇÃO JUDICIAL
ANÁLISE COMPARADA BRASIL-ESTADOS UNIDOS
© Almedina, 2020
COORDENADORES: André Chateaubriand Martins, Marcia Yagui
DIAGRAMAÇÃO: Almedina
DESIGN DE CAPA: FBA
ISBN: 9786556270562

Dados Internacionais de Catalogação na Publicação (CIP)
(Câmara Brasileira do Livro, SP, Brasil)

Recuperação judicial : análise comparada
Brasil-Estados Unidos / coordenadores André
Chateaubriand Martins, Marcia Yagui. --
São Paulo : Almedina, 2020.

Vários autores.
Bibliografia.
ISBN 978-65-5627-056-2

1. Credores - Brasil 2. Credores - Estados Unidos
3. Direito empresarial 4. Negociação 5. Recuperação
judicial (Direito) - Leis e legislação - Brasil
6. Recuperação judicial (Direito) - Leis e
legislação - Estados Unidos I. Martins, André
Chateaubriand. II. Yagui, Marcia.

20-38220 CDU-347.736(81:73)

Índices para catálogo sistemático:
1. Recuperação judicial : Brasil-Estados Unidos: Direito empresarial 347.736(81:73)
Cibele Maria Dias - Bibliotecária - CRB-8/9427

Este livro segue as regras do novo Acordo Ortográfico da Língua Portuguesa (1990).

Todos os direitos reservados. Nenhuma parte deste livro, protegido por copyright, pode ser reproduzida, armazenada ou transmitida de alguma forma ou por algum meio, seja eletrônico ou mecânico, inclusive fotocópia, gravação ou qualquer sistema de armazenagem de informações, sem a permissão expressa e por escrito da editora.

Agosto, 2020

EDITORA: Almedina Brasil
Rua José Maria Lisboa, 860, Conj.131 e 132, Jardim Paulista | 01423-001 São Paulo | Brasil
editora@almedina.com.br
www.almedina.com.br

SOBRE OS COORDENADORES

André Chateaubriand Martins
Professor dos cursos de graduação e pós-graduação da Pontifícia Universidade Católica do Rio de Janeiro. Mestre em Direito (LL.M.) pela Universidade de Columbia, NY. Membro do Conselho de Administração do TMA Brasil – *Turnaround Management Association*. Advogado.

Márcia Yagui
Professora e coordenadora dos cursos de especialização em *Turnaround* e Recuperação Judicial de Empresas no Insper (Instituto de Ensino e Pesquisa) desde 2011. Formada e pós-graduada em Administração de Empresas pela EAESP – Fundação Getúlio Vargas e pós-graduada em finanças pela New York University – Stern School of Business. Executiva Sênior em Finanças Corporativas.

SOBRE OS AUTORES

André Moraes Marques
Bacharel em Direito pela Universidade de São Paulo. Sócio de Pinheiro Neto Advogados. Mestrado em Direito (LL.M.) na Columbia Law School. Atua nas áreas de Recuperação de Empresas e Falências e Contencioso Civil e Comercial. Advogado.

Isabel Picot
Fellow da INSOL International (F.I.I.). Mestre em Direito pela *University of London – Queen Mary*. Bacharel em Direito pela UERJ. Membro do *International Women's Insolvency and Restructuring Confederation*, do INSOL – *International Association of Restructuring, Insolvency & Bankruptcy Professionals* e do TMA – Turnaround Management Association. Advogada.

João Pedro Scalzilli
Professor da Faculdade de Direito da PUCRS. Doutor em Direito Comercial pela USP. Mestre em Direito Privado e Especialista em Direito Empresarial pela UFRGS. É autor e coautor de artigos jurídicos publicados em livros e revistas especializadas. Advogado.

Juliana Fukusima Sato
Pós-graduada em direito empresarial e em finanças. Educação executiva em administração, gestão de crédito e risco e em direito falimentar. Membro do IWIRC – *International Women's Insolvency and Restructuring Confederation* e do TMA – *Turnaround Management Association*. Especialista em reestruturação de dívidas e gestão de crédito NPL. Advogada.

Luciana Celidonio
Sócia das áreas de Contencioso e Reestruturação do Escritório Tauil & Chequer Advogados associado ao escritório Mayer Brown LLP, com LL.M. em *International Business and Economics* na Georgetown University Law Center, pós graduação em direito societário pela FGVLaw e mestranda em Direito Comercial na USP – Universidade de São Paulo.

Luis Tomás Alves de Andrade
Mestre em Direito (LL.M) pela *Columbia University*.

Luiz Fabiano Silveira Saragiotto
Sócio da Journey Capital. Formado em Administração de Empresas na Universidade Presbiteriana Mackenzie. Experiência no mercado brasileiro de Crédito e Estruturação. Diretor-presidente e membro do conselho da TMA Brasil (Turnaround Management Association).

Luiz Fernando Valente de Paiva
Mestre em Direito (LL.M.) pela *Northwestern University*. Mestre e Bacharel em Direito pela PUC-SP.

Marcelo Lamego Carpenter
Formado em direito pela Universidade do Estado do Rio de Janeiro, com atuação especializada em casos de insolvência, recuperação de créditos e litígios empresariais. Membro da e da INSOL – *International Association of Restructuring, Insolvency & Commercial Bankruptcy Professionals,* do TMA Brasil – *Turnaround Management Association* e do *International Insolvency Institute.*

Rafael Nicoletti Zenedin
Integrante de Pinheiro Neto Advogados desde 2013, atua nas áreas de Recuperação de Empresas e Falências e Contencioso Civil e Comercial. Bacharel em Direito pela Universidade de São Paulo (USP). Advogado.

Renata Martins de Oliveira Amado
Especialização em Direito Processual Civil pela Pontifícia Universidade Católica de São Paulo (PUC-SP). Bacharel em Direito pela Pontifícia Universidade Católica de São Paulo (PUC-SP).

Especialista na prevenção e resolução de conflitos perante o Poder Judiciário, órgãos públicos e renomados Centros de Arbitragem nacionais e internacionais, e em reestruturação e recuperação de créditos e empresas. Atua em disputas envolvendo Direito Falimentar, Administrativo, Civil, Comercial, Ambiental, Minerário, Consumerista, Aeronáutico, Bancário, Imobiliário, Societário e questões ligadas a *compliance*.

Renato Carvalho Franco

Bacharel em Administração de Empresas pela FAAP, com MBA pela *Thunderbird School of Global Management* – EUA. Fundador e presidente da Íntegra Associados. Ex-Presidente do Conselho de Administração do TMA Brasil e conselheiro de empresas de telecomunicações e alimentos. Ex-Presidente da subsidiária brasileira da operadora canadense *Telesystem International Wireless* e diretor da área de fusões e aquisições do *Bank of America no Brasil*.

Renato Maggio

LL.M. pela *University of Virginia School of Law*. Pós-graduado em Direito Securitário pela Fundação Getúlio Vargas. Bacharel em Direito pela USP. Membro da *International Bar Association* – IBA e da INSOL – *International Association of Restructuring, Insolvency & Commercial Bankruptcy Professionals*. Membro do Conselho de Administração do TMA Brasil – *Turnaround Management Association*.

Renato Mange

Bacharel em Direito pela USP. Ex-Presidente da AASP – Associação dos Advogados de São Paulo. Foi membro da Banca Examinadora do 81º Concurso de ingresso à carreira do Ministério Público do Estado de São Paulo. Conferencista em cursos realizados pela OAB/SP, Associação dos Advogados de São Paulo, Escola Paulista da Magistratura, Faculdade de Direito da Universidade de São Paulo, Fundação Getúlio Vargas e Insper.

Renato Moure Boranga

Responsável pela área de fusões e aquisições do Banco Santander no Brasil. MBA pela Columbia University. Ex Membro do Conselho de Administração da TMA Brasil – Turnaround Management Association.

Rodrigo Tellechea

Doutor em Direito Comercial pela USP. Especialista em Liderança e Negócios pela McDonough School of Business, Georgetown University. Especialista em Direito Empresarial pela UFRGS. É autor e coautor de artigos jurídicos publicados em livros e revistas especializadas. Advogado.

Solano Magno Deboni Neiva

Pós-graduado em finanças pelo Insper. Bacharel em Direito pela PUC-SP. Advogado.

Thiago Braga Junqueira

Mestre em Direito (LL.M.) pela *University of Chiago*. Bacharel em Direito pela PUC-SP.

Washington Luiz Dias Pimentel Jr.

Possui Formação em Educação Executiva em M&A e Recuperação Judicial de Empresas. Cursa o L.L.M. em Direito Societário no INSPER. Advogado.

NOTA DOS COORDENADORES

A reforma do sistema brasileiro de recuperação judicial, extrajudicial e falência ocorrida em 2005, que resultou na promulgação da Lei 11.101/2005, incorporou no capítulo da recuperação judicial algumas alterações que foram notadamente influenciadas pelo sistema americano, tais como (i) a implementação do *stay period*; (ii) a possibilidade de criação do comitê de credores; (iii) o procedimento de venda de ativos na recuperação judicial e na falência; (iv) a possibilidade de concessão de financiamento ao devedor durante os procedimentos de insolvência (*DIP Financing*); (v) a criação de classes de credores para fins de votação e pagamento, dentre outras.

Passados quinze anos de vigência da Lei 11.101/2005, o que se verifica na prática é um distanciamento entre os sistemas brasileiro e americano, que, a despeito de previsões similares, possuem distinções relevantes, especialmente interpretativas, muito bem abordadas nos artigos que integram esta obra e que resultam em dinâmicas negociais e judiciais muito próprias.

Nesse contexto, percebe-se poucos estudos comparativos entre ambos os sistemas jurídicos no Brasil. O sistema americano, sem dúvidas mais consolidado pelos seus 42 anos de vigência, tem muito a acrescentar aos debates sobre o aprimoramento do sistema brasileiro, especialmente em período no qual tramita no Congresso Nacional o PL 6.229/2005, que se propõe a introduzir mudanças significativas ao sistema vigente.

As mudanças esperadas, importante registrar, não se limitam a uma atualização legislativa, mas, especialmente, a uma evolução cultural sobre o protagonismo das partes (devedor e credores) no âmbito das negociações que, embora coletivas, não têm tido a abrangência e eficiência esperadas, ficado muito aquém das expectativas das partes. Essa realidade acaba por resultar em maior intervencionismo judicial, que, por sua vez, prejudica o regular desenvolvimento da recuperação judicial, em prejuízo dos interesses da coletividade de credores.

Aproveitando os profícuos debates que ocorreram por ocasião do curso realizado na Universidade de Columbia em janeiro de 2019, em parceria com o TMA-Brasil, que contou, para sua realização, com participação ativa e fundamental do seu membro fundador, Thomas Felsberg, e do Presidente do Conselho de Administração do TMA-Brasil, Luiz Fernando Paiva, esta obra foi norteada pelos temas debatidos entre professores e advogados americanos e brasileiros durante os três dias de curso. A iniciativa é fruto de um trabalho contínuo e exitoso do TMA-Brasil, coordenado pela sua secretária executiva, Graziela Amaral, em disseminar os debates acadêmicos em todo o país e, ainda, internacionalmente.

Foram cinco módulos que abordaram temas relevantes, como (i) visão geral do sistema americano – *Chapter* 11; (ii) *363 Sales and Corporate Aquisitions*; (iii) *DIP Financing*; (iv) *Current Trends in Reestructuring Plans*; e (v) *Cross-border Reestructuring*. Buscou-se, da forma mais abrangente possível, contemplar nesta obra os *hot topics* tratados no curso. Os debates contribuíram para importantes reflexões tanto de direito comparado, quanto sobre o aprimoramento do sistema brasileiro, o que deve sempre ser temperado *cum grano salis*, levando-se em consideração as distinções, não apenas jurídicas, mas culturais, políticas e econômicas entre os sistemas.

Sejam bem-vindos à reflexão e esperamos oferecer, pela rica contribuição dos coautores, proveitosa leitura para um profícuo debate sobre os temas tratados nesta obra.

André Chateaubriand Martins
Márcia Yagui

PREFÁCIO

O TMA – Brasil, o braço brasileiro da *Turnaround Management Association*, que está presente em 56 países, tem organizado importantes eventos internacionais com o objetivo de propiciar a seus membros o conhecimento das melhores práticas internacionais de gestão, reestruturação e recuperação de empresas. O primeiro desses eventos ocorreu na Sorbonne em Paris, o segundo em Oxford e o terceiro na Universidade de Columbia, em Nova Iorque, em 2019. Foi neste momento que surgiu a inspiração para esta obra, quando vários participantes, encantados com os conhecimentos adquiridos, resolveram compartilhá-los com os seus leitores, comparando alguns dos seus aspectos mais relevantes com a experiência brasileira.

Os primeiros artigos apresentam visões econômico-financeiras da insolvência, pontuando a experiência brasileira, tendo como contraponto a americana. Assim, Fabiano Saragiotto traz em seu capítulo o acesso de empresas ao financiamento da recuperação, o chamado *DIP Financing*, apontando a necessidade de que sejam introduzidas adaptações à nossa legislação para que essa modalidade se desenvolva aqui. Por outro lado, Marcia Yagui reflete sobre a recuperação de créditos e o papel de grandes *hedge funds* que tem atuado de forma crescente no Brasil. Por fim, Renato Franco ensina como é importante que tenhamos uma base de dados concreta e detalhada para garantir avaliação e os corretos fundamentos de planos de reestruturação.

Os capítulos de natureza jurídica, por sua vez, trazem oportunas considerações sobre a necessidade de alterações na legislação brasileira, particularmente na Lei 11.101/05. Preocupação central de diversos autores consiste na eficiência e celeridade dos processos relativos à insolvência.

Com esse objetivo, comparam os meios de assegurar maior equilíbrio nas negociações, inclusive no que tange a transparência e a assimetria nas informações, questões ainda recorrentes no Brasil. Além disso, é analisada a excessiva judicialização do processo de recuperação no Brasil, elemento que prejudica e engessa a atuação dos envolvidos.

A negociação, inclusive quando amparada pela mediação, vem descrita com maestria por Luiz Paiva e Thiago Junqueira. Ela se revela ferramenta essencial para a resolução de conflitos e impasses.

A ilustração de benefícios práticos da negociação reaparece no capítulos sobre (i) a quem cabe o direito de propor um plano de recuperação judicial, por André Moraes Marques e Rafael Nicoletti Zenedin, (ii) a eficiência do comitê de credores no Brasil, por André Chateaubriand, (iii) as vantagens da negociação prévia, por Juliana Sato, (iv) a responsabilidade dos administradores, por Renato Maggio. Vale ainda destacar uma reflexão importante trazida no artigo de Juliana Sato sobre métodos não judiciais de resolução de conflitos. Partindo da experiência americana de planos pré-negociados, através dos chamados *"Plan Support Agreements"*, a autora discute a celeridade no processo de recuperação judicial. Ela aborda o sucesso da aplicação desse instituto "bom, bonito e barato" em um ambiente negocial colaborativo. Ainda que no Brasil exista a opção de negociação prévia, além da recuperação extrajudicial (os *pre-packs* da experiência norte-americana), ainda temos que evoluir muito na sua utilização.

Os capítulos também contêm estudos sobre como foram importados pelo legislador brasileiro, por vezes descuidadamente, alguns mecanismos da lei americana. Sobre o assunto, Luciana Celidonio aborda a proteção dos credores dissidentes a partir do instituto americano *best-interest-of-creditors test*. Aponta, no entanto, que, para que passe a existir no Brasil, deve-se primeiro conhecer bem a experiência americana e as questões sobre a matéria que lá estão sendo debatidas.

Em relação às carências da legislação brasileira, a leitura sobre a história da evolução do processo de recuperação judicial no Brasil, por Rodrigo Tellechea e João Pedro Scalzilli oferecem uma apresentação sofisticada sobre o tema.

De formas variadas, os capítulos ilustram que a falta de certas previsões legais, como também a falta de definições claras de conceitos, gera dificuldades práticas nos casos de recuperação. Renato Mange e Isabel Picot, por exemplo, mostram que algumas das razões para a morosidade e dificuldade na distribuição dos valores apurados, com a realização do ativo da empresa falida, advém de falhas na legislação. Nesse sentido, os autores apontam a necessidade de (i) normatização e padronização da arrecadação dos bens, sua avaliação e a realização do ativo, (ii) estabelecer uma ordem de preferência dos créditos clara e precisa e, por fim, (iii) a necessidade de uma melhor definição do termo "falido" e da situação dos dirigentes da empresa.

Sobre o diagnóstico para os problemas mencionados, concordam os autores, sensatamente, que as alterações propostas pelo PL 10.220/2018, ainda que importantes, são tímidas frente ao cenário de desenvolvimento econômico brasileiro.

Em suma, a obra se consagra pela atualidade dos assuntos abordados e pelo nível de profundidade com que foram explorados. Com excelência, oferece reflexões multidisciplinares sobre a insolvência, de importância fundamental para o momento de inovações que vivemos. O sucesso da experiência em Columbia ficou tão evidente, que o TMA Brasil acaba de assinar um contrato com essa universidade para organizar mais três seminários com novos e fascinantes programas para o futuro próximo.

THOMAS BENES FELSBERG

SUMÁRIO

1. Notas sobre a evolução histórica do direito da insolvência nos EUA   19
   Rodrigo Tellechea / João Pedro Scalzilli

2. As vantagens da negociação prévia no plano de recuperação judicial:
   a experiência americana do *prepackaged plan* e *prenegotiated plan*   53
   Juliana Fukusima Sato

3. Análise comparativa do papel do Comitê de Credores no Brasil
   e nos Estados Unidos   75
   André Chateaubriand Martins

4. DIP *Financing*: um olhar alternativo – entendendo a evolução
   deste instrumento no mercado americano e as perspectivas
   para seu desenvolvimento no mercado brasileiro   97
   Luiz Fabiano Silveira Saragiotto

5. A efetividade da mediação no sistema americano. Um incentivo
   à recente experiência brasileira   125
   Luiz Fernando Valente de Paiva / Thiago Braga Junqueira

6. O teste do melhor interesse dos credores (*best-interest-of-creditors test*)   141
   Luciana Celidonio

7. Uma análise comparativa do direito de propor o plano de recuperação
   judicial à luz das legislações americana e brasileira   161
   André Moraes Marques / Rafael Nicoletti Zenedin

RECUPERAÇÃO JUDICIAL

8. *Cram down* no direito norte-americano e no direito brasileiro — 185
   Renata Martins de Oliveira Amado

9. O *automatic stay* e o *stay period*: um paralelo entre o regime jurídico
   falimentar Norte Americano e Brasileiro quanto aos mecanismos
   iniciais de proteção dos ativos da empresa em recuperação judicial — 211
   Washington Luiz Dias Pimentel Jr.

10. *Chapter* 15 e os desafios da *cross-border reorganization* — 225
    Marcelo Lamego Carpenter / Luis Tomás Alves de Andrade

11. Dinâmica do mercado internacional de créditos secundários — 243
    Márcia Yagui

12. Processo de venda sob a seção 363 e o mecanismo do *stalking horse*
    e eficiência do mecanismo de venda de ativos estressados — 263
    Renato Moure Boranga

13. Tendências para os planos de reestruturação no Brasil — 279
    Renato Carvalho Franco

14. Em busca do equilíbrio de forças: apontamentos a partir da experiência
    norte-americana sobre os deveres fiduciários de administradores
    de sociedades em recuperação judicial — 313
    Renato Maggio / Solano Magno Deboni Neiva

15. O direito falimentar brasileiro e o norte-americano:
    a falência da Lei n. 11.101/2005 e o *chapter 7* — 337
    Renato Mange / Isabel Picot

1
Notas sobre a Evolução Histórica do Direito da Insolvência nos EUA[1]

RODRIGO TELLECHEA
JOÃO PEDRO SCALZILLI

Introdução

O crédito, como oxigênio da economia[2], é parte indissociável do mundo contemporâneo[3]. Como ressalta Thaller, os negócios não podem dele prescindir da mesma forma que o homem não pode prescindir do ar que respira[4]. Trata-se de conquista tão relevante para o desenvolvimento da Civilização que seria possível compará-lo ao domínio do fogo pelo homem; e, tal como este último, o crédito e as dívidas são conquistas que envolvem perigo[5].

A história do direito falimentar – ou, caso se prefira uma abordagem mais ampla, do direito da insolvência (*i.e.*, "o conjunto de normas que regulam as consequências jurídicas das dificuldades econômicas do devedor

---

[1] Este estudo consiste, em grande medida, em recorte específico da obra "Evolução histórica do direito falimentar: da execução pessoal à preservação da empresa, Almedina: São Paulo, 2019", escrita em coautoria com Luis Felipe Spinelli, a quem registramos nosso especial agradecimento pela cessão do material para elaboração do presente artigo.

[2] A expressão é utilizada por: MARTINS, Alexandre de Soveral. *Um curso de direito da insolvência.* 2 ed. rev. e atual. Coimbra: Almedina, 2016, p. 13.

[3] WARREN, Elizabeth; WESTBROOK, Jay Laurence; PORTER, Katherine; POTTOW, John A. E. *The law of debtors and creditors.* New York: Wolters Kluwer, 2014, p. 4.

[4] THALLER, Edmond. *Des faillites en droit comparé*, t. I, Paris: Arthur Rousseau, 1887, p. 128.

[5] WARREN; WESTBROOK; PORTER; POTTOW. *The law of debtors and creditors...*, p. 4.

que não podem cumprir suas obrigações nas condições originalmente pactuadas com seus credores") –, por ser matéria interdisciplinar, na qual confluem diversas disciplinas jurídicas relacionadas ao regime da crise econômico-financeira[6], apresenta, ao longo do desenvolvimento da Civilização Ocidental, um processo interessantíssimo de evoluções e retrocessos no que diz respeito ao tratamento dispensado ao devedor e ao credor.

Nesse particular, a análise da evolução do direito da insolvência se mostra essencial para a compreensão do estágio atual da disciplina. Não se pode examiná-la sob um ponto de vista estático, muito menos considerando interesses isolados. A esse propósito, veja-se que cada credor, individualmente, possui incentivos para "quebrar os dedos" do devedor a fim de encorajá-lo a saldar as suas dívidas o mais rápido possível. Porém, se dez credores quebrarem, cada um, um dedo do devedor, então este muito provavelmente não conseguirá trabalhar e nenhuma dívida será adimplida. Levado o exemplo ao extremo, um devedor morto não pode pagar nada; e, de fato, a coisa toda é ainda pior, pois o defunto deixa as dívidas do funeral[7].

Ocorre que, apesar da singeleza de tal ilustração, o direito falimentar sempre foi tido como uma parte sombria (*a gloomy part*)[8] do direito; e a falência, encarada como *un problema insoluto ed insolubile*[9]. Não por outra razão, o direito da insolvência possui um elevado grau de enredamento (*la cuadratura del círculo del derecho comercial*)[10], entrelaçando-se com as mais

---

[6] EZQUERRA, Juana Pulgar (dir.); GILSANZ, Andrés Gutiérrez; VARONA, Fco. Javier Arias; LÓPEZ, Javier Megías (coord.). *Manual de derecho concursal*. Madrid: Wolters Kluwer, 2017, p. 38. Ver, também: GLEUβNER, Irmgard. *Insolvenzrecht*. Heidelberg: C. F. Müller, 2015, p. 1-2; LEITÃO, Luís Manuel Teles de Menezes. *Direito da insolvência*. 6 ed. Coimbra: Almedina, 2015, p. 15-17.

[7] WARREN; WESTBROOK; PORTER; POTTOW. *The law of debtors and creditors...*, p. 7.

[8] NOEL, Francis Regis. *A history of the bankruptcy law*. Washington: Potter & Co., 1919, p. 7. Em sentido semelhante: WARREN, Charles. *Bankruptcy in United States history*. Boston: Harvard University Press, 1935, p. 3.

[9] A frase é atribuída a Caveri na inauguração dos trabalhos da comissão governamental italiana para a elaboração do Código do Comércio, de cuja equipe foi presidente (CUZZERI, Emanuele. Del fallimento. In: BOLAFFIO, Leone, VIVANTE, Cesare (coords.). *Il Codice di Commercio commentato*. 2 ed. Verona: Tedeschi e Figlio, 1901, p. 7). Em sentido semelhante: RENOUARD, Augustin-Charles. *Traité des faillites et banqueroutes*, t. I. Paris: Guillaumin, 1857, p. 7-9.

[10] "'Las quiebras son la cuadratura del círculo del derecho comercial', escreveu, por sua vez, o Dr. Lisandro Segovia. A falência é a grande espinha da legislação comercial, já o havia dito Desière, antigo presidente do tribunal de comércio do Sena, promotor da reforma comercial da

diversas disciplinas e institutos, o que se materializa na complexidade das suas mais variadas questões – que se mostram, muitas vezes, de difícil endereçamento, mesmo nos modernos processos de reestruturação e insolvência.

A despeito dessas peculiaridades, trata-se de seara jurídica cuja história é riquíssima. É justamente essa a história que se quer contar, com enfoque principal no direito norte-americano, o grande precursor da definição de um conjunto de normas que busca preservar o valor da empresa, no melhor interesse de todas as classes afetadas pela crise do negócio.

1. A evolução do direito norte-americano

Após um longo processo evolutivo que perpassou a sedimentação dos estatutos das cidades italianas (de natureza essencialmente privada) e a construção dos sistemas legislativos codificados da Europa, com especial destaque para a França, observa-se que o desenvolvimento do tema falimentar nos séculos XIX e XX se deu no sentido de abrandar a penosidade da falência, especialmente porque as crises econômicas que se sucederam provocaram uma multiplicidade de falências casuais, o que estimulou o movimento de separação dos destinos das pessoas físicas e das empresas insolventes, dando origem ao que se convencionou chamar de "preservação/recuperação da empresa"[11]. Foi nessa conjuntura que o direito falimentar francês[12], alemão[13] e inglês[14] foram modificados.

França". (CARVALHO DE MENDONÇA, José Xavier. *Tratado de direito comercial brasileiro*, v. VII. 6 ed. atual. por Roberto Carvalho de Mendonça. Rio de Janeiro: Freitas Bastos, 1964, p. 58). Em sentido semelhante: VIANNA, Sá. *Das fallencias*. Rio de Janeiro: L. Figueiredo, 1907, p. 45.

[11] LEITÃO. *Direito da insolvência...*, p. 36-38.

[12] "Em França, o *Code de Commerce* vem a ser modificado logo pela lei de 28 de Maio de 1938, que mitigou a severidade de alguma das suas disposições. Entre várias leis posteriores, merecem referência a lei de 17 de Julho de 1856, sobre as concordatas com abandono do activo, e a lei de 12 de Fevereiro de 1872, que disciplina o privilégio do locador de imóveis em caso de falência. Depois surge a importante lei de 4 de Março de 1889 (interpretada e integrada pelas leis de 4 de Abril de 1890 e de 6 de Fevereiro de 1895), a qual estabelece um processo especial alternativo, a *liquidation judiciaire*, para os comerciantes honestos, caídos em falência por infortúnio, que evitava certas características infamantes e custosas da falência. Surgiram depois as leis de 31 de Dezembro de 1903, 31 de Março de 1906, e 23 de Março de 1908, que abrangeram as pessoas colectivas, e permitiram a reabilitação o falido, a qual poderia ser legal, ao fim de 20 anos, ou judiciária, se ele providenciasse no sentido da sua recuperação. Segue-se uma lei de 1919, que permite ao devedor solicitar, por acordo com os credores, a instituição de falência. Depois, o Décret de 20 de Maio de 1955 acentua a distinção entre os

RECUPERAÇÃO JUDICIAL

O direito falimentar norte-americano, nesse particular, possui uma trajetória evolutiva bastante interessante, tendo influenciado decisivamente o desenvolvimento da matéria[15]. Durante os primórdios do período de colonização da América do Norte, o espírito gregário e de comunidade dos imigrantes ingleses não demandava a discussão de leis para lidar com o inadimplemento de dívidas. Porém, na medida em que o comércio e a

processos de falência e de liquidação judiciária, generalizando a concordata em relação a estes últimos, e consignando a regra de que a suspensão de pagamentos deveria em princípio levar à composição com os credores, passando a abertura do processo a ser vista como um sinal de infortúnio económico e não como uma violação das regras comerciais. Posteriormente, a Lei de 13 de Julho de 1967, complementada pela *Ordennance* de 23 de Setembro de 1967, acentua a vertente da recuperação da empresa, considerando que a mesma, enquanto entidade criadora de riqueza, deveria ser a todo custo, salva. A lei institui assim o regime do *réglement judiciaire*, aplicável aos comerciantes, industriais, e pessoas colectivas de direito privado, que lhes permite apresentar uma proposta de concordata aos seus credores, que se fosse maioritariamente aceite, impedia a liquidação judiciária, com a venda dos bens em benefício dos credores. Para além disso, em caso de *réglement judiciaire*, a Lei admitia a possibilidade de alienação dos bens do devedor na sua totalidade, permitindo assim a continuação da empresa mediante a sua aquisição por outrem a custo inferior." (LEITÃO. *Direito da insolvência...*, p. 36-37).

[13] "Na Alemanha, as leis protectoras do falido iniciam-se com a lei de 8 de Junho de 1915, que contém disposições relativas aos efeitos da abertura do processo sobre o contrato de locação, e a lei de 14 de Dezembro de 1916, que admite a concordata preventiva, beneficiando neste âmbito os não comerciantes sobre os comerciantes. Motivada pelo período de inflação após I Guerra Mundial, a lei de 14 de Fevereiro de 1924, procede à avaliação dos créditos para efeitos do processo. A lei de 5 de Julho de 1927 regula a concordata, tendo ainda a Lei de 26 de Fevereiro de 1935 admitido uma proposta de concordata judiciária, destinada a evitar o estado de falência." (LEITÃO. *Direito da insolvência...*, p. 37-38).

[14] "No Direito Inglês sucederam-se leis sucessivas, em 1883, 1887, 1888, 1914 e 1926. O sistema tinha como particularidade permitir que, após um *oficial receiver* indagar dos negócios do devedor e das causas do estado de insolvência, ser entregue o conjunto dos bens do devedor a um *trustee* que os administra e liquida no interesse dos credores, ficando o devedor liberado com o encerramento do processo (*discharge*). Como o *discharge* só era aplicável aos comerciantes, em relação aos não comerciantes, instituiu-se um processo de execução colectiva (*insolvency*), moldada sobre a *bankruptcy*, mas estabelecida no interesse do devedor. Posteriormente, a *bankruptcy* absorveu a *insolvency* ao se estender aos não comerciantes." (LEITÃO. *Direito da insolvência...*, p. 38).

[15] Charles Warren divide em três grandes períodos: (*i*) a defesa do interesse do credor (1789-1827); (*ii*) a prevalência do interesse do devedor (1827-1861); (*iii*) a predominância do interesse nacional (1861-1835). Para uma linha cronológica a respeito do direito falimentar estadunidense, de onde extraímos muitos elementos, ver: FEDERAL JUDICIAL CENTER. *The evolution of U.S. Bankruptcy Law*: a time line. Disponível em: <http://www.rib.uscourts.gov/newhome/docs/the_evelution_of_bankruptcy_law.pdf>. Acesso em: 31 maio 2018.

industrialização começam a se desenvolver nas colônias, passa a ser inevitável a relação entre débito e crédito (e as consequências daí decorrentes)[16].

No curso do século XVII, a sociedade norte-americana reconhecia a existência da economia moral do débito (*moral economy of debt*), de modo que a inabilidade de pagar uma dívida no vencimento estava encrustada na estrutura social (de dependência dos devedores e de onipotência dos credores). Nesse contexto institucional, a impontualidade era reconhecida como um pecado, uma espécie de falha moral, e não um risco empresarial. Equiparada à fornicação ou à embriaguez, exigia sanções e punições severas, impensáveis, perversas e perturbadoras aos olhos da sociedade moderna, inclusive a pena de prisão[17].

Aplicavam-se as previsões da *common law* inglesa, com ajustes realizados nas respectivas províncias (com destaque para a Pennsylvania), transferindo-se a propriedade de bens do devedor para o credor como forma de adimplemento do débito, sem prejuízo do encarceramento individual. Não havia previsão de liberação (*discharge*) ou de quitação (*release*) da dívida, sendo admitido, somente em algumas hipóteses, a descontinuidade do processo judicial após todo o patrimônio do devedor ter sido escrutinado para satisfação do credor[18].

O processo de circulação de notas comerciais e de títulos de crédito redefiniu a conexão entre devedores e suas relações sociais, tornando possível a transformação da relação existente entre credor e devedor. O desenvolvimento da especulação como forma de investimento e as crises daí decorrentes – com amplo alcance no mais alto escalão da elite do país – permitiram a migração qualitativa da insolvência de delito moral (espécie de falha moral) para crime econômico, para o qual a prisão constituía uma sanção criminal inapropriada[19].

Essa mentalidade teve uma solução de continuidade legislativa no final do século XVIII a partir do tratamento constitucional dispensado à matéria falimentar. A Constituição Federal de 1787 determinou que o Congresso Nacional estabelecesse regras gerais e uniformes (não necessariamente equânimes) sobre falência (*the bankruptcy clause*), cuja origem remonta ao

---

[16] NOEL. *A history of the bankruptcy law...*, p. 33 ss.

[17] MANN, Bruce H. *Republic of debtors*. Bankruptcy in the age of American Independence. Cambridge: Harvard University Press, 2002, p. 2-3.

[18] NOEL. *A history of the bankruptcy law...*, p. 36 ss.

[19] MANN. *Republic of debtors...*, p. 4.

RECUPERAÇÃO JUDICIAL

sistema falimentar inglês[20] e à chamada *commerce clause*[21] – o que importou notável exceção ao direito de os Estados legislarem sobre direito civil, criminal e processual[22].

Apesar dessa previsão, o embate extremado entre posições políticas (*e.g.*, norte *versus* sul, regiões agrícolas *versus* cidades comerciais, comerciantes *versus* não-comerciantes, devedores *versus* credores) manifestado nos debates legislativos dos anos subsequentes dificultou bastante o atingimento de consensos mínimos em torno da questão e estimulou a expansão de legislações estaduais pontuais e direcionadas à resolução de crises financeiras momentâneas[23].

[20] TABB. The history of the bankruptcy laws in the United States..., p. 7 ss; NOEL. *A history of the bankruptcy law...*, p. 11 e 67.

[21] Segundo F. Regis Noel, a cláusula teve origem no *articles of confederation* de 1777 e referia que "The Congress shall have power 'to regulate Commerce with foreign Nations, and among the several States, and with the Indian Tribes.'" Mas não apenas isso: a promulgação de uma legislação falimentar representava, também, uma necessidade social do novo país que se formava: "Although James Madison played many important parts in the early history of the United States, none was more useful than his services as unofficial reporter of the proceedings of the Constitutional Convention and his subsequent exposition and defense of its proposed form of government. In addressing the people of the State of New York in The Packet of January 22, 1788, he dismissed the discussion of the bankruptcy clause of the Constitution of the United States with the remark that, 'The power of establishing uniform laws of bankruptcy, is so intimately connected with the regulation of commerce, and will prevent so many frauds where the parties or their property may lie, or be removed into different States, that the expediency of it seems not likely to be drawn into question.' This faithful and patriotic chronicler anticipated many of the problems and foresaw the benefits which the lawgivers of the republic would extort from this clause of the American Charter of Liberties. But neither he nor any statesman of his time could have foreseen the extensive development of the power granted by the clause to which he so tersely adverted. Casual attention had been given to the subject of bankruptcies in previous times. It was nearly overlooked by the framers of the Constitution and for thirteen years remained abandoned at the door of the Convention. Madison's succinct statement opens many avenues of thought. He shows that relief from debt was stage of our country's commerce. Pre-existing State legislation on the subject of financial difficulty as well as numerous contemporary memorials invoking the application of the power granted to the Congress by the Constitution is evidence of its expediencyconsidered important and desirable in that early and undeveloped. Madison also suggests that the prevention of fraud is a necessary antecedent both to credit and the growth of commerce; and that a people possessing an extensive store of natural resources requires that all laws relating to its general commerce shall be uniform." (NOEL. *A history of the bankruptcy law...*, p. 5-7).

[22] CARVALHO DE MENDONÇA. A Lei Federal dos Estados Unidos da América..., p. 299.

[23] WARREN. *Bankruptcy in United States history...*, p. 4-5, 12-13.

O primeiro *Bankruptcy Act*, de 1800, aprovado por apenas um voto de diferença, foi votado durante a presidência de John Adams, onze anos após a promulgação da Constituição Americana e com orientação amplamente favorável aos interesses dos credores[24]. Teve sua vigência limitada a cinco anos, porém durou somente três, tendo sido revogado em 19 de dezembro de 1803, haja vista os custos excessivos e as práticas de corrupção.

O primeiro *Bankruptcy Act* era destinado exclusivamente aos comerciantes e permitia o *discharge* somente se dois terços dos credores (por cabeça e em pecúnia) concordassem. Foi inspirado no estatuto inglês de 1706, votado durante o reinado da Rainha Anna[25], e teve como uma de suas principais críticas, além do caráter retrógrado e estreito, a distinção entre pedido voluntário e pedido involuntário de falência[26].

Após um hiato de trinta e sete anos, incontáveis debates internos[27] e uma profusão de leis estaduais tratando do tema da insolvência[28], o Congresso norte-americano, durante a presidência de John Quincy Adams, influenciado pela crise de 1837 e pelos esforços do jurisconsulto Daniel

---

[24] TABB. The history of the bankruptcy laws in the United States..., p. 7.

[25] Segundo Carvalho de Mendonça: "Esse estatuto inglez havia modificado profundamente o systema de fallencias um tanto bárbaro da primeira lei de 1542, promulgado sob o reinado de Henrique VIII, abrandando o rigor com que era tractado o falido, ao qual, quando infeliz e de boa-fé, se permitia fazer cessão judicial de todos os bens aos seus credores, obtendo a reabilitação. Não era facultado, entretanto, ao devedor requerer ou declarar espontaneamente a sua fallencia, porque, tendo o commerciante de sahir da fallencia completamente libertado de dívidas (salvo excepções) não lhe era dado procura-la ou promove-la em seu benefício." (CARVALHO DE MENDONÇA. A Lei Federal dos Estados Unidos da América..., p. 299-324). No mesmo sentido: NOEL. *A history of the bankruptcy law...*, p. 124 ss.

[26] WARREN. *Bankruptcy in United States history...*, p. 19, 44-45; TABB. The history of the bankruptcy laws in the United States..., p. 14-15.

[27] O teor dos debates estava diretamente relacionado à competência dos Estados para legislar sobre a matéria falimentar, o que levou a Suprema Corte a se manifestar sobre o tema em pelo menos duas oportunidades: (*i*) no caso *Sturges versus Crowningshield* (1819); e (*ii*) no caso *Ogden versus Saunders* (1827). Em síntese, o entendimento da corte foi no sentido de que os Estados podiam legislar sobre matéria falimentar somente quando não existisse lei federal sobre o assunto. A competência estadual era, portanto, residual, e não podia afetar dívidas previamente estabelecidas, nem ser aplicada a credores residentes fora do respectivo Estado (CARVALHO DE MENDONÇA. A Lei Federal dos Estados Unidos da América..., p. 300-301).

[28] NOEL. *A history of the bankruptcy law...*, p. 134.

Webster, voltou a aprovar um novo *Bankruptcy Act* (1841)[29], sendo que, em 1839, havia sido aprovada uma lei abolindo a prisão por dívida.

O *Bankruptcy Act* de 1841 autorizava procedimentos voluntários e involuntários. Sua abrangência não estava limitada aos comerciantes: permitia o *discharge* de devedores que entregassem seus ativos e previa a ineficácia de transferências fraudulentas. Tratava-se de uma lei com viés favorável aos interesses do devedor[30] e com efeitos relevantes sobre o tratamento dispensado aos escravos[31]. Diz-se que, no espaço de dezoito meses (período de vigência dessa lei), inúmeros falidos libertaram-se da sua dívida[32].

A partir de 1843, os Estados passaram a legislar intensamente sobre o tema falimentar.

---

[29] Segundo Carvalho de Mendonça: "Em 1840 existiam nos Estados Unidos mais de cem mil commerciantes falidos, sem elementos para conseguirem reabilitação. Afirmava Benton, que o número desses infelizes constituía uma força e, ao mesmo tempo, uma calamidade, que, no interesse público, deviam ser atendidos e remediadas." (CARVALHO DE MENDONÇA. A Lei Federal dos Estados Unidos da América..., p. 302).

[30] TABB. The history of the bankruptcy laws in the United States..., p. 16.

[31] Segundo recente estudo de Rafael I. Pardo, o governo americano passou a deter a propriedade de escravos com a promulgação do *Bankruptcy Act* de 1840: "But why is it that the bankruptcy slave sale must be substantively distinguished from the myriad nonbankruptcy slave sales, in particular those conducted under the auspices of judicial process, that were a core feature of commercial life in antebellum America? The answer to that question lies in one of the defining features of the 1841 Act. To effectuate the financial freedom of individuals who sought bankruptcy relief, Congress designed the system to demarcate the beginning of that new life once a federal district court ordered that the individual be declared a bankrupt. Such a declaration terminated all of the bankrupt's interests in his or her property, with all rights and title to such property automatically vesting in the assignee, who was the representative appointed to administer the bankrupt's estate, a federally created res. In other words, the bankrupt's prebankruptcy property became the federal government's property, including any slaves in which the bankrupt had an interest. Accordingly, for a brief window in this nation's history, bankruptcy legislation made the federal government a widespread holder of property interests – usually a full ownership interest – in slaves. In stark contrast, the other nonbankruptcy judicial processes that resulted in slave sales during the antebellum period generally did not entail the federal government becoming the holder of such interests. The bankrupt slave thus represents extremely entrenched involvement by the federal government in the domestic slave trade – to wit, frequently becoming the owner of slaves until they could be sold to a third-party purchaser at a bankruptcy sale." (PARDO, Rafael I. Bankrupt slaves. *71 Vanderbilt Law Review*, 2018, p. 8-9).

[32] WARREN. *Bankruptcy in United States history*..., p. 79-82; NOEL. *A history of the bankruptcy law*..., p. 134-144.

NOTAS SOBRE A EVOLUÇÃO HISTÓRICA DO DIREITO DA INSOLVÊNCIA NOS EUA

A imperfeição das leis estaduais alimentou o apetite fraudulento de credores e devedores, gerando grande perturbação às relações mercantis e, também, certa incredulidade quanto ao *Bankruptcy Act*[33]. No ano de 1866, uma sequência ininterrupta de crises econômicas e financeiras – o que resultou na divisão do país entre o Norte (credor) e o Sul (devedor) –, pressionou o legislador a retomar a discussão sobre a matéria falimentar, a amadurecer uma série de conceitos e de definições (*e.g.*, constitucionalidade da falência voluntária, extensão da lei a não comerciantes e sociedades) e a reestruturar o sistema em vigor, a partir da premissa da proteção do interesse público[34].

Em 1867, sob a presidência de Andrew Johnson, o Congresso Nacional aprovou sua terceira lei sobre falências, com inspiração no diploma do Estado de Massachussetts, de 1838. O novo texto legislativo federal estendeu seus efeitos a comerciantes e não comerciantes, introduziu um *composition agreement* permitindo que devedores e credores negociassem o pagamento das dívidas, exigia o consentimento dos credores ou o pagamento de 50% do passivo para o *discharge*, e incluiu as *corporations* pela primeira vez no âmbito de aplicação da *bankruptcy law*.

Essa legislação sofreu uma série de mudanças nos anos seguintes – como em 1874, ao permitir que os devedores criassem um plano para distribuir o seu patrimônio entre os credores e finalizar o processo –, que, no entanto, não conseguiram desburocratizar o processo falimentar. Exigia-se do devedor e dos credores, por exemplo, uma série interminável de juramentos e de declarações, cuja essência era defeituosa, morosa e custosa[35].

Em resposta aos abusos e aos custos exagerados, a lei falimentar foi revogada em 1878, trazendo novamente para os Estados a prerrogativa de

---

[33] CARVALHO DE MENDONÇA. A Lei Federal dos Estados Unidos da América..., p. 303.
[34] WARREN. *Bankruptcy in United States history...*, p. 95-109.
[35] Como refere Carvalho de Mendonça: "(...) organisava um numeroso pessoal para funcionar na fallencia: veja-se isso: o registrador (*register*) e seu suplente, o *marshall*, o secretario ou escrivão (*clerck*) do Tribunal de Fallencias, o contador (*auditor*), encarregado de rever as contas dos dois precedentes, o liquidante ou syndico (*assignee*), a quem o uso fez juntar um advogado (*counsell*), e pagador (*disbursimg agent*) (...)" "Todo esse funcionalismo exigia grandes despesas com honorários, regulados por uma tarifa incompreensível e da qual ainda se abusava. A *American Law Review*, de Julho de 1873, trazia o dito de um candidato, definindo o objeto dessa lei em poucas e sugestivas palavras: 'O fim da lei de falências é procurar a mais equitativa distribuição do activo do fallido entre os advogados e o pessoal encarregado da liquidação da massa'." (CARVALHO DE MENDONÇA. A Lei Federal dos Estados Unidos da América..., p. 304).

legislar sobre a matéria, que esteve suspensa desde 1867. A tranquilidade legislativa durou pouco. As agitações associativas, os inconvenientes e os defeitos das iniciativas estaduais fizeram com que o Congresso Nacional retomasse a discussão do tema em 1884[36].

Nesse período, as inúmeras alterações legislativas mitigaram o tratamento legal dado aos devedores e incrementaram os custos para os credores satisfazerem seus créditos.

Embora seja possível identificar iniciativas estaduais no sentido de favorecer devedores locais – que foram declaradas inconstitucionais pela Suprema Corte em 1878 – e outras tantas tentativas legislativas federais de alterar o regime em vigor, pode-se dizer que a primeira lei[37] (a quarta em âmbito federal) que tratou do tema de forma qualificada, plena, incontroversa e irrestrita, com enfoque no interesse público[38], é datada de 1898 (*Bankruptcy Act* de 1898)[39], contendo sete capítulos (*chapters*)

[36] CARVALHO DE MENDONÇA. A Lei Federal dos Estados Unidos da América..., p. 304-305.

[37] Carvalho de Mendonça refere que a organização do projeto inicial encaminhado ao parlamento foi da lavra do advogado Jay Torrey, tendo notadamente um viés mais favorável aos credores, o que acabou sendo mitigado pelas emendas legislativas. Ao fim e ao cabo, uma comissão mista da Câmara dos Deputados e do Senado Federal redigiu novo projeto, calcado no primitivo e nas emendas, o qual veio a ser aprovado pelo Congresso Nacional em 1 de julho de 1898. (CARVALHO DE MENDONÇA. A Lei Federal dos Estados Unidos da América..., p. 305).

[38] Segundo C. Warren: "By 1898, any question of constitutionality which had been so earnestly debated in the past had entirely disappeared. Inclusion of corporations, extensions of bankruptcy to all classes of individual debtors, compositions, State exemptions of property – all were now fully recognized as within the Constitutional power of Congress. Moreover, it had become generally recognized that Congress should not exercise its power in the interest either of the debtor or the creditor class alone – and that, in fact, there could be no such division of American citizens, since most of us are in one capacity of debtors, and in another capacity of creditors. There is now, therefore, a rather general acceptance of the principle that a bankruptcy law is required in the public interest of the Nation at large and for its welfare, apart from the effect of the law upon the particular individuals on whom it is to operate. Now, the chief interest of the Nation lies in the continuance of man's business and the conservation of his property for the benefit of creditors and himself, and not in the sale and distribution of his assets among his creditors, or even in his own immediate discharge from his debts. Forced sale of property and stoppage of a business in times of depression constitute loss to the Nation at large, as well as to the individual debtors and creditors." (WARREN. *Bankruptcy in United States history...*, p. 144).

[39] Segundo David Skeel Jr: "The year that will forever be associated with the distinctive U.S. system is 1898. That was the year Congress enacted the Bankruptcy Act of 1898, which ended a century of instability and made federal bankruptcy law a permanent fixture on the legislative

e setenta artigos (*sections*), tendo sido objeto de modificações nos anos subsequentes[40].

O *Bankruptcy Act* de 1898 deu início à era das legislações federais permanentes sobre falências nos EUA[41]. Desprendeu-se de antigos preconceitos, tendo como alicerce o bom senso comercial. O falido deixou de ser tratado como suspeito, muito menos como criminoso. A movimentação processual da falência deixou de causar danos à sua probidade ou à sua honra. O devedor passa a ser visto como um cidadão que enfrenta uma moléstia, uma forma de enfermidade especial, chamada de *insolvency*[42].

A lei de 1898 tinha aplicação universal (*who owes debts*), sem qualquer exclusividade para os comerciantes, e as causas que permitiam a decretação judicial da quebra (*acts of bankruptcy*) são taxativamente numeradas pelo legislador. Manteve-se a divisão entre falência voluntária (*voluntary bankruptcy*) e involuntária (*involuntary bankruptcy*), sendo que, nessa última hipótese, exigia-se que o passivo do devedor fosse superior a mil dólares. Uma vez decretada a falência (com efeitos retroativos de quatro meses), a propriedade dos bens era transferida ao síndico (*trustee*), com exceção

---

landscape. This Article contends that the "genius" of the 1898 Act can be explained by a small group of political factors. The rise of business organizations at the end of the nineteenth century provided the impetus, and the Act was shaped by the interaction of these creditors' interests and the countervailing pressures of American federalism. Thanks to a lengthy period of Republican control, the Act remained in place long enough to spawn a bankruptcy bar. The bar then solidified the coalition supporting the Act. In retrospect, the forces that came together in 1898 have so great an air of necessity that it seems hard to imagine bankruptcy law taking any other form than the approach that finally passed. Perhaps economic expansion plus the American political framework led inescapably to a lawyer-driven bankruptcy framework rather than an administrative one, but perhaps not. Had insolvency remained the province of the states until the New Deal, for instance, one could imagine the New Deal reformers devising an administrative approach to bankruptcy-possibly tied to administrative reforms such as welfare and social security. Speculation of this sort is, of course, just that-speculation. The important point is that, at the centennial of the 1898 Act's enactment, we now can see much more clearly than the Act's creators just how special the bankruptcy legislation was. What made the Act special was a unique combination of creditors, American federalism and, as always in the United States, the lawyers that soon followed." (SKEEL JR., David A. The genius of the 1898 Bankruptcy Act. *Faculty Scholarship*. Paper 720, 1999, p. 340-341).

[40] SKEEL JR., David. A. *Debt's dominion*: a history of bankruptcy law in America. Princeton and Oxford: Princeton University Press, 2001, p. 23 ss.

[41] TABB. The history of the bankruptcy laws in the United States..., p. 23.

[42] CARVALHO DE MENDONÇA. A Lei Federal dos Estados Unidos da América..., p. 306.

de bens que gozavam de isenção, cuja regulação era de competência da legislação estadual[43].

O encerramento da falência se dava com a venda dos bens do falido e com a distribuição do respectivo produto entre os credores ou, ainda, pela concordata, cuja concessão dependia de requisito duplo: (*i*) aprovação da maioria de credores; e (*ii*) homologação judicial. Além disso, a legislação americana redefiniu os termos do instituto inglês do *discharge in bankruptcy* (entre nós chamado de "reabilitação"). Em síntese, significava a quitação ou desobrigação outorgada pelo tribunal ao devedor de boa-fé de forma discricionária e sem necessidade de anuência dos credores, com relação a todas as dívidas contraídas, sem que fosse necessário o pagamento de percentual mínimo da dívida existente e submetida à falência[44].

Com o passar dos anos, apareceram críticas: (*i*) ao caráter marcadamente processual da falência; (*ii*) à demora na tramitação dos processos; (*iii*) ao seu elevado custo; (*iv*) ao baixo retorno dos credores; e (*iv*) à consequente perda do patrimônio do falido nas mãos inescrupulosas daqueles que conduziam o procedimento falimentar[45]. Nesse contexto, começa-se a falar em crise do direito falimentar, verificando-se, também em território norte-americano, a máxima de Thaller no sentido de que a lei de falências de um país é aquela que mais se desgasta diante da evolução da realidade dos fatos[46].

De um lado, o Estado se mostra cada vez mais interessado em retirar da órbita do direito falimentar, ao menos da sua aplicação direta, algumas atividades de maior repercussão econômica e social, como a bancária e a securitária. Não foi à toa que as instituições financeiras passaram a se submeter a procedimentos mais céleres, consubstanciados na intervenção extrajudicial forçada, criando-se, ao lado do direito falimentar, sistemas parafalimentares especiais[47].

De outro, o colapso das macroempresas passou a chamar cada vez mais a atenção. Surgida na passagem do século XIX para o XX, especialmente nos Estados Unidos, a sociedade anônima de enormes proporções estava

---

[43] CARVALHO DE MENDONÇA. *A Lei Federal dos Estados Unidos da América...*, p. 306.
[44] CARVALHO DE MENDONÇA. *A Lei Federal dos Estados Unidos da América...*, p. 307-308.
[45] COMPARATO. *Aspectos jurídicos da macro-empresa...*, p. 107-108; REQUIÃO. *Curso de direito falimentar*, v. 1..., p. 10-11.
[46] THALLER. *Des faillites en droit comparé*, t. I..., p. 1-2.
[47] REQUIÃO. *Curso de direito falimentar*, v. 1..., p. 11.

sujeita a dificuldades de mesma ordem e natureza, para as quais a falência e a concordata não davam resposta minimamente satisfatória. A crise que se abateu sobre as companhias ferroviárias norte-americanas nesse período foi sintomática[48]. Em termos de repercussão, poder-se-ia compará-las, guardadas as devidas proporções, à crise das empresas do setor aéreo, ocorrida a partir dos anos 1990[49].

Isso porque, tanto em uma quanto em outra, o destino das grandes companhias passa a ser uma questão de cunho social, com consequências e reflexos poderosos não só para o devedor e seus credores, mas também para empregados, fornecedores, clientes e comunidades inteiras. Nesse contexto, o direito falimentar inicia um novo momento de inflexão, desviando o foco da mera liquidação de ativos e pagamentos dos credores para se voltar à preservação da empresa[50].

Essa solução encontrada no direito norte-americano não foi a única[51], mas foi provavelmente a mais emblemática e, com certeza, a que mais influência teve sobre a legislação brasileira em vigor (Lei 11.101/2005). Nesse contexto, a premissa básica que perpassa a recuperação de uma empresa em dificuldades econômico-financeiras é a de que todos os envolvidos no negócio, incluindo os credores, o devedor, seus sócios, empregados, fornecedores e a comunidade em geral, podem se beneficiar com a superação do estado de crise empresarial, desde que a um custo econômico razoável[52].

A lógica em torno da importância da recuperação de uma atividade econômica em crise (em detrimento da sua simples liquidação) e a preocupação de ofertar ao devedor uma nova oportunidade[53] foi muito bem

---

[48] SKEEL JR. *Debt's dominion...*, p. 48 ss.
[49] BAIRD, Douglas G. *The elements of bankruptcy*. New York: The Foundation Press Inc., 1992, p. 58.
[50] REQUIÃO. *Curso de direito falimentar*, v. 1..., p. 10-11.
[51] A legislação francesa trilhou seu próprio caminho (REQUIÃO. *Curso de direito falimentar*, v. 1..., p. 12).
[52] TABB, Charles Jordan; BRUBAKER, Ralph. *Bankruptcy law*: principles, policies, and practice. Cincinnati: Anderson Publishing Co., 2003, p. 595.
[53] Para destacar a importância da recuperação de empresas na história do direito falimentar e recuperatório norte-americano, mormente no que se refere à nova oportunidade (*fresh start*) outorgada ao devedor, no caso de sua atividade econômica ser recuperável, David G. Epstein e Steve H. Nickles lembram de um julgamento da Suprema Corte Americana, datado de 1918 e intitulado *Stellwagen v. Clum*: "The federal system of bankruptcy is designed not only to distribute the property of the debtor, not by law exempted, fairly and equally among his creditors, but as a main purpose of the act, intends to aid the unfortunate debtor by giving

RECUPERAÇÃO JUDICIAL

compreendida por Charles Warren, Charles Tabb e Raplh Brubaker, tendo sido resumida numa singela e precisa expressão: "há negócios que valem mais vivos do que mortos"[54].

Os ativos utilizados na exploração de uma atividade econômica possuem valor agregado, isto é, valem usualmente bem mais quando empregados na exploração de um negócio do que quando vendidos separadamente dele (*going concern value*)[55].

Os processos de recuperação de empresas em crise passaram a ser vistos como verdadeiros mecanismos de sobrevivência para a economia americana, que sofreu profunda influência do colapso que abateu o setor ferroviário daquele país e motivou a promulgação do *Railroad Reorganization Act* de 1933[56]. Isso porque insolventes, em sua grande maioria – tais sociedades anônimas, as primeiras grandes companhias (*corporations*) norte-americanas[57]

him a fresh start in life, free from debts, except of a certain character, after the property which he owned at the time of bankruptcy has been administered for the benefits of the creditors. Our decisions lay great stress upon this feature of the law – as one not only of private but of great public interest in that it secures to the unfortunate debtor, who surrenders his property to distribution, a new opportunity in life." (EPSTEIN, David G.; NICKLES, Steve; H. WHITE, James J. *Bankruptcy*. St. Paul Minn: West Publishing Co., 1993, p. 7-8). Os referidos autores lembram, no entanto, que nem todo o devedor envolvido em um processo de falência ou de recuperação recebe o benefício do *fresh start*, devendo tal medida ser analisada caso a caso.

[54] TABB; BRUBAKER. *Bankruptcy law...*, p. 595.

[55] TABB; BRUBAKER. *Bankruptcy law...*, p. 595. Nesse sentido, explicativo é o argumento de Thomas H. Jackson: "The common pool example of fish in a lake suggests that one of the advantages to a collective system is a larger aggregate pie. Does that advantage exist in the case of credit? When dealing with business, the answer, at least some of the time, would seem to be 'yes'. The use of individual creditor remedies may lead to a piecemeal dismantling of a debtor's business by the untimely removal of necessary operating assets. To the extent that a non-piecemeal collective process (whether in the form of a liquidation or reorganization) is likely to increase the aggregate value of the pool of assets, its substitution for individual remedies would be advantageous to the creditors as a group. This is derived from a commonplace notion: that a collection of assets is sometimes more valuable together than the same assets would be if spread to the winds. It is often referred to as the surplus of a going concern value over a liquidation value." (JACKSON, Thomas H. *The logic and limits of bankruptcy law*. Washington: Beardbooks, 2001 (reprinted), p. 14). Segundo C. Warren: "The good will of an established business may be worth more, as a means of acquiring money for the payment of liabilities, than the goods in the factore or store." (WARREN. *Bankruptcy in United States history...*, p. 153).

[56] WARREN. *Bankruptcy in United States history...*, p. 154.

[57] Sobre a relevância econômica das companhias ferroviárias para o desenvolvimento do mercado de capitais e de crédito nos EUA, Mark J. Roe destaca que: "Most early manufacturing

NOTAS SOBRE A EVOLUÇÃO HISTÓRICA DO DIREITO DA INSOLVÊNCIA NOS EUA

– tinham ativos cujo valor econômico estava umbilicalmente atrelado à sua direta utilização no negócio ferroviário[58] e cuja alienação justificava-se apenas como uma unidade de negócio contínua e ininterrupta[59].

firms were proprietorships or small partnerships. The owners usually [people] of limited means. Assembling fixed assets to commence or expand production often absorbed all the proprietors' resources. Additional fixed capital was extremely difficult to raise. Equity financing through the mass sale of securities did not begin in the United States until the introduction of the railroads, and it did not play a significant role on manufacturing finance before the Civil War." (ROE, Mark J. *Corporate reorganization and bankruptcy legal and financial materials*. New York: Foundation Press, 2000, p. 4).

[58] Segundo C. Warren: "A railway is a unit; it cannot be divided up and disposed of piecemeal like a stock of goods. It must be sold, if sold at all, as a unit and as a going concern. Its activities cannot be halted because its continuous, uninterrupted operation is necessary in the public interest; and for the preservation of that interest, as well as for the protection of the various private interests involved, reorganization was evidently regarded as the most feasible solution whenever the corporation had become 'insolvent or unable to meet its debts as they mature'." (WARREN. *Bankruptcy in United States history...*, p. 155).

[59] Na visão de Douglas G. Baird, as companhias ferroviárias eram o que são hoje as companhias aéreas, em termos dos apuros financeiros enfrentados (BAIRD. *The elements of bankruptcy...*, p. 58). A despeito dessa afirmação, o mesmo autor, em artigo publicado na *Stanford Law Review*, em coautoria com Robert K. Rasmussen, defende que o paradigma econômico que ensejou a construção das grandes ferrovias norte-americanas e sua posterior recuperação (com ajuda do Poder Judiciário) o conceito de *going concern value* e a venda conjunta dos bens que formavam a atividade econômica explorada pela empresa em crise foi alterado com o passar dos anos, sem que o arcabouço jurídico recuperatório tenha sido ajustado a tais evoluções. Com relação a esse ponto em especial, os autores afirmam: "In this Part, we begin by delineating the attributes of financially distressed railroads that necessitated a law of corporate reorganizations. These corporations had dedicated assets that were being put to their highest valued use. While railroads have remained the common paradigm for corporate reorganizations, they were in fact not representative of firms in the Industrial Age. We examine the archetypal firm of the period and show that it depended relatively little on specialized assets. In our own time, specialized assets matter even less. The specialized assets of a firm today are often intangible, such as its business know-how. In a winner-take-all economy, such assets are likely to have value only for the firms that flourish and not the ones that encounter financial distress." No que se refere aos ativos de propriedade das ferrovias em estado de crise e o seu *going concern value*, os autores entendem que: "The usual account of the law of corporate reorganizations assumes that firms today that cannot pay their obligations are like the nineteenth-century railroads. At its inception in the late nineteenth century, the law of corporate reorganizations focused exclusively on railroads. Many railroads turned an operating profit, but could not hope to re-coup their construction costs. Their assets were being put to their highest and best use. Indeed, the iron rails and wooden ties connecting two cities had no use other than as a railroad. In addition, the railroads lacked a coherent capital structure. In the course of their construction, railroads issued dozens of different types of investment instruments, putting

Como bem salienta David Skeel Jr., ao examinar a situação de credores cujos créditos estavam garantidos por porções de estradas de ferro: "cem milhas de trilhos no meio do nada eram essencialmente inúteis, a menos que a estrada de ferro permanecesse intacta". Em razão disso, os credores cujos créditos estavam assegurados por esse tipo de ativo não tinham qualquer incentivo para liquidar individualmente a garantia; havendo, por outro lado, razões para que eles e o devedor buscassem soluções conjuntas para a crise, ao invés de simplesmente partilhar ativos com baixíssima liquidez[60].

Assim, sendo economicamente mais vantajoso buscar alternativas para superar a crise ao invés de simplesmente liquidar as estradas de ferro e seus respectivos ativos, os advogados dos credores, com o consentimento do Poder Judiciário, desenvolveram novas técnicas capazes de contornar a situação de risco enfrentada por essas companhias, tornando tais empresas as primeiras beneficiárias dos procedimentos de recuperação de empresas (*corporate reorganizations*)[61].

O consenso em torno da visão de que as estradas de ferro em pleno funcionamento eram essenciais para o crescimento da atividade econômica nos Estados Unidos – sendo consideradas fundamentais para o interesse da

---

up different stretches of track and other assets as collateral for each bond. The options for dealing with an economically sound but financially distressed rail-road in the nineteenth century were limited. A cash sale was simply out of the question. It cost $20,000 to $30,000 to build a single mile of track on the Great Plains. In more difficult terrain, the cost would be $80,000 or more. No single individual or group of individuals could amass sufficient capital to buy an established line as a unit. The law of corporate reorganizations came into being as a result. Lawyers and the investment bankers who sold the bonds in the first instance created it by extending the existing legal device of an equity receivership. As the receivership developed, its salient features emerged: a stay of the collection activity of creditors, the infusion of operating funds, and negotiations among representatives of the various debtholders over a new capital structure. Judges entered the picture to resolve disputes and ensure the agreed-upon capital structure was fair and equitable to those who dissented. Modern Chapter 11 derives its principal features from the equity receivership. The assumption that the railroad is the prototypical firm in financial distress, however, is suspect. Even at its height, the Industrial Revolution did not depend upon large firms with specialized assets dedicated exclusively to them." (BAIRD; RASMUSSEN. The end of bankruptcy..., p. 9-10).

[60] SKEEL JR. *Debt's dominion...*, p. 62.

[61] SKEEL JR. *Debt's dominion...*, p. 5. Segundo Mark J. Roe, "(...) the large failures at the end of the 19th century were the railroads, which were seen as critical to regional economies. Court developed a reorganization apparatus to keep the railroads running, even when the railroads failed to make as much money as anticipated and could no longer pay off their creditors." (ROE. *Corporate reorganization...* p. 6).

NOTAS SOBRE A EVOLUÇÃO HISTÓRICA DO DIREITO DA INSOLVÊNCIA NOS EUA

nação e de todas as demais partes interessadas no negócio, como administradores, empregados e acionistas – granjeou a simpatia dos Tribunais para a aceitação de um remédio alternativo à liquidação, ainda que não houvesse precedentes judiciais específicos sobre o assunto, nem certeza quanto à viabilidade econômica das sociedades privilegiadas pelas medidas[62].

Até as reformas do *Bankruptcy Act* promovidas pós-depressão de 1929, as *business reorganizations* – mais propriamente, o regime de *equity receivership*[63] – eram uma técnica exclusivamente jurisprudencial para o financiamento de ativos tangíveis e para a redução de custos operacionais. O *Bankruptcy Act* de 1898 foi, aos poucos, sendo reformado: por exemplo, além do *Railroad Reorganization Act* de 1933, o Congresso passou a discutir, em 1934, as primeiras leis de falência de municípios, sendo que, em 1937, aprovou a *Municipal Bankruptcy Act*, que se tornou o *Chapter IX* do *Bankruptcy Act*.

Em 1938, foi promulgado o *Chandler Act*, que trouxe significativas modificações na estrutura da legislação vigente. Há uma reformulação do *Bankrupcty Act*: o *Chapter X* passa a tratar das *corporate reorganizations* ao passo que o *Chapter XI* passa a cuidar dos *arrangements*, enquanto o *Chapter XII* passa a regular os *real property arrangements* e o *Chapter XIII*, os *wage earner plans*, sem contar as diversas alterações materiais e procedimentais ocorridas nas décadas seguintes[64].

---

[62] SKEEL JR. *Debt's dominion...*, p. 62; WARREN. *Bankruptcy in United States history...*, p. 158.

[63] Segundo David Skeel Jr.: "A receiver's certificate was a promissory note issued the receiver 'by which the railroad borrowed from investors against the credit of the 'whole estate' of the railroad' on a short-term basis. The beauty of the certificates, at least from the receivers' perspective, was that they were given priority over all of the railroads' other obligations – even over existing mortgages. Mortgages payments were not made until the receiver's certificate obligations were paid up, and the holders of receivers' certificates were also entitled to first dibs on the proceeds of any sale of the property that secured the certificates. (The explanation for the superpriority of receiver's certificates was that they were an obligation of receivership, rather than of the debtor, and creditors of the debtor were entitled to payment only from the assets of the railroad, net of receivership expenses). Under the practice that developed, the receiver would identify the immediate cash needs of the railroad and ask the court to authorize him to issue receiver's certificates. Given the high probability of repayment, investors were happy to help finance the receivership by investing in receiver's certificate." (SKEEL JR., David. A. The story of Saybrook: defining the limits of debtor-in-possession financing. In: RASMUNSSEN, Robert K (editor). *Bankruptcy law stories*. New York: Foundation Press, 2007, p. 180-181).

[64] TABB. The history of the bankruptcy laws in the United States..., p. 21-22, 29-31.

RECUPERAÇÃO JUDICIAL

Nessa sequência, a reforma do *Bankruptcy Code* em 1978[65] trouxe um novo *Chapter 11* em substituição aos antigos *Chapters X, XI e XII,* bem como um novo *Chapter 13,* oferecendo uma espécie de *super discharge,* facilitando o ajuizamento e a reorganização para empresas e indivíduos[66] (tema que foi retomado nas reformas de 1984, 1986, 1994 e 1998)[67]-[68].

Finalmente, em 2005, foi aprovada o *Bankruptcy Abuse Prevention and Consumer Protection Act.* A nova lei alterou substancialmente o *Act* de 1978 no seguinte sentido: (*i*) exigiu um teste de meios[69] com base na renda mediana estadual para devedores individuais; (*ii*) determinou o aconselhamento de crédito como condição para o *relief;* (*iii*) exigiu o treinamento de administração financeira para os devedores dos *Chapters 7* e *13;* (*iv*) eliminou o *super discharge* previsto no *Chapter 13;* (*v*) tornou permanente o *Chapter 12,* o qual prevê a reorganização de famílias de agricultores (que havia sido incluído de modo temporário na reforma de 1968), incluindo em tal previsão os pescadores familiares; (*vi*) criou a figura do *ombudsman* para averiguar a privacidade dos consumidores em processos de falência e a proteção de dados; (*vii*) reconheceu as regras de insolvência internacional; (*viii*) dentre outras questões[70].

---

[65] Tabb refere que a Reforma de 1978 – cujos trabalhos iniciaram em 1968 – foi a única alteração legislativa no âmbito falimentar americano que não resultou de uma severa crise econômicofinanceira, além de ter recebido relevantes aportes técnicos da Comissão (*Comission on the Bankruptcy Laws of the United States*) criada pelo governo para discutir a reforma na legislação falimentar (TABB. The history of the bankruptcy laws in the United States..., p. 32 ss).

[66] JACKSON, Thomas H. *The logic and limits of bankruptcy law.* Cambridge: Harvard University Press, 1986, p. 1.

[67] Ao comentar a crise empresarial americana do final da década de 1980, que foi originada a partir de operações malsucedidas de *Leveraged Buyouts* (LBO), David Skeel Jr. refere que: "The drafters of Chapter 11, the corporate reorganization chapter that had combined the two reorganization chapters of the former Bankruptcy Act, wanted to provide a flexible framework that let the parties themselves negotiate the terms of a restructuring that preserved the going concern value of viable companies. The framework was well-suited to the LBO bankruptcies, because a large number were perfectly viable businesses that simply had too much debt. Their distress was financial not economic, as economists like to say." (SKEEL JR. The story of Saybrook..., p. 178).

[68] Para aprofundamento sobre os principais pontos da reforma, ver: TABB. The history of the bankruptcy laws in the United States..., p. 32-37.

[69] Em apertada síntese, o *means test* tem por finalidade definir quem pode pedir *bankruptcy* pelo Chapter 7 e quem fica confinado ao Chapter 13. Isto é, acima da renda média é obrigado a propor um plano de pagamento; abaixo da renda média pode liquidar tudo e ter o *discharge.*

[70] Sobre a reforma de 2005, ver: RUSER, Rachel. Analysis of the Bankruptcy Abuse Prevention and Consumer Protection Act of 2005 (BAPCPA). *SPNA Review,* v. 2, Iss. 1, p. 86-103, 2006.

NOTAS SOBRE A EVOLUÇÃO HISTÓRICA DO DIREITO DA INSOLVÊNCIA NOS EUA

Embora seja correto afirmar que o direito concursal contemporâneo possui fronteiras coerentes e identificáveis[71], a experiência norte-americana – ancorada no princípio cardeal da preservação da empresa, na manutenção do devedor na condução dos negócios durante a recuperação judicial (*debtor-in-possession*), na previsão do *fresh start* e na extensão do poder jurisdicional dos juízes – foi responsável, em âmbito global, pelo começo de uma ampla discussão acerca da reavaliação de medidas possivelmente previstas em uma lei de insolvências a fim de sanear negócios em crise[72-73].

Essa narrativa descreve, em parcas linhas, o espírito fundador do direito concursal no direito norte-americano, mesmo que essa visão idealizada do século XIX e o paradigma econômico que ensejou a formação (e a estruturação) do sistema recuperatório e do falimentar daquele país tenham sido alterados e criticados pela doutrina especializada[74-75].

---

[71] BAIRD. *The elements of bankruptcy...*, p. I.

[72] CEREZETTI. *A recuperação judicial de sociedade por ações...*, p. 104.

[73] A rigor, a doutrina americana divide-se em duas grandes correntes no que se refere ao objetivo do *Chapter 11*. De um lado, há a corrente capitaneada por Thomas Jackson e Douglas Baird no sentido de que as regras recuperatórias estabelecem um aparato legal de execução coletiva do devedor, no qual se cria um ambiente de negociação entre credor e devedor (*Hypothetical Creditor's Bargain*), capaz de maximizar o retorno dos investidores e minimizar o custo de capital do devedor – tendo como premissa a existência de direitos de propriedade bem definidos (JACKSON. *The logic and limits of bankruptcy law...*; BAIRD. *The elements of bankruptcy...*). De outro, existe a linha defendida por Elizabeth Warren, segundo a qual a lei recuperatória constitui uma espécie de política pública que suporta o devedor e distribui as consequências de sua crise entre os diversos participantes do processo de modo a equilibrar os ganhos, perdas e interesses desses agentes, numa espécie de estado de bem-estar social (WARREN, Elizabeth. Bankruptcy policy. *University of Chicago Law Review*, v. 54, Iss. 3, article 1, p. 775-817, 1987).

[74] Nas palavras de Mark J. Roe: "The first large scale bankruptcies in the United States were major railroads, which grew rapidly and then collapsed financially during the deep depression of the 1890. Until 1898, there was no continuing American bankruptcy statute; yet, during this period companies owning a majority of the railroad tracks in America were reorganized. The receivership, however, was a long-standing common law device, originally designed for simpler times and simpler companies. Federal judges adapted the receivership to reorganize the railroads. Over the next century the equity receivership developed into chapter 11. (...) Lawyers for the creditors of troubled railroads, with the blessing of sympathetic judges took advantage of the equity receivership. As they used it over time, their practices became more fixed as judges set limits on how these receiverships could be used and how they could change the rights of the various affected parties. What emerged in the end were the basic features of Chapter 11." (ROE. *Corporate reorganization...*, p. 7).

[75] A doutrina norte-americana tem-se dedicado à discussão (ainda distante da nossa realidade) da real utilidade das reorganizações societárias, em sede de recuperações judiciais, como

RECUPERAÇÃO JUDICIAL

alternativas indispensáveis para o soerguimento da empresa em crise no século XXI. Em artigo intitulado *The end of bankruptcy*, Douglas G. Baird e Robert K. Rasmussen elencam uma série de razões que demonstrariam a baixíssima serventia dos procedimentos de reorganização societária entabulados com base no *Chapter 11* do *US Bankruptcy Code*. Na tentativa de justificar os motivos que ensejaram a elaboração do artigo, os autores argumentam que: "Corporate reorganizations have all but disappeared. Giant corporations make head-lines when they file for Chapter 11, but they are no longer using it to rescue a firm from imminent failure. Many use Chapter 11 merely to sell their assets and divide up the proceeds. (...) Even when a large firm uses Chapter 11 as something other than a convenient auction block, its principal lenders are usually already in control and Chapter 11 merely puts in place a pre-existing deal. Rarely is Chapter 11 a forum where the various stakeholders in a publicly held firm negotiate among each other over the firm's destiny. (...) Large firms, of course, form only a tiny portion of the Chapter 11 docket. For the vast majority of firms in financial trouble, the traditional corporate reorganization has become increasingly irrelevant. Of the half a million firms that will fail this year, only 10,000 will file for Chapter 11, half of what we saw a decade ago. (...) To the extent we understand the law of corporate reorganizations as providing a collective forum in which creditors and their common debtor fashion a future for a firm that would otherwise be torn apart by financial distress, we may safely conclude that its era has come to an end." Os parágrafos a seguir resumem as principais ideias que embasam os argumentos dos autores: "The law of corporate reorganizations is conventionally justified as a way to preserve a firm's going-concern value: Specialized assets in a particular firm are worth more together in that firm than anywhere else. This paper shows that this notion is mistaken. Its flaw is that it lacks a well-developed understanding of the nature of a firm. Initially, it is easy to confuse size with specialization and overstate the extent to which assets are dedicated to a particular enterprise. Even when such dedicated assets exist, they often do not need to stay in the same firm. As Coase taught us, as the costs of contracting go down, so too does the value of keeping assets in a particular firm. But even when specialized assets must be kept inside a firm, two other forces limit the need for a traditional law of corporate reorganizations. Capital structures are increasingly designed with financial distress in mind. For these firms, control rights shift from one set of investors to another as the firm encounters difficulty. Such firms either never file for bankruptcy, or, if they do, it is only to vindicate the predetermined allocation of control rights. Even where control rights are not sensibly allocated, a quick sale of the firm restores order. When firms can be sold as going concerns, the need for the traditional negotiated plan of reorganization disappears. The vast majority of firms in financial distress never enter bankruptcy. Today the Chapter 11 of a large firm is an auction of the assets, followed by litigation over the proceeds." (BAIRD; RASMUSSEN, *The end of bankruptcy*..., p. 1-2). Em resumo, os autores defendem que os mecanismos da recuperação de empresas e sua liquidação judicial perderam a utilidade que justificou sua criação no século XIX. Os argumentos ventilados pelos autores convergem no seguinte sentido: a evolução tanto do direito quanto da economia desenvolveu mecanismos mais modernos do que o direito concursal, tornado-o obsoleto para as necessidades dos agentes e demasiadamente oneroso. O artigo foi bastante debatido pela doutrina norte-americana, tendo gerado inúmeras respostas, em formato de artigos acadêmicos, dentre as quais destacamos o de autoria de Lynn M. Lopucki, intitulado *The nature of the bankrupt firm: a reply to Baird and Rasmussen's 'The end of bankruptcy'*: "In an article recently published in the Stanford Law Review Professors Douglas G. Baird and Robert K. Rasmussen assert that big-case bankruptcy reorganizations have "all but disappeared" and give three theoretical explanations. This reply provides empirical evidence that the assertion is wrong; reorganizations not only survive but are booming. It then explains how their theoretical explanations led Baird and Rasmussen to the wrong conclusion. In their first explanation, Baird and Rasmussen note that modern firms have few firm-specific or dedicated assets. From that observation, they argue that the firms have no going concern value. This reply argues that the going concern value of bankrupt firms exists independently of the firm's assets and does not depend on their nature. Instead, going concern value inheres in the relationships among people and assets. Modern firms continue to generate those relationships and so continue to have substantial going concern value. Baird and Rasmussen's second explanation relies on asserted recent advances in bankruptcy contracting. They claim those advances made it possible to deliver control rights dynamically to investors whose incentives match the interests of the firm. Through these contracts, creditors who are the residual owners of the firm are put in control of the firm, rendering reorganization superfluous. This reply notes that Baird and Rasmussen supply no description of the contracts involved. It also provides empirical evidence that the pattern of contracting claimed is impossible because no single class of residual owners exists in most bankrupt firms. In their third explanation, Baird and Rasmussen argue that improvements in the market for firms have made sale as a going concern an effective substitute for reorganization. This reply explains why reorganizations would continue even if firms could be sold for their full going concern values." (LOPUCKI, Lynn M. The nature of the bankrupt firm: a reply to Baird and Rasmussen's 'The end of bankruptcy'. *Stanford Law Review*, v. 56, n. 3, p. 645-671, Nov. 2003). O trabalho de Douglas G. Baird e Robert K. Rasmussen foi objeto de análise crítica em ótimo artigo de autoria de Leonardo N. Parentoni e Gustavo O. Galizzi, intitulado "É o fim da falência?". Para os referidos autores: "Tem-se assistido, nos últimos anos, a uma série de reformas na legislação falimentar de diversos países (...) Acrescente-se, ainda, a modificação do sistema concursal brasileiro, implementada por meio da Lei nº 11.101, de 09 de fevereiro de 2005, conhecida como a nova Lei de Falências. Tal mobilização legislativa revela uma tendência mundial em repensar os institutos da falência e da recuperação de empresas, a fim de promover sua adequação aos novos tempos. É justamente na contramão dessas reformas que se posiciona o artigo 'O fim da falência' (*The end of bankruptcy*), de autoria de Douglas G. Baird e Robert K. Rasmussen, questionando a utilidade e a necessidade dos procedimentos judiciais de recuperação e liquidação de empresas. Os argumentos expendidos pelos referidos autores podem ser sintetizados da seguinte forma: (*i*) os estudiosos do Direito Concursal deveriam aplicar os pressupostos da teoria da empresa de Ronald Coase para investigar a efetiva necessidade (inexistente, na visão dos autores) de assegurar a manutenção (no caso de recuperação) ou alienação conjunta (em se tratando de falência) dos bens do devedor, a qual corresponderia à razão de ser do ramo jurídico; (*ii*) tendo em vista a crescente padronização dos ativos disponíveis no mercado, não haveria que se cogitar sobre o aviamento na empresa moderna e, assim, da utilidade contemporânea do Direito Concursal, ramo jurídico voltado justamente à preservação deste atributo subjetivo; (*iii*) modernos instrumentos contratuais outorgando aos principais credores do devedor poderes gradativos de decisão sobre o destino da atividade empresarial dispensariam a instauração de um custoso procedimento judicial

RECUPERAÇÃO JUDICIAL

2. A busca pela convergência: principles and guidelines do Banco Mundial

A nova perspectiva desenvolvida pelo direito norte-americano foi o estopim para o início de um processo de elaboração de estudos de eficiência dos sistemas de insolvência, especialmente diante das crises econômicas que se seguiram ao longo dos últimos anos dos séculos XIX e XX.

Inserem-se nesse contexto os *Principles and Guidelines for Effective Insolvency and Creditor Rights Systems* (aprovados no ano de 2001 e revisados em 2005, 2011 e 2015)[76] e o *Insolvency and Creditor Rights Standard* (ICR Standard, revisado em 2011)[77].

A primeira iniciativa trata de uma série de princípios, regras e diretrizes estabelecidos pelo Banco Mundial (*World Bank*) em resposta às crises dos mercados emergentes ocorridas nos anos 1990, representando uma espécie de consenso internacional a respeito das melhores práticas a serem adotadas pelos sistemas mundiais de insolvência e estabelecendo um padrão para medir seus graus de eficiência. O formato atualizado do estudo do

destinado, em última análise, a debater a mesma questão; (*iv*) operações de compra e venda de empresas concluídas atualmente no mercado estariam se sobrepondo às funções para as quais os procedimentos de recuperação e liquidação de empresas em crise foram concebidos; e (*v*) os altos custos inerentes aos procedimentos judiciais de recuperação e liquidação de empresas de pequeno e médio porte não compensariam os eventuais benefícios decorrentes dos mesmos." Ao longo do texto, os autores tomaram a cautela de contextualizar o debate dos argumentos ventilados pelos norte-americanos nas premissas e dispositivos da Lei de Falências e Recuperação de Empresas, tecendo considerações sobre a sua pertinência ou não. Em sede de conclusão, em tom conciliador e coerente com a análise realizada ao longo do estudo, afirmam que: "'*The end of bankruptcy*' não deve ser lido ou estudado, nesse contexto, como uma manifestação de desprestígio ao Direito Concursal. Exageros do título à parte, a interpretação mais adequada do artigo é a de uma crítica bem articulada a inegáveis deficiências da referida disciplina jurídica, conclamando os juristas a refletir sobre a necessidade de aperfeiçoá-la, comparativamente a mecanismos alternativos no mercado. Foi esse o espírito que motivou a elaboração deste texto." (PARENTONI, Leonardo Netto; GALIZZI, Gustavo Oliva. É o fim da falência? In: CASTRO, Moema A. S. de; CARVALHO, William Eustáquio de (coord.). *Direito falimentar contemporâneo*. Porto Alegre: Sergio Antonio Fabris Editor, 2008, p. 314).

[76] THE WORLD BANK. *Principles for effective insolvency and creditor/debtor regimes*. Disponível em: <http://www.worldbank.org/en/topic/financialsector/brief/the-world-bank-principles-for-effective-insolvency-and-creditor-rights>. Acesso em: 01 jun. 2018.

[77] THE WORLD BANK. *Principles for effective insolvency and creditor/debtor regimes*. Disponível em: <http://siteresources.worldbank.org/EXTGILD/Resources/5807554-1357753926066/ICRPrinciples-Jan2011%5bFINAL%5d.pdf>. Acesso em: 01 jun. 2018.

Banco Mundial está dividido em quatro partes principais, com inúmeros subitens: (*i*) direitos dos credores e do devedor (*creditor/debtor rights*); (*ii*) gerenciamento de risco e treinamento corporativo (*risk management and corporate workout*); (*iii*) legislação para insolvência (*legal framework for insolvency*); e (*iv*) implementação: estruturas regulatória e institucional (*implementation: institutional and regulatory frameworks*).

Os princípios e diretrizes compõem uma ampla iniciativa global em prol da reforma convergente das leis de insolvência com o objetivo de: (*i*) promover mais certeza e previsibilidade nos resultados dos processos concursais; (*ii*) permitir uma acurada identificação dos riscos por agentes financiadores; (*iii*) estimular o cuidado com o endividamento; e (*iv*) promover o tratamento adequado de devedores e credores em situações de crise econômico-financeira. Tais *Principles and Guidelines* influenciaram diretamente a padronização dos sistemas mundiais (inclusive do Brasil[78]) quanto ao tratamento dos créditos garantidos, ao estímulo das soluções negociadas e ao binômio "disposição de meios de recuperação para empresas viáveis" versus "liquidação rápida e eficiente de empresas não viáveis"[79].

A segunda iniciativa – *Insolvency and Creditor Rights Standard* (ICR Standard) – envolve esforços conjuntos do Banco Mundial e da Comissão de Comércio Internacional das Nações Unidas (UNCITRAL), em parceria com o Fundo Monetário Internacional (FMI), no sentido de uniformizar o

---

[78] Segundo o relatório do *Doing Business* organizado anualmente pelo Banco Mundial (2017), o Brasil ocupa a 101ª posição no quesito obtenção de crédito – cuja metodologia considera (*i*) a solidez dos sistemas de informação de crédito e (*ii*) a eficácia das leis de garantias e falências no sentido de facilitar os empréstimos – e a 37ª no quesito execução de contratos – cuja metodologia mede o tempo e custo para resolução de disputas comerciais através de um tribunal de primeira instância local. Com base no caso de uma disputa comercial sobre a qualidade de bens vendidos a uma empresa, o relatório analisa o tempo e o custo a partir do momento em que o queixoso entra com a ação até o momento em que o pagamento é recebido. Além disso, o índice da qualidade dos processos judiciais avalia se cada economia adota uma série de boas práticas que promovem a qualidade e a eficiência do sistema judicial, em um total de 190 países. (THE WORLD BANK. *Doing business – 2017*. Disponível em: <http://portugues. doingbusiness.org/reports/global-reports/doing-business-2017>. Acesso em: 31 mar. 2018).

[79] Até o ano de 2004, os *Principles and Guidelines* foram utilizados para auxiliar a reforma de leis concursais em aproximadamente 24 países em todo o mundo. A partir dessa experiência, o Banco Mundial revisou tais princípios e diretrizes e aprovou, no ano de 2005, o *Creditors Rights and Insolvency Standards* pela UNCITRAL – tendo ocorrido nova revisão no ano de 2011. Sobre o tema, ver: TOLEDO; PUGLIESI. Capítulo II: A preservação da empresa e seu saneamento..., p. 73-77.

RECUPERAÇÃO JUDICIAL

consenso internacional sobre as melhores práticas na avaliação e no fortalecimento da insolvência nacional e dos direitos creditícios. A uniformização se dá por meio da combinação entre os Principles and Guidelines do Banco Mundial e o Guia Legislativo da UNICTRAL (UNCITRAL Legislative Guide on Insolvency Law)[80]. O Comitê de Estabilidade Financeira (Financial Stability Board) reconheceu esse esforço coletivo e designou o ICR Standard como um parâmetro essencial para análise financeira dos mais diversos regimes de insolvência e para a eleição dos pontos nevrálgicos de reforma da legislação nacional (inclusive da reforma legislativa em discussão no Brasil).

Esse movimento internacional em prol da recuperação de empresas em dificuldades econômico-financeiras caracteriza-se essencialmente pela preocupação de que todos os envolvidos no negócio, incluindo os credores, o devedor, os seus sócios, os empregados, os fornecedores e a comunidade em geral possam se beneficiar com a superação do estado de crise empresarial[81], ou, no caso de liquidação, com a busca de instrumentos processuais que maximizem tanto o valor a ser dividido entre os credores, quanto a continuidade da atividade empresarial do devedor sob o comando de um terceiro.

O tema ganhou notoriedade nas últimas décadas – especialmente em decorrência das graves crises econômicas que assolaram o globo nos primeiros anos do século XXI –, o que gerou significativas reformas legislativas nos principais ordenamentos jurídicos do mundo ocidental, dentre os quais merecem destaque: França[82], Itália[83], Alemanha[84], Espanha[85], Portugal[86], Argentina[87], Uruguai[88], Inglaterra[89] e EUA[90].

---

[80] O UNCITRAL Legislative Guide on Insolvency Law abrange os principais objetivos e princípios que devem ser refletidos em uma lei de insolvência, destinando-se a informar e auxiliar a reforma das leis de insolvência em todo o mundo. (UNCITRAL. UNCITRAL Legislative Guide on Insolvency Law. Disponível em: <http://www.uncitral.org/uncitral/en/uncitral_texts/insolvency/2004Guide.html>. Acesso em: 02 jun. 2018).

[81] TABB; BRUBAKER. Bankruptcy law..., p. 595.

[82] O sistema de insolvência francês é reconhecido pela doutrina como debtor oriented, isto é, suas disposições legais são inclinadas à proteção do devedor e à preservação da empresa. Em síntese, a matéria se encontra regulada da seguinte forma: a partir de 1967, por meio da Lei 67.653, de 13 de julho, o direito francês introduziu no seu sistema falimentar os procedimentos reorganizatórios (i.e., liquidation, réglement judiciaire e suspension provisoire des poursuites) e a separação entre as figuras do empresário e da empresa. Ocorreram reformas em 1984, pela Lei 84-148, bem como em 1985, por meio das Lei 85-98 e 85-99 – alteradas ainda em 1994 –, com o que o direito francês passou a promover o princípio da preservação da empresa e seus efeitos diretos e indiretos no sistema falimentar. Desde então, o processo recuperatório passou por uma série de reformas pontuais (com maior destaque para a Loi de Sauvegarde des

Entreprises, de 26 de julho de 2005), que passaram a integrar o Livro VI do Código de Comércio (arts. L. 610-1 a L. 680-7). Atualmente, o direito francês apresenta as seguintes alternativas para a recuperação e/ou liquidação de uma empresa em crise: (*i*) *mandat ad hoc*; (*ii*) *conciliation* (que substituiu o *règlement amiable*); (*iii*) *sauvegarde*; (*iv*) *redressement judiciaire*; e (*v*) *liquidation judiciaire*. Existem, ainda, os procedimentos simplificados: *la liquidation judiciaire simplifiée* e *la procédure de sauvegarde financiére simplifiée*. De forma simplificada, os dois primeiros (*mandat ad hoc* e *conciliation*) são considerados meios preventivos de soerguimento de empresas em dificuldades, sem que o devedor tenha de iniciar um processo judicial para tanto (contando, todavia, com a assistência dos tribunais). Já o terceiro e o quarto (*sauvegarde* e *redressement judiciaire*) são procedimentos concursais propriamente ditos, orientados para a recuperação da empresa. O quinto (*liquidation judiciaire*), por seu turno, é típico procedimento concursal de cunho liquidatório. Ainda, as reformas de 2008 tinham o objetivo de tornar acessível e mais atrativo o procedimento de *sauvegarde*, tendo sido flexibilizados os requisitos para o seu início, e, em 2010, na esteira da crise financeira, a Lei 2010-1249 inseriu o chamado *sauvegarde financière accélérée* no art. L.628 do Código Comercial, tendo o objetivo de melhorar o processo de *sauvegarde*. Destaca-se, ainda, a regulação da insolvência dos consumidores (a teor da *Loi Neiertz*, de 1989), que permitiu aos particulares com endividamento excessivo solicitar auxílio a uma comissão para que as dívidas fossem reescalonadas. Esse regime foi inserido, posteriormente, no *Code de la Consommation*, que definiu o sobre-endividamento no art. L-330-1 como "a impossibilidade manifesta de o devedor de boa-fé, pessoa física, de realizar o pagamento de suas dívidas vencidas ou vincendas, não profissionais, abrindo-se a possibilidade de reporte ou reescalonamento, remissão dos débitos, redução ou supressão de juros, consolidação, substituição ou criação de garantias". Isso sendo que, ainda, a *Loi nº 2003-710 du 1 août 2003* estabeleceu um *procédure de rétablissement personnel* (regulado nos arts. L-332-5 a L-332-12 do *Code de la Consommation*), segundo o qual o encerramento enseja a exoneração das dívidas não profissionais do devedor. Para aprofundamento do tema, ver: TOLEDO, Paulo Fernando Campos Salles de. *A empresa em crise no direito francês e americano*. Dissertação (Mestrado em Direito). Faculdade de Direito da Universidade de São Paulo, São Paulo, 1987; PUGLIESI, Adriana Valéria. *Direito falimentar e preservação da empresa*. São Paulo: Quartier Latin, 2013, p. 55-73; CEREZETTI. *A recuperação judicial de sociedade por ações...*, p. 113-129; DEZEM, Renata Mota Maciel Madeira. *A universalidade do juízo da recuperação judicial*. São Paulo: Quartier Latin, 2017, p. 72 ss. Para uma visão atualizada do tema na doutrina francesa, ver: SAAIED, Sémia. *L'échec du plan de sauvegarde de l'entreprise en difficulté*. Paris: LGDJ, 2015; PÉROCHON, Françoise. *Entreprises en difficulté*. 10 ed. Paris: LGDJ, 2014; VALLANSAN, Jocelyne; DIN-LANGER, Laurence; CAGNOLI, Pierre. *Difficultés des entreprises*. 6 ed. Paris: Lexis Nexis, 2012; LUCAS, François-Xavier. *Manuel de droit de la faillite*. Paris: PUF, 2016; PELLETIER, Nicolas. *La responsabilité au sein des groupes de sociétés en cas de procédure collective*. Paris, LGDJ, 2013; SAINT-ALARY-HOUIN, Corinne. *Droit des entreprise en difficulté*. 10 ed. Paris: LGDJ, 2016. Ver, ainda: LEITÃO. *Direito da insolvência...*, p. 39-42.

[83] O sistema de insolvência italiano foi extensamente reformado em 2005, por meio do DL 35, de 14 de março, cuja reforma foi finalizada com a promulgação do DL 05, de 09 de janeiro de 2006, bem como pelo DL 169, de 12 de setembro de 2007. O legislador optou por manter vigente o *Reggio Decreto 267/45* (a *Legge Fallimentare*), revogando apenas alguns dos seus institutos (foi eliminada, por exemplo, a *amministrazione controllata*). O objetivo da reforma

RECUPERAÇÃO JUDICIAL

legislativa foi outorgar ares mais privatistas aos regimes jurídicos da crise, oferecendo ao devedor e a seus credores instrumentos contratuais de negociação para a busca de uma solução conjunta para a situação de dificuldade econômico-financeira, com foco na preservação da empresa (considerada em seu perfil funcional, como sinônimo de atividade), reduzindo-se, assim, a participação do Poder Judiciário. Em resumo, a legislação italiana possui seis institutos no seu sistema de insolvência empresarial: (*i*) a falência (*fallimento*), prevista nos arts. 5 a 117 e 146 a 152; (*ii*) a concordata suspensiva (*condordato fallimentare*), disciplinada nos arts. 124 a 141; (*iii*) a concordata preventiva (*concordatto preventivo*), nos termos dos arts. 160 a 166; (*iv*) os acordos de reestruturação de dívidas sujeitos à homologação judicial (*accordi di ristrutturazione dei debiti*), conforme o art. 182-*bis*; (*v*) a administração extraordinária de grandes empresas – pelo menos 300 empregados, nos últimos 12 meses – em crise (*amministrazione straordinaia delle grandi imprese in crisi*), regulada pelo DL 270/1999; e (*vi*) a liquidação compulsória (*liquidazione coatta*). Em pelo menos quatro institutos (*amministrazione straordinaia delle grandi imprese in crisi, concordato preventivo, concordatto fallimentare* e *fallencia*), verifica-se a possibilidade de manutenção da atividade (diretamente pelo devedor ou por meio da venda parcial ou total de bens a um *assuntore*) ou a organização de bens anteriores à falência. Para aprofundamento do tema, ver: PUGLIESI. *Direito falimentar e preservação da empresa...*, p. 73-85; DEZEM. *A universalidade do juízo da recuperação judicial...*, p. 122-124. Para uma visão atualizada do tema na doutrina italiana, ver: STANGHELLINI, Lorenzo. *Le crisi di impresa fra diritto ed economia*: le procedure di insolvenza. Bologna: Il Mulino, 2007; FERRI, Giuseppe. *Manuale di diritto commerciale*. 30 ed. A cura di Carlos Angelici e Giovanni B. Ferri. Milano: UTET, 2011, p. 817 ss; CAMPOBASSO, Gian Franco. *Diritto commerciale*, v. 3. 5 ed. A cura di Mario Campobasso. Padova: UTET, 2015, p. 817 ss.

[84] O sistema de insolvência alemão é reconhecido pela doutrina como *creditor oriented*, isto é, suas disposições legais são inclinadas à proteção dos interesses do credor e à satisfação do seu crédito em face do devedor. Em síntese, até 1994, o direito falimentar alemão era regulado de forma esparsa – principalmente pelo *Konkursordnung* (*KO*), datado de 1879, e pela *Vergleichsordnung* (*VerglO*), datada de 1935 –, sendo a unificação um dos objetivos da reforma legislativa realizada à época. Com isso, adveio o *Insolvenzordnung* (*InsO*), cujos objetivos principais foram: (*i*) concentrar a disciplina concursal em um único sistema; (*ii*) tratar da possibilidade de saneamento extrajudicial (estendido a pessoas físicas não empresárias e a empresários de pequeno porte); (*iii*) definir medidas para combater a insuficiência de ativos da massa; (*iv*) outorgar maior poder aos credores; (*v*) revisar a classificação dos créditos, eliminando privilégios e conferindo tratamento igualitário entre os credores; e (*vi*) exonerar pessoas físicas não empresárias e empresários de pequeno porte de obrigações residuais. Além desses objetivos, há dois pontos que merecem destaque no direito alemão. O primeiro é o sistema unitário de solução da crise empresarial, por meio do qual se decide, em um mesmo procedimento, ou pela liquidação dos ativos do devedor ou pela reorganização da empresa. Isto é, o mesmo procedimento pode resultar tanto em falência (liquidação), quanto em recuperação e preservação da empresa. O segundo é a possibilidade de os credores reverem sua decisão de vender o estabelecimento do devedor para determinado comprador se houver outro pretendente que ofereça preço maior e que opte pela manutenção dos empregos. Há duas espécies de ação de insolvência: a *Unternehmensinsolvenz* (*i.e.*, destinada aos comerciantes) e a *Verbraucherinsolvenz* (*i.e.*, destinada a pessoas naturais não comerciantes ou a autônomos que

44

NOTAS SOBRE A EVOLUÇÃO HISTÓRICA DO DIREITO DA INSOLVÊNCIA NOS EUA

exerçam um pequeno comércio). Além delas, há os procedimentos especiais de insolvência sobre herança e sobre o patrimônio de sociedade conjugal continuada. Resumidamente, há as seguintes formas de tratamento da crise: (*i*) o *Sanierungsplan* (*i.e.*, construção de um plano de saneamento para preservação da empresa e manutenção do devedor originário no comando da atividade); (*ii*) o *Übertragungsplan* (*i.e.*, transferência parcial ou total dos ativos para um novo titular, com sucessão de responsabilidade do adquirente pelas dívidas pregressas); (*iii*) o *Moratiriumsplan* (*i.e.*, plano para que sejam protelados os pagamentos); e (*iv*) a solução pela *Liquidationsplan* (*i.e.*, liquidação do patrimônio do devedor). O plano de recuperação/ insolvência pode abarcar qualquer uma dessas modalidades, cabendo essa decisão à assembleia geral dos credores. O *Insolvenzordnung* (*InsO*) teve uma importante alteração em 2008, retirando-se a possibilidade de instauração do processo concursal com base na insolvência. A reforma foi promulgada em resposta à crise de 2008 e teve como objetivo evitar que o administrador da sociedade fosse compelido a requerer a insolvência em decorrência da desvalorização automática dos ativos sociais pela crise mundial – livrando-o, com isso, de responsabilidades penais e civis. Em 2012, foi realizada uma nova reforma legislativa, a *Gesetz zur Erleichterung der Sanierung von Unternehmen* (ESUG), seguindo a Resolução do Parlamento Europeu de 2011, com o objetivo de (*i*) facilitar a reestruturação de negócios em andamento, com valorização do *going concern value*; e (*ii*) de estimular o devedor a iniciar o quanto antes o procedimento de reestruturação. A reforma buscou, também, elevar a influência dos credores no intervalo entre o pedido de insolvência e sua decretação por meio da decisão judicial, prevendo a obrigatoriedade de constituição de comitê de credores para atuar anteriormente à decretação da insolvência nos casos de empresa em atividade. Outra alteração relevante diz respeito à criação de classe de interessados (acionistas) com participação ativa na análise e na votação do plano de insolvência. Finalmente, o *InsO* regula a insolvência dos consumidores, permitindo a exoneração do passivo restante. Para aprofundamento do tema, ver: BERGER, Dora. *A insolvência no Brasil e na Alemanha*. Porto Alegre: Sérgio Fabris, 2001; PUGLIESI. *Direito falimentar e preservação da empresa...*, p. 85-95; CEREZETTI. *A recuperação judicial de sociedade por ações...*, p. 130-136; DEZEM. *A universalidade do juízo da recuperação judicial...*, p. 83-109. Ver, também: BRAUN, Eberhard. *Commentary on the German Insolvency Code*. 2 ed. München: Beck, 2018; KELLER, Ulrich. *Insolvenzrecht*. 2 Aufl. München: Vahlen, 2018; GLEUβNER. *Insolvenzrecht...*; HESS. *Insolvenzrecht...* Ver, ainda: LEITÃO. *Direito da insolvência...*, p. 43-44.

[85] O sistema de insolvência espanhol passou por uma profunda reforma em 2003, por meio da *Ley 22/2003*, que foi posteriormente alterada pelo *Real Decreto-Ley 3/2009*, pela *Ley 13/2009*, pela *Ley 38/2011* e pela *Ley 14/2013*, bem como por outras reformas em 2014 e 2015. A *Ley 22/2003* teve como objetivo: (*i*) ajustar as regras à realidade econômico-social do país; (*ii*) unificar a legislação que se encontrava dispersa – uma vez que o regime anterior era confuso e carente de um sistema interno, encontrando-se no Código Civil, no Código de Comércio de 1829, no Código de Comércio de 1885, na *Ley de Enjuiciamiento Civil de 1881* e na *Ley de Suspención de Pagos de 1922*; (*iii*) reunir em procedimento único o pedido de insolvência, além de prever mecanismos extrajudiciais, como o *acuerdo extrajudicial de pagos*; e (*iv*) estender a aplicação do regime para qualquer devedor (sejam empresários ou não, pessoas físicas ou jurídicas, sem contar a sua aplicação à herança). A orientação da nova legislação espanhola, a exemplo da escola alemã, é *creditor oriented*, isto é, suas disposições legais são inclinadas à proteção dos interesses do credor e da satisfação do seu crédito em face do devedor. Em síntese, no

45

RECUPERAÇÃO JUDICIAL

procedimento unificado, depois do processo de conhecimento, há a instauração do chamado *concurso*, existindo um procedimento simplificado para os pequenos empresários e para os processos em que o juiz entenda que não exista complexidade. O *concurso* não suspende, por si só, o exercício da atividade econômica, podendo resultar em uma alternativa por *convenio* ou por *liquidación*. A primeira consiste na solução principal, em que há um acordo entre os credores e o devedor, homologado pelo juiz, podendo ou não resultar na apresentação de um plano mais robusto e delineado de pagamento dos credores, a depender do conteúdo negociado. A conservação da atividade do devedor, nessa alternativa, depende da demonstração da sua viabilidade econômica, que deve ser provada por meio de um plano de viabilidade. A segunda alternativa consiste em uma solução subsidiária, que segue o procedimento padrão dos regimes liquidatórios, como o afastamento do devedor da administração, o vencimento antecipado das obrigações e a impossibilidade de venda de bens da empresa. Nesse caso, caberá ao administrador judicial a apresentação de um plano de liquidação contendo os passos para realização dos ativos do devedor e pagamento dos credores, na ordem estabelecida na lei. O *concurso*, por outro lado, inicia, a partir da sentença judicial, uma etapa denominada de *fase común*, na qual são nomeados os órgãos do processo e realizada uma série de providências para a formação do quadro geral de credores, definição da massa ativa, passiva e assim por diante. A grande crítica à legislação espanhola está na existência de sucessão universal do adquirente na cessão parcial ou total do estabelecimento empresarial, inclusive em matéria fiscal e trabalhista, além da impossibilidade de essa operação envolver qualquer credor do devedor. Para aprofundamento do tema, ver: PUGLIESI. *Direito falimentar e preservação da empresa...*, p. 110-123; CEREZETTI. *A recuperação judicial de sociedade por ações...*, p. 137-141; DEZEM. *A universalidade do juízo da recuperação judicial...*, p. 115-122. Para uma visão do tema na doutrina espanhola, ver: GARRIGUES. *Curso de derecho mercantil*, t. V..., p. 5-193; URIA. *Derecho mercantil...*, p. 799-859; PONT, Manuel Broseta; SANZ, Fernando Martinez. *Manual de derecho mercantil*, t. II. 24 ed. Madrid: Tecnos, 2017, p. 541-676; EZQUERRA; GILSANZ; VARONA; LÓPEZ. *Manual de derecho concursal...*

[86] O sistema de insolvência português é reconhecido pela doutrina como *creditor oriented*, isto é, suas disposições legais são inclinadas à proteção dos interesses do credor e da satisfação do seu crédito em face do devedor. Atualmente, o tema está regulado no Código da Insolvência ou da Recuperação de Empresas – CIRE (Decreto-lei n. 53/2004), com menção expressa no art. 1º de que a finalidade da lei concursal é a satisfação dos credores. Esse objetivo pode ser atingido pela liquidação integral dos ativos do devedor ou por meio da preparação de um plano, que poderá prever: (*i*) a liquidação do patrimônio do devedor por um modo diverso do que previsto na lei; ou (*ii*) a manutenção da empresa, sob o comando do próprio devedor ou de terceiro. O CIRE determinou o retorno ao sistema falência-liquidação, retirando, inclusive, o critério objetivo para a recuperação da empresa (*i.e.*, as condições de viabilidade econômica e da recuperação financeira), o que evidencia a supremacia do interesse dos credores em decidir sobre o tema, sem que o juiz tenha margem para retomar a análise do tema (desjudicialização da matéria concursal e celeridade processual). O procedimento é unificado, tal qual no direito alemão, e, uma vez declarada a insolvência (que pode ocorrer com base na insuficiência patrimonial do devedor ou na sua insolvência iminente), o juiz (*i*) afastará o devedor da posse de seus bens e da sua administração, e (*ii*) procederá à nomeação do administrador judicial, cujos atos não podem ser revistos pelo juiz (sendo eventual excesso

ou descumprimento de suas funções resolvido por meio de responsabilização por danos ou destituição). O relatório do administrador judicial deverá conter: (*i*) o inventário dos bens e direitos da massa falida objetiva; (*ii*) a lista de credores, com referência ao valor e classificação dos seus créditos (massa falida subjetiva); e (*iii*) o relato sobre a situação da empresa e as perspectivas de sua manutenção, contendo, inclusive, sua opinião sobre a conveniência da aprovação de um plano de insolvência, outorgando relevância ao relatório e à própria função desempenhada pelo administrador judicial – que inclui, em regra, a própria administração da massa insolvente, com a colaboração da comissão de credores e a supervisão do juiz. O relatório do administrador judicial deve ser apresentado na primeira assembleia de credores, cabendo aos próprios credores deliberar sobre o encerramento ou a manutenção da atividade empresarial, com a possibilidade de atribuir ao administrador judicial a elaboração de um plano – hipótese em que pode ser deliberada a suspensão da alienação dos ativos. Os créditos fiscais sujeitam-se ao concurso e não há previsão que impeça a sucessão trabalhista em caso de alienação de bens ou do estabelecimento do devedor a terceiros. Em 2012, foi aprovado o Programa Revitalizar por meio da Resolução de Conselho de Ministros 11/2012, que prevê a revisão do CIRE, simplificando procedimentos e formalidades, além de instituir o Programa Revitalizar – PER. No mesmo ano, foi aprovado, por meio do DL 178/2012, o Sistema de Recuperação de Empresas pela Via Extrajudicial (SIREVE), bem como foi revisado o enquadramento legal dos administradores da insolvência. Finalmente, o DL 26/2015 e o DL 100/2015 passaram a enquadrar de modo mais favorável a reestruturação e a revitalização de empresas, além de terem trazido meios que objetivam facilitar o financiamento de empresas em crise. Para aprofundamento do tema, ver: PUGLIESI. *Direito falimentar e preservação da empresa...*, p. 95-110; CEREZETTI. *A recuperação judicial de sociedade por ações...*, p. 141-144; DEZEM. *A universalidade do juízo da recuperação judicial...*, p. 109 ss. Para uma visão atualizada do tema na doutrina portuguesa, ver: MARTINS. *Um curso de direito da insolvência...*; EPIFÂNIO, Maria do Rosário. *Manual de direito da insolvência*. 6 ed. Coimbra: Almedina, 2014; LEITÃO. *Direito da insolvência...*, p. 45 ss.

[87] O sistema de insolvência argentino está regulado pela *Ley de Concursos y Quiebras* (*Ley n. 24.522*, de 1995), ou "LCQ", com uma série de alterações posteriores. Nesse sistema: (*i*) a quebra (*quiebra*) consiste no procedimento liquidatório dos bens do devedor para pagamento dos credores; (*ii*) o *concurso preventivo* prevê a aprovação de um plano judicial de reorganização pelos credores, denominado *acuerdo preventivo* (com possibilidade de *cram-down* em caso de não aprovação); e (*iii*) o *acuerdo preventivo extrajudicial* (APE) é o acordo extrajudicial que o devedor celebra com todos ou com uma parcela de seus credores e que submete à homologação judicial. A legislação argentina é inclinada para a tutela da preservação da empresa (pró-devedor), particularmente da manutenção dos empregos e dos interesses dos trabalhadores, o que decorre, direta ou indiretamente, da crise econômica que assola o país desde o final dos anos 90. O art. 48 da LCQ prevê um mecanismo chamado de *salvatage*, que permite a um terceiro, credor ou não, obter as maiorias exigidas por lei à aprovação do acordo preventivo e, com isso, adquirir a totalidade da participação societária do devedor, à revelia dos credores originários. Nesse ponto, vale registrar que o preço de aquisição é determinado pela lei e não exige ciência prévia dos credores ou do devedor. O viés preservacionista da legislação argentina também se encontra no regramento da quebra, com ampla possibilidade de continuação (parcial ou total) das atividades (dividida em duas modalidades, imediata e ordinária ou comum). Há,

RECUPERAÇÃO JUDICIAL

inclusive, possibilidade de os trabalhadores da falida requererem a continuidade dos negócios (com possibilidade de compensação de créditos) sob o regime de cooperativa. Trata-se de uma alteração realizada pela *Ley n. 26.684/12*, que teve como objetivo proteger os interesses dos trabalhadores no regime da insolvência. Saliente-se que o adquirente de uma unidade em funcionamento por continuidade de negócios não assume as obrigações trabalhistas da falida. Para aprofundamento do tema, ver: PUGLIESI. *Direito falimentar e preservação da empresa...*, p. 123-134; DEZEM. *A universalidade do juízo da recuperação judicial...*, p. 131-134. Para uma visão do tema na doutrina argentina, ver: ESCUTI, Ignacio; BAS, Francisco. *Derecho concursal*. Buenos Aires: Astrea, 2006; FASSI, Santiago C. GEBHARDT, Marcelo. *Concursos y quiebras*. 6 ed. Buenos Aires: Astrea, 1999; AZERRAD, Rafael. *Extensión de la quiebra*. Buenos Aires: Atrea, 1979; MAFFÍA, Osvaldo J. *Derecho concursal*, t. I, II. Buenos Aires: Del Palma, 1993; FERNANDEZ. *Tratado teorico-practico de la quiebra...*

[88] O sistema de insolvência uruguaio é atualmente regulado pela *Ley de Declaración Judicial del Concurso y Reorganización Empresarial (Ley n. 18.387/2008)*, responsável por unificar uma série de leis que tratavam da matéria até então, existindo uma única forma de ingresso para o devedor que esteja em estado de insolvência, o que é definido por meio de presunções. O procedimento, que é o *concurso*, é unificado, aplicável como regra (ressalvadas certas exceções, como instituições financeiras) a todas as pessoas jurídicas de direito privado (associações ou sociedades, civis ou comerciais) ou a pessoas físicas (excetuadas as pessoas físicas que não exercem atividade empresarial). Pode ter como objetivo, segundo a situação e as etapas do processo, evitar o desaparecimento da empresa viável por meio de um acordo (o *convenio*) entre o devedor e seus credores (que podem ser totalmente judicial ou parcialmente extrajudicial) ou a liquidação dos ativos do devedor para o pagamento ordenado dos credores, em caso de empresas inviáveis e diante do fracasso da negociação com os credores ou mesmo da inexistência de opções preventivas. O procedimento pode ser iniciado (*i*) pelo próprio devedor ou por seus credores, bem como (*ii*) por qualquer dos administradores ou liquidantes, (*iii*) pelos sócios pessoalmente responsáveis pelas dívidas da sociedade, (*iv*) pelos codevedores, avalistas ou fiadores, (*v*) pelas bolsas de valores e (*vi*) pelas associações de representação empresarial. Tratando-se de concurso envolvendo herança, o procedimento pode ser iniciado por qualquer herdeiro, legatário ou executor testamentário. Caso existam somente credores trabalhistas e o devedor não venha a requerer seu próprio *concurso*, é possível que os empregados assumam a exploração da empresa (*abandono de la empresa*). Buscou-se simplificar o procedimento, torná-lo mais barato (criando um marco flexível para a realização dos acordos), e melhorar os processos de decisão. Nesse sentido, existe uma simplificação para os *pequeños concursos*. Ainda, desde a *Ley 17.292*, de 2001, há a especialização judicial no âmbito concursal. Por outro lado, a legislação atual unificou e integrou de forma mais severa o regime dos síndicos e interventores. Há, também, a possibilidade do *acuerdo privado de reorganización*, que é um mecanismo preventivo do *concurso* e tem por finalidade evitar a sua decretação, permitindo ao devedor acordar a reestruturação do seu passivo com seus credores. Finalmente, as condutas dolosas ou com culpa grave do devedor são sancionadas criminalmente de acordo com o incidente de qualificação (*calificación del concurso*). Para uma visão do tema na doutrina uruguaia, ver: HOLZ; POZIOMEK. *Curso de derecho comercial...*, p. 447-524; RODRÍGUES, Carlos E. Lopez. *Ley de Declaración Judicial del Concurso y Reorganización Empresarial*, t. I. Montevideo: La Ley, 2012; RODRÍGUEZ, Nuri E. Oliveira. *Manual de derecho comercial uruguayo:* quiebra, t.

NOTAS SOBRE A EVOLUÇÃO HISTÓRICA DO DIREITO DA INSOLVÊNCIA NOS EUA

1, v. 6. Montevideo: FCU, 2004; BLANCO, Camilo Martínez. *Manual teórico-prático de derecho concursal.* Montevideo: Universidade de Montevideo, 2003; ALVAREZ, Rodolfo Mezzera. *Curso de derecho comercial: quiebras,* t. V. Montevideo: FCU, 1997.

[89] O sistema de insolvência inglês está regulado por uma série de diplomas legislativos que consagraram a recuperação de empresas, com especial destaque para o *Insolvency Act 1986* – alterado por uma dezena de leis desde então (incluindo o *Insolvency Act 2000, o Enterprise Act 2002* e o *Banking Act 2009*). Há cinco principais regimes que lidam com o tema da falência/recuperação de empresas, a saber: (*i*) *administration*; (*ii*) *administrative receivership*; (*iii*) *winding up (liquidation)*; (*iv*) *statutory compromises, compositions and arrangements with creditors*; e (*v*) *restructurings (workouts)*, que são estabelecidas contratualmente e fora do procedimento judicial de insolvência corporativa, embora seja possível incluir previsões sobre um processo de insolvência em particular. Para uma visão atualizada do tema na doutrina inglesa, ver: ANDERSON. *The framework of corporate insolvency law...*; FLETCHER. *The laws of insolvency...*; GOODE, Ray. *Principles of corporate insolvency law.* 4 ed. London: Sweet & Maxwell, 2011. Ver, também: LEITÃO. *Direito da insolvência...*, p. 42-43.

[90] O sistema de insolvência americano encontra-se regulado pelo *Bankruptcy Code*, lei federal que consolidou o regramento da matéria em 1978. Divide-se em *15 Chapters* (Capítulos), que mantêm em algumas matérias a aplicação de regras estaduais, especialmente nas relações entre o devedor e seus credores. As duas principais soluções endereçadas pelo regime norte-americano à crise empresarial estão previstas nos Capítulos 7 (*Liquidation*) e 11 (*Reorganization*). No procedimento de liquidação do *Chapter 7*, há a nomeação de um *trustee*, por meio do *order of relief*, que ocorre imediatamente após o ajuizamento do pedido. O *trustee* será responsável por localizar e arrecadar todos os ativos (salvo os impenhoráveis) que integram a massa falida (*bankruptcy estate*), transformá-los em dinheiro e efetuar o pagamento dos credores conforme a ordem legal. Uma vez iniciado o procedimento concursal, há duas figuras que merecem destaque: (*i*) o *discharge*, que representa a liberação do devedor pelos débitos preexistentes após a arrecadação e venda de todo o seu patrimônio; e (*ii*) o *fresh start*, que decorre diretamente da primeira e permite que o devedor reinicie sua vida empresarial após o término do processo de liquidação, sem conexão com seu passado. O procedimento liquidatório admite a continuidade dos negócios do devedor (*authorization to operate business*), buscando valorizar o *going concern value* da atividade, desde que isso atenda o *best interest of the estate*, desde que seja por período limitado e requerida pelo *trustee*. O procedimento de reorganização do *Chapter 11*, por sua vez, tem por objetivo a reabilitação ou reorganização do devedor, que, em regra, se mantém na posse e na administração dos bens (*debtor in possession*). O início do procedimento gera o *automatic stay period*, que resulta na suspensão de todas as ações e pretensões em curso em face do devedor, bem como no congelamento de todos os bens e direitos de sua titularidade. A reorganização do devedor ocorre por meio da apresentação de um plano. O devedor tem exclusividade para fazê-lo durante o prazo de 120 dias. Após esse período, os credores têm o direito de apresentar o plano de reorganização, que deve ser aprovado pela assembleia geral de credores. Este deverá conter condições *fair, equitable and feasible*, além de ser homologado judicialmente (o que, na prática, outorga o *discharge* ao devedor). No caso de rejeição do plano por uma das classes de credores, aplica-se a figura do *cram-down*, desde que preenchidos certos requisitos. Por fim, vale registrar que o direito estadunidense valoriza a atuação ativa dos credores no procedimento reorganizatório, outorgando poderes relevantes ao comitê de

RECUPERAÇÃO JUDICIAL

Conclusões

A lei falimentar trata da estrutura geral do regime de insolvência, regulando os detalhes que circunscrevem seus institutos e o universo regulado, sem se alinhar a interesses classistas, nem descuidar da parte orgânica da obra[91]. Sem sombra de dúvida, a experiência dos EUA é um exemplo no que concerne à recuperação de empresas.

Essa tendência mundial no sentido de polarizar a legislação em prol dos interesses do devedor ou do credor pode ser equiparada, em certa medida e guardadas as devidas proporções, ao movimento de extremização político-econômica vivenciada no pós-guerra entre EUA e União Soviética ("a era dos extremos")[92], com sérias externalidades negativas para um ambiente de negócios ávido por remédios legais capazes de recuperar atividades economicamente viáveis e de liquidar celeremente atividades economicamente inviáveis.

A bandeira da convergência hasteada pela comunidade internacional, a partir da liderança de instituições como o Banco Mundial e a UNCITRAL, tenta amenizar a destemperança, a imprevisibilidade e a insegurança desse movimento legislativo capturado por interesses (alguns deles espúrios, é verdade).

A história, nesse particular, se torna o motor do progresso do direito comercial[93], ao passo que o estudo da evolução da falência nos permite evidenciar que, tal qual um laboratório científico, o sucesso da fórmula legislativa depende da correta dosagem das substâncias utilizadas e de um complexo equilíbrio entre as variáveis de realidade, os interesses do devedor, dos credores e dos demais *stakeholders* – elementos que, ao fim e

---

credores. O regime de insolvência estadunidense tem passado, ao longo dos anos, por uma série de mudanças, inclusive em 2005, como já visto. Para aprofundamento do tema, ver: PUGLIESI. *Direito falimentar e preservação da empresa...*, p. 45-55; CEREZETTI. *A recuperação judicial de sociedade por ações...*, p. 91 ss; DEZEM. *A universalidade do juízo da recuperação judicial...*, p. 124-130. Para uma visão atualizada do tema na doutrina americana, ver: JACKSON. *The logic and limits of bankruptcy law...*; TABB; BRUBAKER. *Bankruptcy law...*; BAIRD. *The elements of bankruptcy...*; ROE. *Corporate reorganization...*; RASMUNSSEN. *Bankruptcy law stories...*

[91] THALLER. *Des faillites en droit comparé*, t. I..., p. 5.

[92] A referência histórica é da obra: HOBSBAWM. *A era dos extremos...*

[93] A afirmação não é unânime na doutrina, especialmente em matéria falimentar. Embora concorde com conexão entre direito e história, Charles Warren alerta que: "History and law have too long been regarded as distinct subjects, to be treated separately in watertight compartments." (WARREN. *Bankruptcy in United States history...*).

ao cabo, culminam em um processo de depuração e de destruição criativa da letra da lei junto ao mercado e a seus agentes econômicos.

A correção da forma depende da qualidade do seu conteúdo e da evolução funcional dos seus institutos a partir da experiência prática. No Brasil, a promulgação da Lei 11.101/05 modernizou nosso sistema concursal, reinserindo-o entre os mais modernos do mundo. Decorridos mais de dez anos do início da sua vigência, a lei necessita de uma série de reformas e adaptações[94], que têm sido objeto de debate entre especialistas no âmbito do nosso moroso e nem sempre confiável Congresso Nacional e do Governo Federal.

Reformas são necessárias, pois apresentam correções ao regramento atual, ao mesmo tempo em que colaboram para a preparação do ordenamento jurídico brasileiro aos desafios que advêm da revolução tecnológica. Como proceder, por exemplo, à recuperação de uma empresa que atua nos cinco continentes, não tem ativos imobilizados em seu balanço patrimonial, mas permite que proprietários aluguem seus imóveis a determinados usuários?

Espera-se que o legislador, olhando para o passado, tenha retidão moral e honestidade intelectual para reformar, com prudência e sapiência, a legislação em vigor, permitindo-nos, de uma vez por todas, abandonar o complexo de vira-lata[95] que insiste em nos assombrar e desdizer a máxima do

---

[94] Segundo o relatório do *Doing Business* organizado anualmente pelo Banco Mundial (2017), o Brasil ocupa a 67ª posição no quesito "Resolução de Insolvência" (esse tópico identifica as deficiências na lei de falências existente e os principais gargalos processuais e administrativas no processo de insolvência) entre mais de 190 países. A taxa de recuperação é de 15.8, o prazo médio de duração do processo é de 4 anos e o custo médio consome 12% do ativo em discussão. O índice de eficiência do regime é 13 em uma pontuação máxima de 16. (THE WORLD BANK. *Doing business – 2017*. Disponível em: <http://portugues.doingbusiness.org/reports/global-reports/doing-business-2017>. Acesso em: 31 mar. 2018).

[95] "Por 'complexo de vira-latas' entendo eu a inferioridade em que o brasileiro se coloca, voluntariamente, em face do resto do mundo. Isto em todos os setores e, sobretudo, no futebol. Dizer que nós nos julgamos 'os maiores' é uma cínica inverdade. Em Wembley, por que perdemos? Porque, diante do quadro inglês, louro e sardento, a equipe brasileira ganiu de humildade. Jamais foi tão evidente e, eu diria mesmo, espetacular o nosso viralatismo. Na já citada vergonha de 50, éramos superiores aos adversários. Além disso, levávamos a vantagem do empate. Pois bem: e perdemos da maneira mais abjeta. Por um motivo muito simples: porque Obdulio nos tratou a pontapés, como se vira-latas fôssemos. Eu vos digo: o problema do escrete não é mais de futebol, nem de técnica, nem de tática. Absolutamente. É um problema de fé em si mesmo. O brasileiro precisa se convencer de que não é um vira-latas

Barão de Itararé, tão implacável quanto real nos dias de hoje, especialmente abaixo da Linha do Equador – "[d]e onde menos se espera, daí é que não sai nada". Oremos.

e que tem futebol para dar e vender, lá na Suécia. Uma vez que se convença disso, ponham-no para correr em campo e ele precisará de dez para segurar, como o chinês da anedota. Insisto: para o escrete, ser ou não ser vira-latas, eis a questão." (RODRIGUES, Nelson. *À sombra das chuteiras mortais*. São Paulo: Cia das Letras, 1993, p. 51-52).

2
As Vantagens da Negociação Prévia no Plano de Recuperação Judicial: a Experiência Americana do *Prepackaged Plan* e *Prenegotiated Plan*

JULIANA FUKUSIMA SATO

Introdução

O direito através dos seus institutos visa conferir para a sociedade estabilidade nas relações, criando mecanismos que possibilitem e ofereçam segurança jurídica, principalmente em momentos de crise. O risco é elemento intrínseco da atividade econômica exercida dentro do sistema capitalista, razão pela qual, o Estado, através de suas normativas confere maior atenção e proteção às relações creditícias, visto que estas são o fomento e a base da sociedade econômica atual.

No Brasil, antes da vigente Lei de Recuperação Judicial e Falências (LREF), a empresa em crise estava sujeita às previsões do Decreto-Lei 7.661/45 (DL 7661/45). Com as evoluções e transformações das relações, a normativa passou a não atender as necessidades da sociedade. O DL 7661/45 continha o instituto da concordata, cuja natureza jurídica não era de convenção, mas de *"benefício legal concedido pelo Estado ao devedor de boa-fé para a satisfação de seus débitos em condições especiais. Sua concessão independia da vontade dos credores"*[1]. Vale dizer que, uma vez preenchidos os requisitos da lei, o juiz concedia a moratória ou a remissão parcial das dívidas.

---

[1] SACRAMONE, Marcelo Barbosa. Comentários à lei de recuperação judicial e falências. São Paulo: Saraiva Educação, 2018. p. 43

RECUPERAÇÃO JUDICIAL

Essa sistemática se mostrou ineficiente na proteção das relações econômicas, pois não permitia ao empresário apresentar soluções para sua reestruturação diferentes daquelas previstas em lei, ainda que a dificuldade fosse transitória e superável, resultando em um cenário que não conferia meios para a empresa sair da crise, mas também não tirava da sociedade empresas falidas. Além disso, o Brasil precisava de estímulos econômicos, principalmente para o aumento do crédito privado (o volume de crédito privado com relação ao PIB era de 25% apenas), não podendo mais depender apenas do crédito público, que, além de limitado, deve ser destinado ao investimento de políticas públicas voltadas ao bem-estar social.

Logo, o dualismo pendular[2] presente na concordata não propiciava soluções, pois ora os direitos dos credores eram protegidos, ora os direitos dos devedores. A realidade de uma empresa em crise não se limita apenas aos credores, é, em realidade, formada por múltiplos interesses, tais como dos trabalhadores, dos fornecedores, do Estado entre outros agentes envolvidos.

Restou, portanto, evidenciada a necessidade de reforma do sistema falimentar brasileiro. Mundialmente, iniciou-se um movimento do Banco Mundial para a criação de um manual de princípios e boas práticas no sistema de insolvência (*Principles and Guidelines for Effective Insolvency and Creditor/Debtor Regimes*)[3], com o intuito de promover e estimular sistemas

---

[2] COSTA, Daniel Carnio. Reflexões sobre processos de insolvência: divisão equilibrada de ônus, superação do dualismo pendular e gestão democrática de processos", in 10 anos da Lei de Recuperação de Empresas e Falências – Reflexões sobre a Reestruturação Empresarial no Brasil, sob coordenação de Luis Vasco Elias, Quartier Latin, São Paulo, 2015, p. 99: "*Trata-se do que Fábio Konder Comparato chamou de dualismo pendular na proteção do interesse dos credores ou dos devedores relativamente à legislação de insolvência.*". No mesmo sentido, Scalzilli, Spinelli e Tellechea em sua obra coletiva: "*o dualismo no qual se encerrou nosso direito falimentar – proteger o interesse pessoal do devedor ou o interesse dos credores – não é de molde a propiciar soluções harmoniosas no plano geral da economia. O legislador parece desconhecer completamente a realidade da empresa, como centro de múltiplos interesses – do empresário, dos empregados, do Fisco, da região, do mercado em geral – desvinculando-se da pessoa do empresário. De nossa parte, consideramos que uma legislação moderna de falência deverá dar lugar à necessidade econômica de permanência da empresa. (...) A vida economia tem imperativos e dependências que o Direito não pode, nem deve, desconhecer. A continuidade e a permanência das empresas são um desses imperativos, por motivos de interesse tanto social quanto econômicos.*" (História do Direito Falimentar – Da execução pessoal à preservação da empresa, Almedina, 2018, São Paulo, p. 194/195)

[3] The World Bank – "Principles for Effective Insolvency and Creditor/Debtor Regimes". Disponível em: http://siteresources.worldbank.org/EXTGILD/Resources/5807554-1357753926066/ICRPrinciples-Jan2011%5bFINAL%5d.pdf. – Acesso em: 30 de outubro de 2019.

mais eficazes, em resposta ao pedido de vários países após a crise financeira do final dos anos 90. Isso porque constatou-se que após a crise internacional não havia como mensurar a eficiência das recuperações de cada país, uma vez que cada um tinha seu próprio sistema e suas próprias medidas. Tal estudo estabeleceu que o sistema de insolvência eficaz é aquele que consegue promover um ambiente que proteja os direitos dos credores e dê meios da empresa em crise se reestabelecer através de mecanismos legais alinhados com os corretos incentivos, propiciando a negociação como forma de solução.

Influenciado por esse movimento e pelo modelo americano, *"US Bankruptcy Code – Chapter 11"*, a Lei de Recuperação Judicial e Falências (LREF), Lei 11.101/2005, foi introduzida no ordenamento jurídico brasileiro tendo como princípio cardinal a preservação da empresa. Em sua exposição de motivos e tipificado no artigo 47, a LREF visa primordialmente proteger credores e devedores, salvaguardando, também, a empresa, com a finalidade de proteger o interesse da economia nacional e dos trabalhadores na manutenção dos seus empregos. Para a recuperação da empresa, deve ser feito o plano de saneamento e de solução do passivo com a demonstração de viabilidade de execução[4].

Para a efetivação desse propósito, a LREF *"adotou uma sistemática dúplice de solução para a crise empresarial: reorganização para as empresas viáveis (recuperação judicial e extrajudicial) e liquidação para as inviáveis (falência)"*[5], trazendo para o ordenamento a possibilidade, antes não prevista, de haver negociação entre as partes (credores e devedor) para a solução da crise.

Como conceituado por Sacramone, a recuperação judicial deve ser vista como um instrumento de composição para o bem comum, envolvendo diversos interesses, que tem por objetivo reorganizar a empresa em dificuldade financeira para satisfação, ainda que parcial, dos créditos inadimplidos.[6]

Logo, é possível afirmar que a recuperação judicial é uma ação que possibilita a negociação coletiva das dívidas da empresa problemática junto

---

[4] "Exposição de Motivos da Lei 11.101, de 9 de fevereiro de 2005". Disponível em: https://www2.camara.leg.br/legin/fed/lei/2005/lei-11101-9-fevereiro-2005-535663-exposicaodemotivos-150148-pl.html. – Acesso em: 15 de outubro de 2019

[5] SPINELLI, Luis Felipe; SCALZILLI, João Pedro; TELLECHEA, Rodrigo. "História do Direito Falimentar – Da Execução pessoal à preservação da Empresa". São Paulo: Almedina, 2018. p. 206

[6] SACRAMONE, Marcelo Barbosa. Obra citada. p. 189

aos seus credores. Sua natureza jurídica não é de processo litigioso. Não há julgamento de procedência ou improcedência do pedido, mas uma manifestação de autonomia negocial que será homologada pelo juiz.

Em uma negociação "tradicional", pode-se dizer que há dois lados, com dois interesses contrários em um primeiro momento, mas com um desejo comum de solucionar o conflito, oportunidade pela qual se buscará a convergência desses interesses. Quando transportado para a recuperação judicial, essas premissas nem sempre são tão claras, em especial, quanto ao destino da empresa, recuperar ou falir. Ainda que o princípio da LREF seja da preservação da empresa, cabe ao devedor demonstrar, comprovar e convencer seus credores de que a manutenção da empresa é mais valiosa do que sua liquidação. Sem esse primeiro alinhamento de "desejo comum", as negociações não avançam, devido à divergência de interesses. Vale dizer, os credores trabalhistas, pela natureza jurídica do seu crédito, prezam pela manutenção do funcionamento da empresa para conservação dos seus empregos, enquanto os interesses dos credores com garantias reais é recuperar seu crédito (minimizar seu prejuízo) através da liquidação da garantia, mesmo que isso resulte no encerramento das atividades da companhia.

O alinhamento dos interesses das partes é fundamental para o sucesso da negociação. No momento da crise, os credores precisam entender o novo valor da empresa, que não deve ser mais considerado apenas pelo valor nominal dos papéis, mas pelo valor dos seus ativos, bem como o valor agregado que a companhia possui permanecendo ativa.[7] A partir do consenso coletivo da nova valoração da empresa, pode ser iniciada a construção de um plano comum e geral aos envolvidos.

Por essa razão, para que a recuperação judicial tenha êxito, o convencimento pelo devedor de que os interesses dos seus credores serão mais bem preservados na hipótese de manutenção da atividade empresarial, ao invés do seu encerramento, é fundamental para que a negociação ocorra e o seu plano seja aprovado em Assembleia.

Além disso, importante considerar as proteções e hierarquias legais conferidas a cada grupo de credores. No momento em que isso também é equacionado, a negociação para preservação da empresa se torna mais tangível.

---

[7] KIRSCHBAUM, Deborah. "A Recuperação Judicial no Brasil: Governança, Financiamento Extraconcursal e Votação do Plano". 2009, 213 f. Tese de Doutorado – Universidade de São Paulo – Faculdade de Direito. São Paulo, 2009. p. 166

A doutrina define que a negociação é a forma mais simples, rápida e menos onerosa de solução de controvérsia, visto que as partes tratam diretamente uma com a outra buscando a composição de seus interesses sempre pautados nos princípios da boa-fé. Destaca-se que a negociação dispensa a presença de terceiro para intermediar o conflito, diferentemente das soluções via mediação ou conciliação.

Nesse sentido, a negociação de um plano de recuperação judicial com seus credores muito se assemelha ao "Dilema dos Prisioneiros"[8], pois a problemática em ambos os modelos é o equilíbrio da relação. Em sua tese de doutorado, Deborah Kirschbaum[9] constrói esse paralelo no sentido de que a empresa em crise é percebida pelos credores como o policial, pois é ela quem possui as informações reais da situação econômico-financeira e, portanto, possui a melhor posição da negociação. Na prática, significa dizer que se o credor for abordado individualmente, dificilmente fará a negociação nas bases propostas pelo devedor, sendo mais factível que a composição ocorra no momento em que houver a reunião de credores da mesma classe e as bases do acordo sejam compartilhadas entre todos, minimizando assim, a assimetria de informações.

As relações no mercado de crédito têm mudado constantemente, criando grupos de interessados e credores com incentivos financeiros e posições de risco diferentes. Para que seja possível equacionar todos os interesses, a negociação resultará muitas vezes na satisfação parcial dos direitos dos credores e interessados. Como proteção dessas negociações, a lei tem papel fundamental para delimitar direitos e impedir abusos.

---

[8] "A expressão *dilema do prisioneiro* deriva de uma estória que era utilizada para ilustrá-la: Dois cúmplices são interrogados separadamente pela polícia. Apesar de serem considerados culpados de um crime grave (digamos, um latrocínio), a polícia não possui provas suficientes para indiciar qualquer dos dois. Têm, porém, provas para indiciá-los por um crime menor (porte de armas). As alternativas à disposição dos suspeitos A e B são: confessar [estratégia (1)], ou não confessar o crime mais grave [estratégia (2)]. Separados, não podem comunicar-se. Os resultados de tal estratégia são os seguintes: se ambos confessarem (1), terão sentenças pesadas, mas redutíveis devido a confissão, às quais atribuiremos o valor (-5); se um deles confessar, testemunhando contra o cúmplice, este terá sua pena agravada (-10) e o informante será libertado (4- 10). Se nenhum confessar, ambos só poderão ser condenados pelo crime menor (-2), valores estes obviamente arbitrários, e cuja significação é apenas relativa, de uns aos outros." – Disponível em: http://www.scielo.br/scielo.php?script=sci_arttext&pid =S0103-40141995000100010. Acessado em: 30 de outubro de 2019.

[9] KIRSCHBAUM, Deborah. Op. cit. p. 170

Em razão da complexidade, essas negociações não são rápidas. Elas vão sendo construídas com o tempo, podendo levar meses até que haja algum sinal de alinhamento. Nesse sentido, discutir judicialmente os termos do plano dificulta a recuperação da empresa. Isto porque o trâmite a ser seguido no processo, com relação aos prazos para manifestação, acesso ao contraditório e atos burocráticos de mero expediente aumentam exponencialmente o tempo para que se possa chegar a um consenso quanto aos termos da recuperação, resultando na perda da eficiência do processo, pois as chances da empresa conseguir retomar suas atividades enquanto durar a ação são mínimas, uma vez que ao invés de focar energia na efetiva retomada das suas atividades, gasta em discussões e recursos judiciais para aprovação do seu plano.

Assim, a experiência tem mostrado que a construção da negociação deve ser um processo prévio ao ajuizamento da ação para que, no momento em que for feito o pedido de recuperação judicial, as partes não sejam surpreendidas e seus desdobramentos sejam rapidamente executados. A resposta americana para essa problemática se deu através do *"prepackaged plan"* e do *"prenegotiated plan"*, que serão tratados no próximo tópico.

1. Experiência americana

O desenvolvimento da sociedade só é possível com a adequação das leis às novas realidades. Essas "novas realidades" são frutos da evolução das relações comerciais e sociais, que precisam ser protegidas para evitar abusos ou desvios de suas finalidades.

Desde que o mundo passou a ser palco de relações comerciais de troca de bens e serviços por dinheiro, aquele que não pagava ou honrava com a sua dívida era tido como criminoso e a sociedade estigmatizava o indivíduo. Ainda que os sistemas evoluam e os mecanismos se tornem mais eficientes, a dívida e o devedor possuem uma conotação negativa. Nesse contexto, o instituto da falência passou ao longo da evolução histórica por diversos ajustes para atender às necessidades da sociedade.

No ordenamento americano[10], a partir da Revolução Americana em 1800, a falência passa a ser vista de forma menos hostilizada e mais cooperativa, sendo considerada como parte integrante da regulamentação do comércio.

---

[10] Brooks, Jon G. "A (very) brief history of Bankrupcty and Debt in the West" – Disponível em: https://www.abi.org/feed-item/a-very-brief-history-of-bankruptcy-and-debt-in-the-west. Acessado em: 20 de outubro de 2019.

Contudo, apenas a partir do século XIX com a ascensão do capitalismo nos Estados Unidos, a falência se torna um instituto regulamentador do comércio, pois surge a necessidade de proteger a atividade empresarial empreendedora, em especial o risco, para incentivar a população e gerar o crescimento da economia.

Nesse momento, a falência passa a ser vista como um instrumento a ser usado em último caso pelo empresário como uma proteção dos riscos inerentes à atividade empresarial[11], desvinculando do ordenamento americano a mácula do devedor – criminoso. Na prática, criam-se meios legais para o devedor apresentar uma forma de reorganizar seu estado econômico-financeiro para saldar suas dívidas, não sendo mais punido com a prisão. Por outro lado, surgem proteções legais aos credores para garantir a satisfação parcial das suas dívidas. Portanto, a falência passa a ser um instrumento que tem como objetivo principal oferecer proteção legal à sociedade quanto aos riscos inerentes da atividade econômica tanto para aqueles que se endividavam como para os credores.

Nas décadas de 80-90, a economia americana sofreu com a crise. Houve significativo aumento de empresas com problemas econômico-financeiro e consequentemente aumento nos pedidos de falência e reorganização da empresa. A sociedade americana precisava de rapidez para a retomada econômica e, se todas as empresas fossem passar pelos ritos procedimentais que a lei determina, a recuperação da sociedade seria lenta e muito custosa. Daí surge a necessidade de criar meios para reorganizar as dívidas, além do tradicional processo formal do *Chapter 11* e da renegociação das dívidas com os credores fora do processo (*Out-Of-Court – Workout*).

A inovação surge com um modelo híbrido dos existentes, através do *prepackaged plan* e do *prenegotiated plan*. Em comparação com a renegociação das dívidas (*Out-Of-Court – Workout*) esses modelos conferem às partes

---

[11] De acordo com o painel realizado em 7 de Janeiro de 2019 na Columbia Law School, em parceria com a TMA Brazil no "Restructuring Conference", que teve como participantes o Honorable Judge Robert D. Drain, Luiz Fernando Valente Paiva e Andrea C. Saavedra, um dos primeiros questionamentos apresentados foi qual o motivo da lei de falências ser importante. A resposta foi dada a partir da fala do Presidente Woodrow Wilson em 1913, no qual afirma que uma grande nação é controlada pelo seu sistema de crédito ("*a great industrial nation is controlled by its system of credit*"). Além disso, foi ressaltado: "*The United States of America has long recognized "honest but unfortunate" individuals' right to a fresh start through a bankruptcy discharge and the balance of the interests of business debtors and creditors to enhance and preserve (or redeploy) business value for the benefit of the U.S economy.*"

RECUPERAÇÃO JUDICIAL

maior proteção e benefícios, no sentido que os credores têm seus direitos resguardados, enquanto o devedor goza das prerrogativas do *Chapter 11*, tal como a suspensão das execuções.

Em comparação com o tradicional *Chapter 11*, esses modelos dão maior celeridade e redução dos custos, pois as bases do plano de reorganização são previamente negociadas a fim de alcançar o alinhamento das principais partes extrajudicialmente. No momento do ajuizamento, busca-se a aprovação da corte para execução do plano e, em alguns casos, a aprovação dos demais credores não estratégicos.

Essa foi a resposta americana para possibilitar às suas empresas recuperações de forma mais célere e menos custosa. Ressalta-se que a eficácia dependerá (em qualquer sociedade) do convencimento dos credores que a empresa tem mais valor ativa e do alinhamento das partes quanto à satisfação, ainda que parcial, dos seus interesses. O *prenegotiated plan* e o *prepackaged plan*, apesar dos objetivos comuns, são institutos estudados de forma separada na doutrina americana pelo formato e efeitos que geram.

Prepackaged plan[12] é um plano prévio ao ajuizamento da ação, no qual a empresa em crise negocia com seus credores a estrutura de reorganização da empresa. A negociação gera efeitos vinculantes aos credores signatários quanto à votação positiva do plano e ao devedor quanto ao cumprimento do pactuado. É feita com credores relevantes, ou seja, aqueles que possuem grande exposição de dívida e que representam quórum suficiente para aprovação do plano, vinculando os demais credores não signatários do *prepackaged*. Uma vez que os votos são proferidos, a empresa em crise ajuíza a ação e apresenta o plano já previamente negociado, encurtando o processo de reorganização da empresa.

Empresas que possuem como grande ativo sua imagem pública, tais como revendedoras em geral, são mais adeptas a esse tipo de alternativa para a sua reestruturação, pois o tempo de exposição sob o processo falimentar é menor, minimizando eventuais prejuízos à sua imagem.

---

[12] *"Prepackaged plan is a reorganization of firm's debt contracts that has been negotiated or accepeted by creditors pior to beginning of a bankruptcy proceeding. A prepack is a hybrid method that combines the benefits of Chapter 11 reorganizations with those of public workouts."*- CHATTERJEE, Sris; DHILLON Upinder S; RAMIREZ Gabriel G. - "Resolution of Financial Distress: Debt Restructurings via Chapter 11, Prepackaged Bankruptcies and Workouts" – Article Financial Management – Vol. 25, N. 1 (Spring, 1996), p. 5/18.

Esse tipo de plano é eficaz para empresas que conseguem negociar com grande parte dos seus credores ou empresas que possuem credores concentrados em uma determinada classe com um alto valor de crédito, pois, nessa situação, ainda que sem a anuência de todos, é possível obter a aprovação do plano, uma vez atingido o quórum mínimo da lei, vinculando-se os demais credores não signatários.

Conforme destacado anteriormente, o sucesso da negociação depende do alinhamento de interesses das partes, que, nesses casos, não são bilaterais, mas multilaterais, considerando que dentre os credores, cada grupo/classe possui interesses diferentes. Portanto, para empresas com credores pulverizados entre diferentes classes e com pouca concentração da dívida, o *prepackaged plan* pode não ser o mais adequado, pois o esforço para garantir o alinhamento dos interesses será muito grande e poderá resultar em um plano sem muita eficiência. Acresça-se, ainda, que o tempo da negociação pode ser longo, oportunidade em que os ativos da empresa ficam expostos, podendo ser deteriorados, prejudicando a sua recuperação. Durante o tempo de negociação do plano a ser apresentado, a empresa não está sob proteção legal do *Chapter 11*. Seus ativos não têm proteção do *"automatic stay"*[13] até o ajuizamento da ação.

Por outro lado, se a negociação acontece, as partes são beneficiadas em decorrência da celeridade e do baixo custo processual, visto que o plano é logo submetido ao juiz para homologação e início da execução. Empresas que adotam como forma de solução o *prepackaged plan* precisam garantir que as informações sobre a sua situação econômico-financeira estejam sempre claras e quando iniciar o cumprimento do plano, a transparência das medidas deve ser amplamente divulgada às partes. O mercado espera essas atitudes dessas empresas, pois existe a criação de vínculo de confiança com o devedor, de que este fará tudo para a reestruturação da empresa atendendo aos interesses envolvidos.

Prenegotiated plan[14] consiste em um plano negociado com os credores. Contudo, diferentemente do *prepackaged plan*, nessa modalidade os credores

---

[13] *"The automatic stay provides a period of time in which all judgments, collection activities, foreclosures, and repossessions of property are suspended and may not be pursued by the creditors on any debt or claim that arose before the filing of the bankrupcty petition."* – Bankruptcy Basics – Revised 3rs Edition – Publication of the Bankruptcy Judges Division – Administrative Office of United States Courts: 2011. p. 34– Disponível em: https://www.uscourts.gov/sites/default/files/bankbasics-post10172005.pdf. Acessado em: 15 de outubro de 2019.

[14] *"A prenegotiated chapter 11 case is similar to a prepackaged bankruptcy filling except that the solicitation of the acceptance of the plan is done after te petition is filled (..) Once the bankruptcy court approves the*

não vinculam seus votos à aprovação do plano. Trata-se de uma negociação para obtenção do consenso dos principais credores para que quando for ajuizado o processo de reorganização haja uma base pré-estabelecida dos termos a serem cumpridos.

Esse tipo de modalidade é mais efetivo em casos que o devedor prefere negociar com seus credores dentro das regras e proteções legais da lei de falência, em especial na situação em que os credores já estão impacientes e o devedor não possui tempo suficiente para negociar com cada um deles. Nesses casos, o devedor negocia com os principais credores as bases da sua recuperação, ajuíza o pedido e durante o processo negocia com os demais, usufruindo da proteção do *"automatic stay"*.

Conclui-se que ambas as modalidades são alternativas para um processo de *Chapter 11* mais célere e assertivo, podendo a sua aplicação ser feita de acordo com o momento e características da empresa em crise.

O instrumento pelo qual esses planos são feitos são os chamados *Restructuring Plan Agreement* (RSA) ou *Plan Support Agreement* (PSA), que fornecem as bases do plano de reestruturação da empresa e que vinculam as partes ao seu respectivo cumprimento.

Culturalmente, nos Estados Unidos, a medida de sucesso para o advogado de reestruturação *"is the number of cases we keep out of bankruptcy, not the number we take in"*[15], razão pela qual se observa que o judiciário norte americano fomenta meios alternativos de solução e confere um ambiente seguro às partes para que tais medidas sejam usadas. Exemplificando, nas Cortes de Falência do Distrito Sul e Leste de Nova York foram criados manuais de regras e procedimentos para os casos de *prepackaged* e *prenegotiated Chapter 11*[16], cujo propósito é uniformizar as diretrizes e procedimentos aos credores, devedores e todos os agentes participantes do processo de recuperação da empresa em crise, quando houver omissão na lei, con-

---

disclosure statement in a prenegotiated chapter 11 filling, the solicitation and voting begins, followed by the confirmation of the plan." – NEWTON, Grant W. "Bankruptcy and Insolvency Accounting – Vol. 1: Practice and Procedure". 7th Ed. New Jersey: Ed. John Wiley & Sons, Inc., 2009. p. 9

[15] "Out-of-Court Workouts Prepacks and Pre-arranged Cases a Primer". Disponível em: https://www.abi.org/abi-journal/out-of-court-workouts-prepacks-and-pre-arranged-cases-a-primer. Acesso em 15 de outubro de 2019.

[16] Manuais contendo procedimentos para os casos de prepackaged e prenegotiated disponíveis em: http://www.nysb.uscourts.gov/sites/default/files/3018-2-guidelines.pdf – Corte do Distrito Sul de Nova York e https://www.nyeb.uscourts.gov/sites/nyeb/files/general-ordes/ord_645_0.pdf – Corte do Distrito Leste de Nova York. Acessados em: 20 de outubro de 2019.

ferindo maior previsibilidade acerca do entendimento daquelas Cortes para essas situações e consequentemente evitando surpresas ou indeferimentos no processamento.

Em 2005, com o intuito de evitar abusos na utilização das normas do *Bankruptcy Code*, principalmente por pessoas físicas, foi criado o *"Bankruptcy Abuse Prevention and Consumer Protection Act"* (BAPCPA), que reformou a lei falimentar restringindo o acesso ao processo do *Chapter 11*, tornando-o mais complexo e oneroso e limitando sua utilização àqueles que realmente precisam da proteção legal para a sua reestruturação. Outra modificação trazida foi a limitação do prazo para o cumprimento de algumas obrigações pelo devedor, pressionando-o a dar direcionamento ao processo do *Chapter 11* com maior celeridade, evitando repetidos pedidos de prorrogação de prazos que arrastavam os processos por anos, tornando-os morosos e caros.[17]

Dessa forma, o planejamento prévio torna-se essencial para as empresas que, por sua vez, passam a adotar cada vez mais o *prepackaged* e/ou o *prenegotiated plans*. É possível, portanto, relacionar o aumento da utilização desses planos com a entrada do BAPCPA.[18] Nesse sentido, considerando as novas normativas trazidas pelo BAPCPA, bem como a vontade geral de tornar mais célere, menos custoso e mais eficiente o processo falimentar, essas características tornam os planos "pré-arranjados" muito atraentes. Ao comparar a duração do processo tradicional do *Chapter 11* que pode ser de meses ou anos, o *prepackaged plan* pode ter uma média de 30-45 dias.

Em 2019, dois casos saltaram aos olhos pela rapidez com que os *prepackaged plans* foram homologados e cumpridos, tendo duração aproximada de 1 semana. Foram os casos da FullBeauty Brands Inc. e o da Sungard Availability Services Inc.

A FullBeauty Brands Inc., empresa líder em vestuário feminino e masculino para o público "plus size" com sede em Nova York teve seu plano homologado em 24 horas e o cumprimento das obrigações em 3 dias, enquanto que o plano da Sungard Availability Services Inc., empresa de software, foi homologado 19 horas após seu ajuizamento e o cumprimento se deu em 2 dias, conforme noticiado pela Bloomberg.

---

[17] TELONI, Foteini. *"Preserving Value in the Post-BAPCPA Era – An Empirical Study"*. 2015. 24 f. Artigo – Fodham University School of Law, Nova York, 2015.p. 3

[18] TELONI, Foteini. *"Chapter 11 Duration, Preplanned Cases and Refiling Rates: An Empirical Analysis in the Post-BAPCPA"*. 2015. 27 f. Artigo – Fodham University School of Law, Nova York, 2015.p. 2

Casos com essa rapidez têm sido chamados de *"super speedy prepack"*[19]. Observa-se características bastante particulares dessas empresas que contribuíram para o rápido sucesso dos planos pré negociados, quais sejam: (i) estrutura de capital relativamente simples, concentrado em poucas classes de credores, facilitando a conciliação dos interesses na negociação; (ii) investidores especializados em *"distressed"* interessados no aporte de dinheiro nessas empresas; (iii) pagamento aos credores quirografários sem deságio ou alteração no vencimento; (iv) tratamento preferencial e melhor forma de pagamento para os credores com garantia em troca da aprovação do plano de recuperação[20]. Empresas com esse tipo de estrutura tendem a ter um cenário favorável para negociação, pois sua reorganização depende principalmente do ajuste em seus balanços financeiros. Assim, localizando um investidor interessado em aportar capital novo na empresa, equacionam-se as dívidas dos credores, convergindo os interesses de todos os envolvidos para a aprovação e cumprimento do plano.

Por outro lado, empresas que possuem um modelo de negócio envolvendo ativos imobilizados, estoque, maquinário e a sua reestruturação depende de um novo modelo de gestão operacional, além do aporte de novos investimentos, a negociação tende a ser mais complexa, oportunidade em que os *prenegotiated plans* podem ser mais atrativos, pois as partes estruturam os principais pilares do acordo junto aos principais credores, ajuízam a ação e pós ajuizamento, com seus ativos sobre proteção do *automatic stay*, finalizam as negociações, buscando o equacionamento dos interesses das partes.

Portanto, pela experiência americana, acordos pré negociados para a recuperação da empresa são amplamente utilizados e o seu sucesso está

---

[19] EISENBAND, Michael. "The Super Speedy Prepack has arrived... is that a big deal?" – Disponível em: https://www.jdsupra.com/legalnews/the-super-speedy-prepack-has-arrived-is-14895/. Acesso em 25 de outubro de 2019.

[20] *"Even so, in several of these prepacks, holders of junior debt securities received plan treatment that arguably provided superior recoveries to what they likely would have received under strict adherence to the absolute priority rule. Let's recognize the quid pro quo in these instances. Senior creditors (mostly distressed investors with large positions bought at significant discounts to face value) who were first in line but still impaired and willing to be equitized, essentially gifted part of their recoveries to junior creditors in exchange for pre-filing plan consent and third-party releases or other exculpation provisions"* – EISENBAND, Michael. "The Super Speedy Prepack has arrived... is that a big deal?" – Disponível em: https://www.jdsupra.com/legalnews/the-super-speedy-prepack-has-arrived-is-14895/. Acesso em 25 de outubro de 2019.

vinculado a fatores como: (i) transparência das informações acerca da situação financeiras da empresa; (ii) alinhamento de interesse dos credores envolvidos (ou pelo menos de sua grande maioria) e (iii) rápida execução das obrigações acordadas no plano. Além disso, não se pode esquecer do elemento subjetivo, qual seja, o convencimento pela empresa aos seus credores de que (i) sua reestruturação é possível e (ii) economicamente é mais vantajoso manter a empresa ativa e receber conforme pactuado do que a sua liquidação.

2. Negociação Prévia nos casos de Recuperação Judicial no Brasil

Conforme demonstrado, os modelos americanos consensuais e alternativos ao processo formal do *Chapter 11* tem se mostrado eficiente para solução das empresas em crise, principalmente pela cultura não litigiosa daquela sociedade.

Diferentemente da cultura brasileira, que é litigiosa, nota-se, no entanto, que ao longo dos últimos anos, a temática do consenso vem sendo amplamente discutida como alternativa de aliviar o Judiciário, que atualmente não consegue suprir todas as demandas. Nessa linha, Daniel Carnio[21] defende que apesar de diversas propostas de reformas processuais que visam dar celeridade aos processos é necessária a mudança na postura dos operadores do Direito, exigindo um comprometimento com o resultado do processo, visto que atualmente o sistema Judiciário não dá acesso à Justiça, mas ao processo. Isoladamente, o processo não tem eficiência prática se não traz a solução no momento oportuno ou se traz tardiamente.

O incentivo à utilização de métodos de solução de conflito não litigiosos tem ganhado voz, a exemplo da atuação do Conselho Nacional de Justiça que tem promovido programas e incentivos às formas de solução consensual de conflitos de interesses, fomentando a criação de um modelo de sistema multiportas[22] no Brasil. Não obstante os movimentos de incentivos

---

[21] Costa, Daniel Carnio. "Reflexões sobre Processos de Insolvência: Divisão Equilibrada de Ônus, Superação do Dualismo Pendular e Gestão Democrática de Processo" in 10 anos da Lei de Recuperação de Empresas e Falências – Reflexões sobre a Reestruturação Empresarial no Brasil, sob coordenação de Luis Vasco Elias, Quartier Latin, São Paulo, 2015, p. 87/112.

[22] Conceito apresentado pelo Professor Frank Sander de Harvard Law School, no qual o conflito é direcionado para o método mais adequado de resolução de disputas, resultando em celeridade no resultado e menor custo para o tribunal e os litigantes. "*The multi-door courthouse is an innovative institution that routes incoming court cases to the most appropriate methods of dispute*

ao consenso, a LREF trouxe para o ordenamento jurídico a possibilidade de negociação prévia para empresas em crise com a previsão da recuperação extrajudicial.

Na recuperação extrajudicial, credores e devedor podem negociar livremente os termos e condições da recuperação e ao final da negociação submeter ao Judiciário para homologação, muito similar à sistemática do *prepackaged plans*.

Tal como ocorre no *prepackaged plan*, na recuperação extrajudicial, a composição privada que tenha se efetivado com os principais credores e corresponda ao quórum mínimo exigido por lei para aprovação do plano, será submetida ao Judiciário para homologação vinculando todos os credores ainda que não signatários do acordo. Entretanto, seus efeitos são diversos. No *prepackaged plan*, quando homologado o plano, este passa a ser executado e cumprido dentro dos efeitos do processo do *Chapter 11* concedendo às partes as proteções legais, enquanto na recuperação extrajudicial, após homologação do plano, não são aplicados os efeitos da LREF às partes, tais como a suspensão das execuções etc. (*stay period*), deixando-se de conferir segurança jurídica ao empresário em crise. Nesse sentido, a doutrina considera o instituto "natimorto" ou "letra morta", razão pela qual sua aplicação é rara.

Em outras palavras, a recuperação extrajudicial não cria incentivos para sua utilização, pois (i) seu alcance é restrito a apenas alguns credores; (ii) não há a concessão do *stay period*[23] às partes, deixando o patrimônio do devedor vulnerável à execução dos credores, que, por sua vez, não tem proteção legal para suspender as execuções, pois o prazo prescricional continua em andamento; (iii) não há previsão da não sucessão na alienação de ativos de empresas em recuperação extrajudicial, afastando potenciais interessados na compra de ativos dessas empresas, pois há o risco de serem responsabilizados por eventual dívida da empresa.

---

resolution, which saves time and money for both the courts and the participants or litigants" – Disponível em: https://www.pon.harvard.edu/daily/international-negotiation-daily/a-discussion-with-frank-sander-about-the-multi-door-courthouse/. Acesso em 18 de outubro de 2019.

[23] É entendido como *"stay period"* o prazo de suspensão das ações e execuções, previsto no artigo 6º, § 4º da LREF que será de 180 dias úteis. Trata-se de instituto que a LREF inspirada na legislação norte-americana, importou para proteger o devedor contra cobrança, mas resguardando o direito dos credores sujeitos ao processo de recuperação judicial.

Apesar da doutrina e jurisprudência[24] se posicionarem no sentido de dar conforto jurídico aos credores e devedores que optam pela recuperação extrajudicial, suspendendo as ações e execuções, o instituto ainda não atende ao fim que se propõe. Portanto, muitas vezes o empresário brasileiro optará pela recuperação judicial tradicional, pois, mesmo que mais lenta, confere maior proteção e segurança. A alternativa, no entanto, não traz benefícios para a economia do país, tampouco às empresas em crise e seus credores.

Parece injusto à sociedade não usufruir de meios mais céleres para a recuperação da empresa por falta de melhor previsão legal quando a experiência estrangeira tem se mostrado favorável. Esperar por uma reforma legislativa[25] também não responde às necessidades do Brasil, que vive um momento bastante delicado, no qual as maiores empresas passam por crises por conta da Lava Jato[26].

Cabe aos operadores do Direito, alinhado aos interesses das partes (empresa em crise e credores) apresentar soluções alternativas para a melhoria da eficiência no processo de recuperação judicial das empresas.

Na linha do exposto, quanto à natureza jurídica da recuperação judicial ser consensual, verifica-se que a negociação entre as partes tem sido

---

[24] COSTA, Daniel Carnio. "Recuperação Extrajudicial" – Enciclopédia Jurídica da PUCSP – Disponível em: https://enciclopediajuridica.pucsp.br/verbete/212/edicao-1/recuperacao-extrajudicial. Acessado em 21 de outubro de 2019.

[25] Considerando a tramitação do Substitutivo da atual LREF, no qual, foram feitas modificações no regime da recuperação extrajudicial, porém ainda insuficientes para a sua utilização. Isto porque ao longo da discussão do Substitutivo foram criados grupos de trabalho formados por profissionais atuantes na área para apresentar sugestões de modificações à lei para sua melhor adequação e aplicação. Nesse sentido, algumas das sugestões apresentadas pelo grupo de trabalho para a recuperação extrajudicial foram: (I) conferir o mesmo tratamento dado aos credores na recuperação judicial, inclusive trabalhistas e Fisco, (II) suspensão do curso da prescrição e das ações com a distribuição do pedido de recuperação extrajudicial, (III) possibilidade de ajuizamento de pedido prévio de suspensão das ações, desde que com a adesão de 2/5 dos créditos sujeitos, com o objetivo de negociar o plano de recuperação extrajudicial, etc. Contudo, apenas algumas das sugestões foram incorporadas, tal como prever a publicação de editais eletrônicos

[26] Lava Jato, nome de uma operação da Polícia Federal que tem cumprido papel social fundamental para a sociedade brasileira investigando e cumprindo medidas coercitivas para apuração de esquema de lavagem de dinheiro entre o Estado e as maiores companhias do país que movimenta bilhões de reais em propina. Disponível em: http://www.mpf.mp.br/grandes-casos/caso-lava-jato/entenda-o-caso. Acesso em: 10 de outubro de 2019.

presente durante todo o processo. Nesse sentido, será apresentada adiante uma breve análise da jurisprudência quanto ao entendimento da negociação em processos sob regime da LREF e serão comentados os recentes casos em que há a aplicação do conceito americano quanto à negociação prévia do plano de recuperação e sua execução.

O entendimento do Tribunal nem sempre foi pacífico e claro quanto à utilização e alcance das negociações nas recuperações judiciais. Em breve análise da jurisprudência, nota-se que a partir do caso da recuperação judicial da Bombril Holding S/A em 2005, o Relator Desembargador Lino Machado e o Desembargador Romeu Ricupero se posicionaram favoravelmente na negociação entre credores e devedor sem a necessidade de interferência do Judiciário, ao pronunciar que: *"O plano de recuperação judicial aprovado pelos credores, na falta de comprovação de nulidade, deve ser homologado pelo juiz, ao qual não cabe interferir no seu conteúdo(..)"*[27].

Posteriormente no caso da recuperação judicial convolada em falência da Cerâmica Gyotoku Ltda.,[28] o Tribunal manifestou entendimento diverso quanto à soberania da vontade das partes, intervindo no plano aprovado em Assembleia e determinando que a empresa apresentasse novo plano, posicionamento hoje vigente nos Tribunais[29].

Posteriormente, em 2013, a petroleira OGX[30] enfrentou uma crise econômico-financeira e entrou com o pedido de recuperação judicial em razão de um endividamento bilionário em dólares. Pode-se dizer que foi uma das maiores recuperações judiciais da América Latina. O impacto, em caso de falência da empresa, seria sentido por todos, argumento esse que a OGX usou para iniciar as conversas com seus credores e acionistas para alinhamento de interesses, tornando seu maior desafio demonstrar que a sua manutenção era possível e que, apesar do alto endividamento, era viável sua reorganização. Na decisão homologatória do plano de recuperação

---

[27] AI 460.339.4/7-00 – TJSP – Des. Rel. Lino Machado – Câmara Especial de Falências e Recuperações Judiciais de Direito Privado – j. 28/02/2007.

[28] AI 0136362-29.2011.8.26.0000 – TJSP – Des. Rel. Pereira Calças – Câmara Reservada à Falência e Recuperação – j. 28/02/2012.

[29] Enunciado 44 da I Jornada de Direito Comercial CJF/STJ: *"A homologação de plano de recuperação judicial aprovado pelos credores está sujeita ao controle de legalidade."*

[30] Não se pretende nesse artigo discutir o conteúdo definido nos respectivos PSAs da OGX para reerguer a companhia, mas tão somente elucidar como esses acordos prévios foram fundamentais para a criação da oportunidade de reestruturação da dívida, além de analisar a forma pela qual o instituto do *prenegotiated plan* foi importado ao sistema brasileiro.

judicial proferida pelo atual Desembargador Gilberto Clovis Farias Matos, à época Juiz da 4ª Vara Empresarial da Comarca da Capital do Estado do Rio de Janeiro, foi relatada toda a negociação prévia, que resultou no *Plan Support Agreement*, justificando o tratamento diferenciado a determinados credores. Argumentou ainda a questão principiológica da LREF da preservação da empresa.

A decisão extensa e bastante narrativa quanto aos fatos que ocorreram durante a negociação e construção do *Plan Support Agreement* ratifica a postura litigiosa existente no Brasil. Vale dizer, apesar do magistrado ter minuciosamente relatado todos os fatos que corroboraram a sua decisão favorável à homologação do plano, após o encerramento da Recuperação Judicial da OGX, existiam ainda recursos pendentes contra a homologação do plano.

A recuperação judicial da OGX teve como inspiração o modelo americano do *prenegotiated plan*, no qual o devedor negocia previamente com credores estratégicos as premissas para a sua reestruturação e posteriormente submete um plano para aprovação dos demais credores. Esse mecanismo dá celeridade ao processo, pois os principais credores e as principais preocupações com relação à reestruturação da empresa foram previamente abordados e discutidos entre as partes, tornando mais previsível os caminhos que a empresa seguirá para confrontar a crise.

A atuação do Poder Judiciário mais assertiva e *pro business* acenou ao mercado possíveis mudanças quanto à implementação de soluções alternativas para a recuperação da empresa, ainda que o nosso sistema permita uma série de medidas legais para discussões das decisões judiciais.

Em reportagem após o encerramento da recuperação judicial, o presidente da OGX, Paulo Narcelio, destacou que uma das principais lições aprendidas durante a negociação da construção do *Plan Support Agreement* foi manter a transparência com todos os envolvidos na negociação, bem como executar as obrigações negociadas. Relatou que inicialmente a relação não foi amigável entre as partes. Contudo, ao construir o alinhamento de interesses entre as partes, todos anuíram que a falência seria o pior cenário.

Empresas que surpreendem seus credores com planos de recuperação judicial sem prévio alinhamento tendem a não conseguir a sua aprovação, ainda que o plano reflita a realidade da empresa e seja a única forma de retomada das atividades empresariais. Isto porque, os credores não tiveram a oportunidade de analisar o que acontecerá com o seu crédito no cenário de liquidação da empresa, logo, instintivamente, não irão concordar com o recebimento parcial até que as partes consigam alinhar seus interesses quanto à manutenção da companhia.

Por essa razão, empresas como a Oi, OAS, Odebrecht, Constellation, outras do Grupo X etc., que possuem responsabilidade social muito grande pela quantidade de pessoas (físicas e jurídicas) que delas dependem direta ou indiretamente, têm construído negociações prévias com seus principais credores, utilizando-se do argumento de que possuem mais valor quando estão em operação do que falidas.

Isso cria a oportunidade dos credores discutirem em conjunto com as empresas as bases do plano de recuperação judicial, criando uma relação para a mesma finalidade, ainda que haja concessões pelas partes de seus direitos. A aderência dessas empresas ao modelo do *prenegotiated plan*, tem se mostrado compatível ao sistema do processo falimentar brasileiro.

Conclusões

O ambiente e a cultura americana propiciam o uso de negociações prévias para a solução de empresas com dificuldades financeiras, pois, como visto, historicamente para o fomento das atividades empresariais e ascensão do capitalismo, os Estados Unidos reconfiguraram o conceito da falência, tido antes como um crime-moral, e o introduziram como uma medida a ser usada em momentos de crise econômico-financeira decorrente do risco empresarial que aquela empresa se insere. Portanto, nada melhor que negociações entre partes relacionadas para se alcançar alternativa viável para a retomada das atividades, respeitando-se a autonomia da vontade das partes.

Com a reforma do *US Bankrupcty Code* em 2005, através do *"Bankruptcy Abuse Prevention and Consumer Protection Act"* (BAPCPA), observa-se uma relação direta no aumento de empresas que passam a usar o *prepackaged* e o *prenegotiated plans* para a sua reorganização. Esses modelos são a resposta americana para a crise das suas empresas na década de 90 que pediam rapidez na solução da crise econômico-financeira enfrentada. O objetivo desses modelos é propiciar a negociação prévia entre a empresa em crise com os seus credores para o alinhamento dos interesses dos envolvidos, a fim de se construir consenso sobre a viabilidade da retomada da empresa, que poderá gerar mais valor ativa do que liquidada.

A ampla aderência desses modelos pelas empresas americanas se deve principalmente pela rapidez do processamento (bom), baixa exposição de imagem reputacional ou exposição rápida da imagem relacionada a um processo de reorganização (bonito) e o baixo custo processual (barato). Trata-se, portanto de um resultado "bom, bonito e barato".

No entanto, recentes casos em que o processo foi extremamente rápido (menos de 1 semana) abriu-se uma discussão nos Estados Unidos com relação à efetividade das *super speedy prepack*. A preocupação decorre da natureza da reestruturação. Isto porque, muitas vezes envolve apenas a reestruturação de capital, não sendo analisadas questões operacionais que podem, indiretamente, estar relacionadas à crise e podem impactar novamente a empresa, se não sanadas.

Ainda assim, a experiência americana tem se mostrado favorável à utilização de modelos de negociação prévia para a solução de empresas em crise, pois cria a oportunidade das partes chegarem ao consenso do que está mais alinhado aos seus interesses, e, a partir daí, tomar atitudes quanto à retomada da empresa ou sua liquidação.

Ao transportar esses modelos para a realidade brasileira, levando-se em consideração que a LREF teve forte influência do *US Bankruptcy Code*, conclui-se que o legislador brasileiro tentou prever o *prepackaged plan*, através da recuperação extrajudicial. Ocorre que, ao não conferir segurança jurídica ao instituto, desincentivou a sua utilização.

Não significa dizer que a negociação prévia não acontece, mas, pelo contrário, conforme pondera Luiz Fernando Valente de Paiva[31], em todos os casos relevantes há a tentativa inicial de se fazer uma reestruturação, contudo, como sabido, a negociação só será alcançada se os interesses das partes forem minimamente alinhados.

Corrobora tal posicionamento os recentes casos em que a apresentação da recuperação judicial foi baseada em um *Plan Support Agreement*. A importação do *prenegotiated plan* nas recuperações judiciais brasileiras, principalmente naquelas que envolvem grandes empresas, tem se mostrado um caminho a ser explorado.

---

[31] PAIVA, Luiz Fernando Valente. "Necessárias alterações no sistema falimentar brasileiro" in "Dez anos da Lei n. 11.101/2005: Estudos sobre a Lei de Recuperação e Falência", sob coordenação de Sheila C. Neder Cerezetti e Emanuelle Urbano Maffioletti, Almedina: São Paulo, 2015, p. 136/174.

RECUPERAÇÃO JUDICIAL

Para que isso ocorra, a finalidade da negociação prévia não pode ser diferente de recuperar a empresa assegurando a sua função social. Caso contrário, se a negociação prévia resultar no benefício de um grupo específico de credores em detrimento dos demais, esse acordo não terá validade[32]. Assim, importante que o Judiciário ratifique as negociações garantindo a ausência de abusividade nos termos pactuados.

Nessa linha, propõe Luiz Fernando Paiva[33] a unificação dos regimes processuais previstos na LREF (recuperação judicial e extrajudicial) com a criação de um rito sumário na recuperação judicial, além da introdução de mecanismos para facilitar a negociação entre as partes antes da realização da Assembleia de Credores.

O processo não pode ser palco de batalhas jurídicas em casos de recuperação de empresas, primeiro porque fere a natureza consensual do instituto, segundo porque, ao se tornar litigioso, as chances da empresa se recuperar diminuem muito. O longo período necessário para estabilização das discussões judiciais resulta na deterioração dos ativos da devedora. Quando os interesses das partes não estão alinhados, a solvência que se busca não é da empresa, mas dos créditos.

Será através da negociação prévia que as partes conseguirão chegar a esse entendimento e a partir dela iniciar o alinhamento dos seus interesses.

Conclui-se que as negociações prévias, quando bem conduzidas, são muito importantes para a solução de conflitos. A experiência americana tem se mostrado bastante eficaz para os casos de insolvência. No Brasil, esse movimento tem ganhado força e parece ser o caminho que os casos de insolvência devem buscar para uma solução harmoniosa e eficaz.

O Judiciário e a sociedade não comportam mais recuperações judiciais longas, sem nenhum efeito prático, nas quais os ativos são perdidos ou são deteriorados, reduzindo-se drasticamente o valor da empresa e, consequentemente, qualquer alternativa de sua recuperação. Para isso, as empresas em crises devem investir tempo na negociação prévia com seus credores para o alinhamento dos interesses. Com essa base sedimentada, quando o plano for levado ao Judiciário para homologação, não causará surpresas aos envolvidos, principalmente aos credores que terão postura mais colaborativa em relação ao cumprimento do plano de recuperação judicial.

---

[32] Não se pretende analisar os aspectos e fundamentos que levaram a Anatel impedir que a Oi assinasse Plan Support Agreement.
[33] PAIVA, Luiz Fernando Valente. Op. cit, p. 136/174.

Pode-se dizer que a negociação prévia humaniza o processo de recuperação judicial, pois concede a oportunidade das partes discutirem em conjunto medidas para a retomada da empresa, construindo convergência de interesses entre as partes. Ainda que tal acordo passe pelo Judiciário e pela aprovação dos demais credores, os pilares do plano de recuperação ficam mais firmes e as discussões judiciais são "danos colaterais esperados" que não suspendem a execução do plano de recuperação judicial da empresa.

Ainda que existam melhorias a serem feitas no âmbito da lei, seja na reforma e adequação da recuperação extrajudicial, seja na criação de um rito sumário no processo de recuperação judicial, a negociação prévia tem sido instrumento para a construção do plano, pois traz vantagens evidentes às partes. Conclui-se, portanto, que a negociação prévia no âmbito da recuperação judicial é uma forma legítima e eficiente de superação do estado de crise da empresa.

Referências

BANKRUPTCY JUDGES DIVISION. *"Bankruptcy Basics"* – 3 Ed Rev. – United States: 2011 – Disponível em: https://www.uscourts.gov/sites/default/files/bankbasics--post10172005.pdf. – Acesso em 15/10/2019

BROOKS, Jon. *"A (Very) Brief History of Bankruptcy and Debt in the West"* – 2012 – Disponível em: http://www.bayareabankruptcylawyerblog.com/bankruptcy-in-general/a--very-brief-history-of-bankruptcy-and-debt-in-the-west/. – Acesso em 20/10/2019.

CÂMARA DOS DEPUTADOS. *"Exposição de Motivos da Lei 11.101, de 9 de fevereiro de 2005"* – Brasília: 1993.

COSTA, Daniel Carnio. *"Reflexões sobre Processos de Insolvência: Divisão Equilibrada de Ônus, Superação do Dualismo Pendular e Gestão Democrática de Processo"*. In: ELIAS, Luis Vasco (coordenador). "10 anos da Lei de Recuperação de Empresas e Falências – Reflexões sobre a Reestruturação Empresarial no Brasil". São Paulo: Quartier Latin, 2015, p. 87/112.

EISENBAND, Michel. *"The "Super Speedy Prepack" has Arrived... Is that a big deal?"* – 2019 – Disponível em: https://www.jdsupra.com/legalnews/the-super-speedy-prepack-has--arrived-is-14895/. Acesso em 25/10/2019.

NEWTON, Grant W. *"Bankruptcy and Insolvency Accounting – Vol. 1: Practice and Procedure"*, 7 Ed., New Jersey: John Wiley & Sons, Inc., 2009.

KIRSCHBAUM, Deborah. *"A Recuperação Judicial no Brasil: Governança, Financiamento Extraconcursal e Votação do Plano"*. 2009. 213 f. Tese de Doutorado – Universidade de São Paulo – Faculdade de Direito, São Paulo, 2009.

"Out-of-court Workout Prepacks and Pre-arranged Cases a primer" – 2005 – Disponível em: https://www.abi.org/abi-journal/out-of-court-workouts-prepacks-and-pre-arranged--cases-a-primer. – Acesso em 15/10/2019.

RECUPERAÇÃO JUDICIAL

PAIVA, Luis Fernando Valente. *"Necessárias alterações no sistema falimentar brasileiro"* In: CEREZETTI, Sheila C. Neder; MAFFIOLETTI, Emanuelle Urbano (coordenadoras). "Dez anos da Lei n. 11.101/2005: Estudos sobre a Lei de Recuperação e Falência". São Paulo: Almedina, 2015, p. 136/174.

RAMIREZ, Gabriel; DHILLON, Upinder; CHATTERJEE, Sris. *"Resolution of Financial Distress: Debt Restructuring via Chapter 11, Prepackaged Bankruptcies and Workouts"*. In Financial Management, Vol. 25, N 1, Nova York:1996, p. 5-18.

SACRAMONE, Marcelo Barbosa. *"Comentários à Lei de Recuperação Judicial e Falência"*, 1ª ed., São Paulo: Saraiva Educação, 2018.

SPINELLI, Luis Felipe; SCALZILLI, João Pedro; TELLECHEA, Rodrigo. *"História do Direito Falimentar: da execução pessoal à preservação da empresa"*, 1 ed., São Paulo: Almedina, 2018.

TELONI, Foteini. *"Chapter 11 Duration, Preplanned Cases and Refiling Rates: An Empirical Analysis in the Post-BAPCPA"*. 2015. 27 f. Artigo – Fodham University School of Law, Nova York, 2015.

_____. *"Preserving Value in the Post-BAPCPA Era. An Empirical Study"*. 2015. 24 f. Artigo – Fodham University School of Law, Nova York, 2015.THE WORLD BANK. *Principles for Effective Insolvency and Creditor/Debtor Regimes*. United States: 2011

UNITED STATES BANKRUPTCY COURT. *Procedural Guidelines for Prepackaged and Pre-negotiated Chapter 11 Cases in the United States Bankruptcy Court for the Eastern District of New York*. Nova York: 2016.

UNITED STATES BANKRUPTCY COURT. *Procedural Guidelines for Prepackaged Chapter 11 Cases in the United States Bankruptcy Court for the Southern District of New York*. Nova York: 2013.

3

Análise Comparativa do Papel do Comitê de Credores no Brasil e nos Estados Unidos[1]

ANDRÉ CHATEAUBRIAND MARTINS

Introdução

A Lei 11.101, de 9 de fevereiro de 2005, que regula a recuperação judicial, a extrajudicial e a falência do empresário e da sociedade empresária ("LFR"), dispõe sobre a atuação do comitê de credores nos processos de recuperação judicial e falência no Brasil.

O antigo Decreto-Lei 7.661, de 21 de junho de 1945, que regulava os processos de insolvência no Brasil, revogado pela LFR, previa uma atuação muito limitada dos credores no âmbito desses procedimentos, o que contribuía para a falta de eficiência da falência e da concordata.

Na LFR, a principal função do Comitê de Credores é fiscalizar as atividades do devedor (na recuperação judicial) ou da massa falida (na falência), observando sempre o interesse da coletividade dos credores, de modo que sua atuação não se confunda com as atribuições dadas pela lei à Assembleia Geral de Credores. Com a criação do órgão, o legislador pretendeu estimular a atuação mais proativa e participativa dos credores nos processos de insolvência, como acontece nos Estados Unidos.

Este artigo, além de discorrer sobre a funcionalidade do Comitê de Credores na LFR e suas principais características, discutirá também casos

---

[1] O autor agradece a Talitha Aguilar Leite e Giovanna Campedelli Macedo pela valiosa contribuição na elaboração deste artigo.

práticos brasileiros nos quais houve a presença do referido órgão nos processos de insolvência, bem como fará paralelo com o tratamento do instituto na legislação norte-americana.

Por fim, serão pontuadas as possíveis alterações quanto ao escopo das atividades do Comitê de Credores, bem como sua condução, conforme sugeridas pelo Projeto de Alteração da Lei 11.101/2005, apresentado em 10 de maio de 2018, que atualmente está em trâmite perante a Câmara dos Deputados do Brasil ("PL 10.220/2018").

1. Comitê de Credores na LFR

A principal função do Comitê de Credores é zelar pelo interesse de toda a coletividade de credores, diferenciando-se, nesse ponto, da Assembleia Geral de Credores. Enquanto o primeiro deve agir de modo ativo nos processos de insolvência (i.e. impugnar créditos, contestar pedidos, etc.), o segundo é órgão deliberativo da coletividade dos credores.

O processo de constituição, funcionamento e as atribuições do Comitê de Credores são regulados pelos artigos 26 e 27 da LFR. Conforme ensina Manoel Justino Bezerra Filho, *"enquanto o administrador judicial é figura que obrigatoriamente existirá na recuperação judicial e na falência, o comitê de credores não é de constituição obrigatória (...)*[2]*"*. Nesse sentido, a deliberação pela constituição ou não do Comitê de Credores é faculdade dos próprios credores, que devem votar, em Assembleia Geral de Credores, pela criação do órgão com a finalidade de representar os interesses de determinadas classes.

Recente inovação jurisprudencial passou a admitir a convocação, no início do processo de recuperação judicial, de assembleia geral processual com a finalidade de organizar o procedimento, sem qualquer finalidade de cunho material. As assembleias possibilitam a instalação do Comitê de Credores no início do processo, permitindo que o trabalho de fiscalização e, principalmente, de negociação do plano de recuperação, ocorra em momento mais apropriado, tornando mais eficiente e relevante o papel do Comitê de Credores.

---

[2] Bezerra Filho, Manoel Justino. Lei de recuperação de empresas e falência: Lei 11.101/2005: comentada artigo por artigo. 14ª ed. São Paulo: Thomson Reuters Brasil, 2019. pp. 130/131.

1.1. Constituição do Comitê de Credores

A sistemática de votação da constituição do Comitê de Credores deve ocorrer de maneira independente entre as classes, isto é, pode ser instalado em apenas uma classe ou em todas elas. A intenção do legislador foi a de preservar a individualidade e os interesses de cada classe que, muitas das vezes, podem ser divergentes e conflitantes.

Em regra, o Comitê de Credores será formado por um representante de cada uma das quatro classes trazidas pela LFR (trabalhista, garantia real, quirografários e micro e pequenas empresas), mais dois suplentes. Contudo, a falta de indicação de um representante em qualquer das classes não prejudicará a formação do órgão. Importante mencionar, também, que nada impede que a classe que decidiu por não indicar representante em dado momento, o faça posteriormente.

Em todos os casos, o representante da classe será eleito por maioria de votos dentro da respectiva classe, em Assembleia Geral de Credores, ou ainda, por requerimento escrito da maioria absoluta de determinada classe.

Sobre o ponto, Marcelo barbosa Sacramone[3] esclarece que como a LFR é silente sobre os requisitos para ser representante de determinada classe, nada impede que os indicados pelas classes não sejam credores do devedor em recuperação judicial ou da massa falida, podendo os credores nomear empresa especializada para cumprir tal função, mediante remuneração.

1.2. Atribuições do Comitê de Credores

Em relação às atribuições do Comitê de Credores, o legislador atribuiu funções comuns ao processo de falência e de recuperação judicial, que consistem, majoritariamente, na fiscalização das atividades do devedor ou da massa falida.

Importante destacar, contudo, que a LFR é omissa quanto à possibilidade de os membros do Comitê de Credores atuarem em conjunto com outros profissionais, como, por exemplo, advogados, contadores ou empresas de assessoria financeira, como normalmente ocorre em outras jurisdições, mediante reembolso dos custos dispendidos pelo devedor. Essa omissão pode ser considerada, muitas vezes, como um limitador à realiza-

---

[3] SACRAMONE, Marcelo Barbosa. Comentários à lei de recuperação de empresas e falência. São Paulo: Saraiva Educação. p. 137.

ção dos trabalhos do Comitê de Credores, cujos membros não necessariamente têm conhecimentos e/ou habilidades sobre determinados assuntos que podem ser demandados.

Na falência e na recuperação judicial, o Comitê de Credores tem funções comuns, relativas à fiscalização das atividades e contas do Administrador Judicial e do bom andamento do processo. Também é sua função comunicar o juízo acerca de atos que atentem aos direitos dos credores, apurar e emitir pareceres sobre manifestações de credores e interessados e manifestar-se sobre as impugnações de crédito.

No que tange especificamente à recuperação judicial, a LFR atribui ao Comitê de Credores os deveres de, dentre outros, (i) apresentar relatórios das atividades do devedor; (ii) fiscalizar o cumprimento do plano de recuperação judicial; e (iii) no caso de afastamento do devedor da administração da empresa, submeter determinados assuntos à aprovação do juízo.

Nesse último caso, na hipótese de afastamento do devedor da administração da empresa, notadamente pelos incisos do artigo 64 da LFR, o Comitê de Credores passará a ter atribuições essenciais à manutenção da atividade empresarial, devendo requerer autorização do juízo competente para alienação de bens do ativo permanente, constituir ônus reais e outras garantias e contrair endividamentos necessários à continuidade das atividades antes da aprovação do plano de recuperação judicial.

Diferentemente do que ocorre em outras jurisdições, como a norte-americana, o Comitê de Credores no Brasil não pode propor plano de recuperação judicial alternativo à versão apresentada pelo devedor.

Nesse ponto, vale mencionar que a versão final do Projeto de Lei 4.376/1993, que introduziu a LFR, tinha o objetivo de conferir tal prerrogativa ao Comitê de Credores, conforme previa o § 5º, do artigo 9º. Porém, o Senado Federal decidiu por suprimir o dispositivo do texto final da lei, por entender que a atribuição seria incompatível com a função meramente fiscalizatória do Comitê de Credores, uma vez que cada credor deveria ter a prerrogativa de deliberar e negociar os termos do plano de recuperação judicial de maneira individual.

O mesmo raciocínio foi utilizado para não incluir a possibilidade de o próprio Comitê de Credores requerer a convolação da recuperação judicial em falência, o que, nas palavras de Paulo F. Campos Salles de Toledo, também *"extrapolaria o caráter fiscalizador das atribuições confiadas ao comitê. Não haverá, contudo, prejuízo à boa liquidação da Lei, uma vez que a convolação poderá ser requerida pelo administrador judicial, e, além disso, poderá o comitê plei-tear a convolação da assembleia geral, que poderá deliberar a respeito."*[4]

Nota-se, portanto, que os artigos do projeto de lei que permitiam uma atuação mais ativa do Comitê de Credores foram suprimidos, relegando ao Comitê funções majoritariamente fiscalizatórias.

Por fim, na falência, o Comitê de Credores tem a função de (i) opinar sobre as dívidas da massa, bem como sobre a compensação e celebração de acordos[5]; (ii) autorizar a celebração de contratos pela Massa Falida; e (iii) autorizar o cumprimento das obrigações constantes de contratos celebra-dos pela Massa[6]. Todas as deliberações do Comitê de Credores são toma-das por maioria de votos. Caso não seja possível, tais decisões podem ser submetidas ao crivo do Administrador Judicial ou do juízo competente.

1.3. Remuneração e reembolso de despesas

Conforme prevê o artigo 29 da LFR, *"[o]s membros do Comitê não terão sua remuneração custeada pelo devedor ou pela massa falida, mas as despesas realiza-das para a realização de ato previsto nesta Lei, se devidamente comprovadas e com a autorização do juiz, serão ressarcidas atendendo às disponibilidades de caixa".*

Portanto, ao contrário do administrador judicial, os membros do Comitê de Credores não receberão remuneração pelo exercício de suas funções. Para o legislador, a diferenciação entre a remuneração dos cargos é necessária, porque o Comitê de Credores é órgão opcional, de modo que são os credo-res os responsáveis por arcar com a remuneração, se entenderem necessário.

Apesar da ausência de remuneração, o legislador previu a possibilidade de os membros do Comitê de Credores serem reembolsados pelas des-pesas incorridas no exercício de suas funções. Para que o reembolso seja autorizado pelo juízo, é necessário que se demonstre a efetiva necessidade

---

[4] TOLEDO, Paulo Campos Salles de. Comentários à Lei de recuperação de empresas e falência. 5ª ed. São Paulo: Saraiva, 2012. p. 130.

[5] "Art. 22. Ao administrador judicial compete, sob a fiscalização do juiz e do Comitê, além de outros deveres que esta Lei lhe impõe: (...) §3º Na falência, o administrador judicial não poderá, sem autorização judicial, após ouvidos o Comitê e o devedor no prazo comum de 2 (dois) dias, transigir sobre obrigações e direitos da massa falida e conceder abatimento de dívidas, ainda que sejam consideradas de difícil recebimento."

[6] "Art. 117. Os contratos bilaterais não se resolvem pela falência e podem ser cumpridos pelo administrador judicial se o cumprimento reduzir ou evitar o aumento do passivo da massa falida ou for necessário à manutenção e preservação de seus ativos, mediante autorização do Comitê."

RECUPERAÇÃO JUDICIAL

das despesas, bem como que haja disponibilidade de caixa. Esta última exigência é, de fato, controversa, uma vez que, em cenário de insolvência, dificilmente as empresas terão recursos em caixa suficientes para fazer frente a mais um ônus.

1.4. Substituição e destituição

A *substituição* de membros do Comitê de Credores deve ocorrer quando há impedimentos legais para o exercício da função e, portanto, não é considerada sanção por descumprimento das atribuições previstas na LFR.

A substituição poderá ser feita mediante requerimento ao juízo competente dos credores que representem a maioria dos créditos de uma classe, independentemente da realização de Assembleia Geral de Credores. A LFR também legitima o devedor, o Ministério Público e qualquer credor de maneira isolada a formular requerimento ao juízo competente, pleiteando a substituição dos membros do Comitê de Credores.

Após receber o requerimento, o juízo determinará a substituição do representante ou dos suplentes da respectiva classe do Comitê de Credores.

Por outro lado, na *destituição* o juízo pode, de ofício ou mediante requerimento fundamentado de qualquer interessado, determinar a destituição dos membros do Comitê de Credores quando verificar desobediência às determinações legais, baseadas em violação de deveres, omissão, negligência ou prática de ato lesivo às atividades do devedor ou a terceiros. Tais hipóteses são idênticas àquelas nas quais se opera, também, a destituição do Administrador Judicial.

Assim, a destituição implica na perda do cargo ocupado em razão de atos praticados pelos próprios membros, mediante a não observância da LFR no que tange ao bom cumprimento das atribuições recebidas. O suplente será convocado a ocupar o cargo.

1.5. Responsabilidade civil do Comitê de Credores

Com relação à responsabilidade dos membros do Comitê de Credores, a LFR prevê que respondem por prejuízos causados à Massa Falida, ao devedor ou aos credores, desde que verificados o dolo ou a culpa[7]. Tal disposição aplica-se, também, ao Administrador Judicial.

---

[7] "Art. 32. O administrador judicial e os membros do Comitê responderão pelos prejuízos causados à massa falida, ao devedor ou aos credores por dolo ou culpa, devendo o dissidente em deliberação do Comitê consignar sua discordância em ata para eximir-se da responsabilidade."

ANÁLISE COMPARATIVA DO PAPEL DO COMITÊ DE CREDORES NO BRASIL...

Este ponto pode ser considerado um dos maiores desincentivos para a formação do Comitê de Credores, pois seus membros assumem as mesmas responsabilidades do auxiliar do juízo que, por sua vez, é remunerado por sua atuação. Portanto, compreensível a posição de credor que não aceita participar do Comitê, sem remuneração, mas, por outro lado, demanda atuação intensa e é passível de responsabilização.

Como bem destaca Haroldo Malheiros Duclerc Verçosa, há evidente dificuldade na análise da presença dos elementos de dolo ou culpa pelo juiz ao reexaminar decisões tomadas pelo Administrador Judicial ou Comitê de Credores:

> Estará o juiz preparado para colocar-se no lugar de qualquer deles e ponderar a respeito de uma decisão que foi tomada ou de um ato que foi adotado em um momento determinado no passado, diante de circunstâncias então eventualmente prementes, a fim de fazer o julgamento justo? É de duvidar-se.[8]

De fato, a equiparação da responsabilidade do Comitê de Credores com a posição do Administrador Judicial é equivocada. Em primeiro lugar, o credor possui interesses muitas vezes conflitantes com o devedor, já que busca o retorno do seu crédito, enquanto o Administrador Judicial é um terceiro neutro e independente. Em segundo lugar, a posição de um credor que aceita representar a sua classe no Comitê e sua respectiva responsabilização deveria, em tese, limitar-se à sua atuação perante os credores de sua classe, assim como ocorre no sistema norte-americano, pois o que realmente se espera do representante da classe, normalmente o que tem posição mais relevante, é que defenda os interesses de todos e não os seus interesses pessoais. Em terceiro lugar, sem a fixação dos critérios legais sobre os limites da responsabilização dos membros do Comitê, há enorme incerteza sobre qual seria, de fato, o seu papel e a interpretação que o Judiciário fará de atos tomados em defesa dos interesses dos credores, que naturalmente poderão causar impacto na recuperação judicial. Tal incongruência da LFR tornou o instituto do Comitê de Credores uma previsão legal sem qualquer resultado prático efetivo.

---

[8] SOUZA JUNIOR, Francisco Satiro de; PITOMBO, Antônio Sérgio A. de Moraes (coord.) Comentários à Lei de Recuperação de Empresas e Falência. São Paulo: Revista dos Tribunais, 2007. p. 132

RECUPERAÇÃO JUDICIAL

Relevante mencionar que a lei possibilita que o membro dissidente em relação à deliberação que vier a causar prejuízos aos credores, à Massa Falida ou a terceiro pode ser exonerado da responsabilização desde que a dissidência conste na ata de deliberação do Comitê de Credores.

Em tal ambiente de ampla responsabilidade dos membros do Comitê de Credores, uma forma de se estabelecer critérios mais restritivos, poderia ser buscada uma solução através do negócio jurídico processual no âmbito da LFR como meio de conferir flexibilidade ao procedimento e ampliar as possibilidades de atuação do Comitê. De início, cabe esclarecer que não há qualquer óbice à celebração dos negócios jurídicos processuais – regulados pelos artigos 190 e 191 do Código de Processo Civil de 2015 – nos procedimentos de falência e recuperação judicial. Sobre o tema, veja-se o ensinamento de Paulo Furtado:

> Não há incompatibilidade entre o modelo de negociação para superação da crise (os planos normalmente modificam os direitos dos credores, alterando valores, prazos e condições de pagamento) e o modelo agora adotado para o direito processual (que admite negociação sobre forma dos atos processuais, fixação de prazos para a realização dos atos pelos sujeitos do processo e alteração de atos do procedimento)[9].

Embora a modulação de regras previstas na LRF tenha sido admitida em determinados procedimentos de recuperação judicial[10] – em especial no que diz respeito à alteração de prazos estipulados na LRF – a celebração dos negócios jurídicos processuais não será admitida se tiverem como objeto normas de natureza cogente. Sendo assim, a admissibilidade dos negócios jurídicos processuais no âmbito da LRF depende ainda, em grande parte, de análises casuísticas adotadas pelo juízo falimentar ou recuperacional.

2. Análise de casos concretos no Brasil

Apesar de muito comum nos institutos norte-americanos equivalentes à falência e à recuperação judicial (*Chapters* 7 e 11 do *Bankruptcy Code*, res-

---

[9] FURTADO, Paulo. O negócio jurídico processual na recuperação judicial. Portal Migalhas, 31.07.2018. Disponível em https://www.migalhas.com.br/InsolvenciaemFoco/121, MI284720,61044-O+negocio+juridico+processual+na+recuperacao+judicial.

[10] Processo número 1110406-38.2018.8.26.0100, distribuído perante a 2ª Vara de Falências e Recuperações Judiciais de São Paulo

ANÁLISE COMPARATIVA DO PAPEL DO COMITÊ DE CREDORES NO BRASIL...

pectivamente), a instalação do Comitê de Credores é muito rara no âmbito dos processos de insolvência do Brasil.

Conforme mencionado, além da sua formação ser facultativa e não remunerada, a principal razão para não haver interesse na instalação é a possibilidade de responsabilização por eventuais danos causados ao devedor ou à Massa Falida.

Contudo, ainda que considerado instituto atípico, há casos em que o Comitê de Credores foi instituído em recuperações judiciais e falências brasileiras. Nota-se, aqui, que, com exceção da falência do Banco Santos S.A., nos demais casos, os Comitês de Credores foram sempre instalados depois da aprovação do plano de recuperação judicial ou diante da necessidade de apresentação de nova proposta aos credores.

2.1. Grupo Renuka[11]

Apesar de admitir a consolidação processual, o Juízo da 1ª Vara de Falências e Recuperações Judiciais de São Paulo indeferiu a consolidação substancial entre as recuperações judiciais do Grupo Renuka do Brasil ("Grupo RB") e do Grupo Renuka do Vale do Ivaí ("Grupo RVDI").

Por este motivo, cada grupo apresentou plano de recuperação judicial próprio, os quais foram deliberados em assembleias gerais de credores específicas, respeitando a relação entre devedores e seus credores. Nas duas Assembleias Gerais de Credores, os credores optaram pela instalação de Comitês de Credores.

O Comitê de Credores do Grupo RVDI foi constituído por iniciativa de instituições financeiras, tendo uma delas figurado como representante de credores das Classes II e III (credores com garantia real e credores quirografários, respectivamente). Adicionalmente, houve a participação de um representante dos credores da Classe I (credores trabalhistas), não havendo indicação de suplentes para a composição do Comitê de Credores.

A atuação do Comitê de Credores limitou-se à apresentação de relatórios mensais sobre as atividades dos devedores e sobre o cumprimento do plano de recuperação judicial.

Como o primeiro plano de recuperação judicial não foi cumprido, o Comitê de Credores apresentou pedido junto ao Juízo da 1ª Vara de Falên-

---

[11] Processo número 1099671-48.2015.8.26.0100, distribuído perante a 1ª Vara de Falências e Recuperações Judiciais de São Paulo/SP.

RECUPERAÇÃO JUDICIAL

cias e Recuperações Judiciais de São Paulo requerendo a contratação de empresas de auditoria especializadas para apurar eventual viabilidade das empresas, bem como potenciais transações fraudulentas perpetradas com partes relacionadas. Requereu que o custeio dessa contratação fosse atribuído às empresas devedoras. Contudo, o Juízo da 1ª Vara de Falências e Recuperações Judiciais de São Paulo entendeu que tais atribuições já eram de competência do Administrador Judicial, de modo que a contratação de nova empresa deveria ser custeada pelo próprio Comitê de Credores, decisão que acabou não sendo objeto de recurso.

2.2. Grupo Aralco[12]
Na recuperação judicial do Grupo Aralco, o Comitê de Credores foi instalado sem objeções e por unanimidade dos credores presentes na assembleia geral. O Comitê de Credores foi composto por um representante da Classe III, por um representante dos *bondholders*, e um representante da Classe IV, bem como seus respectivos suplentes.

No caso, a atuação do Comitê de Credores foi mais ativa após o Grupo Aralco ter sido compelido a apresentar novo plano de recuperação judicial – em duas oportunidades – diante da impossibilidade de cumprimento das obrigações e das ilegalidades contidas no processo de aprovação do outro, ante a falta de convocação de diversos credores para a Assembleia Geral de Credores.

2.3. Banco Santos S.A.[13]
No caso do Banco Santos S.A. ("Banco Santos"), foi convocada Assembleia Geral de Credores com a finalidade de se deliberar sobre a constituição do Comitê de Credores e, caso necessário, a eleição de seus respetivos membros e suplentes.

Diante da ausência de credores trabalhistas, titulares de direito real e de privilégio especial, a deliberação sobre a constituição do Comitê de Credores limitou-se à escolha de um representante e dois suplentes para a classe dos credores quirografários e para a classe dos credores com privilégio geral.

---

[12] Processo número 1001985-03.2014.8.26.0032, distribuído perante a 2ª Vara Cível de Araçatuba/SP.
[13] Processo número 0065208-49.2005.8.26.0100, distribuído perante a 2ª Vara de Falências e de Recuperações Judiciais de São Paulo/SP.

As instituições financeiras internacionais requereram que o Comitê de Credores fosse autorizado a não se manifestar sobre o mérito de certos pedidos e pleitos formulados pelos bancos estrangeiros de repasse ou restituição, sob a alegação de que a classe dos credores quirografários é composta por credores de natureza e interesses distintos e conflitantes. Alegou, também, que a indicação de um único membro dessa classe para compor o Comitê de Credores poderia gerar conflitos que poderiam prejudicar credores.

O pleito dos bancos estrangeiros foi indeferido e o Comitê de Credores foi instalado, contando com um membro titular, que foi indicado por uma das maiores credoras do Banco Santos, e dois suplentes, todos sido eleitos como representantes da classe de credores quirografários.

O Comitê de Credores do Banco Santos participou ativamente da falência, manifestando seu entendimento no tocante às propostas de rateio de valores aos credores e posicionando-se contra a remuneração do Administrador Judicial da Massa Falida.

2.4. Grupo Rede Energia[14]

Apesar de algumas objeções e abstenções na deliberação sobre a constituição do Comitê de Credores na recuperação judicial do Grupo Rede Energia, o resultado foi pela sua instalação. A composição contou com representante dos credores da Classe II, sem a indicação de suplente, e por representante e suplente dos credores da Classe III. Todos os membros eleitos eram fundos de investimento.

A iniciativa de sugerir a criação do Comitê de Credores partiu de diversos credores detentores de notas perpétuas, de certo influenciados pela legislação norte-americana. No caso do Grupo Rede, o Comitê de Credores participou ativamente dos atos de fiscalização do cumprimento do plano de recuperação judicial, dentre outras atribuições.

---

[14] Processo número 0067341-20.2012.8.26.0100, distribuído perante a 2ª Vara de Falências e de Recuperações Judiciais de São Paulo/SP.

RECUPERAÇÃO JUDICIAL

3. O Comitê de Credores nos processos de insolvência previsto no Bankruptcy Code (Chapter 11)

O sistema falimentar norte-americano prevê a constituição obrigatória de Comitê de Credores para os credores sem garantia (quirografários) no procedimento de *Chapter 11*[15]. A formação do Comitê de Credores geralmente ocorre como um dos primeiros atos do *Chapter 11*, durante as primeiras semanas de existência do processo.

Nesse cenário, o Comitê de Credores é formado por indicação exclusiva do Administrador Judicial[16]. Diferentemente de como ocorre no Brasil, nos Estados Unidos é praxe que o Administrador Judicial notifique os vinte maiores credores sem garantia para se manifestarem sobre o interesse em compor o Comitê de Credores, incluindo os *bondholders*[17]. Essa nomeação pelo Administrador Judicial evita qualquer parcialidade por parte do juízo competente, tanto na seleção dos membros, quanto em posteriores decisões relacionadas a pleitos do Comitê de Credores.

Dentre os interessados que responderem afirmativamente à solicitação, é o Administrador Judicial que escolherá aqueles que irão compor o Comitê de Credores, conforme seus próprios critérios, mas em geral os nomeados serão os detentores dos sete maiores créditos do processo, respeitada a natureza de cada um dos créditos quirografários (i.e. *bondholders* sêniores, *bondholders* subordinados, instituições financeiras, fornecedores, etc.)[18].

A lei também permite a criação de Comitês de Credores adicionais para representar outras classes de credores ou dos acionistas, se necessário[19].

---

[15] "§1.102(a)(1): Except as provided in paragraph (3), as soon as practicable after the order for relief under chapter 11 of this title, the United States trustee shall appoint a committee of creditors holding unsecured claims and may appoint additional committees of creditors or of equity security holders as the United States trustee deems appropriate."

[16] Nos termos do revogado Bankruptcy Act, eram os credores os responsáveis por indicar os membros do Comitê de Credores.

[17] Rule 1.007(d) of the Federal Rules of Bankruptcy.

[18] §1.102(b)(1): A committee of creditors appointed under subsection (a) of this section shall ordinarily consist of the persons, willing to serve, that hold the seven largest claims against the debtor of the kinds represented on such committee, or of the members of a committee organized by creditors before the commencement of the case under this chapter, if such committee was fairly chosen and is representative of the different kinds of claims to be represented.

[19] "§1.102(a)(2): On request of a party in interest, the court may order the appointment of additional committees of creditors or of equity security holders if necessary to assure adequate

Contudo, ao prever a constituição única de Comitê de Credores quirografários, o legislador quis tutelar aqueles que não têm proteções legais, como é o caso dos credores com garantia e os acionistas do devedor.

Com relação às sociedades de pequeno porte, o juízo competente pode dispensar a formação do Comitê de Credores representativo de tal classe, mediante pedido motivado.

Além disso, o *Bankruptcy Code*[20] prevê a possibilidade de substituição dos membros do Comitê de Credores para assegurar a representação adequada dos credores no processo do *Chapter 11*. A mudança deve ser requerida pela parte interessada e será decidida após a realização de audiência convocada para tal fim.

A lei também define as atribuições do Comitê de Credores[21][22], dentre as quais estão incluídas: (i) fornecer informações relacionadas ao procedimento ou ao devedor para credores; (ii) apresentar relatórios adicionais,

representation of creditors or of equity security holders. The United States trustee shall appoint any such committee."

[20] "1.102(a)(4): On request of a party in interest and after notice and a hearing, the court may order the United States trustee to change the membership of a committee appointed under this subsection, if the court determines that the change is necessary to ensure adequate representation of creditors or equity security holders. The court may order the United States trustee to increase the number of members of a committee to include a creditor that is a small business concern, if the court determines that the creditor holds claims (of the kind represented by the committee) the aggregate amount of which, in comparison to the annual gross revenue of that creditor, is disproportionately large."

[21] ""§1.102(a)(3) A committee appointed under subsection (a) shall-
(A) provide access to information for creditors who-
(i) hold claims of the kind represented by that committee; and
(ii) are not appointed to the committee;
(B) solicit and receive comments from the creditors described in subparagraph (A); and
(C) be subject to a court order that compels any additional report or disclosure to be made to the creditors described in subparagraph (A)."

[22] "(c) A committee appointed under section 1102 of this title may-
(1) consult with the trustee or debtor in possession concerning the administration of the case;
(2) investigate the acts, conduct, assets, liabilities, and financial condition of the debtor, the operation of the debtor's business and the desirability of the continuance of such business, and any other matter relevant to the case or to the formulation of a plan;
(3) participate in the formulation of a plan, advise those represented by such committee of such committee's determinations as to any plan formulated, and collect and file with the court acceptances or rejections of a plan;
(4) request the appointment of a trustee or examiner under section 1104 of this title; and
(5) perform such other services as are in the interest of those represented."

mediante determinação do juízo competente; (iii) manter discussões com o administrador judicial ou com o devedor relacionadas à administração do caso; (iv) investigar atos, condutas, ativos, passivos e condição financeira do devedor, a operação dos negócios do devedor e a conveniência de continuidade de tais negócios, e qualquer outro assunto relevante para o caso ou para a formulação de um plano; (v) participar da formulação de um plano, aconselhar os representados por tal comitê sobre as determinações tomadas em relação a qualquer plano formulado, e coletar e apresentar votos favoráveis ou desfavoráveis em relação a um plano; (vi) solicitar a nomeação de um examinador para investigar a condução dos negócios do devedor ou de um administrador para assumir a gestão dos negócios; e (vii) executar outros serviços que sejam do interesse dos credores representados.

Importante ressaltar, também, o *Bankruptcy Code* permite que o Comitê de Credores contrate, com autorização judicial, advogados, contadores e outros profissionais para ajudá-lo na condução de suas atribuições[23]. A remuneração desses profissionais é arcada pelo devedor e não pelos próprios credores, como na legislação brasileira. Tais despesas extraordinárias são reembolsadas, desde que comprovadamente incorridas para preservação dos direitos dos credores representados.

Contudo, assim como ocorre no Brasil, o Comitê de Credores previsto no *Banrkuptcy Code* não tem direito ao recebimento de remuneração para o desempenho de suas funções.

Por outro lado, o Comitê de Credores do *Bankruptcy Code* possui poderes mais amplos, sendo, por exemplo, parte legítima para apresentar um plano alternativo de reestruturação, caso o devedor deixe de fazê-lo em 120 (cento e vinte) dias contados da aceitação do pedido ou caso o plano proposto pelo devedor não seja aceito dentro de 180 (cento e oitenta) dias contados do mesmo ato[24].

---

[23] ANAPOLSKY, Jeffrey M; WOODS, Jessica F. Pitfalls in Brazilian Bankruptcy Law for International Bond Investors, 8 J. Bus. & Tech. L. 397 (2013) Disponível em: http://digitalcommons.law.umaryland.edu/jbtl/vol8/iss2/4

[24] "§1.121, (c): Any party in interest, including the debtor, the trustee, a creditors' committee, an equity security holders' committee, a creditor, an equity security holder, or any indenture trustee, may file a plan if and only if-

(1) a trustee has been appointed under this chapter;

(2) the debtor has not filed a plan before 120 days after the date of the order for relief under this chapter; or

Portanto, ao contrário do que ocorre na legislação brasileira, nos EUA o Comitê pode contratar empresas especializadas que atestem a capacidade do devedor de cumprir o quanto proposto aos credores, especialmente no que diz respeito à viabilidade econômica[25]. No Brasil, por outro lado, o plano de recuperação judicial é deliberado pela Assembleia Geral de Credores sem a possibilidade dos credores atuarem com maior ingerência para verificação das informações financeiras da devedora e ativos oferecidos no plano de recuperação para pagamento aos credores.

Por fim, é importante ressaltar que no *Bankruptcy Code* os membros do Comitê de Credores têm deveres fiduciários somente para com a classe de credores a qual representa. Isso significa que o Comitê de Credores não tem responsabilidades nos moldes previstos na lei brasileira.

Por conta disso, há diversos precedentes nos Estados Unidos que consideraram que o Comitê de Credores não possui responsabilidade quando age dentro dos limites de suas atribuições para com os credores que representa[26]. Assim, conquanto o Comitê de Credores não pratique condutas com dolo ou não viole seus deveres fiduciários, seus membros não podem ser responsabilizados.

Percebe-se, portanto, que o Comitê de Credores tem um papel verdadeiramente ativo no *Chapter* 11, que ultrapassa as atribuições de fiscalização outorgadas ao órgão pela legislação brasileira. Essa atuação ativa se reflete, então, na forma como os próprios credores são tratados no procedimento de insolvência, prevenindo que os devedores tomem certas medidas no âmbito dos processos e garantindo maior recuperabilidade do crédito, principalmente para os credores quirografários, que geralmente são os maiores prejudicados no âmbito dos processos de recuperação judicial no Brasil.

---

(3) the debtor has not filed a plan that has been accepted, before 180 days after the date of the order for relief under this chapter, by each class of claims or interests that is impaired under the plan."

[25] KLEE, Kenneth N.; SHAFFER, K. John Shaffer. Creditors' Committee Under Chapter 11 of the Bankruptcy Code, South Carolina Law Review (1993). Disponível em: https://www.iiiglobal.org/sites/default/files/creditorscommitteesunderchapterofthebankruptcycode.pdf

[26] In re Tucker Freight Lines, 62 BR, 216, Prince vs. Zazove, 959 F 5d 1395, 1401 (7th Cir. 1992).

4. Projeto de Reforma da Lei de Recuperação Judicial

Dentre os vários projetos de reforma à LFR em trâmite no Congresso Nacional,[27] foi apresentado em 2018 pelo Poder Executivo o PL 10.220 em substituição ao PL 6.229 de 2005. O projeto, após votado na Câmara dos Deputados, será posteriormente encaminhado para o Senado Federal, o que nos permite analisar o texto base que será votado.

Este ano, o deputado federal Hugo Leal, relator do PL 10.220, apresentou proposta de substitutivo ao PL 10.220, apoiada por entidades ligadas à indústria, comércio e advocacia. A proposta apresentada pelo deputado pretende, conforme anunciado, superar os pontos mais polêmicos da versão anterior do projeto e alcançar o consenso necessário para sua aprovação em ambas as Casas do Legislativo.

O texto do PL 10.220/2018 propôs mudanças em relação às atividades desempenhadas pelo Comitê de Credores, tal como *"emitir parecer acerca do plano proposto pelo devedor e, caso o julgue favorável, auxiliar a coleta da anuência dos credores ao plano proposto"* e *"negociar o plano de recuperação judicial no melhor interesse daqueles que o elegeram"*[28].

No que tange à negociação do plano de recuperação judicial, pareceu clara a intenção em reproduzir a sistemática disposta no *Bankruptcy Code* americano, conforme item (3), alínea (c) do § 1.103, que, como visto na seção anterior, dá ao Comitê de Credores prerrogativa para participar da negociação do plano a ser proposto pelo devedor. Pelo texto final do PL, a possibilidade de apresentação de plano pelos credores foi, no entanto, prevista no § 5º do art. 6º, caso o devedor não o faça no prazo legal de 180 dias, o que pode ser prorrogado por uma única vez.

Em segundo lugar, o PL 10.220/2018 inova ao determinar que a constituição do Comitê de Credores independe da realização de Assembleia Geral de Credores. Isso porque, a redação proposta para o § 2º do artigo 45-A determina que *"[a]s deliberações sobre a constituição do Comitê de Credores poderão ser substituídas por documento que comprove a adesão da maioria dos créditos de cada conjunto de credores previsto no art. 26"*. Tais inovações são relevantes e representam inegável avanço.

---

[27] Segundo o Relator do PL 6.229 de 2005 foram vinte e sete e sete proposições no total.
[28] Disponível em: https://www.camara.leg.br/proposicoesWeb/prop_mostrarintegra?codteor=1658833&filename=PL+10220/2018

Mencionada proposta de alteração, que foi mantida no substitutivo apresentado pelo deputado Hugo Leal, é necessária para permitir que os membros do Comitê de Credores participem das discussões e negociação do plano de recuperação judicial. Ainda, colabora para que as funções de fiscalização possam ser iniciadas em estágio inicial do processo, não apenas na fase de cumprimento dos termos e condições propostos e aceitos pela Assembleia Geral de Credores.

Em terceiro lugar, outra alteração relevante sugerida pelo PL 10.220/2018, porém deixada de lado pelo substitutivo do deputado Hugo Leal, é a de que a Assembleia Geral de Credores também teria competência para decidir sobre a destituição de quaisquer membros do Comitê de Credores, não sendo tal atribuição exclusiva do juízo competente.

Em quarto lugar, apesar de haver intenção de ampliar o escopo de atuação dos membros do Comitê de Credores, pontua-se que o PL 10.220/2018 e o substitutivo apresentado não trazem qualquer limitação à responsabilização de tais membros. Em realidade, o PL 10.220/2018 sugere tão somente a inclusão, no artigo 32 da LFR, de disposição visando a preservar o direito de defesa e o devido processo legal das partes que eventualmente forem condenadas a responder por prejuízos causados.

Tais sugestões de mudanças na LFR deixaram de enfrentar questão essencial, que representa o maior entrave à eficiência do instituto.

Por fim, tanto o PL 10.220/2018 quanto o substitutivo pretendem tratar os reembolsos devidos ao Comitê de Credores como não sujeitos à falência ou à recuperação judicial, na forma da nova redação proposta para o artigo 84 da LFR.

Além disso, importante mencionar que minutas anteriores do PL 10.220/2018 previam o pagamento de remuneração pelo devedor aos membros do Comitê de Credores, com limitação de cinco salários mínimos por membro, podendo tal valor ser complementado pelos credores, caso aprovado pela assembleia geral. Contudo, tal previsão não se mantém na versão atual do projeto.

5. A importância do Comitê de Credores e perspectivas sobre o tema

A participação ativa e coordenada dos credores no processo de recuperação judicial é fundamental para o bom andamento da recuperação judicial. O protagonismo do processo de recuperação judicial deve ser sempre das partes, eis que, em sua essência, são elas que estabelecem, através de

RECUPERAÇÃO JUDICIAL

negociação plurilateral, as condições de amortização das dívidas através da conciliação dos diversos interesses em jogo.

Parece muito claro, pelo que se extrai da própria sistemática do Chapter 11 norte-americano, como a atuação coordenada e ativa dos credores é importante para que se estabeleça ambiente propício à negociação, sem a necessidade de excessiva intervenção judicial, o que acaba por ser altamente prejudicial à sistemática dos processos de recuperação judicial. Tal ambiente favorável ao conhecimento da real situação financeira da empresa em recuperação judicial, envolvendo a comunhão de credores por classes representadas de forma coordenada, possibilita negociação mais eficiente e evita os seguidos adiamentos das assembleias de credores, marca característica da ineficiência do sistema brasileiro.

Além disso, as posições isoladas de credores que possuem relevância maior no quadro geral de credores passariam a ser revertidas para o interesse da respectiva classe, na medida em que representada por membro eleito pela maioria, o que evitaria a prática de negociações individuais com credores que possuem outros créditos não sujeitos aos efeitos da recuperação judicial. Tal situação acaba por alterar os quóruns de deliberação das assembleias de credores e cria insegurança no desenvolvimento do processo.

Some-se a esse fato que a desorganização dos credores enfraquece, ao fim e ao cabo, os próprios credores, que passam a adotar posições isoladas, de acordo com os seus próprios interesses, por ora impugnando atos que atendem alguns, por ora cedendo os seus créditos para terceiros que assumem posições voltadas somente para a maximização do investimento feito. Nesse contexto, torna-se inevitável a judicialização de questões que deveriam ser resolvidas pelo diálogo e negociação. Com a intervenção judicial, acaba por ocorrer indevida interferência no equilíbrio de forças que deveria prevalecer na LFR, assim como originalmente concebido pelo legislador.

O excessivo intervencionismo judicial gera decisões que acabam por desvirtuar a aplicação da LFR, como, por exemplo, as sucessivas prorrogações do *stay period*, que a lei expressamente estabelece que deve vigorar pelo prazo de 180 dias, improrrogáveis.[29]-[30]. Trata-se de efeito cascata que tem

---

[29] "Art. 6º. § 4º. Na recuperação judicial, a suspensão de que trata o caput deste artigo em hipótese nenhuma excederá o prazo improrrogável de 180 (cento e oitenta) dias contado do deferimento do processamento da recuperação, restabelecendo-se, após o decurso do prazo, o direito dos credores de iniciar ou continuar suas ações e execuções, independentemente de pronunciamento judicial."

como origem a ineficiência do sistema. Os devedores apresentam planos de recuperação judicial sem qualquer conhecimento prévio dos credores, que, por sua vez, não se organizam no início do processo para negociar os termos do plano que será apresentado ao final do prazo. Tal ineficiência gera sucessivos adiamentos de assembleias gerais de credores e insatisfação com o resultado do processo. A excessiva judicialização leva o Judiciário a adotar posições, por vezes, contrárias às finalidades da lei, de modo a evitar votação de plano que acabaria por levar a empresa à falência.

Nesse contexto, verificou-se no capítulo anterior que o projeto de reforma da LFR, não traz mudanças relevantes no texto da lei sobre o Comitê de Credores, figura de enorme relevância no Chapter 11 norte-americano, que nos serve de paradigma neste estudo sobre como deve funcionar um sistema em que prevalece o protagonismo das partes.

No vácuo da lacuna legislativa, torna-se natural a busca por outros métodos que possam suprir uma clara e evidente deficiência do sistema, que compromete sobremaneira os resultados esperados com o processo de recuperação judicial. Nesse contexto, a mediação vem sendo apontada como solução pontual para casos em que a falta de diálogo entre os credores e devedor representa entrave ao processo de recuperação judicial.

O ato mais relevante em prol da mediação ocorreu em 14.10.2019 através da publicação no Diário Oficial da União da Recomendação do Conselho Nacional de Justiça,[31] que sistematiza o processo de recuperação judicial. No que interessa ao presente estudo, a referida Recomendação do CNJ trouxe sugestões, não exaustivas, de momentos e situações críticas dos processos de recuperação judicial em que o mediador poderia auxiliar as partes.

---

[30] O substitutivo ao PL 10.220, por sua vez, propõe que o *stay period* perdurará até o momento do deferimento da recuperação judicial. Veja-se a nova redação proposta para o Art. 6º. § 4º: "Art. 6º A decretação da falência ou o deferimento do processamento da recuperação judicial implica a: (...) II – suspensão de todas as demandas judiciais, principalmente as execuções, ajuizadas em face do devedor, inclusive aquelas dos credores particulares do sócio solidário, relativas a créditos ou obrigações sujeitas à recuperação judicial ou à falência; (...) § 4º Na recuperação judicial, a suspensão de que trata o caput perdurará até a data da concessão da Recuperação Judicial, nos termos do art. 58 desta Lei."

[31] Ato Normativo – 0007685-24.2019.2.00.0000

O texto do CNJ fez referência expressa ao auxílio na negociação do plano para evitar "sucessivas suspensões da assembleia", o que, nesse particular, faria da mediação uma forma de preencher a lacuna deixada pela ausência de coordenação dos credores por meio dos representantes eleitos pelo Comitê de Credores para negociar o plano de recuperação judicial. O mediador poderia, desse modo, endereçar os pleitos das diversas classes e grupos de credores, permitindo o diálogo e a troca de informações indispensáveis para a construção de um consenso em torno do plano de recuperação judicial. Tal mecanismo permite alcançar maior eficiência no processo, na medida em que o plano a ser votado em assembleia terá sido previamente negociado entres as partes, que estarão em melhor posição para avaliar o que foi possível ser contemplando no plano.

Outro ponto interessante da Recomendação é a previsão de que os credores não sujeitos aos efeitos da recuperação judicial também participem da mediação, o que permite evitar litígios paralelos com potencial de afetar o resultado da recuperação judicial.

Conclusões

O modelo atual do comitê de credores se mostrou ineficiente. Como visto, a LFR deixou de estabelecer regime adequado às expectativas dos credores, que, ao longo de quinze anos de vigência da lei, não se mostraram dispostos a se voluntariar para assumir encargo não remunerado com atribuições relevantes e risco de responsabilização.

Por outro lado, nos Estados Unidos a instalação do Comitê de Credores, além de obrigatória para a classe dos credores sem garantia, é sempre muito disputada pelos credores em razão da chance de participar ativamente do processo de recuperação, em defesa dos seus créditos e da sua classe, uma vez que a formação do órgão se dá muito antes da propositura do plano e especialmente da sua votação na Assembleia Geral de Credores.

Além disso, como exposto, os membros do Comitê de Credores assumem o relevante papel de preservar os interesses dos credores da classe que representam. A principal diferença entre a legislação estadunidense e a brasileira parece ser em relação à limitação de atuação e responsabilidades dos membros do Comitê de Credores, uma vez que no *Chapter 11*, tais representantes têm imunidade relativa à prática de atos que visam sempre a favorecer a classe dos credores quirografários.

Tal sistema, que nos serve de paradigma neste estudo, é relevante na medida em que revela o funcionamento de sistema em que prevalece o protagonismo das partes e menor intervencionismo judicial.

Como visto, a inclusão do art. 45-A e a alteração da redação do art. 84 – propostas tanto pelo PL 10.220 original quanto pelo substitutivo apresentado pelo deputado Hugo Leal – introduzem mudanças benéficas na LFR no que diz respeito ao regime do Comitê de Credores. Dessa forma, o primeiro dispositivo, facilita a participação dos membros do Comitê de Credores na negociação do plano de recuperação judicial, enquanto o segundo estabelece que os reembolsos devidos ao Comitê de Credores não estarão sujeitos à falência ou à recuperação judicial, estimulando a eventual contratação de profissionais especializados para auxiliá-lo em suas atividades.

Por outro lado, o texto consolidado do PL 10.220 de 2018, apresentado em substituição ao PL 6.229 de 2005, não traz outras alterações significativas aos dispositivos que tratam do Comitê de Credores, muito embora seja clara a ineficiência da LFR nesse particular. Perdeu-se, portanto, grande oportunidade de aperfeiçoar a lei no que diz respeito ao regime de responsabilização dos membros do Comitê, aspecto relevantíssimo que responde em grande medida pela ineficiência do sistema.

No vácuo da lacuna legislativa, surge como alternativa a mediação, que foi objeto de Recomendação do CNJ, que, dentre as várias matérias citadas, encontra-se a negociação do plano como forma de evitar as "sucessivas suspensões de assembleias" e a inclusão dos credores não sujeitos aos efeitos da recuperação judicial.

Referências

ANAPOLSKY, Jeffrey M; WOODS, Jessica F. Pitfalls in Brazilian Bankruptcy Law for International Bond Investors, 8 J. Bus. & Tech. L. 397, 2013. Disponível em: http://digitalcommons.law.umaryland.edu/jbtl/vol8/iss2/4

BEZERRA FILHO, Manoel Justino. Lei de recuperação de empresas e falência: Lei 11.101/2005: comentada artigo por artigo. 14ª ed. São Paulo: Thomson Reuters Brasil, 2019. pp. 130/131.

FURTADO, Paulo. O negócio jurídico processual na recuperação judicial. Portal Migalhas, 31.07.2018. Disponível em https://www.migalhas.com.br/InsolvenciaemFoco/121,MI2 84720,610440+negocio+juridico+processual+na+recuperacao+judicial

KLEE, Kenneth N.; SHAFFER, K. John. Creditors' Committee Under Chapter 11 of the Bankruptcy Code, South Carolina Law Review, 1993. Disponível em: https://www.

RECUPERAÇÃO JUDICIAL

iiiglobal.org/sites/default/files/creditorscommitteesunderchapterofthebankruptcy-code.pdf

SACRAMONE, Marcelo Barbosa. Comentários à lei de recuperação de empresas e falência. São Paulo: Saraiva Educação. p. 137.

SILVA, Renaldo Limiro da. A Recuperação Judicial comentada artigo por artigo (Lei 11.101/05). 2ª ed. rev. e atual. Belo Horizonte: Del Rey, 2019. p. 194

SOUZA JUNIOR, Francisco Satiro de; PITOMBO, Antônio Sérgio A. de Moraes (coord.). Comentários à Lei de Recuperação de Empresas e Falência. São Paulo: Revista dos Tribunais, 2007. p. 132

TOLEDO, Paulo Campos Salles de. Comentários à Lei de recuperação de empresas e falência. 5ª ed. São Paulo: Saraiva, 2012. p. 130.

4
DIP *Financing*: um Olhar Alternativo – entendendo a Evolução deste Instrumento no Mercado Americano e as Perspectivas para seu Desenvolvimento no Mercado Brasileiro

LUIZ FABIANO SILVEIRA SARAGIOTTO

Com a edição da lei 11.101 em 2005, conhecida por nova lei de falências, o mercado brasileiro de títulos de crédito privado se pôs ansioso para a possibilidade de finalmente estabelecermos formas que tornem possíveis a recuperação de empresas sob a jurisdição brasileira. O momento econômico não poderia ser mais adequado. Após décadas de volatilidade macroeconômica, a segunda metade da década de 2000 se mostrava absolutamente promissora. Tendo a China como motor propulsor do mundo, a economia global crescia de forma acelerada, os Estados Unidos "exportavam" produção e com isso afastavam qualquer risco de pressão inflacionária. O volume de commodities consumidas pelos chineses se multiplicava a cada ano e trazia consigo a alta nos preços que presenteava o Brasil com saldos comerciais recordes. Além disso, a estabilização econômica, promovida por políticas econômicas modernas de governo, garantiam ao Brasil protagonismo dentre os mercados emergentes.

Mas não só por isso a nova lei caía como uma luva no ambiente macroeconômico que vivíamos. Havia ainda resquícios fortes das crises recém vividas e grandes processos de restruturação que poderiam se beneficiar em muito de um ambiente jurídico mais estável e previsível e de uma dinâmica para retomada de valor de empresas que ainda passavam pelas dificuldades do desafiador ciclo econômico anterior. Tudo isso conspirava para uma possível transformação na forma das empresas se recuperarem, recuperação esta que invariavelmente passa pelo grande desafio de se acessar recursos que financiem tal processo. O Brasil deixava para trás a antiga lei da concordata, que condenava empresas e empresários desafortunados a viver às margens da sociedade, concordatários ou quase-falidos, como se insucesso empresarial representasse crime de lesa-pátria.

Pois, foi neste ambiente que comemoramos a nova lei, que foi em muito baseada no famoso Capítulo 11 (*Chapter 11*) da lei de falências norte americana. Mas agora, com o benefício de 14 anos passados da aprovação da lei, fica claro que tal entusiasmo ofuscou enormes desafios, que tornariam a prática de restruturação tarefa muitas vezes hercúlea e frustrante, pois o que se tinha esperança de trazer previsibilidade, trouxe insegurança, onde se buscava atração de capital, incentivou-se a fuga, quando se via possibilidade de melhor coordenação entre *stakeholders*, viu-se uma prática de atitudes unilaterais, uma espécie de "corrida maluca" entre credores em busca de qualquer ativo que estaria ao largo do processo judicial.

O intuito deste texto é justamente lançar luz neste histórico recente, entender os por quês desta evolução (ou involução, o que seria mais apropriado em diversos aspectos) e focar no que pode se esperar no futuro próximo. O foco aqui será na discussão de acesso a financiamentos por empresas em processos de recuperação judicial, os chamados *DIP Financings* (*Debtor-in-Possession*) e quais os elementos necessários para formação de um ambiente no qual este tipo de financiamento se torne viável, disponível e atraente para financiador e financiado.

Iniciarei resumindo as principais características do *DIP Financing*, a sua origem no mercado americano e como esta prática se consolidou naquele que é hoje o maior e mais eficiente mercado para restruturação e recuperação de empresas no mundo. Buscarei associar o desenvolvimento da prática de restruturação e aumento na concessão de *DIP Financings* ao cenário macroeconômico da época, à estrutura do mercado financeiro americano e das principais instituições que participaram ativamente deste desenvolvimento. Em seguida retornaremos ao mercado brasileiro para identificar as principais dificuldades enfrentadas até agora para o real desenvolvimento de um ambiente favorável que incentive o surgimento de credores dispostos a emprestar recursos a empresas em dificuldade sob a forma de *DIP Financing*. Discutiremos mudanças importantes que estão ocorrendo no mercado financeiro nacional e como estas mudanças se assemelham

DIP *FINANCING*: UM OLHAR ALTERNATIVO – ENTENDENDO A EVOLUÇÃO DESTE...

em muitos aspectos relevantes ao desenvolvimento do mercado americano verificados a partir das décadas de 1980 e 1990. Se por um lado resta a frustração de constatarmos mais uma vez que estamos há algumas décadas em atraso frente a diversas economias do mundo, por outro este breve artigo revelará haver motivos para a esperança e otimismo de dias melhores à frente. Há evidências reais de que mudanças paradigmáticas estão em curso, que alterarão de maneira significativa pilares importantes de nossa economia, melhorando o ambiente para financiamentos de projetos e empresas, com especial reflexo no potencial de financiamento a empresas em crise ou restruturação operacional e financeira.

1. Introdução ao *DIP Financing* no mercado americano

O termo *Debtor-in-Possession* tem origem na lei americana e é o nome dado a companhias (*debtors*) que solicitam proteção às cortes locais sob o *Chapter 11* do código de falências americano, capítulo este que inspirou a nossa Recuperação Judicial na Lei 11.101. O termo *Debtor-in-Possession* reproduz o conceito de que o devedor mantém a posse dos ativos, ou seja, não há nomeação de um administrador ou *trustee* para gerir seus ativos – a não ser que o juiz assim o determine por identificar razão especial – mas a lei americana deixa claro que seus dirigentes e membros do Conselho de Administração assumem a obrigação fiduciária perante os credores e acionistas de tal devedor (estes últimos identificados como *stakeholders*). O *DIP Financing*, ou *postpetition financing* ("financiamento após o deferimento da Recuperação Judicial" em uma tradução livre), foi instituído no *Bankruptcy Code* americano na reforma de 1978, com a inclusão da Seção 364, que determina que credores que proverem recursos na condição de *DIP Financing* poderão ter tratamento diferenciado e recebimento prioritário sobre os credores existentes. A inclusão do conceito de *DIP Financing* em 1978 apenas formalizou uma necessidade prática já identificada nas reorganizações e restruturações de dívida do século XIX, quando ocorreram os primeiros processos em larga escala envolvendo os grandes projetos de ferrovias no país. Já naquela época havia sido reconhecida a importância de se conceder empréstimos para financiar a manutenção das operações das ferrovias durante o processo de restruturação de sua estrutura de capital e as cortes se acostumaram a conceder privilégios aos credores que se aventuravam a fornecer tais créditos, reconhecendo serem essenciais à continuidade das operações.

RECUPERAÇÃO JUDICIAL

A Seção 364 determinou que credores de *DIP Financing* poderão obter (a) prioridade de pagamento à frente de todos os outros créditos (*super-priority*), (b) garantias reais para tal empréstimo sobre ativos até então não onerados e ainda (c) garantias seniores sobre ativos já onerados a outros credores, desde que (i) tais credores garantidos permaneçam adequadamente garantidos (i.e. desde que haja claro "excesso" de garantia) e (ii) que o devedor ateste não haver condições de negociar melhores condições de se obter tal empréstimo sem tal subordinação de credores já garantidos[1]. Esta prática mencionada no item (c) acima, permitida pelo código americano, mas que requer aprovação judicial e clara comprovação de proteção adequada (*adequate protection*) ao credor original (*prepetition creditor*) é conhecida como *Priming*. Importante notar que há uma hierarquia para se obter a concessão de *DIP Financing* dentro das regras da Seção 364, o que significa que o devedor deve primeiro buscar financiamento sem garantia e acrescentar proteções ou ativos em garantia (na ordem de (a) a (c) do parágrafo anterior) somente se restar verificado não haver alternativa menos onerosa[2].

Os *DIP Financings* nos Estados Unidos geralmente são concedidos tanto por entidades que já são credoras da companhia em *Chapter 11* quanto por novos credores até então não envolvidos na situação. Este tipo de empréstimo também pode ser caracterizado como um movimento defensivo por parte de um credor existente ou um movimento de ataque, ou ofensivo, de um terceiro novo credor[3].

Os *DIP Financings* defensivos geralmente são oferecidos por credores garantidos existentes e há diversos motivos para credores concedê-los, entre os quais se destacam: (i) prover liquidez para a Companhia se manter em operação para garantir preservação e potencial maximização do valor do ativo que detêm em garantia, evitando depreciação acelerada de sua garantia caso a Companhia cesse suas atividades; (ii) coibir ameaça de *priming* por outros credores; (iii) evitar custosas batalhas jurídicas quanto a determinação de valor dos ativos garantidos e discussões acerca da proteção adequada (*adequate protection*) para fazer frente a um possível risco de

---

[1] Brief Summary of Chapter 11 of the United States Bankruptcy Code, Including "Small Business" and Individuals' Cases by Robert D. Drain

[2] Debtor-in-possession financing: Size does matter; Maria Carapeto, PhD Programme, London Business School November 20, 1998

[3] Apresentação de Brian Resnick, Davis Polk, Columbia-TMA Jan/2019, Painel *DIP and Exit Financing*

priming, (iv) potencialmente se beneficiar de uma extensão dos benefícios do *DIP Financing* a seus créditos existentes (prática conhecida nos Estados Unidos por *roll-up*) e ainda (iv) melhorar seu poder de barganha no processo de restruturação e obter maior controle por meio da determinação de condições, metas mínimas a serem atingidas e *covenants* impostos ao devedor por provedores de *DIP Financings*. *DIP Financings* defensivos normalmente são oferecidos por credores garantidos, mas existem casos de concessão por credores quirografários ou mesmo subordinados que buscam ter maior controle do caso e melhorar significativamente a possibilidade de retorno na situação. No Brasil tivemos exemplos recentes de *DIPs* defensivos, como nos casos da OGX e da Oi, concedidos por credores quirografários que buscavam melhorar sua posição, garantir maior controle sobre o processo e, eventualmente, lucrar com a possibilidade de conversão de sua dívida em capital da empresa.

Já os *DIP Financings* ofensivos são concedidos por novos credores que buscam retornos bem acima de mercado em situações nas quais os credores existentes não apresentem disposição para oferecer novos recursos. Com a evolução da prática no mercado americano, que trouxe previsibilidade e longa jurisprudência para disputas entre credores, potenciais novos credores têm evitado se envolver em processos de *Chapter 11* quando uma briga de *priming* com credores existentes é provável. Isso porque o custo de uma batalha jurídica pode ser elevado dado que a discussão sobre o conceito de *adequate protection* e a avaliação das garantias pode se estender por meses. Por isso, *DIP Financings* ofensivos nos Estados Unidos são geralmente precedidos de acordos dos credores garantidos e com o juiz responsável pelo caso. Estes empréstimos também são bastante utilizados para prover liquidez e viabilizar empréstimos-ponte para vendas de ativos e, nestes casos, geralmente fornecidos pelos próprios compradores de tais ativos.

Mas um dos principais motivos para credores (existentes ou novos) concederem um *DIP Financing* é a busca por poder no processo de restruturação da empresa. Isto porque a negociação e estruturação de um *DIP Financing* envolve a imposição de uma série de obrigações ao devedor que alteram de forma significativa a governança da empresa, muitas vezes provendo um poder desproporcional a este novo credor ou grupo de credores[4]. O *DIP* é de fato um instrumento de controle e uma poderosa ferramenta

---

[4] Skeel, David A., 2003, The Past, Present and Future of Debtor-inpossession Financing, Cardozo Law Review, 2003

RECUPERAÇÃO JUDICIAL

para credores e investidores assumirem as rédeas do processo e influenciaram, de fato, o destino estratégico do devedor.

Os *DIP Financings* são geralmente de curto prazo e devem ser repagos na conclusão do *Chapter 11*, seja com recursos de venda de ativos ou com a emissão de uma dívida de médio e longo prazo (*exit financing*). Abaixo, as principais características de *DIP Financings* no mercado americano no período de 2016 a 2018[5]:

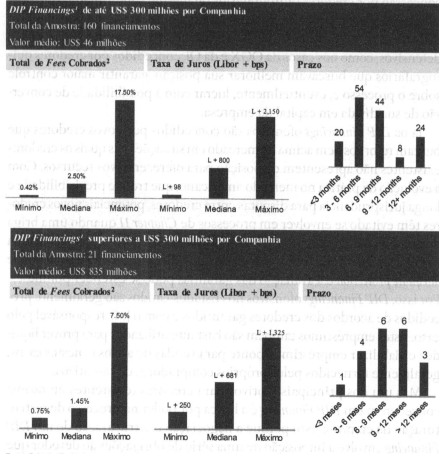

Fonte: Debtwire, The Deal

Notas
1   Inclui empréstimos "revolvers", term loans, FILOs e outros tipos
2   Inclui upfront fees, underwriting fees e exit fees

[5] Informações, tabelas e gráficos extraídos da apresentação de Brian Resnick, Davis Polk, no curso da Columbia-TMA de Janeiro de 2019, Painel *DIP and Exit Financing*. Dados originalmente na língua inglesa. Tradução livre para o Português.

2. A evolução do *DIP Financing* no mercado americano

No mercado americano, a prática de fornecer *DIP financing* é hoje bastante difundida, e um mercado especializado se criou a partir da consolidação do conceito e interesse crescente de um já não tão seleto grupo de investidores especializados. Mas não foi sempre assim. Apesar de constar no Bankruptcy Code americano desde o *Bankruptcy Reform Act* de 1978, a prática do *DIP Financing* somente se desenvolveu a partir do final dos anos oitenta[6], se consolidando como um instrumento de mercado 10 anos depois, no final dos anos noventa[7]. Como verifica-se na tabela abaixo[8], o percentual de empresas públicas americanas em *Chapter 11* que obtiveram acesso a *DIP Financing* cresceu de 7.41% em 1988 e 10.42% em 1989, para 48.21% em 1996.

Ano	Pedidos de *Chapter 11*	Companhias que **Obtiveram** *DIP Financing*	Companhias que **NÃO Obtiveram** *DIP Financing*	% do Total de Pedidos que Obtiveram *DIP Financing*
1988	27	2	25	7.41%
1989	48	5	43	10.42%
1990	58	16	42	27.59%
1991	82	22	60	26.83%
1992	64	16	48	25.00%
1993	54	17	37	31.48%
1994	47	14	33	29.79%
1995	50	24	26	48.00%
1996	56	27	29	48.21%
1997	52	22	30	42.31%
Total	**538**	**165**	**373**	**30.67%**

[6] Sandeep Dahiya et al., Debtor-in-Possession Financing and Bankruptcy Resolution: Empirical Evidence, 69 J. FIN. ECON. 259, 266 (2003).

[7] Debtor-in-possession financing, Sris Chatterjee, Upinder S. Dhillon b,1, Gabriel G. Ramırez c, 18 November 2003, Journal of Banking & Finance 28 (2004)

[8] Tabela extraída do artigo de Sandeep Dahiyaa, Kose Johnb, Manju Puric e Gabriel Ramırez, intitulado *Debtor-in-Possession Financing and Bankruptcy Resolution: Empirical Evidence*, publicado em 2003 no *Journal* of Financial Economics, 69 na língua inglesa. Tradução para o Português livre.

RECUPERAÇÃO JUDICIAL

Esta evolução foi gradual e só foi possível quando alguns agentes financeiros identificaram a oportunidade de obter retornos acima dos então disponíveis no mercado, ao mesmo tempo em que corriam risco diminuto dada a proteção oferecida pelo status prioritário (*super-priority*) deste tipo de financiamento. Os primeiros credores e agentes surgiram a partir do momento que o Banco Chemical criou uma divisão especializada em *DIP Financings* no ano de 1984[9]. De fato, o Banco Chemical, o GECC (General Electric Capital Corporation) e o CIT se destacaram na concessão de empréstimos DIP no mercado americano, sendo os principais agentes deste tipo de financiamento no início da década de 1990[10].

Devedor	Data do Pedido de *Chapter 11*	Valor Total do DIP Financing (milhões de dólares)	Agente Responsável pela Estruturação e Distribuição
Allied Stores Corp.	jan-90	$300	Chemical
Allied Stores Credit Corp.	jan-90	$721	Chemical
Allegheny International	fev-88	$175	Chemical
Ames Department Stores Inc.	abr-90	$250	Chemical
Best Products Co.	jan-91	$250	Chemical
CHH Receivables Inc.	fev-91	$550	Chemical
C. R. Anthony	fev-91	$50	GECC
Carter Hawley Hale, Inc.	fev-91	$800	Chemical
Channel Home Centers Inc.	jan-91	$145	GECC
Columbia Gas System	-91	$275	Chemical
Columbia Transmission	-91	$80	Chemical
Federated Department Stores	jan-90	$400	Citibank
Greyhound Lines Inc.	jun-90	$10	Toronto-Dominion
Hills Stores Co.	fev-91	$250	Chemical

[9] Debtor-in-possession financing: Size does matter, Maria Carapeto, PhD Programme, London Business School, November 20, 1998

[10] Tabela extraída do livro *Bankruptcy & Distressed Restructurings: Analytical Issues and Investment Opportunities*, de Edward I. Altman, 1993. Dados originalmente na língua inglesa. Tradução livre para o Português. Fontes de dados indicadas no artigo original: "*Fitch Investors Services, Inc. New York, Special Debtor-in-Possession Loans Report, de 25 de março de 1991* e discussões com principais participantes do mercado."

Insilco Corp.	jan-91	$57	Wells Fargo
Interco Inc.	jan-91	$185	Bank of NY
L. J. Hooker	ago-89	$50	GECC
Macy's	jan-92	$600	Chemical/Bankers
McCrory Corp.	fev-92	$100	CIT/Business Credit
National Gypsum Co.	out-90	$105	GECC
P. A. Bagner	-91	$425	Chemical
Pan Am World Airways	jan-91	$150	Bankers Trust
Paul Harris Stores	-91	$10	Chemical
Revco D.S. Inc.	jul-88	$145	Wells Fargo
Rexene Chemical	nov-91	$25	GECC
Seaman's Furniture	jan-92	$25	GECC
Southland	out-90	$400	Bankers Trust
Tracor Inc.	fev-91	$25	Continental
U.S. Home	abr-91	$75	GECC
Zale Corp.	jan-92	$510	Chemical

Já nos primeiros *DIP Financings* concedidos, os conceitos de proteção ao credor foram respeitados, com virtualmente todos os *DIP Financings* concedidos à época sendo repagos[11]. Esta sensação de segurança e os altos retornos obtidos por aqueles que se aventuraram nesta indústria nascente atraíram mais e mais tipos de investidores nos anos e décadas seguintes. Portanto, é certo que a estrutura robusta do código de falência e sua aplicação correta e objetiva pelas cortes americanas foram essenciais para a proliferação de *DIP* Financings nos Estados Unidos. Porém só uma lei robusta não bastaria. Há diversos fatores estruturais no ambiente macroeconômico e no mercado financeiro americano que contribuíram em muito para a consolidação deste instrumento de financiamento e para a criação da atual estrutura jurídica, que se consolidou e se retro-alimentou pelas jurisprudências criadas ao longo de décadas. E são nestes fatores que pre-

---

[11] Bankruptcy & Distressed Restructurings: Analytical Issues and Investment Opportunities, de Edward I. Altman, 1993. Pages 46 and 47: *"The number of problem DIP loans made over the past 16 years (1988–2004) is so few you could probably count them on one hand. (...) Since there have been more than 500 DIP facilities over the period 1988–2004, the loss rate has been minuscule."*

tendo focar para depois compará-los ao estágio atual destes mesmos elementos no mercado brasileiro.

Os principais fatores envolvem a estrutura do mercado bancário americano, que incentivou o surgimento dos empréstimos sindicalizados, que por sua vez resultou no crescimento de um mercado secundário de empréstimos bancários, o que acabou por facilitar a venda de empréstimos a investidores institucionais (fundos de investimentos), os quais se interessaram por potenciais altos retornos e, com grande volume de recursos, se envolveram ativamente em processos de restruturação, estabelecendo as condições para empresas em recuperação terem acesso a novo capital. Com isso, estes novos agentes participaram da formação da jurisprudência judicial e "mercadológica". O principal gatilho para o desenvolvimento do segmento de crédito corporativo na indústria financeira americana foi a entrada de novos agentes, os fundos de investimento. Como em qualquer indústria ou segmento, a mudança vem necessariamente de fora. As grandes corporações que formaram uma indústria não são capazes de transformá-la. Presenciamos este movimento diariamente em diversas indústrias com os atuais avanços tecnológicos. No caso do mercado financeiro americano, foi a entrada dos fundos de investimento no crédito corporativo que transformou a indústria americana. Os bancos se reinventaram e passaram a ser prestadores de serviços para uma indústria emergente. Só que isso aconteceu nos Estados Unidos nas décadas de oitenta e noventa. E são nos elementos deste ciclo virtuoso que focarei na sequência.

3. O Mercado Bancário Americano

Até meados da década de 80, o mercado de financiamentos nos Estados Unidos era bastante concentrado em bancos, com empréstimos bancários tradicionais a corporações e indivíduos. Até tal momento, bancos faziam empréstimos de forma unilateral e os mantinham em suas bases de ativos até o vencimento, não havendo mercado primário ou secundário de empréstimos bancários. Todo o relacionamento entre credor e devedor era concentrado nos bancos, que originavam os ativos, carregavam em seus balanços, renovavam as linhas ou as deixavam vencer, reestruturavam quando necessário e assim seguiam com seus negócios. E os mesmos bancos que investiam recursos para analisar a qualidade de crédito de cada tomador de tais empréstimos – procurando a todo custo identificar empresas e setores que poderiam enfrentar problemas à frente a fim de evitar um

DIP *FINANCING*: UM OLHAR ALTERNATIVO – ENTENDENDO A EVOLUÇÃO DESTE...

"erro" na concessão do crédito ou, ao menos, "calibrar" os níveis de garantia ou as taxas de juros exigidas para se proteger em eventual inadimplência – tinham aversão a situações de restruturação e renegociação de dívidas. Aquele empresário ou grupo de gestores que se tornou inadimplente em um empréstimo concedido já havia frustrado as expectativas do credor, que por sua vez perdera a confiança e portanto focava cem por cento de suas energias na cobrança do título vencido e na execução de suas garantias. Por mais que o *Bankruptcy Code* já contemplasse a possibilidade de negociação entre credores e destes com o devedor em prol de possibilitar uma retomada nos negócios da empresa, o *DIP Financing*, instrumento essencial para viabilizar tal retomada, era ainda raro. Era contra intuitivo para os credores originais considerarem a possibilidade de prover mais recursos para um caso de fracasso. Seria colocar dinheiro bom atrás de dinheiro ruim? Dobrar a aposta e o risco de perda? Este *conundrum* só seria quebrado com a criação de uma nova forma de se fazer empréstimos bancários e a subsequente entrada de novos agentes no mercado de empréstimos. **A nova forma de empréstimo foi a propagação de empréstimos sindicalizados e os novos agentes os fundos de investimento.**

4. Os Empréstimos Sindicalizados

Na segunda metade dos anos oitenta, os empréstimos sindicalizados ganharam as manchetes e vários bancos desenvolveram times especializados nesta prática para atender à crescente demanda. Neste tipo de empréstimo, alguns bancos se juntam em um "sindicato" para prover grandes somas de recursos a um único devedor. Este modelo se difundiu inicialmente com o crescimento no número de LBOs (*LeveragedBuy Outs*, ou financiamentos alavancados para aquisições de empresas). O conceito era muito atraente. Um grupo de investidores agressivos, muitas vezes os próprios gestores da empresa (neste caso *management buyouts*), se junta para adquirir empresas tradicionais, normalmente com forte base de ativos, fluxo de caixa estável e marcas bem reconhecidas. Este grupo traria uma revolução na empresa, com perfil agressivo de liderança, que daria um choque de gestão, vendendo ativos, ampliando linhas de produção, lançando novos produtos ou promovendo fusões, o que resultaria em um crescimento relevante na geração futura de caixa da empresa. Com essa promessa, os bancos financiariam tal aquisição com dívidas volumosas (aumentando em muito a alavancagem financeira da empresa), que já contavam com o crescimento de fluxo de caixa projetado pós aquisição para que pudessem ser repagas.

Para os acionistas era uma forma de maximizar o retorno, já que reduziam a necessidade de capital investido sem abrir mão de suas participações acionárias. Para os bancos, uma oportunidade de alocar grandes somas de dinheiro em empréstimos muito rentáveis, com altas taxas de juros e também largas comissões. Mas havia um problema prático: os montantes necessários para se financiar as aquisições eram grandes demais para um banco, o processo tinha que ser rápido e tudo precisava ser feito em extremo sigilo. Neste momento se propagou o uso de empréstimos sindicalizados, que traziam o benefício de juntar vários credores em um único instrumento de empréstimo, facilitando sobremaneira a negociação da documentação e dos termos e condições. Os bancos juntos poderiam prover um volume muito superior ao que fariam de maneira unilateral e o controle do sigilo das informações seria mais factível com um único time de advogados à frente deste processo. Além disso, os bancos que lideravam o sindicato ofereceriam garantia firme no volume financiado antes da sindicalização aos demais credores, o que era essencial para que o grupo de investidores assegurasse o capital necessário para fazer a oferta de aquisição. Como tais empréstimos envolviam múltiplos participantes, os bancos coordenadores acabaram naturalmente padronizando os contratos de empréstimos o que fez com que bancos de diversos tipos e tamanhos começassem a participar destes sindicatos. Para os bancos menores também era atraente, pois não teriam que gastar tanto com a originação de empréstimos e conseguiriam participar de transações altamente visíveis no mercado e com uma complexidade que não era possível com sua equipe própria. Isso trouxe mais credores a este mercado.

E aqui é preciso também se lembrar da estrutura do mercado bancário americano na década de 1980, que nessa época era muito pulverizado devido a diversas limitações impostas pelos reguladores desde a crise da década de 1930. O mercado era distribuído em muitos bancos regionais, que eram proibidos de crescer seus domínios além de determinados limites territoriais. Com uma indústria de dezenas de milhares de bancos[12], a sindicalização de empréstimos se tornou ainda mais atraente.

---

[12] Gráfico do Institute for Local Self-Reliance – ilsr.org – Maio 2019

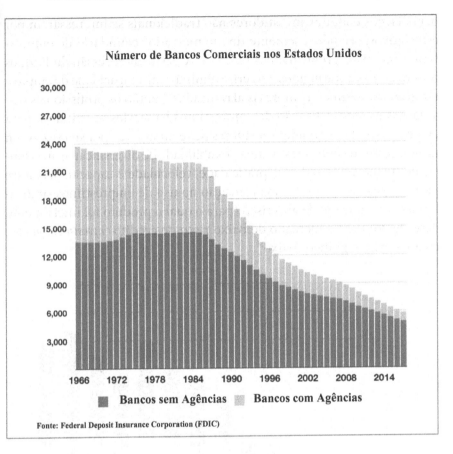

Fonte: Federal Deposit Insurance Corporation (FDIC)

Estes credores, por sua vez, precisavam gerenciar suas exposições de crédito a determinadas empresas ou indústrias e, como tinham instrumentos padronizados de crédito, cuja estrutura era reconhecida e aceita por diversos participantes deste mercado, começaram a negociar tais empréstimos entre si e em poucos anos um mercado secundário se criou para empréstimos bancários sindicalizados.

Em seguida, a recessão econômica de 1990-91 fez com que os bancos reduzissem seu apetite para empréstimos mais arriscados e tentassem se desfazer de grandes empréstimos que tinham se tornado problemáticos. Muitos bancos comerciais e de investimento criaram então mesas com *traders* (negociadores) para buscarem investidores que comprariam tais empréstimos. Novamente, o fato dos empréstimos sindicalizados terem sido feitos com documentação padronizada, fez com que se facilitasse tais negociações e alguns investidores não tradicionais se interessaram por estes ativos, criando a semente de um mercado secundário de empréstimos em ativos problemáticos (*distress*). A partir da recessão de 1991, os bancos que foram atingidos pela crise diminuíram a capacidade de emprestar grandes volumes a empresas alavancadas[13], então os profissionais que atuavam na sindicalização de empréstimos bancários se voltaram para empresas sólidas e grandes tomadoras de recursos, que por sua vez viram no empréstimo sindicalizado uma possibilidade de diversificar as suas fontes de financiamento da sua praticidade, velocidade e capacidade. Neste período pós crise, houve uma transição no uso de empréstimos sindicalizados, do mercado de alto risco (para o qual o produto foi inicialmente desenhado) para o mercado de baixo risco de crédito (*investment grade*), como mostra o gráfico abaixo[14].

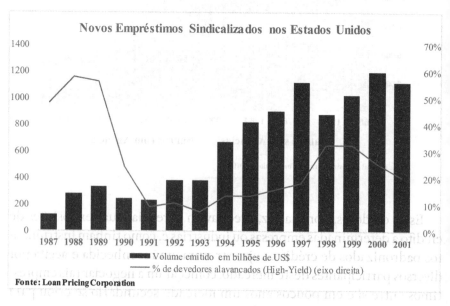

[13] The Syndicated Loan Market: Developments in the North American Context. By Jim Armstrong. Bank of Canada Working Paper 2003-15 June 2003
[14] Gráfico extraído do artigo "The Syndicated Loan Market: Developments in the North American Context", de Jim Armstrong. Bank of Canada Working Paper 2003-15 June 2003. O gráfico em linha mostra que no final da década de oitenta mais de 50% das emissões de empréstimos sindicalizados eram destinados a empresas com alta alavancagem financeira (empresas sem "grau de investimento" pelas agências de rating de crédito), percentual este que foi reduzido a cerca de 10% nos anos que sucederam a recessão americana dos anos 1990-91.

O gráfico acima também demonstra o grande crescimento do mercado de empréstimos sindicalizados nos Estados Unidos, que atingiu em 1997 a marca de US$ 1 trilhão de empréstimos concedidos. Para se ter uma dimensão deste volume frente à realidade brasileira, em 30 de setembro de 2019 o saldo total de crédito no sistema financeiro brasileiro somava aproximadamente US$ 800 bilhões[15].

Com este desenvolvimento e crescimento constante, outros investidores, além de bancos, começaram a se interessar pelo ativo empréstimo bancário. Pronto. Uma nova classe de ativo financeiro havia sido criada e investidores institucionais (fundos mútuos, companhias de seguro, fundos de pensão entre outros) logo começaram a investir em empréstimos bancários como uma alternativa às emissões de *bonds* e debentures já disponíveis no mercado de capitais. E este novo ingrediente (a entrada dos fundos mútuos no mercado de empréstimos bancários), fez com que o volume transacionado no mercado secundário de empréstimos bancários crescesse exponencialmente. E dois segmentos distintos do mercado secundário de empréstimos bancários se formou: (i) o mercado de empréstimos de baixo risco (a grandes empresas com baixo risco de crédito) e (ii) o mercado de empréstimos de alto risco (*high-yield*) e *distress*.

Nestes novos mercados, os bancos ainda eram os responsáveis pela originação dos empréstimos junto aos seus clientes corporativos, mas tais empréstimos eram total ou parcialmente cedidos a fundos e não mais ficavam estacionados na carteira de ativos do banco até o seu vencimento. Esta prática dos bancos originarem os empréstimos corporativos para então distribuírem a investidores institucionais se perpetuou no mercado americano. Em dezembro de 2013, o mercado de empréstimos bancários americanos era de aproximadamente US$1,5 trilhões, com cerca de 50% do volume emitido sendo mantido pelos bancos em seus balanços e o restante detido por outros tipos de investidores, incluindo fundos de pensão, seguradoras, *CLOs*[16] e outros tipos de fundos de investimento[17].

---

[15] Banco Central do Brasil, Estatísticas Monetárias e de Crédito, Nota a Imprensa, 25.9.2019.

[16] *CLOs (Collaterized Loan Obligations)* são operações de securitização de dívida feitas por meio de veículos financeiros que emitem cotas a investidores diversos e aplicam os recursos das emissões na compra de um portfolio de empréstimos (normalmente empréstimos bancários sindicalizados) com diferentes estruturas e garantias. Estrutura similar a de um FIDC (Fundo de Investimento em Direitos Creditórios) no Brasil.

[17] Viewpoint, Blackrock Report – Who Owns the Assets? A Closer Look at Bank Loans, High Yield Bonds and Emerging Markets Debt – September 2014

RECUPERAÇÃO JUDICIAL

No mercado de *high-yield*, muitos fundos e bancos que compravam estes empréstimos no momento da emissão primária, pois bem se encaixavam na sua estratégia de alocação, não tinham apetite nem eram permitidos por seus regulamentos a mantê-los em carteira quando se tornassem inadimplentes, o que os "forçava" a vender no mercado secundário.

A combinação destes 3 movimentos na década de 1990 – (i) existência de um mercado crescente de compra e venda de empréstimos entre bancos, (ii) a crise do início da década que forçou os bancos a procurarem investidores para ativos problemáticos e (iii) o crescimento exponencial do número de fundos mútuos que buscavam diversificar seus portfolios com esta classe de ativo – gerou uma grande aceleração no mercado secundário de empréstimos bancários nos Estados Unidos. Como se vê no gráfico abaixo[18], o mercado secundário de empréstimos se iniciou com a venda dos bancos de posições em empréstimos de alto risco ou já em *distress* (que representava mais de 50% do volume do mercado secundário no início da década de 1990) e ganhou muito volume conforme o número de emissões de baixo risco de crédito cresceu e o número de investidores institucionais neste mercado se multiplicou. Respeitando os ciclos, com a crise de 2000 veio uma nova onda de *defaults* (inadimplência) que resultou em um novo aumento na negociação de empréstimos em *distress*, que representou cerca de 35% do mercado secundário em 2001.

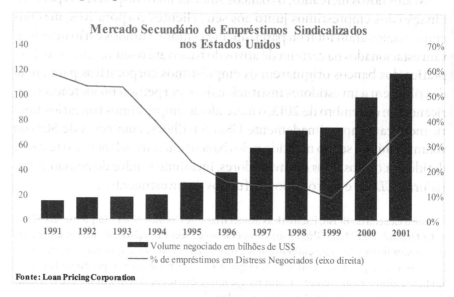

[18] Gráfico extraído do artigo "The Syndicated Loan Market: Developments in the North American Context", de Jim Armstrong. Bank of Canada Working Paper 2003-15 June 2003.

E este mercado secundário que se criou trouxe agentes para lidar com o "problema" de empréstimos problemáticos de forma bastante distinta. De repente, um devedor quando se via em dificuldades e precisava recorrer a uma restruturação, já não encontrava do outro lado da mesa os bancos que originaram os empréstimos, com os quais tinham longo relacionamento e que muitas vezes estavam frustrados com a situação. Estes devedores encontravam credores com olhar prático para buscar soluções, que haviam comprado os empréstimos já cientes do risco que corriam e buscavam obter um retorno sobre os ativos, e não reduzir suas perdas. O perfil negocial e os objetivos eram diferentes. A perda principal nos empréstimos já havia sido "absorvida" pelo investidor ou banco que comprara tal ativo no mercado primário (i.e. no momento da emissão). A disposição para uma negociação era muito maior. Agilidade era fator essencial para os dois lados. E se a situação demandasse dinheiro novo para se resolver, este novo investidor poderia avaliar esta oportunidade com muito mais racionalidade do que aquele agente que já estava frustrado por ter concedido o empréstimo original e "errado" na avaliação. Também, por serem muito menos regulados, estes investidores tinham muito mais flexibilidade de investir em novos empréstimos, estruturas híbridas ou simplesmente assumir o controle a empresa via conversão de dívida em capital. Os bancos e os outros credores tradicionais não tinham tal flexibilidade, o que limitava muito as opções de restruturação.

Portanto, a expansão da prática de *DIP Financings* nos Estados Unidos só se concretizou de fato com a entrada de novos agentes na mesa de negociações. E esta reorientação na forma de credores pensarem e atuarem só foi possível pela existência de um mercado secundário de empréstimos bancários, mercado este que só se fez eficiente quando ganhou transparência e padronização na estrutura dos contratos de empréstimos, que surgiram após a criação do produto empréstimo sindicalizado. E foi com a chegada dos fundos de investimento que o mercado de empréstimos bancários ganhou relevância econômica, tanto o mercado primário (novas emissões) quanto o mercado secundário, que já não dependia de grandes crises para existir, pois logo os empréstimos de baixo risco também seriam negociados entre investidores institucionais que buscavam liquidez no gerenciamento ativo de seus portfolios. E, finalmente, o sucesso dos fundos pioneiros que investiram em empresas de *distress* e os altos retornos alcançados chamou a atenção do mercado e o número de fundos cresceu ininterruptamente.

RECUPERAÇÃO JUDICIAL

Do lado jurídico, percebendo a importância da participação destes investidores em processos de insolvência, e vendo que pode existir solução de mercado para situações complexas, os juízes norte-americanos especializados em recuperações judiciais e falências passaram a ter maior cuidado para preservar direitos dos credores de *DIP Financing*, a fim de garantir a segurança para o sistema e a continuidade da prática. Assim, uma vasta e favorável jurisprudência foi criada.

Mas a pergunta que resta responder para se buscar todos os principais pilares que deram origem ao mercado de crédito robusto e que possibilitou o desenvolvimento de diversos nichos, inclusive o mercado de *DIP Financings*, é: o que gerou o crescimento acelerado nos fundos de investimento? Vamos entender um pouco a história e origem do crescimento dos fundos de investimentos americanos.

5. Fundos de Investimentos e *Hedge Funds* no Mercado Americano

Especialistas indicam que o mercado americano de fundos de investimentos nasceu em fevereiro de 1972, quando foi aprovado pela *SEC* (*Securities and Exchange Comission*, o órgão regulador dos mercados financeiros americanos com atuação similar à da CVM – Comissão de Valores Mobiliários – no Brasil) o prospecto do primeiro fundo mútuo de investimento, o *Reserve Primary Fund*[19]. O crescimento acelerado da indústria de fundos a partir dali é atribuído principalmente às limitações nas taxas de juros pagas pelos bancos nos depósitos de seus clientes impostas pela Regulamentação Q (*Regulation Q*), implementada nas reformas bancárias de 1933. Com a limitação das taxas de remuneração dos depósitos nos bancos, investidores individuais e corporações buscaram nos fundos mútuos uma remuneração adequada para o seu capital, o que gerou um enorme fluxo de recursos saindo de bancos tradicionais em direção a fundos de investimentos. Estes, por sua vez, se prepararam e ocuparam um nicho especializado em administração de recursos de curto prazo, o que alterou de maneira definitiva a forma que investidores aplicavam seus recursos e gerenciavam a liquidez de seus investimentos. Em 1975, apenas 3 anos após o lançamento do *Reserve Primary Fund*, o valor total de ativos administrados por fundos mútuos cresceu de US$300 mil para US$390 milhões.

---

[19] Money Market Funds: An Introduction to the Literature; Viktoria Baklanova, CFA, PRM PhD Candidate; January 2010

Em 1981, os fundos mútuos já administravam aproximadamente US$80 bilhões no mercado americano[20, 21].

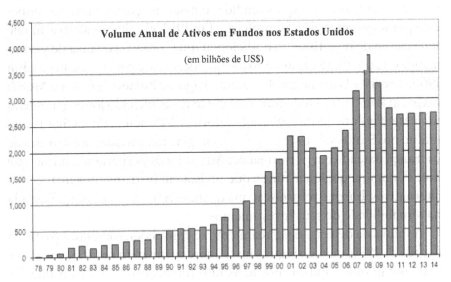

Nesta onda de crescimento exponencial da indústria, os fundos mútuos buscaram diferenciação de ativos e encontraram nos empréstimos sindicalizados uma classe bastante atraente para seus portfolios. A indústria de fundos de investimento se globalizou, a captação de recursos subiu de forma constante e ininterrupta e tanto investidores quanto os produtos financeiros comprados por estes fundos se sofisticaram. E novos nichos de atuação foram surgindo e mais fundos especializados se formaram. Com o tempo, investidores mais sofisticados passaram a alocar parte dos seus portfolios em fundos que faziam apostas de investimento arriscadas, concentravam a sua carteira em posições com alto risco e volatilidade e, se beneficiando da pouca regulação a que estavam sujeitos, investiam nos mais diferentes mercados. Estes fundos mais sofisticados ficaram conhecidos *hedge funds*.

O primeiro *hedge fund* foi lançado em 1949 por Alfred Winslow Jones, que levantou US$100 mil em um veículo de investimento para investir

[20] Idem nota 19. Money Market Funds: An Introduction to the Literature; Viktoria Baklanova, CFA, PRM PhD Candidate; January 2010
[21] Gráfico extraído do artigo "Challenges Facing Government Money Market Funds" de 11 de fevereiro de 2015 de John McColley, com co-autoria de Alice Flynn, publicado por ColumbiaThreadneedle Investments.

RECUPERAÇÃO JUDICIAL

em ações. Para reduzir o risco de seu portfolio, Alfred Jones estabeleceu uma estratégia de comprar ações para o longo-prazo e proteger tal investimento carregando posições vendidas em outras ações, estratégia conhecida por *hedge* em inglês, ou proteção. Em 1952, ele alterou a estrutura de seu veículo de investimento e adicionou uma cobrança de taxa de performance de 20% sobre a rentabilidade que alcançasse para seus cotistas. Em 1966, a revista Fortune publicou um artigo intitulado *"The Jones Nobody Keeps Up With"* apontando que o até então desconhecido Jones gerenciava um *hedge fund* que havia registrado retornos 44% acima do melhor fundo mútuo nos 5 anos anteriores[22]. Pela estratégia diferenciada e a estrutura de cobrança baseada em performance, Alfred Jones perpetuou o termo que hoje denomina qualquer fundo que invista em instrumentos financeiros alternativos, busque retornos acima da indústria e faça cobrança baseada na rentabilidade de seus investimentos.

A indústria de *hedge funds* realmente se consolidou somente a partir da década de 1990, quando alguns investidores ganharam notoriedade mundial com grandes apostas nos mercados financeiros. Um dos primeiros nomes a serem reconhecidos globalmente foi George Soros, que lucrou mais de US$1 bilhão no seu *hedge fund* em apostas envolvendo a libra esterlina em meados dos anos noventa. Nos anos noventa, aproximadamente 75% dos *hedge funds* focavam em estratégias macroeconômicas (apostas em juros, moedas, inflação de diversos países) e em investimentos em ações[23]. Com o desenvolvimento da indústria, as estratégias se diversificaram e em 2005 estratégias com investimento em índices macro e ações já representavam menos de 50% do total de *hedge funds*, enquanto fundos de *distress* e *event driven*[24] passaram de cerca de 5% para quase 20% dos fundos no mesmo período.

[22] *Democratisation of Hedge Funds*, UOB Asset Management, Abril de 2018
[23] "Evolution of Hedge Funds"; Leadership Forum, Managed Funds Association; Ginger Szala, Futures Magazine 6 de fevereiro de 2006
[24] *Event-driven funds* são fundos que têm como estratégia investir em empresas envolvidas em mudanças relevantes geradas por um evento, que pode ser uma aquisição, um pedido de falência ou recuperação judicial, um evento de inadimplemento ou outro evento corporativo relevante. Estes fundos buscam oportunidades de antecipar ineficiências de preço de ativos no mercado fgerada por diferentes visões que investidores podem ter quanto ao impacto de dado evento no valor da empresa. Muitos fundos que atuam com a estratégias *event-driven* ivnestem em dívidas corporativas em *distress* ou concedem *DIP Financings* para poder influenciar no resultado e lucrar com a concretização de dado evento.

Importante reparar nesta evolução. Com a evolução dos fundos mútuos e aumento exponencial de recursos por eles administrados, houve um aumento de demanda por fundos com maior risco, o que por sua vez gerou uma explosão na demanda por ativos de alto risco. Inicialmente os *hedge funds* se concentravam em estratégias macro e investimentos em ações, para depois se diversificarem e eventualmente verificarmos que fundos focados em ativos de crédito e *distress* atingiram uma participação relevante nesta grande indústria.

Um dos motivos que contribuíram para este aumento na busca por maior retorno (e maior aceitação a risco) foi a evolução macroeconômica nos Estados Unidos. A década de 1990 ficou marcada como o início de um período glorioso na economia americana, que alinhou juros baixos, inflação controlada e crescimento econômico contínuo. E estes três fatores tiveram um impacto brutal na forma de investir. Com juros baixos e crescimento econômico, há previsibilidade e possibilidade de recuperação econômica e, por reflexo, em recuperação de empresas. Juros baixos também incentivam investidores a buscarem mais risco, pois as aplicações tradicionais já não garantem remuneração adequada para as reservas de aposentadoria. E a inflação controlada garante o poder aquisitivo de pessoas e empresas e também incentiva o investimento de longo prazo. Não foi à toa que o crescimento da indústria de investimento, o aumento da desintermediação bancária e a multiplicação de fundos de investimento, em um primeiro momento, e de *hedge funds* posteriormente, coincidiu com a estabilização e crescimento econômico. A economia impulsionou este movimento.

Crescimento anual do P.I.B. nos Estados Unidos (% a.a.)[25]

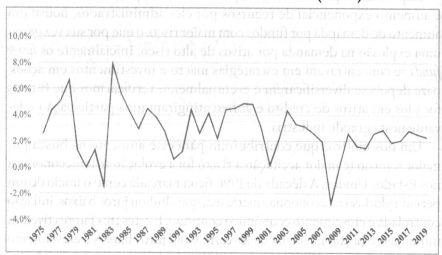

Evolução da Taxa de Juros e Inflação Anual ao Consumidor nos Estados Unidos (% a.a.)[26]

[25] Fonte: Federal Reserve Bank of St. Louis – Economic Research Division. Descrição do índice: *Real Gross Domestic Product, Percent Change of (Billions of Chained 2012 Dollars),Annual, Seasonally Adjusted Annual Rate*

[26] Fonte: Federal Reserve Bank of St. Louis – Economic Research Division. Descrição dos índices utilizados: (i) *10-Year Treasury Constant Maturity Rate, Percent, Annual, Not Seasonally Adjusted* e (ii) *Consumer Price Index for All Urban Consumers: All Items in U.S. City Average, Percent Change from Year Ago of (Index 1982-1984=100), Annual, Seasonally Adjusted*

DIP *FINANCING*: UM OLHAR ALTERNATIVO – ENTENDENDO A EVOLUÇÃO DESTE...

Muitos acreditam que o desenvolvimento a lei de falências e o aumento no número e valores dos *DIP Financings* se deu a partir de uma legislação robusta, pró-credor, que protege o capital, o empreendedorismo e a livre iniciativa em geral. Mas verificando os dados acima e entendendo a sua evolução, parece haver outros ingredientes tão ou mais importantes do que uma lei para o desenvolvimento do mercado. Acredito que tal evolução só se deu por conta da combinação de um ambiente de crescimento econômico contínuo, com participação de numerosos agentes, convivendo em mercados transparentes e competitivos. A inflação controlada incentiva investimentos de longo prazo. Crescimento sem pressão inflacionária possibilita juros baixos, o que leva os agentes financeiros a investir, movimentar capital de médio e longo prazo em classes de ativos cada vez mais complexas. Em resumo, uma indústria financeira não concentrada, competitiva, inserida em um ambiente de estabilidade econômica e juros decrescentes parece ser o real propulsor para oferta de crédito, e não o contrário. Mesmo nos Estados Unidos, o mercado de DIP *Financing* só se desenvolveu de fato mais de 15 anos depois da promulgação da nova lei de falências de 1978. E o cenário econômico foi o grande responsável por isso.

É claro que o impulso a este mercado também se deu pelos altos retornos dos poucos investidores que se aventuraram na infância do mercado americano de *DIP Financing*. Foi também o sucesso dos grandes processos de *Chapter 11* que foram financiados por *DIPs* que sem dúvida fez com que o interesse por esta classe de ativos se proliferasse entre as empresas em recuperação. Porém não adiantaria uma legislação robusta se as condições macroeconômicas mencionadas acima não estivessem presentes.

6. O Brasil de Hoje

Voltando ao Brasil. Com 14 anos da nova lei de falências, ainda nos vemos longe da possibilidade de termos oferta de crédito para financiar retomadas de empresas em dificuldade. E, para piorar, os poucos casos de *DIP Financings* que foram testados tiveram bastante insucesso, o que gerou um estigma negativo no mercado local quanto a esta classe de ativo.

As dificuldades jurídicas são bastante conhecidas e muito discutidas pelos especialistas atuantes na área. Apenas para citar algumas, a ausência de precedentes jurídicos consolidados nos tribunais superiores, a falta de especialização e preparo do judiciário para lidar com restruturações complexas, o fato de haver muitos credores que não são incluídos no processo de recuperação judicial (credores extra-concursais, credores tributários) – e que não raro acabam por concorrer com os próprios provedores de dinheiro novo – e o risco da responsabilização de gestores, credores ou acionistas ativos em um processo de restruturação.

Mas estes, apesar de muito relevantes, não parecem ser os reais entraves para o desenvolvimento de mercado. Se notarmos com atenção, todos os pilares identificados como reais propulsores do crescimento do mercado de crédito americano estão atualmente presentes no Brasil. O estágio de desenvolvimento ainda é inicial, mas mudanças paradigmáticas já podem ser observadas em nosso país.

Primeiro, a desintermediação bancária que teve início na década de setenta nos Estados Unidos agora começa a ganhar força no Brasil. Mesmo que por motivos diferentes, as baixas taxas de juros pagas aos clientes bancários em seus depósitos e investimentos tem sido o grande propulsor desta movimentação. Nos Estados Unidos, foi resultado de uma limitação imposta pela regulamentação (*Reg Q*), enquanto no Brasil é resultado de uma realidade econômica que alinha juros baixos com inflação controlada.

Infelizmente não temos um mercado de empréstimos sindicalizados desenvolvido, pois diferentemente dos Estados Unidos da década de oitenta, o mercado bancário brasileiro é extremamente concentrado e um mercado secundário entre 5 grandes instituições não faria sentido. Porém, temos visto movimento semelhante no mercado de capitais de renda fixa doméstico, onde as emissões de títulos corporativos e de securitização de dívida cresceu de maneira relevante nos últimos 3 anos[27].

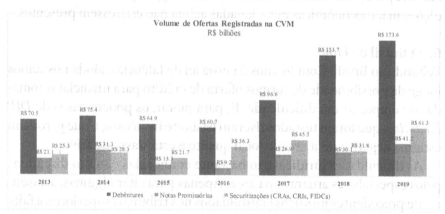

[27] Boletim de Mercado de Capitais; Anbima; edição de Dezembro de 2019.

E estes títulos, que anteriormente ficavam estacionados nos balanços dos grandes bancos e em algumas poucas gestoras de fundos de investimento detidas pelos mesmos grandes bancos, hoje circulam pelo mercado e são negociados por diversas gestoras independentes que possuem fundos de investimento dedicados ao mercado de crédito corporativo. O mercado secundário de debêntures finalmente cresce de modo sustentável e exponencial. Ainda é uma sombra do que deveria ser, mas a cada dia se consolida mais, com novos fundos investimentos e novos gestores surgindo no cenário.

Falando neles, com o fenômeno iniciado pelas plataformas de investimento, que trouxeram produtos cada vez mais sofisticados a uma camada cada vez maior da população – produtos que antes eram exclusividades de clientes de alta renda do segmento *private* dos grandes bancos – fizeram multiplicar o número de gestores de investimentos independentes. A indústria de gestores de fundos de investimento já soma no Brasil mais de R$ 5,5 trilhões de ativos sob gestão distribuídos em mais de 19 mil fundos[28]. Em 2005, eram R$ 758 bilhões em R$4,8 mil fundos de investimento, ou seja um crescimento de 6x em 14 anos. Com relação ao volume de ativos de crédito (debentures, notas promissórias, direitos creditórios e CCBs) sendo geridos por estes investidores institucionais, este cresceu quase 10 vezes, de R$ 30 bilhões em dezembro de 2005 para R$ 312 bilhões em dezembro de 2019[29].

E estes novos investidores que confiaram seus recursos a gestores profissionais demandam produtos cada vez mais sofisticados para remunerar seu capital, já que não se pode mais contar com a alta remuneração, fácil e sem risco, paga nos títulos do governo brasileiro até 2017. Tal como nos Estados Unidos, a indústria de gestores independentes brasileiros se iniciou com produtos simples, de renda fixa ou ações com horizonte de investimento de longo prazo (*mutual funds*), para em seguida se proliferarem os chamados *hedge funds* que aqui no Brasil também são conhecidos como Fundos Multimercados, mas que ainda focam primordialmente em estratégias macro e em ações. Agora, seguindo o mesmo perfil de evolução,

---

[28] Relatório Consolidado Histórico de Fundos de Investimento; Anbima; edição de Dezembro de 2019.
[29] Relatório Consolidado Histórico de Fundos de Investimento; Anbima; edição de Dezembro de 2019.

RECUPERAÇÃO JUDICIAL

começam a se proliferar fundos de crédito, tanto crédito de alta qualidade (e baixo risco) tanto em créditos *high-yield* (alto risco) ou mesmo alguns fundos locais com foco em *distress*. Ainda são poucos, tal qual o eram no início dos anos noventa nos Estados Unidos, mas o perfil de crescimento se assemelha muito.

Neste ambiente, me parece inevitável que haverá cada vez mais oferta de capital para financiar situações de *distress* e para estruturas como *DIP Financings*. Finalmente temos taxas de juros que permitem a recuperação de empresas com alta alavancagem financeira. Isso não era possível há alguns anos. Com taxas de juros básicas de 14% ao ano na economia, não valia a pena ao investidor se desgastar para correr altos riscos para se ganhar alguns pontos percentuais a mais de retorno. Com 14% de juros nominais, o investidor já garantiria um bom retorno em seus investimentos de longo prazo. Com alta liquidez. E sem risco. Os juros reais (descontados a inflação) no Brasil eram de mais de 4% ao ano (por momentos beirou os 9% ao ano), o que no longo prazo oferece retornos muito atraentes. Para correr alto risco, o investidor exigia retornos acima de 20% ao ano. E do lado das empresas, especialmente as com grande acúmulo de dívidas, gerar caixa suficiente para pagar os altos juros em suas dívidas era tarefa impossível. Mal conseguiam pagar os juros, que se diga o principal. Na verdade, em muitos casos, o acúmulo de dívidas se deu muito mais pela capitalização histórica dos juros do que pela redução da capacidade de geração de caixa operacional. Ou ainda, as empresas se sufocavam para pagar os altos juros cobrados pelo mercado, mas muita não conseguiam sequer quitar seus tributos em dia, quanto mais investir no seu negócio para obter ganhos de produtividade. Este cenário, que perdurou por décadas, causou impactos permanentes em toda sociedade. Como viabilizar a recuperação de uma empresa sem crédito, ou com crédito que custa mais de 20% ao ano? Era muito difícil e havia baixa probabilidade de sucesso, taí para comprovar o número de processos de recuperação judicial que se tornaram falências ou que não recuperaram a empresa de fato.

Com taxas de juros nos níveis de 5% ou 6% ao ano, tudo muda. A capacidade de investimento aumenta muito. Os planos de negócios se tornam viáveis e o capital consumido com juros é muito menor. Sobra dinheiro para se reinvestir. Isso contribui para planos de negócios mais sustentáveis e com maior previsibilidade. Planos estes que terão maior aceitação e maior probabilidade de atrair investidores interessados em financiá-los. E estes investidores não precisarão de retornos de 20% ou 30% para justificar correr tal risco. A taxa básica de juros é muito menor, ganhar duas vezes a taxa básica significa cobrar 10% ao ano, e não 20% ou 30%. E o risco é mais baixo. Muito mais baixo. É um ciclo virtuoso.

Agora, a lei também precisa ajudar. Não só a lei, mas a prática de todos envolvidos nos processos de restruturação, recuperação judicial e falências.

A conclusão que chego é que o atual ambiente macro-econômico e a dinâmica do mercado financeiro brasileiro proporcionam uma oportunidade única de mudanças profundas que levarão a um relevante aumento na disponibilização de capital para projetos de risco. Se conseguirmos evoluir nas propostas de mudanças na lei de recuperação e falência e trazer aos processos de recuperação judicial um novo entendimento da importância que novos agentes financeiros têm e o quão fundamental é respeitar os conceitos básicos de proteção ao capital novo, atenção a senioridade na estrutura de capital e respeito a garantias constituídas, conseguiremos evoluir e atrair financiamento a processos de recuperação e insolvência, instrumento tão fundamental a recuperação de empresas.

5

A Efetividade da Mediação no Sistema Americano. Um Incentivo à Recente Experiência Brasileira

Luiz Fernando Valente de Paiva
Thiago Braga Junqueira

Introdução[1]

A mediação é um processo informal, voluntário, no qual um terceiro, neutro, assiste duas ou mais partes na resolução de um conflito existente. A mediação de conflitos integra o rol dos métodos consensuais de resolução de controvérsias e destaca-se de seus pares por agregar às suas atribuições o resgate da relação social entre os opositores e a manutenção do diálogo. Trata-se de método *não adversarial*, no qual predomina a cooperação sobre a competição.[2] Tais aspectos tornam a mediação um instrumento adequado para solução das desavenças que comprometem relações que se perpetuam no tempo.[3] Quando bem-sucedida, a mediação implica uma solução consensuada que pacifica a relação conflituosa então existente, mas não define vencidos e vencedores. E justamente por uma parte

---

[1] Os autores expressam seu agradecimento a Marcos Pimentel Mendes de Almeida pela dedicação e substancial auxílio na preparação deste artigo.

[2] Nesse sentido, Bueno, Cassio Scarpinella. Comentários ao código de processo civil – volume 1 (art. 1º a 317) / Cassio Scarpinella Bueno (coordenador). – São Paulo: Saraiva, 2017. p. 86.

[3] Nesse sentido, Paiva, Fernanda; Oberg, Flavia Maria Rezende Nunes; Araújo, Inês Guilhon de; Passalacqua, Maria Stela Palhares; Almeida, Tania. Mediação e advocacia colaborativa no Direito de família: uma perspectiva diversa. Revista de Arbitragem e Mediação, São Paulo, RT, v. 42, p. 315 e ss., jul. 2014.

RECUPERAÇÃO JUDICIAL

não prevalecer sobre a outra, há então uma distinção fundamental entre a mediação e os métodos ordinários de resolução de conflitos.[4]

Essencialmente, o objetivo da mediação é estimular o fluxo de informação entre os participantes, a fim de alcançar uma compreensão mútua do conflito e dos seus reais interesses. Ao se submeter à medição, as partes não buscam, em regra, uma solução unilateral, mas sim cooperação recíproca para resolver adequadamente determinado litígio.

Essa composição é alcançada com a participação do mediador. O papel do mediador é auxiliar na comunicação através da neutralização de emoções, formação de opções, alternativas e negociação de acordos. Como agente fora do contexto conflituoso, o mediador atua como catalisador de soluções para conduzir as partes ao acordo, sem propriamente interferir na substância da disputa.[5]

É uníssona a percepção atual de que só haverá prestação jurisdicional de qualidade mediante efetiva aplicação dos métodos alternativos de resolução de conflitos, dentre os quais a mediação.[6] Por esse motivo, recentes introduções legislativas reconheceram a importância e consagraram a

---

[4] Nesse sentido, *"O Judiciário clássico, tradicional, orientado pelas codificações penal, civil, constitucional, e seus respectivos procedimentos, não é dispensável, porque tem como objetivo a sólida garantia de tutela do cidadão que tenha ameaçado ou lesado um direito subjetivo. Porém, é possível, diante de uma ameaça de lesão ou de uma lesão a um direito, buscar um novo caminho, que pode ser trilhado não com olhos postos na técnica ortodoxa do processo, mas com um novo olhar sobre o conflito, isto é, com postura genuflexa a um axioma universal – "não fazer ao próximo o que não queres que te façam" –, e que é sintonizado com o princípio imperativo e categórico de Kant – "age de tal forma que a norma na tua ação possa ser tomada como lei universal". Trata-se de uma mudança de postura diante dos conflitos, com a atenção totalmente voltada ao sentimento vivenciado pelas partes que estão envolvidas naquele processo."* ANDRIGHI, Fátima Nancy. Mediação e a educação. Revista de Arbitragem e Mediação, São Paulo, RT, v. 24, p. 17, jan. 2010. *"A conciliação e a mediação, como meios alternativos de solução dos conflitos, diferenciam-se dos mecanismos judiciais tradicionais, porque permitem que as partes dialoguem e juntas encontrem a solução dos conflitos, sem necessidade da imposição de uma decisão pelo Estado. Assim, são valiosos instrumentos de pacificação social, na medida em que não há ganhadores ou perdedores: as partes constroem a solução do conflito. Também têm caráter pedagógico. Servem para conscientizar as partes envolvidas no litígio de que é melhor evitar o processo do que demandar em juízo. Cria-se, destarte, a cultura da paz, da busca harmônica de soluções, evitando acionar, a todo tempo, o Judiciário."* CAMBI, Eduardo; FARINELLI, Alisson. Conciliação e mediação no Novo Código de Processo Civil (PLS 166/2010). Revista de Processo, São Paulo, RT, v. 194, p. 277, abr. 2011.

[5] Veja SERPA, Maria de Nazareth. Teoria e Prática da Mediação de Conflitos. Rio de Janeiro: Lumen Juris, 1999, p. 90

[6] BUENO, Cassio Scarpinella. Comentários ao código de processo civil – volume 1 (art. 1º a 317) / Cassio Scarpinella Bueno (coordenador). – São Paulo: Saraiva, 2017. p. 87

mediação no ordenamento jurídico brasileiro. O Código de Processo Civil estabelece logo nas suas noções fundamentais que a mediação (assim como outros meios alternativos de resolução de conflitos) deve ser encorajada por todos os operadores do direito.[7] Na mesma linha, a Lei nº 13.140/2015 positivou a mediação entre particulares como meio de solução de controvérsias, garantindo assim *"a legalidade e a segurança jurídica de um instituto jurídico de fundamental importância para o País"*.[8] A mediação também tem lugar em processos de insolvência, notadamente em casos de recuperação judicial regulados pela Lei nº 11.101/2005 ("LRE").[9] De fato, modernos processos concursais, notadamente aqueles que buscam viabilizar a continuidade da atividade empresarial em crise (*going concern restructuring*), envolvem a composição entre todas (ou a maioria) das partes envolvidas. Em termos práticos, e a título exemplificativo, na recuperação judicial prevista na LRE o devedor e determinado quórum de credores devem chegar a um consenso em torno de uma proposta de plano que seja aceitável a ambos os lados. A mediação, naturalmente, é então um poderoso instrumento para viabilizar a composição em torno desse propósito.

Talvez mais importante, a negociação em torno de uma proposta de plano encerra uma discussão sobre os ônus advindos do processo de insolvência. Em uma recuperação judicial, todos os envolvidos suportam algum grau de perda. O plano é o mecanismo que estabelece e cristaliza como esse prejuízo será atribuído a cada uma das partes. E para que se possa auferir a definição correta e justa dessa atribuição de perdas, informação é elemento chave e essencial.

Ocorre que, em regra, as informações necessárias para se auferir a justa e razoável atribuição de ônus é socializada de forma heterogênea entres os

---

[7] Lei número 13.105, de 16 de março de 2015. Artigo 3º, § 3º: "A conciliação, a mediação e outros métodos de solução de conflito deverão ser estimulados por juízes, advogados, defensores públicos e membros do Ministério Público, inclusive no curso do processo judicial.".

[8] Vasconcelos, Ronaldo. A Mediação na Recuperação Judicial: compatibilidade entre as leis nn. 11.101/05, 13.015/15 e 13.410/15. Dez anos da Leiº 11.101/2005: estudos sobre a lei de recuperação e falência / cordenadores Sheila C. Neder Cerezetti, Emanuelle Urbano Maffioletti. – São Paulo: Almedina, 2015. p. 451.

[9] Como, aliás, já reconhecido e estabelecido no enunciado nº 45 da I Jornada de Prevenção e Solução Extrajudicial de Litígios promovida pelo Conselho da Justiça Federal: "a mediação e conciliação são compatíveis com a recuperação judicial, a extrajudicial e falência do empresário e da sociedade empresária, bem como em casos de superendividamento, observadas as restrições legais".

envolvidos em uma recuperação judicial. Ressalvadas circunstâncias específicas, o devedor detém uma posição privilegiada nessas negociações na medida em que parte substancial das informações fundamentais para o processo de negociação são por ele controladas.[10] Diante desse fato e naquelas hipóteses em que o devedor não disponibiliza integral ou parcialmente as informações, tem-se então evidente cenário de assimetria de informações.

E é nessa hipótese, cuja prática forense revela ser comum, que a mediação tem um importante papel. De fato, quando é atribuído ao mediador a compreensão holística dos fatos relevantes para a negociação, a tendência é que a assimetria de informações seja significativamente mitigada, sem que seja desrespeitada a confidencialidade das informações prestadas, pressuposto essencial para a realização de qualquer mediação. É esperado que munido de tais informações o mediador tenha condições de direcionar uma solução justa, razoável e eficiente de distribuição de ônus.

A experiência de outras jurisdições revela que a mediação encontra em regimes de insolvência um campo fértil. Em especial nos Estados Unidos da América, objeto desse artigo, mediadores têm sido fundamentais para a efetividade dos regimes de insolvência. E a experiência estrangeira, quando conjugada com a prática brasileira, demonstra que a mediação, desde que observe certos critérios,[11] deve ser incentivada para uma melhor aplicação e efetividade dos regimes previstos na LRE, em especial a recuperação judicial.

1. A Mediação em Casos de *Chapter 11*

O *Title 11* do *United States Code* (*"Bankruptcy Code"*) não proíbe nem estabelece a mediação em assuntos envolvendo os regimes de insolvência.[12]

---

[10] Sobre o tema, Ronaldo Vasconcelos: "Em realidade, deve-se alterar a persnóstica relação de força hodiernamente estabelecida na recuperação judicial, por meio do qual o devedor controla o ritmo do processo, sendo que somente alguns 'jogadores' detêm a possiblidade de movimento a partir das regras pré-estabelecidas pelo 'jogo', seja diante dos privilégios legais, seja por força econômica de seu crédito para a aprovação ou rejeição do plano de recuperação." (Vasconcelos, Ronaldo. A Mediação na Recuperação Judicial: compatibilidade entre as leis nn. 11.101/05, 13.015/15 e 13.410/15. Dez anos da Lei° 11.101/2005: estudos sobre a lei de recuperaçõ e falência / cordenadores Sheila C. Neder Cerezetti, Emanuelle Urbano Maffioletti. – São Paulo: Almedina, 2015. p. 451)

[11] Os quais são explorados no capítulo IV deste artigo.

[12] Veja Ralph Peeples, **ADR Meets Bankruptcy: Cross-purpose or Cross-pollination?: The Uses of Mediation in Chapter 11 Cases**, 17 Am. Bankr. Inst. L. Rev. 401, at 407.

A utilização de formas alternativas de resolução de disputas[13] nos processos de insolvência nos Estados Unidos, entretanto, é expressamente autorizada pela *Alternate Dispute Resolution Act* de 1998 (*"Dispute Resolution Act"*).[14] A *Dispute Resolution Act* adotou a sugestão do relatório de 1997 da *National Bankruptcy Review Commission*, que recomendou (com algumas exceções) a incorporação de norma legal para o emprego da mediação em processos de insolvência.[15]

Com base na *Dispute Resolution Act*, os juízos locais são autorizados a implementar regras próprias para regular a utilização da mediação nos processos de insolvência.[16] Certas regulações locais estabelecem que alguns temas não podem ser passiveis de mediação, como, por exemplo, disputas envolvendo entes governamentais,[17] contratação e remuneração de profis-

---

[13] Para a definição de resolução alternativa de disputas, veja 28 U.S.C. § 651 (a) (*"For purpose of this chapter, an alternative dispute resolution process includes any process or procedure, other than an adjudication by a presiding judge, in which a neutral third party participates to assist in the resolution of issues in controversy, through processes such as early neutral evaluation, mediation, minitrial, and arbitration as provided in sections 654 through 658."*)

[14] Veja 28 U.S.C. § 651 (b) (*"Each United States district court shall authorize, by local rule adopted under section 2071(a), the use of alternative dispute resolution processes in all civil actions, including adversary proceedings in bankruptcy, in accordance with this chapter, except that the use of arbitration may be authorized only as provided in section 654. Each United States district court shall devise and implement its own alternative dispute resolution program, by local rule adopted under section 2071(a), to encourage and promote the use of alternative dispute in its district."*)

[15] Veja National Bankruptcy Review Commission, **Bankruptcy: The Next Twenty Years – National Bankruptcy Review Commission Final Report**, 489 (Recommendation 2.4.7) (1997) (*"Congress should authorize judicial districts to enact local rules establishing mediation programs in which the court may order non-binding, confidential mediation upon its own motion or upon the motion of any party in interest. The court should be able to order mediation in adversary proceeding, contested matter, or otherwise in a bankruptcy case, except that the court may not order mediation of a dispute arising in connection with the retention or payment of professionals or in connection with a motion for contempt, sanctions, or other judicial disciplinary matters. The court should also have explicit statutory authority to approve the payment of persons performing mediation functions pursuant to the local rules of that district's mediation program who satisfy the training requirements or standards set by the local rules of that district. The statute should provide further that the details of such mediation programs that are not provided herein may be determined by local rule."*).

[16] Veja **Collier on Bankruptcy** P 11.02 (*"Once such programs are established, courts are required to set up local rules by which litigants in all civil cases (which presumably includes all bankruptcy cases) can consider the use of an alternative dispute resolution process at an appropriate stage of the ligation, and the courts are required to offer at least one alternate dispute resolution process for them to consider."*).

[17] Veja Idem, at. P. 11.03 (fazendo referência à uma outra exclusão efetuada pelo *Southern District of New York*, *"although the local rules make no other categorical distinction, instead relying on the discretion of the presiding judge to filter cases."*).

RECUPERAÇÃO JUDICIAL

sionais envolvidos no processo de insolvência e a remuneração dos auxiliares do juízo (como os *Trustees* e outros peritos).[18]

Pesquisas submetidas aos Juízos de Falência nos Estados Unidos demonstram que a principal utilização da mediação por tais Juízos é em questões contenciosas e disputas no âmbito de tais processos de insolvência e, também, no processo de negociação e eventual aprovação de Planos de Recuperação,[19] muito embora tenha sido relatado que a mediação também é usada no contexto da avaliação das habilitações/impugnações dos credores.[20]

A mediação é especialmente fomentada e tem sido usada como uma ferramenta nas negociações em torno de um Plano de Recuperação no âmbito de um *Chapter 11*.[21] Sobre esse tema, a doutrina local aponta que a medição envolvendo um Plano de Recuperação é substancialmente diferente da mediação ordinária na medida em que não visa resolver uma disputa em particular, mas sim acomodar múltiplos interesses e criar um plano aceitável a todos os envolvidos e que reúna condições para ser homologado pelo Juízo respectivo.[22] Há também a percepção de que o uso da mediação deve ser encorajado ainda mais nesse tipo de situações, em especial porque as partes não resolverão apenas uma disputa privada, bilateral e estanque, mas negociarão e criarão um conjunto de regras, termos e condições que regerá o relacionamento das partes durante toda a vigência do plano.[23]

---

[18] Veja idem (Discutindo as regras locais do Distrito Central da Califórnia).

[19] Veja Peeples, acima, at. 418 (*"Adversary proceedings were identified as the type of proceeding most often referred to mediation (n=89), followed by contested matters (n=57) and plan negotiation/confirmation (n=51)."*).

[20] Veja Collier, acima, at P 11.01 (*"[mediation] has also been successfully used to help winnow and assess creditor's claims when many of such claims are similar."*).

[21] Veja idem: (*"As indicated by the National Bankruptcy Review Commission Report and the reported success stories, mediation can be a useful tool to reach a negotiated plan of reorganization in chapter 11 cases."*).

[22] Veja Peeples, supra, at. 418 (*"The relatively frequent mention of plan negotiations suggests a use for mediation beyond the conventional model of court-annexed mediation, in which a filed civil case is assigned to a mediator for settlement, if possible. Plan negotiation may certainly involve conflict, but the emphasis is not on simply resolving a dispute. The emphasis will be on creating a plan that can be confirmed. A type of negotiation different from conventional settlement negotiation may be needed, one that accommodates multiple parties and that takes into account factors other than the legal rights of the parties."*).

[23] Veja idem, em 419 at 419 (*"There is an additional reason for using mediation in the preparation and negotiation of a chapter 11 plan. The parties involved not only 'must live together,' they have the opportunity (perhaps slight, perhaps substantial) to craft rules that will govern their relationship after confirmation.*

As regras locais de cada um dos Juízos também estabelecem como os mediadores são selecionados. Via de regra, os mediadores devem ser neutros e qualificados para o exercício da função.[24] O requisito de qualificação, no entanto, varia significativamente entre os diferentes Juízos. Enquanto alguns tribunais exigem apenas admissão na Ordem dos Advogados local (*BAR*) por um período mínimo de tempo,[25] outros Juízos requerem experiência prévia e específica com certos tipos de casos.[26] Certos regulamentos locais também exigem que os candidatos possuam treinamentos específicos sobre mediação,[27] enquanto outros tribunais elaboram uma lista de mediadores qualificados para atuar quando apropriado.[28] A nomeação de outros juízes de falências como mediadores também é uma prática comum nos Juízos respectivos.[29]

In contrast to an adversary proceeding, in which the question will likely be, was a legal rule violated, the question for plan preparation and negotiation is, under what set of rules should the business operate in the future? This is the sort of multi-faceted problem that mediation, skillfully done, can address.").

[24] Veja Collier, citado acima, at. P. 11.04 ("It is in the essence of mediation that mediators be neutral. Indeed, their effectiveness stems from this neutrality, and the concomitant ability to evaluate cases objectively.").

[25] Veja idem supra (Indicando que na Flórida um mediador deve ser um membro do BAR da Flórida ou um juiz aposentado e ter pelo menos cinco anos de experiência).

[26] Veja idem supra (informando que o *Eastern District of Virginia* exige que os advogados candidatos a servir como mediadores e tenham *"served as the attorney of record and substantially participated as counsel for the debtor or debtor in possession in at least twenty (20) bankruptcy cases from commencement through conclusion (i.e., confirmation of a plan or discharge); or, alternatively, [and have] served as the attorney of record for a party in interest in and substantially participated in at least ten (10) or more adversary proceedings or contested matter no three of which are the same type (e.g., relief from stay, dischargeability, fraudulent conveyance, preference, etc.) from commencement through completion (i.e., judgment, order or stipulated settlement). Paragraph 1.2.c & d, General Order No. 92-1-2 (Bankr. E.D. Va. Aug. 5. 1992)."*).

[27] Veja idem supra (Referindo-se ao parágrafo (g) (5) das Regras de Mediação do Distrito de Idaho, que exige *"a minimum of thirty (30) hours of core mediator knowledge and skills training, including role-play simulation of mediated disputes."* e o Eastern District of Virginia, paragraph 1.3 of General Order 92-1-2, que requer que o candidato tenha atendido *"an appropriate training session which is anticipated to require an entire day"*)

[28] O *Southern District of New York*, por exemplo, lista os mediadores disponíveis no site do tribunal: http://www.nysb.uscourts.gov/register-mediators (último acesso em 25 de agosto de 2019)

[29] Veja Peeples, supra, em. 419 (relatório de uma pesquisa que foi respondida por alguns Juízos de Falências nos Estados Unidos: *"A consistent theme in the response was the use of other bankruptcy judges as mediators. Seventy-eight percent of the judged (n=124; 82% of those responding to the question) indicated that they had used other bankruptcy judges as mediators in their courts."*).

RECUPERAÇÃO JUDICIAL

A remuneração dos mediadores também varia significativamente. As regulações locais existentes variam de nenhum pagamento devido (ou seja, atuação *pro bono*) à remuneração preestabelecidas em determinado valor hora,[30] enquanto outros Juízos atribuem às partes a faculdade de chegar a um consenso quanto à remuneração e, na ausência de um acordo, fixação pelo Juízo respectivo conforme critérios de equidade.[31] No que diz respeito à eventual responsabilização dos mediadores, prevalece a posição de que os mediadores não estão sujeitos à responsabilização no desempenho das suas funções dado que a mediação encerra uma atuação quase que jurisdicional, sendo que essa regra deve se aplicar ainda que a mediação tenha alterado o curso do litígio.[32]

A condução da mediação também é regida pelos regulamentos de cada um dos Juízos locais e, novamente, possuem regras diferentes entre cada uma das variadas jurisdições. Em geral, a mediação será iniciada por determinação do Juízo respectivo, pela solicitação de uma parte ou em função de estipulação de ambas as partes.[33] Certos regulamentos estipulam quando e onde as sessões de mediação devem ser realizadas, quais são as informações a serem fornecidas pelas partes e quem deve estar presente nas sessões de mediação. Em geral, no entanto, é concedida ampla latitude ao mediador para escolher a melhor forma de conduzir o processo.[34]

---

[30] Veja Collier, supra, P 11.04 (*"Some local rules require mediators to serve without pay. Other require the first session (usually a half day) to be free. Some give a token payment of $100. Still others allow mediators to charge $ 200 an hour."*).

[31] Veja idem *supra* (O *Southern District of New York* tem a exigência mais aberta, afirmando que: *"The mediator's compensation shall be on such terms as are satisfactory to the mediator and the parties, and subject to court approval if the estate is to be charged with such expense. In the event that the mediator and the parties cannot agree on terms of compensation, then the court shall fix such terms as are reasonable and just."*)

[32] Veja idem supra, em. P. 11.05 (*"There is no doubt that an unsuccessful mediation may alter the course of a litigation. Issues have arisen as to the liability of mediators for disclosures of, for example, the good faith or willingness of the parties to negotiate. Although the case law is sparse, it appears to be taken as a given that mediators should be immune from suit given their quasi-judicial status. Some local courts provides for this immunity specifically"*).

[33] Ver idem supra: (*"Most court-annexed mediation programs permit the bankruptcy judge to require mediation if, after conducting a status or settlement conference, it appear that mediation might resolve the matter. Other forms of court-annexed mediation allow either party to move for the appointment of a mediator, with the judge's ruling binding on whether the mediation will go forward. The weakest form of mediation provides for mediation only upon stipulation of all parties to the mediation"*).

[34] Veja idem supra: (*"Many different types of rules govern the conduct of the mediation. Some local rules specify the time and place where the mediation may take place. Others specify who must be present for any*

A EFETIVIDADE DA MEDIAÇÃO NO SISTEMA AMERICANO. UM INCENTIVO À RECENTE...

As mediações terminam porque as partes chegaram a um acordo ou o processo foi extinto pelo mediador que, em certos casos, tem de fornecer um relatório confidencial ao Juízo respectivo sobre a mediação tão logo se verifique sua conclusão.[35]

2. Algumas experiências de mediação em recuperação judicial

Houve iniciativas de utilização de mediação em um número agora já razoável de processos de recuperação judicial no Brasil. Dentre aqueles em que a aplicação da mediação foi discutida e eventualmente aplicada, destaca-se, entre outros, Varig, Sete Brasil, Superpesa, Grupo Isolux, LBR e, mais recentemente, Oi e Saraiva.

A recuperação judicial da Oi é um caso emblemático. Além de ser, à época, o maior caso de recuperação judicial então ajuizado no Brasil, ele representou o primeiro grande caso em que a mediação ocupou função protagonista em diversos aspectos relevantes tratados naquele procedimento. De fato, o Juízo da 7ª Vara Empresarial da Comarca do Rio de Janeiro determinou que a mediação fosse empregada nas discussões com credores titulares de crédito de até R$ 50 mil, com titulares de créditos ilíquidos, entre a devedora e sua maior credora individual, a Agência Nacional de Telecomunicações e também entre os acionistas relevantes para o endereçamento de temas societários.[36] Mais tarde no processo, o Juízo ainda determinou a suspensão de todos os incidentes de verificação

---

mediation. Most set out the basic exchange of information expected, and most indicate that mediation shall not unduly lengthen the course of the dispute. In large part, however, court-annexed mediation programs are sufficiently flexible to allow experienced mediators to adapt the process to the needs of the parties.")

[35] Veja idem supra: (*"Typically, mediation terminates when the parties reach a settlement, and finalize all paperwork related to it. When mediation does not result in a settlement, many local rules allow the mediator to unilaterally terminate the mediation. Most programs require the mediator to file a confidential report on the mediation after its conclusion"*).

[36] Nesse sentido: "Não é novidade que este Juízo é um entusiasta da mediação. Por diversas vezes, no decorrer deste processo de recuperação, determinei a instauração de procedimentos de mediação para solucionar as controvérsias e conflitos entre acionistas, devedoras e credores. São exemplos as mediações com os credores titulares de créditos de até R$ 50 mil; as mediações com os credores titulares de créditos ilíquidos; a mediação com a maior credora individual das Recuperandas, a Agência Reguladora ANATEL; as mediações com acionistas relevantes para tratar de temas societários." Brasil. Tribunal de Justiça do Estado do Rio de Janeiro. Processo nº0203711-65.2016.8.19.0001. Juiz: Fernando Cesar Ferreira Viana. Rio de Janeiro. 20 de agosto de 2018.

e habilitação de crédito em curso para que o Grupo Oi pudesse viabilizar uma plataforma digital para que as disputas envolvendo o valor do crédito fossem dirimidas.

A mediação no caso Oi não envolveu, no entanto, a negociação do Plano de Recuperação Judicial pelos maiores credores. De fato, as negociações em torno do Plano – que envolviam partes sofisticadas, notadamente agentes financeiros nacionais e estrangeiros – se deram de forma privada e sem a intervenção de um mediador. No entanto, a bem-sucedida experiência de mediação no caso Oi implicou na realização de mais de 35 mil acordos entre a Oi e seus variados credores para solução das disputas em torno da natureza e importância de seus créditos.[37]

Já na recuperação judicial envolvendo a Saraiva S.A., uma das maiores redes de livrarias nacional, o propósito foi empregar a mediação para catalisar as discussões envolvendo a elaboração e apresentação de um plano de recuperação. O Juízo da 2ª Vara de Falências de São Paulo determinou a realização do processo em duas etapas. Na primeira, o Administrador Judicial, lá atuando como mediador (e contando com o auxílio de dois mediadores), deveria colher as opiniões dos credores sobre os parâmetros aceitáveis para reestruturação das obrigações. Já na segunda fase, o Administrador Judicial deveria mediar eventuais ajustes ao Plano quando apresentado.[38]

Naquele caso e ao que consta, no entanto, a mediação não surtiu os efeitos desejados. De fato, e muito embora a alternativa da mediação estivesse disponível, os credores acabaram por entabular negociações privadas e diretas com o devedor sem a assistência do Administrador Judicial. Sem prejuízo, as partes chegaram a um consenso e a minuta de Plano foi aprovada em setembro de 2019, subsequentemente homologada pelo Juízo da Recuperação.

---

[37] Brasil. Tribunal de Justiça do Estado do Rio de Janeiro. Processo nº0203711-65.2016.8.19.0001. Juiz: Fernando Cesar Ferreira Viana. Rio de Janeiro. 20 de agosto de 2018.

[38] "Petição do AJ informando sobre a mediação: Informa o administrador judicial a realização da 1ª fase da audiência de mediação, a ser realizada no dia 29.1.2019 (terça-feira), NOVOTEL JARAGUÁ, localizado à Rua Martins Fontes, 71 – Centro, São Paulo – SP, 01050-000, com seguintes horários: 8h às 9h cadastramento dos credores; 9h às 12h apresentação e início da escuta ativa; 14h às 17h finalização da escuta ativa e síntese de eventuais propostas; 18h encerramento. O evento é gratuito, exclusivo para os credores e as inscrições devem ser realizadas pelo site www.rjsaraiva.com.Br." Brasil. Tribunal de Justiça do Estado de São Paulo. Processo nº 1119642-14.2018.8.26.0100. Juiz: Paulo Furtado de Oliveiro Filho.São Paulo. 18 de janeiro de 2019.

3. Da recente recomendação do Conselho Nacional da Justiça para utilização da mediação nos processos de recuperação empresarial e falência

A eficiente e correta aplicação da mediação em casos de recuperação judicial, no entanto, depende da observância de certos parâmetros que devem ser estabelecidos pelos diferentes Juízos ao determinar a realização da mediação.

Nesse sentido, a recente Recomendação nº 58 ("Recomendação"), de 22 de outubro de 2019 do Conselho Nacional da Justiça ("CNJ") deve contribuir para a uniformização dos critérios e procedimentos para utilização da mediação nos processos de recuperação empresarial e falências no território nacional, a começar pelo esclarecimento acerca da definição em quais conflitos a mediação pode ser utilizada.

O *caput* do artigo 2º da Recomendação deixa claro que as hipóteses ali elencadas são exemplificativas, isto é, a utilização da medição em outros tipos de conflito em processos de insolvência é possível desde que, naturalmente, o litígio em questão permita a auto composição e sejam observados os critérios previstos na Recomendação e na legislação. Dentre os exemplos de hipóteses em que a mediação é cabível, a Recomendação menciona: (i) os incidentes de verificação de crédito, seja quanto ao valor do crédito, seja quanto aos critérios para atribuição de valores aos bens gravados com direito real de garantia; (ii) a negociação de um plano de recuperação judicial[39]; (iii) a pactuação de eventual consolidação substancial nos casos de consolidação processual; (iv) a solução de disputas entre sócios/acionistas do devedor; (v) a negociação para a participação dos entes reguladores no processo em casos de concessionárias/permissionárias de serviços públicos e órgãos reguladores; e (vi) nas negociações com credores detentores de créditos excluídos dos processos de recuperação ou cujo direito de promover a excussão sobre a garantia que recai sobre patrimônio do devedor não é afetado pela recuperação judicial. A recomendação expressamente veda a mediação quanto à classificação dos créditos, pois se trata de direito que não é de livre disposição pelo devedor. Em outras palavras, o devedor não pode reconhecer que um credor possui garantia

---

[39] O que não exime, naturalmente, a aprovação em assembleia de credores e posterior homologação pelo Juízo da Recuperação, inclusive com a realização do oportuno controle de legalidade.

RECUPERAÇÃO JUDICIAL

real se a garantia não houver sido prévia e regularmente constituída, nem pode reconhecer um privilégio legal quando o credor não preencher os requisitos legais para tanto. Em qualquer hipótese, o acordo entre as partes não exclui o controle de legalidade quanto ao teor do que foi pactuado por ocasião de respectiva homologação ou ainda a aprovação pela assembleia geral de credores, conforme o caso.

A mediação deverá ser determinada pelo Juízo da Recuperação de ofício a qualquer tempo do processo, mas também mediante requerimento da devedora, do administrador judicial ou de credor, nas negociações bilaterais, ou de credores que detenham percentual relevante de créditos do devedor nos casos de negociações envolvendo múltiplas partes.

Para a função de mediador, salvo nos casos em que houver consenso entre as partes quanto à dispensa dos requisitos, o profissional deverá ter qualificação para atuar como mediador e ter experiência em processos de insolvência e negociações complexas com múltiplas partes. Um aspecto interessante da Recomendação consiste no fato dessa expressamente admitir a comediação, o que significa que não há necessidade de que ambos os mediadores possuam a qualificação exigida, de forma que cada mediador pode atuar de forma complementar à qualificação do outro, de tal forma que a equipe constituída preencha todos os requisitos fixados pela Recomendação. Ressalte-se ainda que os magistrados não podem atuar como mediadores. Já os administradores judiciais não podem cumular, em um mesmo processo, a função de mediador e administrador judicial dada a incompatibilidade das funções. Por fim e muito embora seja desnecessário dizer, a mediação não exclui a possibilidade de conciliação e negociação.

O processo de escolha do mediador deverá se dar de seguinte forma: (i) o autor do requerimento para instauração da mediação poderá indicar até três nomes para exercer a função de mediador; (ii) a contraparte poderá aceitar um dos nomes indicados, sendo que na hipótese de serem múltiplas partes, o magistrado deverá certificar que há consenso na aceitação de um dos nomes, hipóteses em que o nome objeto do consenso deverá ser nomeado pelo magistrado; (iii) se não houve aceitação do nome indicado ou não houver consenso na aceitação de um nome na hipótese de múltiplas partes, o magistrado deverá oficiar a um Centro de Mediação, que possua dentre seu corpo de mediadores profissionais habilitados a atuar em processos de insolvência, para que indique um mediador apto;

A EFETIVIDADE DA MEDIAÇÃO NO SISTEMA AMERICANO. UM INCENTIVO À RECENTE...

(iv) caso o mediador indicado pelo Centro de Mediação aceite o encargo, o juiz deverá nomeá-lo; (v) caso mediador indicado pelo Centro de Medição não aceite a indicação, não haja Centro de Mediação com profissionais habilitados, uma das partes não aceite a indicação feita pelo Centro de Mediação, ou, ainda, o Centro não faça a indicação, bem como nos casos em que a mediação se dá por determinação de ofício, o Magistrado deve fazer a nomeação de profissional, à sua escolha, dentre aqueles habilitados para exercer a função, podendo a escolha recair sobre um dos nomes previamente indicados pelas partes.

O magistrado deverá aceitar a indicação feita pelas partes se não houver motivos para impedimento ou suspeição, sendo que as partes não são obrigadas a aceitar a nomeação de ofício. Nesse sentido, sendo um método de solução alternativa de controvérsia em que deve vigorar o princípio da voluntariedade, nenhuma parte é obrigada a prosseguir na mediação contra a sua vontade. Por essa razão, se o mediador verificar na primeira sessão de mediação que não há vontade de realizar a mediação ou que esta é inviável, deverá encerrar a mediação, comunicando imediatamente o magistrado. Nessa hipótese, não são devidos honorários ao mediador cabendo ao devedor reembolsar o mediador pelas despesas incorridas e previamente aprovadas pelo magistrado.

De outro lado, o mediador que aceitar a sua designação tem a faculdade de sugerir às partes e ao magistrado, conforme o caso, a nomeação de um ou mais comediadores e/ou a consulta a técnicos especializados. O pedido do mediador nomeador deve ter por objeto o bom desenvolvimento da mediação, considerando a natureza e a complexidade do caso ou o número de procedimentos de verificação de créditos em que deverá atuar. Independentemente da nomeação ter sido feita por escolha do magistrado, por indicação de um centro de mediação ou pelas partes, o mediador tem a obrigação legal de manter a confidencialidade das informações recebidas, salvo aquelas porventura de domínio público, sendo-lhe vedado compartilhá-las até com o próprio magistrado, cumprindo-lhe zelar para que as informações a que teve acesso não se tornem públicas. O mediador deve, ainda, exercer suas funções com autonomia, o que inclui a escolha dos procedimentos a serem adotados nas sessões de mediação, devendo respeitar a legislação e padrões éticos, sendo recomendável ao Centro de Mediação do qual seja membro, instituir código de ética e conduta, obrigando seus membros a segui-lo. Com relação à remuneração, os honorários

RECUPERAÇÃO JUDICIAL

do mediador deverão ser custeados pelo devedor nas mediações plurilaterais, e repartidos entre as partes nas mediações bilaterais, salvo se as partes pactuarem de forma diversa.

É recomendável também que as sessões de mediação se deem de forma flexível, podendo ser realizadas presencialmente ou online através do uso de plataformas digitais, devendo sua realização ser promovida e organizada pelo mediador. Finalmente, a Recomendação destaca que a mediação deve ser incentivada em qualquer grau de jurisdição e não implica a suspensão ou interrupção do processo e dos prazos previstos na LRE, salvo consenso entre as partes ou deliberação judicial.

Conclusões

Em linha com as melhores práticas e estudos sobre o tema, métodos alternativos de resolução de disputas devem ser continuamente encorajados e aplicados na maioria dos cenários onde se verifica uma pretensão resistida. Essa realidade não é diferente para processos de insolvência e, em particular, para a recuperação judicial.

A experiência alienígena comprova essa assertiva. A mediação é parte integrante do sistema de insolvência norte-americano que, reconhecidamente, é dotado de maior eficiência e instrumentalidade quando comparado ao brasileiro. Como visto acima, a mediação tem sido largamente aplicada em casos de *Chapter 11* e parece ser um dos elementos que contribuem para o sucesso daquele instituto. É uma experiência, então, que merece ser replicada nos casos de recuperação judicial em expansão às iniciativas já praticadas pelos Juízos locais.

A mediação, assim, encontra um campo fértil nos processos concursais. Na recuperação judicial, o mediador pode cumprir função crucial ao eliminar os hiatos que separam a devedora de seus credores e, em especial, mitigar a indesejada assimetria de informações disponíveis às partes quando da construção de um plano de recuperação. A efetiva incorporação da mediação em processos de recuperação judicial, dessa forma e desde que respeitados determinados limites e em linha com as melhores práticas, parece mais um desejável passo na evolução e sofisticação da prática falimentar brasileira, o que deve ser encorajado e fomentado por todos agentes que atuam direta ou indiretamente em um processo de recuperação judicial. Nesse sentido, importante constatar há notícia de pelo menos uma mediação recente que teve início fazendo menção expressa à Recomen-

A EFETIVIDADE DA MEDIAÇÃO NO SISTEMA AMERICANO. UM INCENTIVO À RECENTE...

dação nº 58 do CNJ, o que leva a crer que a publicação da Recomendação pode dar o impulso necessário para que a mediação passe a ser mais utilizada em processos em insolvência no Brasil e, quiçá, auxilie na melhora dos resultados obtidos nesses processos.

6
O teste do melhor interesse dos credores (*best-interest-of-creditors test*)

LUCIANA CELIDONIO[1]

Introdução

A Lei n 11.101/2005 ("LRF"), de forma semelhante às leis falimentares de outros países, foi inspirada no U.S. Bankruptcy Code. (*"US Bankruptcy Code"*). Porém, como será demonstrado ao longo desse livro, há questões que distanciam substancialmente os sistemas norte-americano e o brasileiro. Exemplificativamente, a LRF não prevê a possibilidade de os credores apresentarem um plano de recuperação judicial[2], não adota o princípio do *absolute priority rule* na recuperação judicial[3], etc[4].

---

[1] Agradeço Adriana Valéria Pugliesi e Renata Martins de Oliveira Amado por suas sugestões e contribuições.

[2] Referimo-nos a legislação em curso durante a elaboração deste artigo, tendo em vista que, dentre tantas alterações, o Substitutivo ao Projeto de Lei nº 6.229/05 prevê a modificação do art. 56 da LRF para incluir a possibilidade de apresentação de um plano de recuperação pelos credores: *"§ 4º Rejeitado o plano de recuperação judicial, o administrador judicial submeterá, no ato, à votação da assembleia geral de credores, a concessão de prazo de trinta dias para que seja apresentado plano de recuperação judicial pelos credores."*

[3] Como ensina Gabriel Saad Kik Buschinelli, tal regra dispõe que "não pode haver aprovação do plano se credores de classe inferir, ou o devedor, ou seus sócios receberem algum valor sob o plano antes da plena satisfação dos créditos com maior preferência." (BUSCHINELLI, Gabriel Saad Kik. *Abuso do direito de voto na assembleia geral de credores*. São Paulo. Quartier Latin. 2014. p. 165.)

[4] Tratando das distinções entre os sistemas, veja-se as considerações de Jessica Nowak: *"The main goal of Brazilian bankruptcy after the 2005 amendments was allegedly to increase the creditors*

Dentre as distinções existentes, destaca-se a ausência de previsão expressa, no sistema brasileiro, do teste do melhor interesse dos credores que, em apertada síntese, exige a comprovação de que o credor dissidente receberá, nos termos do plano de recuperação, valor não inferior ao que teria direito em um cenário de falência do devedor.

No nosso sentir, as distinções entre o sistema brasileiro e o norte-americano podem dificultar ou até mesmo impedir a aplicação de determinadas regras, em que pesem os potenciais benefícios aos processos de recuperação judicial no país.

É o que ocorre com o teste do melhor interesse dos credores, sobretudo em razão de uma outra importante distinção entre os sistemas: a não sujeição de determinados créditos aos efeitos da recuperação judicial no Brasil.

Esse artigo está divido em seis seções, incluindo essa breve introdução (primeira seção). Na segunda seção, apresentamos o conceito do *best interest of creditors test* no sistema norte-americano (conceito, hipóteses de aplicação, ônus da prova etc.). Na terceira, tratamos das questões e dificuldades atinentes às avaliações dos ativos das empresas em hipotéticos cenários de falência, para fins de comparação com os pagamentos previstos no plano de recuperação e, assim, comprovação do atendimento do teste. Na quarta seção, abordamos os efeitos dos pagamentos diferidos no tempo para fins de comparação, levando em conta a data do plano (*effective date of the plan*). Na quinta seção, cuidamos da previsão ou não do *best interest of creditors test* no sistema brasileiro e, sem a pretensão de exaurir a matéria, das dificuldades de aplicação do teste, tendo em vista as distinções existentes entre os sistemas brasileiro e norte-americano. Breves conclusões constam da sexta e última seção.

---

rights in an attempt to mirror the United States code for chapter 11. This has not created an environment as creditor-friendly as in the United States, because shareholders still have much more of a say in Brazilian corporate bankruptcies. The lack of an absolute priority rule is one of the main factors that differentiate the plan proposal process between both countries. Additionally under the current judicial reorganization laws, Brazilian corporations have the ability to pay dividends upstream even before repaying their restructured debts once they pass through the reorganization process. Often, money to shareholders is paid out before the already restructured secured bank debts are even marginally repaid." (The Power Struggle: Shareholders Rights in Brazilian Corporate Bankruptcy. University of Miami School of Law Institutional Repository. Extraído de: https://repository.law.miami.edu/umiclr.)

O TESTE DO MELHOR INTERESSE DOS CREDORES (*BEST-INTEREST-OF-CREDITORS TEST*)

1. O teste do *best interest of creditors* no *us bankruptcy code*

O *best interest of creditors test* para casos análogos à recuperação judicial (*Chapter 11 case*) está previsto no artigo 1129 (a) (7) do *US Bankruptcy Code*[5]. De acordo com tal norma, a aprovação do plano requer que cada credor dissidente (mesmo que pertencente a uma classe que tenha aprovado o plano) individualmente, receba, nos termos do plano, ao menos o mesmo valor que receberia em um cenário de falência (*Chapter 7 case*).

Isso significa que, nas hipóteses em que os ativos da recuperanda excedessem o passivo, a aplicação do teste exigiria, em princípio, que os credores dissidentes recebessem integralmente seus créditos[6][7].

Por outro lado, nos casos em que os passivos superarem substancialmente os ativos, e em que a expectativa dos credores quirografários é a de não receber nada em um cenário de falência, o *best interest of creditors test* não os socorre: *"If the Ch. 7 estate would have been so badly insolvent that general unsecured claims would have received no distribution, the best interest test provides no relief to them. As they would have received nothing under Ch. 7, a plan that provides for no distribution to general creditors satisfies the test. In the disposable income test of the goof faith standard."*[8]

---

[5] "§1129. Confirmation of plan
(a) The court shall confirm a plan only if all the following requirements are met: (...)
(7) With respect to each impaired class of claims or interests –
(A) each holder of a claim or interest of such class– '
(i) has accepted the plan; or
(ii) **will receive or retain under the plan on account of such claim or interest property of a value, as of the effective date of the plan, that is not less than the amount that such holder would so receive or retain if the debtor were liquidated under chapter 7 of this title on such date**; or (...)" (sem destaques no original)

[6] *"The best interest of creditors test is of particular importance where the debtor is a partnership whose general Partners are solvent (or at least have substantial assets). In a chapter 7 case, the chapter 7 trustee would have the right to recover from the general Partners whatever deficiency there was in the estate to pay the claims of the partnership's recourse creditors. If the general partners are solvent, then the trustee could recover enough to allow a payment of claims in full – presumably with postpetition interest – in a chapter 7 case."* (SCARBERRY, Mark. KLEE, Kenneth. NEWTON, Grant. Nickles. Business Reorganization in Bankruptcy: Cases and Materials (American Casebook Series).Third Edition. Thomson West. 2001. p. 814.

[7] Em que pese essa hipótese parecer-nos bastante incomum seria possível num cenário em que a empresa foi levada a pedir a recuperação judicial em razão, apenas, de uma crise momentânea de liquidez.

[8] BLUM, Brian A. *Examples & Explanations for Bankruptcy and Debtor/Creditor*. Fifth Edition. Aspen Publishers. 2010. pp. 473 e 474.

O *best interest of creditors test* deve ser observado ainda que haja um único credor dissidente e ainda que o plano tenha sido aprovado por todas as classes[9].

Como ensina Gabriel Saad Kik Buschinelli reportando-se às lições de Charles J. Tabb, a previsão do teste do melhor interesse dos credores significa que: *"todos os credores e titulares de participação societária são titulares de um poder de veto limitado sobre os termos do plano regido pelo Chapter 11."*[10]

O *best interest of creditors test* deve ser observado tanto para a hipótese de confirmação consensual de um plano de recuperação como para a hipótese de *cramdown* (isto é, em que o quórum de aprovação não foi obtido em ao menos uma classe)[11]. Tal teste não pode ser invocado pelos credores que aprovaram o plano de recuperação e nem pelos credores cujos direitos não tenham sido afetados pelo plano (*unimpaired creditors*)[12].

Além dos credores não afetados pelo plano, credores não listados pelo devedor e que não tenham, tempestivamente, apresentado habilitações de crédito também estarão impedidos de impugnar o plano de recuperação com fundamento no *best interest of creditors test*[13].

O teste igualmente exige que os pagamentos sejam realizados num período razoável de tempo, em comparação com as condições originais, pois, de outro modo, há uma presunção de que as expectativas dos credo-

---

[9] *"The best interests' test is applicable to each claim, not to a class of claims, and therefore applies presumably even if the plan is not a cramdown plan. Moreover, it applies as long as there is a single dissenting creditor."* (SALERNO. Thomas J. *The impact of potential avoidance actions on the 'best interests of creditors test' in contested plan confirmation*. American Bankruptcy Institute Journal. September, 1997. 16-SEP Am. Bank: Inst. J. 32.)

[10] BUSCHINELLI, Gabriel Saad Kik. *Abuso do direito de voto na assembleia geral de credores*. São Paulo. Quartier Latin. 2014. p. 141.

[11] *"The best interest of creditors test is of course found in § 1129(a), in particular in § 1129 (a) (7), and thus is a requirement both for consensual confirmation and for cramdown."* (SCARBERRY, Mark. KLEE, Kenneth. NEWTON, Grant. Nickles. Business Reorganization in Bankruptcy: Cases and Materials (American Casebook Series).Third Edition. Thomson West. 2001. p. 812)

[12] *"Notice, however, that the best interest of creditors only applies to impaired classes."* (SCARBERRY, Mark. KLEE, Kenneth. NEWTON, Grant. Nickles. Business Reorganization in Bankruptcy: Cases and Materials (American Casebook Series).Third Edition. Thomson West. 2001. p.813)

[13] *"Creditors or interest holders that accept the plan or are unimpaired under the plan cannot invoke a best interest test objection. Parties that failed to timely file a proof of claim (and whose claims were not scheduled) may also be precluded from asserting an objection based on the best interest test."* (WESTLAW. *Liquidation Analysis: Best Interest of Creditors Test*. Reviewed on 04.16.2019).

O TESTE DO MELHOR INTERESSE DOS CREDORES (*BEST-INTEREST-OF-CREDITORS TEST*)

res serão frustradas com a confirmação do plano[14]. Assim, exemplificativamente, em um caso em que o devedor propôs o pagamento dos credores quirografários no prazo de 45 (quarenta e cinco) anos, a corte norte-americana – levando em conta a idade do administrador da sociedade devedora e a habilidade deste de cumprir o plano -, reduziu o prazo de pagamento para 20 (vinte) anos e condicionou a confirmação do plano ao pagamento de juros anuais de 6% (seis por cento)[15].

O *best interest of creditors test* é, nesse sentido, uma proteção ao credor contra os riscos inerentes aos processos de insolvência, inclusive à possibilidade de aumento significativo do passivo do devedor – e de créditos com privilégio.

Tal princípio encontra respaldo no fato de que o credor não pode ser forçado a financiar a tentativa de reestruturação financeira do devedor, sobretudo se considerado que essa tentativa de soerguimento puder resultar na piora do nível de endividamento e agravar as perdas dos credores. O teste leva em conta o fato de que, muitas vezes, em um cenário de insolvência, os recursos utilizados na recuperação pertencem, em verdade, aos credores: *"Chapter 11 therefore creates a serious risk of loss to the creditors. Chapter 11 prevents creditor from forcing the liquidation of the debtor's property, thus preventing them from receiving the liquidation value of the assets. Chapter 11 allows the debtor to risk that liquidation value in an attempt to reorganize. In a sense them,*

---

[14] *"The best interest test also requires that payments to creditors be completed within a reasonable time. Thus, indebtedness resulting from a short-term debt incurred shortly before the date of bankruptcy cannot be reamortized into a long-term debt, where the extension of payments is so out of proportion to the preexisting contract that the expectations of creditors would be unreasonably frustrated.* (WESTLAW. Best interest of creditors test, 3 Bankruptcy Desk Guide. August 2019 Update.) Nota: nessa citação há referência ao seguinte julgado: Matter of Peterson, 95 B.R. 663 (Bankr. W.D.Mo. 1988).

[15] *"The plan, under such circumntances, would last na astronical lenght of time – some 45 years. Case authoroty, however, is unequivocally to the effect that the 'best interests of creditors' rule requires that payments be completed within a reasonable tme, given the age and ability to perform the plan. In this case, the chief managing officer of the debtor corporation is relatively young and in robust health. He has a proven ability in farming and should retain his productive capacity over the next two decades. The court can therefore justify permiting the proposed 100% payment to unsecured creditors to extend over the next 20 years, but no longer. A longer duration would reduce the likelihood of payment of the 100% to be paid under the plan to virtually zero, a result which the 'best interests of creditors' rule will not permit. The debtorr's propoed plan of reorganization, therefore, can be confirmed only on the condition that payment to unsecured creditors – including 6% per annum interest – be made 100% and completed within 20 years."* (Matter of Peterson, 95 B.R. 663 (Bankr. W.D.Mo. 1988).

RECUPERAÇÃO JUDICIAL

*Chapter 11 forces the creditors to finance the reorganization venture and to bear the risk of losses from it. **It might be said that the debtor is gambling with the creditor's money.**"*[16]

Em outras palavras, o *best interest of creditors test* tem fundamento no entendimento de que um processo de recuperação judicial, apesar dos potenciais benefícios, pode, concretamente, agravar a situação de insolvência enfrentada pelo devedor e a posição de determinados credores. Na lição de Charles Jordan Tabb: *"promoting the 'greater good' of the group as a whole does not justify treating any stakeholder worse than they would be treated in a liquidation."*[17]

O *best interest of creditor test* funciona também como um instituto de proteção individual aos credores minoritários, contrários à aprovação do plano, assegurando-lhes um tratamento minimamente justo[18]. Nesse sentido (tutela contra o princípio majoritário), são as lições de Sheila Christina Neder Cerezetti: *"Cuida-se de preceito voltado a ponderar os resultados da regra da maioria. Desse modo, não obstante se reconheça que o sufrágio ocorrerá com base na vontade da maior parte dos credores, não se ignora a preocupação com garantias mínimas de satisfação aos credores com voz dissonante"*[19].

Ou, como menciona, Thiago Dias Costa, trata-se de uma garantia mínima aos credores de que eles estarão numa situação melhor do que aquela em que estariam se o plano não fosse homologado[20].

---

[16] SCARBERRY, Mark. KLEE, Kenneth. NEWTON, Grant. Nickles. Business Reorganization in Bankruptcy: Cases and Materials (American Casebook Series).Third Edition. Thomson West. 2001. Pág. 15. (sem destaques no original)

[17] TABB, Charles Jordan. The Law of Bankruptcy. Westbury, New York. The Foundation Press, Inc. 1997. p. 841.

[18] *"The test helps to protect the interests of those creditors who vote against the plan from the tyranny of the accepting majority. Congress concluded that a dissenting creditor has no right to insist on more that its liquidation share, even though the dissenter may not agree with the manner in which the going concern premium over liquidation is allocated. (...)"* (TABB, Charles Jordan. The Law of Bankruptcy. Westbury, New York. The Foundation Press, Inc. 1997. p. 79)

[19] CEREZETTI, Sheila C. Neder. *A recuperação judicial de sociedade por ações. O princípio da preservação da empresa na lei de recuperação e falência.* São Paulo. Malheiros. 2010. p. 381.

[20] *"O 'best interest of creditors test' visa, nesse contexto, proteger minimamente os interesses individuais dos credores, assegurando-lhes que, mesmo tratados desigualmente, o tratamento que eles receberão será, sempre, melhor do que aquele que seria resultante de um cenário de liquidação. A lógica é a de que, se o tratamento que o credor receberá no plano é melhor do que aquele que lhe seria concedido numa liquidação, e se a própria que o credor integra aprovou tal tratamento, não haveria sentido em negar a homologação do plano sob a simples constatação de que há tratamento desigual. Mesmo havendo desigualdade de*

O TESTE DO MELHOR INTERESSE DOS CREDORES (*BEST-INTEREST-OF-CREDITORS TEST*)

Desse modo, no Direito norte-americano, um plano de recuperação cuja aprovação não tenha sido unânime não pode ser homologado sem a prova de que o *best interest of creditors test* foi observado. Ainda que não haja nenhuma objeção ao plano de recuperação, cabe ao proponente comprovar o preenchimento de todos os requisitos previstos no artigo 1129 do *U.S. Bankruptcy Code*, inclusive o referido teste[21].

O ônus da prova a respeito da observância do princípio é daquele que propõe o plano de recuperação. Assim, é ele (o proponente do plano de recuperação) quem deve fornecer as informações (evidências e não meras suposições) necessárias para que a corte decida se o aludido princípio foi satisfeito[22].

Por outro lado, um credor que apresente objeção ao plano de recuperação com base no princípio do *best interest of creditors test* deve estar preparado para impugnar a avaliação apresentada pelo devedor e a produzir outra avaliação independente[23], o que nem sempre se mostra possível diante dos custos envolvidos[24].

---

tratamento, *o que importa nesse caso é que todos (tanto os credores privilegiados quanto os preteridos) estarão numa situação melhor do que aquela em que estariam se o plano não fosse homologado.*" (COSTA, Thiago Dias. Recuperação Judicial e Igualdade entre Credores. Rio de Janeiro: Lumen Juris, 2018. p. 51).

[21] "*Before confirmation can be granted, the court must be satisfied that there has been compliance with all the other requirements of confirmation set forth in section 1129 of the Bankruptcy Code, even in the absence of any objections.*" (extraído de https://www.uscourts.gov/services-forms/bankruptcy/bankruptcy-basics/chapter-11-bankruptcy-basics, em 16.09.2019, às 19:44).

[22] "*In order to show that payment under Chapter 11 plan is equal to value that creditor would receive if debtor were liquidated, there must be liquidation analysis of some type that is based on evidence and not mere assumptions or assertions.*" 11 U.S.C.A § 1129 (a)(7). **In re Adelphia Communications Corp., 361 B.R. 337 (S.D.N.Y.2007).**

[23] "*A party objection to a plan as not satisfying the best interest test should be prepared to cross-examine the debtor and should provide its own expert witness that can produce an alternate liquidation analysis. Most courts use a preponderance of the evidence standard for determining if a plan satisfies the best interest test. In re. J.C. Householder Land Tr. # 1, 501 B.R. 441, 447 (Bankr. M.D. Fla. 2013).*" (WESTLAW. Liquidation Analysis: Best Interest of Creditors Test. Reviewed on 04.16.2019)."

[24] "*In the current system, the debtor has the first-mover advantage, and this imbalance of power undermines the adversarial process's ability to fairly reconcile valuation disputes. The downside for parties and their lawyers is asymmetric. If junior creditors are the residual creditors, **every dollar spent on litigation comes out of their pockets**. Senior creditors risk little by proffering a low valuation because litigation arising out of low valuation will be paid by junior, not senior, creditors. (...) This argument also goes the other way if senior The Code does not provide courts with guidance on proper valuation techniques or procedures, and no one, not even the experts, is accountable. Instead, our system relies on the adversarial process, in which courts anchor on the debtor's valuation, to be the final arbiter.*" (ROBERTS, Michael T. The Bankruptcy discount: profiting at the expense of others in Chapter 11. ABI Law Review. Vol. 21:169).

RECUPERAÇÃO JUDICIAL

Isso significa dizer que, apesar de tratar de um requisito para a homologação do plano, a aplicação do teste do melhor interesse dos credores pode ser prejudicada pela falta de comprovação de sua não observância.

2. A avaliação dos ativos para o cálculo do valor devido em um cenário de liquidação

Em que pese a aparente simplicidade do *best interest of creditors test*, em termos práticos, a aplicação do referido teste não é tarefa simples.

Além dos recursos que podem ser necessários para comprovar a inadequação da avaliação produzida pelo proponente do plano e, assim, para dar efetividade ao teste do melhor interesse dos credores, é certo que os critérios e métodos para a avaliação dos ativos (*liquidation analysis*) são vagos e subjetivos[25].

Nesse sentido, são as lições de Alberto Camiña Moreira, reportando-se à doutrina do pais de origem do instituto: *"É difícil saber, com exatidão, se uma hipotética falência pagará mais ou menos que a recuperação judicial, pois essa verificação não se dá no âmbito de uma ciência exata, e os cálculos do patrimônio, segundo as várias técnicas disponíveis, podem ter caráter subjetivo."*[26]

Além da subjetividade inerente a qualquer avaliação de ativos, o *U.S. Bankruptcy Code* não prevê critérios para a realização da avaliação do cenário de liquidação[27]. Exemplificativamente, o *expert* pode reduzir significativamente o valor de avaliação dos bens de modo a reduzir os valores a serem pagos aos credores, sem que isso infrinja a lei[28].

---

[25] *"The liquidation analysis of the debtor analyzes the recoveries of each class of claims and interests under a hypothetical Chapter 7 liquidation. Courts recognize that valuing assets and claims for purpose of the liquidation analysis is not an exact science and involves some speculation, judgments, and assumptions. In re Morales, 2015 Bank. LEXIS 2190, at 7* (Bankr. D.P.R. July, 2m 2015)"* (Lexis Practice Advisor. *Liquidation Analysis: est Interest of Creditors Test*. Reviewed on 04.16.2019, p. 2 of 6)."

[26] MOREIRA, Alberto Camiña. Abuso do credor e do devedor na recuperação judicial. In: CEREZETTI, Sheila C. Neder; MAFFIOLETI, Emanuelle Urbano (coord.). *Dez anos da Lei nº 11.101/2005: estudos sobre a lei de recuperação e falência*. São Paulo. Almedina, 2015. pp. 185/186. Nesse trabalho o autor se reporta a dois juristas estrangeiros: Charles Jordan Tabb e David G. Epstein.

[27] *"The Code does not provide courts with guidance on proper valuation techniques or procedures, and no one, not even the experts, is accountable. Instead, our system relies on the adversarial process, in which courts anchor on the debtor's valuation, to be the final arbiter."* (ROBERTS, Michael T. *The Bankruptcy discount: profiting at the expense of others in Chapter 11*. ABI Law Review. Vol. 21:169).

[28] ROBERTS, Michael T. *The Bankruptcy discount: profiting at the expense of others in Chapter 11*. ABI Law Review. Vol. 21:167.

Mas isso não é só. Como ensina Michael T. Roberts, há diversos outros fatores que podem, concretamente, agravar distorções nas avaliações e, assim, prejudicar a aplicação do teste: (a) os avaliadores respondem apenas limitadamente pelas avaliações; (b) as projeções de resultado são fornecidas pela empresa devedora e elas servem de base para as avaliações; e (c) as cortes não têm os recursos e expertise necessários para validar as avaliações[29].

A própria forma de avaliação e venda dos ativos podem variar e influenciar diretamente a avaliação para a comparação entre os dois cenários: reorganização (*Chapter 11*) e liquidação (*Chapter 7*). Por exemplo, os ativos podem ser avaliados como se fossem vendidos em um cenário normal de venda (e até mesmo como *ongoing concern*) ou como se fossem vendidos em um cenário de liquidação forçada, caso em que os valores de venda são comumente menores.

A avaliação dos ativos, para a estimativa de pagamento em um cenário de liquidação deve envolver, ainda, todos os custos do referido processo de liquidação, como, por exemplo, custos com os profissionais envolvidos no processo de definição dos créditos e de venda dos ativos (avaliadores e leiloeiros), custos de manutenção e armazenagem dos bens[30], custos para o encerramento das atividades do devedor (como, por exemplo, custos de

---

[29] *"The Code does not provide courts with guidance on proper valuation techniques or procedures, and no one, not even the experts, is accountable. Instead, our system relies on the adversarial process, in which courts anchor on the debtor's valuation, to be the final arbiter."* (ROBERTS, Michael T. *The Bankruptcy discount: profiting at the expense of others in Chapter 11*. ABI Law Review. Vol. 21:169).

[30] *"In administering the Best Interest test, the debtor (and often its financial advisor) will use various sources to assess the market value of the assets that remain in the estate and make adjustments as needed to reflect the reduced market value in orderly and liquidation scenarios. In making this assessment, the advisor may look to industry reports, hire appraisers, analyze comparables, and may even look to other clients in the same type of business who may be able to supply information about the liquidation value of the assets. Certain factors will impact the recovery value on the debtor's assets, including: – The nature of the assets (e.g., finished goods inventory is more marketable than work in process inventory) – The quantity of the assets (e.g., attempting to liquidate five aircrafts is very different than liquidation 1,0000) – The underlying market for the assets – The condition of the assets – Overall economic conditions. Some assets such as goodwill and other intangible assets may have little to no value in liquidation. In addition to estimating proceeds from a liquidation, the advisor must also determine the associated liquidation costs. Liquidation cost could include professional fees associated with appraisers or liquidators, trustee's fees and interim costs associated with maintaining the assets until they are liquidated."* (DAVIS, Scott B; CHADWICK, Bradley and BONAVIRI, Brian. Best Interest of Creditors Test. Reviewed on 05.30.2019. Grant Thornton LLP.)

RECUPERAÇÃO JUDICIAL

rescisão de contratos de trabalhos e de fornecimento) etc[31]. Ou seja, a avaliação depende da dedução de custos que também podem variar consideravelmente, dependendo dos critérios adotados pelo avaliador.

Outro ponto que pode influenciar diretamente as avaliações dos cenários de liquidação é a existência de consolidação substancial e nesse ponto indaga-se: é possível a realização dos cálculos e a apresentação da *waterfall* levando-se em conta o grupo de sociedades ou há necessidade de apresentação dos bens e expectativas de pagamento para cada sociedade e seus respectivos credores? Os entendimentos que identificamos na doutrina norte-americana são majoritários em favor da consolidação, mas, obviamente, isso dependerá da análise de cada caso e a escolha do critério influenciará diretamente o resultado[32].

Como se vê, as questões atinentes às avaliações hipotéticas de cenários de falência são inúmeras e complexas. E a realidade é que tais avaliações são o cerne do teste do melhor interesse para os credores, pois são elas que servem de parâmetro para que as cortes norte-americanas verifiquem a legalidade dos planos de recuperação.

3. Critério de avaliação dos ativos: a data do plano ou *effective date of the plan*

O artigo 1129 (a) (7) do *US Bankruptcy Code* prevê, ainda, que os valores a serem pagos nos termos do plano de recuperação devem ser calculados levando em consideração *"the effective date of the plan"*.

Isso significa que devem ser levados em conta os efeitos do decurso do tempo aos credores, pois os pagamentos a prazo valem menos do que aqueles realizados à vista, como ensina Charles J. Tabb.[33] O valor do dinheiro

---

[31] *"In addition to setting forth estimated proceeds from asset sales, a liquidation analysis must also contain na estimate of the costs that a debtor will incur to facilitate the sales and Wind-down the operations of the company. These costs typically include: (1) overhead, payroll and other operations costs; (2) costs required to convert raw material and work-in-process inventory into finished goods; (3) any professional fees that will be incurred to conduct sales and auctions; (4) transportation, security, and other auction related expenses; and (5) severance costs."* (BASLER, Carrianne J.M.; MELL, Scott A. *Beyond the Best-Interest-of-Creditors Test*. American Bankruptcy Institute Jornal. 24 June 2010. p. 60)

[32] HOJNACKI, Mark W.; MORROW, Thomas A.; KREATSCHMAN, Timothy J. *A simplified Approach to the Best-Interests Test in Complex Bankruptcies*. ABI Journal. Turnaround Topics. 2003. American Bankruptcy Institute.

[33] *"Plan payments that will be received in the future are worth less than payments received in the present; a dollar today is worth more than a dollar received a year from now. The measure of this difference is the*

O TESTE DO MELHOR INTERESSE DOS CREDORES (*BEST-INTEREST-OF-CREDITORS TEST*)

no tempo está também associado aos efeitos da inflação e aos riscos relativos ao processo de soerguimento do devedor.

O conceito é que o credor deve ser compensado pelo pagamento diferido no tempo e pelos riscos inerentes à recuperação judicial, mediante o pagamento de juros. Contudo, a taxa a ser aplicada é, também, motivo de inúmeros questionamentos.

Realmente, também não há, no sistema norte-americano, uma regra clara a respeito da taxa aplicável[34] e nem a respeito dos credores que podem exigir o pagamento de juros relativos ao período posterior ao pedido de recuperação.

A previsão de pagamento no plano do valor integral de principal (sem juros relativos ao período após o pedido) já foi entendida como suficiente para considerar o credor não afetado pelo plano (*an unimpaired creditor*), mesmo quando o pagamento de juros ocorreria em um cenário de liquidação. Porém, a legislação norte-americana foi alterada para deixar claro que a previsão de pagamento da totalidade do principal da dívida não é suficiente para afastar o *best interest of creditors* test.[35]

Entende-se pelo cabimento do pagamento de *postpetition interests* para credores com garantias que excedem o valor dos respectivos créditos no

---

discount rate, or, viewed from the other perspective, the interest rate. To illustrate, if a claim would be paid $5,000 in a chapter 7, and the chapter 11 plan proposes to make a series of five annual principal payments of $1,000 each, the plan will only be confirmable if it also provides for the payments of interests during that five year payout period. Picking the appropriate interest rate has proven to be a matter of considerable debate and difference of opinion; courts have used measure such as the contract rate, the market rate for similar loans, the legal rate of interests, and others." (TABB, Charles Jordan. The Law of Bankruptcy. Westbury, New York. The Foundation Press, Inc. 1997. Page 843/844)

[34] "(...) However, U.S. and Canadian Bankruptcy law provide little guidance as to the appropriate value of payments under liquidation."

[35] *"The best interests test also will not apply if the class is unimpaired. 'Impairment' is a term of art in the Code. § 1124. In general, a class is unimpaired if the plan does not alter the legal or equitable rights of that class or if defaults are cured and the original contract terms are reinstated. One major change was made to § 1124 in the 1994 Amendments to deal with a problem that arose in applying the impairment rules in the best interests context. One court had held that a solvent debtor did not have to pay postpetition interest in order to confirm a chapter 11 plan, even though in chapter 7 interest would have had to be paid since the estate was solvent. § 726 (a)(5). Prior to the 1994 Amendments, a class was not considered impaired if it was cashed out in full under the plan. The 1994 change deleted that provision (former §1124(3)), meaning that the plan proponent no longer can avoid the best interest test by proposing to cash out the principal amount of the claims of a class."* (TABB, Charles Jordan. The Law of Bankruptcy. Westbury, New York. The Foundation Press, Inc. 1997. Page. 842.)

limite do valor da garantia (§ 506 (b) do U.S. Bankruptcy Code) e para credores quirografários nos casos de devedores solventes (com ativos que superam o valor do passivo)[36].

Nesse sentido são também as lições de Brian A. Blum: *"To determine present value, a hypothetical Ch. 7 distribution must be calculated based on the value of the estate property at the petition date, and to that amount a market interest rate for the period of payments under the plan must be added. The principle here is similar to that applicable to secured claims, in that interest must be added to compensate the claimant for payment over time. Note, however, that the formula for calculating present value differs between secured and unsecured claims. The present value of a secured claim is determined by adding interest to the allowed amount of the claim (i.e. its face value); the present value of an unsecured claim is confined to the Ch. 7 distribution plus interest. This is because secured claims are paid in full out of collateral in a Ch. 7 case, but unsecured claims receive only a partial distribution unless the estate is solvent."*[37]

4. O princípio do *best interest of creditors test* no sistema normativo brasileiro

O Decreto nº 7.661/45 previa ser fundamento de embargos à concordata o fato de tal procedimento implicar *"sacrifício dos credores maior do que a liquidação na falência ou impossibilidade evidente de ser cumprida a concordata, atendendo-se, em qualquer dos casos, entre outros elementos, à proporção entre o valor do ativo e a percentagem oferecida."* (art. 143, I). Ou seja, o sistema falimentar brasileiro anterior previa, expressamente, regra semelhante ao melhor interesse dos credores norte-americano.

---

[36] *"Over-secured creditors ate entitled to recover postpetition interest up to the value of the collateral securing their claims. Section 506 (b) of the Bankruptcy Code provides (...). Unlike over-secured creditors, unsecured creditors are generally not entitled to recover postpetition interest. However, an exception exists in solvent debtor cases because all creditors will be paid in full; thus the payment of postpetition interest will not disadvantage any creditor, and the Bankruptcy Code reflects a policy judgment that is generally equitable for creditors to receive postpetition interest before shareholders receive any distribution. Accordingly, a number of courts have held that, where the debtor is solvent, unsecured creditors may collect postpetition interest."* (STONG, Elizabeth S.; KORNBERG, Alan K; DERROUGH, Willian Q.; HAZAN, Scott L.; MILLER, Bret H and MORRIS, Frederick. *Interest in Interst: Issues Concerning the Treatment of Interests in Bankruptcy.* American Bankruptcy Institute. Extraído de www.law.abi.org. Acessado em agosto de 2019)

[37] BLUM, Brian A. *Examples & Explanations for Bankruptcy and Debtor/Creditor.* Fifth Edition. Aspen Publishers. 2010. Pages 473/474.

O TESTE DO MELHOR INTERESSE DOS CREDORES (*BEST-INTEREST-OF-CREDITORS TEST*)

Ao comentar o aludido dispositivo, José da Silva Pacheco destacava que tal norma estava em conformidade com o princípio de que a concordata não deveria ser utilizada como medida de enriquecimento do devedor em detrimento dos credores: *"(...). É, antes, processo judicial para a prestação jurisdicional, através da qual o próprio comerciante, continuando com o seu comércio, se obriga a solver os créditos nas percentagens aprovadas, tendo em vista o equilíbrio do comércio, da empresa e dos credores, sendo que, com relação à empresa e os credores, deve haver uma razoável e justa proporção entre o ativo e o passivo. A liquidação na falência visa a retirar o valor dos bens, para com ele satisfazer os credores. Se com esta liquidação satisfativa, pelo processo executivo da falência, conseguem os credores menor sacrifício, ou sejam menor prejuízo, podem estes embargar a concordata porque esta, como forma 'sui generis' de liquidação executiva com a participação ativa do próprio devedor, evita e suspende a falência, mas só quando possível evita-la ou suspendê-la sem prejudicar os credores."*[38].

No sistema brasileiro anterior, o ônus da prova a respeito do teste do melhor interesse dos credores cabia ao credor que se opunha à concordata e não ao proponente desta (no Brasil, necessariamente o devedor). Nesse sentido, os comentários de Nelson Abrão ao artigo 143 do Decreto: *"Difícil e penosa se afigura a prova do contido nos itens I e II supra, porquanto envolve matéria de alta indagação consistente em dados contábeis, adrede preparados pelos requerentes de concordata. Comete, ainda, a lei o ônus da prova ao embargante o que, salvo a existência de um crédito apreciável em seu prol, desestimulá-lo-á a ter maiores despesas com peritos."*[39]

Feita essa breve regressão, é certo que não há, na LFR, previsão expressa a respeito do *best interest of creditors test* para casos de recuperação judicial[40].

---

[38] PACHECO. José da Silva. *Processo de Falência e Concordata – Comentários à Lei de Falências. Doutrina – Prática – Jurisprudência*. 6ª edição. Forense. Rio de Janeiro. 1995. Pág. 605.

[39] ABRÃO, Nelson. *Curso de Direito Falimentar. 5ª edição, revista, atualizada e ampliada por Carlos Henrique Abrão, com o projeto de Lei nº 4.376/93*. Livraria e Editora Universitária de Direito Ltda. São Paulo, SP. 1997. p. 317.

[40] Referimo-nos a legislação em curso durante a elaboração deste artigo, tendo em vista que, dentre tantas alterações, o Substitutivo ao Projeto de Lei nº 6.229/05 prevê a modificação do art. 56 da LRF para incluir como requisito ao plano proposto pelos credores a observância do teste do melhor interesse dos credores: *"§ 6º O plano de recuperação judicial proposto pelos credores somente será posto em votação caso satisfeitas, cumulativamente, as seguintes condições: (...) VI – não imposição, aos sócios do devedor, de sacrifício do seu capital maior do que aquele que decorreria da liquidação na falência."*

RECUPERAÇÃO JUDICIAL

Todavia, apesar da omissão da LFR, há juristas que defendem a aplicação do teste, sob o fundamento de que ele estaria implícito em nosso sistema. É o caso do professor Paulo Fernando Campos Salles de Toledo, o qual afirma: *"Como se vê, o diploma atual deixou de acrescentar a seus vários méritos mais este: o de conter o reconhecimento expresso de que não podem os credores suportar, na recuperação judicial, um sacrifício maior do que o decorrente da falência do devedor; Temos aí um parâmetro objetivo, a sinalização do grau máximo de sacrifício que pode ser imposto aos credores. Não será demais enfatizar: a Lei, na verdade, não precisa deixar explícito esse ponto para que o mesmo fundamento seja aplicado, uma vez que ele decorre da própria natureza do instituto. A Lei, evidentemente, não pode impor aos credores o mal maior – que seria o de sujeitá-los a uma recuperação que os prejudique mais do que a falência do devedor."*[41].

Tal entendimento encontra respaldo em julgado do Tribunal de Justiça do Estado de São Paulo, no qual se entendeu pela manutenção da decisão que decretou a falência do devedor que se encontrava em recuperação judicial, aplicando o *best interest of creditors test*, nos seguintes termos: *"verifica-se que tal solução acabou sendo mais favorável a todos os credores, que receberão uma parcela maior de seus créditos com a liquidação dos ativos e a realização do rateio, atendendo-se, assim, ao espírito da Lei de Recuperação e Falência."*[42].

Contudo, em sentido contrário (não previsão do teste) afirma a professora Sheila Christina Neder Cerezetti: *"A Lei de Recuperação e Falência não reflete o 'Best Interest os Creditors Test' como condição para a homologação do plano de recuperação. Essa regra não é encontrada nem nos casos gerais de aprovação do plano, como ocorre nos Estados Unidos, Alemanha e Portugal, tampouco nas situações em que o juiz supera o veto de uma das classes de credores, nos termos da legislação argentina, ou em casos de homologação não obstante a presença de credores dissidentes em classes discordantes como na Itália."*[43]

---

[41] TOLEDO. Paulo Fernando Campos Salles de. *O Plano de Recuperação Judicial e o Controle Judicial de Legalidade*. in RDB 60/218. 2013.

[42] Agravo de Instrumento nº 2170034-86.2014.8.26.0000. 2ª Câmara Reservada de Direito Empresarial. Rel. Des. Ramon Mateo Junior. J. 11.02.2016. Extraído do site: www.tjsp.jus.br. Acesso em 21.09.2019. Trecho da decisão objeto do agravo, reproduzida no acórdão: *"Poder-se-ia reconhecer, no caso dos autos, o abuso do direito de voto? A situação de um único credor, como fiel da balança, não colocaria em risco a solução melhor para todos os credores? Não se identifica abuso de direito por parte do banco que votou contra o Plano, à medida que não comprovada melhor condição que lhe adviria da proposta de pagamento na recuperação, em comparação à falência.(...)"*

[43] CEREZETTI, Sheila C. Neder. *A recuperação judicial de sociedade por ações. O princípio da preservação da empresa na lei de recuperação e falência*. São Paulo. Malheiros. 2010. pp. 380/381.

O TESTE DO MELHOR INTERESSE DOS CREDORES (*BEST-INTEREST-OF-CREDITORS TEST*)

Além de não estar previsto no nosso sistema, para a aludida autora, a aplicação dessa regra, de forma isolada, poderia trazer efeitos nocivos ao sistema, na medida em que poderia permitir a preponderância dos interesses individuais sobre os coletivos[44].

Em nosso sentir, não há como defender a inaplicabilidade do teste do melhor interesse dos credores com base na vontade da maioria (princípio majoritário) se observado que tal teste serve, justamente, para proteger os interesses dos credores minoritários. Também não há como pautar-se, exclusivamente, no artigo 47 da LRF, o qual, trata da preservação da empresa, porquanto o processo concursal deve também zelar pela tutela do crédito que, em última análise resulta também da proteção dos interesses da coletividade de credores[45].

De qualquer modo, ainda que se admita a previsão implícita do *best interest of creditors test* no sistema normativo brasileiro, há várias questões que não são tratadas pela doutrina nacional, as quais, como acima mencionado, podem influenciar diretamente a aplicação e a efetividade do teste.

O teste do melhor interesse dos credores seria aplicável em todas as recuperações judiciais e a sua inobservância poderia ser declarada de ofício pelo magistrado como fundamento para a não homologação do plano de recuperação (controle de legalidade), ou o teste deveria ser examinado

---

[44] "*Por outro lado, o caminho sugerido pela adoção de um teste como o 'best interest of creditors' pode representar instrumento de excessiva gravidade, pois permitirá que a insatisfação de um ou poucos credores implique afastamento da vontade da maioria e, consequentemente, proibição de recuperação e início da falência. Assim, o cumprimento do teste em questão pode acarretar sacrifício a diferentes interesses na preservação da empresa bem como aos próprios objetivos declarados no art. 47 da lei, sob o argumento do amparo a interesse individuais.*" (CEREZETTI, Sheila C. Neder. *A recuperação judicial de sociedade por ações. O princípio da preservação da empresa na lei de recuperação e falência*. São Paulo. Malheiros. 2010. p. 384.)

[45] Nesse sentido (inexistência de prevalência dos interesses do devedor e do princípio da preservação da empresa), vale mencionar as lições de Antônio Aires, Celso Xavier e Maria Isabel Fontana: "*Outrossim, o juiz e o Administrador Judicial, ao tratarem da situação coletiva dos credores de sociedade em recuperação judicial, não podem erigir a recuperação da empresa como único objetivo, esquecendo que no Artigo 47 da Lei nº 11.101/02 **se devem preservar também os interesses dos credores**. (...) Como não existem dispositivos desnecessários na lei, não é possível, em nome da preservação da empresa, desconsiderar quase que totalmente os interesses dos credores, claramente protegidos no referido artigo.*" (AIRES, Antonio; XAVIER, Celso; e FONTANA, Maria Isabel. *Recuperação Judicial e Falência de Grupo Econômico*. In ELIAS, Luis Vasco (coord.). 10 anos da lei de Recuperação de Empresas e Falências: *Reflexões sobre a Reestruturação Empresarial no Brasil* – São Paulo: Quartier Latin, 2015. ´pp. 81 e 85 – sem destaques no original).

RECUPERAÇÃO JUDICIAL

apenas nas hipóteses de *cram down* e, assim, para verificar a eventual abusividade do voto do credor dissidente[46]?

Quais seriam os parâmetros a serem seguidos para a elaboração das avaliações? A quem caberia o ônus da prova a respeito do atendimento do teste? Ao proponente do plano (no caso do Brasil, levando em conta o sistema em vigor, ao devedor) ou ao credor contrário à aprovação do plano?

Se, no sistema norte-americano, exige-se a previsão de pagamento de juros para mitigar os efeitos do decurso do tempo, da inflação, dos riscos inerentes ao procedimento etc., como ignorar os efeitos do tempo no Brasil, em que a inflação tem muito mais relevância e que o índice de sucesso das recuperações é consideravelmente baixo[47]?

Em caso de consolidação substancial do plano de recuperação judicial as avaliações deveriam ocorrer considerando o passivo do grupo de empresas?

Note-se que os questionamentos acima sequer levam em conta as diferenças relevantes entre o nosso sistema e o sistema norte-americano, as

---

[46] *"Na tentativa de sistematizar a questão, entende-se que são possíveis critérios **para averiguar o abuso do voto do credor na deliberação acerca do plano de recuperação judicial:** (i) a exequibilidade dos seus termos e condições e, a partir daí, a probabilidade de superação da crise; (ii) a comparação entre a posição do credor na recuperação judicial e em uma eventual falência da recuperanda ('best-interest-of creditors test', na expressão utilizada nos Estados Unidos). Assim, se o plano é exequível (capaz de preservar a empresa) e propõe um pagamento superior ao que seria recebido na falência, não haveria interesse legítimo para a rejeição do plano pelos credores – sendo teoricamente possível considerar viciado o voto que revela comportamento excessivamente individualista por parte de credor, o que pode ocorrer (mas não necessariamente ocorre), por exemplo, quando se evidenciar a intenção de extrair benefícios exclusivos por parte de credor dominante (ou único) em uma das classes da assembleia ou por ser o credor concorrente do devedor, entre várias situações (dentre as quais a jurisprudência tem considerado muitas vezes abusivo o voto contrário à aprovação do plano lançado de modo injustificado ou quando o credor não aceita qualquer proposta realizada pelo devedor, bem como na hipótese de o credor votar contrariamente manifestando o seu objetivo de cobrar seu crédito diretamente dos devedores solidários)."* (CEREZETTI, Sheila C. Neder. *A recuperação judicial de sociedade por ações. O princípio da preservação da empresa na lei de recuperação e falência*. São Paulo. Malheiros. 2010. pp. 380/381. – sem destaques no original)

[47] Nas palavras de Marcelo Sacramone: *"Passados 14 anos de vigência da lei, todavia, tais objetivos não têm sido satisfatoriamente alcançados. Em estudo realizado pelo Núcleo de Estudo e Pesquisa sobre Insolvência da PUC/SP (NEPI), em parceria com a Associação Brasileira de Jurimetria (ABJ), foi constatado que, embora 72,1% dos planos de recuperação judicial tenham sido aprovados pela Assembleia Geral de Credores, **apenas 18,2% dos processos de recuperação judicial efetivamente conseguiram se encerrar sem a decretação da falência pelo cumprimento ao menos das obrigações vencidas nos dois primeiros anos, ainda que o plano mediano de pagamento das obrigações quirografárias seja de aproximadamente 10 anos."*** (SACRAMONE, Marcelo Barbosa. *O fim da recuperação judicial*. Extraído de https://www.migalhas.com.br/InsolvenciaemFoco/121,MI311643,71043-O+fim+da+recuperacao+judicial. Acessado em 05.10.2019 – sem grifos no original)

O TESTE DO MELHOR INTERESSE DOS CREDORES (*BEST-INTEREST-OF-CREDITORS TEST*)

quais também impactam, diretamente, a aplicação de tal teste nas recuperações judiciais brasileiras.

Por exemplo, no sistema brasileiro, há créditos sujeitos apenas aos processos de falência, como é o caso dos tributários. Ora, como é cediço, os débitos tributários das empresas em crise são expressivos e precedem os quirografários em caso de falência, conforme *waterfall* prevista art. 83 da LRF. Assim, em diversos casos, o valor a ser recuperado pelos credores quirografários em um cenário de falência seria potencialmente zero e, assim, menor do que em um cenário de recuperação judicial. Daí porque, em termos práticos, ao menos no que pertine aos credores quirografários, a aplicação do teste poderia ter pouca ou nenhuma efetividade.

Tratando, justamente, da não sujeição dos créditos tributários à recuperação judicial e dos efeitos desse fato como ensejador da aprovação da maioria dos planos de recuperação judicial, vale mencionar as lições de Marcelo Barbosa Sacramone: "*Como os débitos tributários não podem ser renegociados e preferem grande parte dos credores na ordem legal de preferência de pagamento na falência, a recuperação judicial será na maioria dos casos a melhor alternativa aos credores, o que permite ao devedor abusar de sua posição. Embora com plano médio de 12 anos para pagamento e com deságio real de aproximadamente 50% do valor do crédito, a recuperação judicial é aprovada pelos credores em 90% dos processos. Os credores, por seu turno, poderão concordar com plano de recuperação judicial de empresa sabidamente inviável e que não atenda aos objetivos da recuperação judicial. Como única forma de serem satisfeitos, os credores poderão convencionar planos que impliquem a alienação da totalidade ou quase totalidade dos ativos do devedor, na forma de verdadeira liquidação de bens durante o procedimento recuperacional, ainda que em detrimento de todos os demais interessados ou de eventuais credores não sujeitos.*"[48]

Ora, se é certo que a não sujeição dos créditos tributários funciona como grande incentivo para a aprovação de planos de recuperação judicial, não menos certo é que essa característica faria com que para uma empresa com dívidas tributárias (imensa maioria dos casos), o cenário de falência já "nasceria perdendo" do cenário da recuperação judicial em uma comparação entre eles, independentemente de qualquer avaliação.

---

[48] SACRAMONE, Marcelo Barbosa. *A Alteração da Lei de Gerson*. https://www.migalhas.com.br/InsolvenciaemFoco/121,MI274707,51045-AalteracaodaLeideGerson. Acessado em 12.08.2019.

Conclusões

O teste do melhor interesse dos credores, previsto no artigo 1129 (a) (7) do *US Bankruptcy Code*, tem como objetivo precípuo proteger os credores minoritários dos riscos inerentes ao processo de recuperação judicial e da possibilidade de tal processo piorar ainda mais a posição de tais credores. Porém, o teste não é "a prova de bala" nem mesmo no sistema norte-americano, no qual está previsto expressamente há várias décadas. São diversas as variáveis que influenciam a aplicação e que podem comprometer a efetividade do teste. Além da ausência de parâmetros e das subjetividades inerentes às avaliações dos cenários de liquidação, não são previstos, no *US Bankruptcy Code*, os parâmetros dos juros a serem aplicados para as comparações dos cenários e atendimento do *best interest of creditors test*. Ou seja, mesmo no sistema norte-americano, o teste não impede a aprovação de planos ilegais e capazes de, efetivamente, agravarem a posição dos credores dissidentes.

No Brasil, o teste do melhor interesse dos credores não está previsto expressamente em nosso sistema e os juristas pátrios se dividem com relação ao tema. Porém, ainda que se admita a previsão implícita dele ou que venha a prevalecer a redação proposta para o Substitutivo ao Projeto de Lei nº 6.229/05 (o qual prevê a modificação do art. 56 da LRF para incluir como requisito ao plano proposto pelos credores a observância do teste do melhor interesse dos credores), as variáveis verificadas no sistema norte--americano também têm que ser enfrentadas para que seja dada concreta efetividade ao teste.

Além disso, a não sujeição de determinados créditos aos efeitos do processo de recuperação judicial no Brasil, como é o caso dos créditos tributários, é outro fator que influencia diretamente a aplicação do teste no Brasil. Especialmente sob a ótica do credor quirografário, na absoluta maioria dos casos, qualquer recuperação judicial será mais atrativa para esse credor do que a falência, de modo que a aplicação do teste, ao menos sob a ótica desses credores, é de eficácia limitada.

Referências

ABRÃO, Nelson. *Curso de Direito Falimentar. 5ª edição, revista, atualizada e ampliada por Carlos Henrique Abrão, com o projeto de Lei nº 4.376/93*. Livraria e Editora Universitária de Direito Ltda. São Paulo, SP. 1997.

AIRES, Antonio; XAVIER, Celso; e FONTANA, Maria Isabel. *Recuperação Judicial e Falência de Grupo Econômico. In* ELIAS, Luis Vasco (coord.). *10 anos da lei de Recuperação de Empre-*

O TESTE DO MELHOR INTERESSE DOS CREDORES (*BEST-INTEREST-OF-CREDITORS TEST*)

sas e Falências: *Reflexões sobre a Reestruturação Empresarial no* Brasil. São Paulo: Quartier Latin. 2015.

BASLER, Carrianne J.M.; MELL, Scott A. *Beyond the Best-Interest-of-Creditors Test.* ABI Journal. 24 June 2010.

BATISTA, Carolina Soares João; CAMPANA FILHO, Paulo Fernando; MIYAZAKI, Renata Yumi; CEREZETTI, Sheila Christina Neder. *A Prevalência da vontade da assembleia-geral de credores em questão: o cram down e a apreciação judicial do plano aprovado por todas as classes.* In RDM 143/202.

BLUM, Brian A. *Examples & Explanations for Bankruptcy and Debtor/Creditor.* Fifth Edition. Aspen Publishers. 2010.

BORGES FILHO, Daltro de Campos. *A eficiência da Lei 11.101. e os enunciados 44, 45 e 46 da 1ª Jornada de Direito Comercial.* In: CEREZETTI, Sheila C. Neder; MAFFIOLETI, Emanuelle Urbano (coord.). *Dez anos da Lei nº 11.101/2005; estudos sobre a lei de recuperação e falência.* São Paulo. Almedina, 2015.

BUSCHINELLI, Gabriel Saad Kik. *Abuso do direito de voto na assembleia geral de credores.* São Paulo. Quartier Latin. 2014.

CAMPINHO, Sérgio. *Curso de Direito Comercial. Falência e Recuperação de Empresa.* 9ª edição. São Paulo. Saraivajur. 2018.

CEREZETTI, Sheila C. Neder. *A recuperação judicial de sociedade por ações. O princípio da preservação da empresa na lei de recuperação e falência.* São Paulo. Malheiros. 2010.

COELHO, Fábio Ulhoa. *Comentários à lei de falências e de recuperação de empresas,* 11ª ed.. São Paulo: Saraiva, 2016.

COSTA, Thiago Dias. *Recuperação Judicial e Igualdade entre Credores.* Rio de Janeiro: Lumen Juris, 2018.

DAVIS, Scott B; CHADWICK, Bradley and BONAVIRI, Brian. *Best Interest of Creditors Test.* Reviewed on 05.30.2019. Grant Thornton LLP.

EPSTEIN, David G; NICKLES, Steve H. *2010-2011 Bankruptcy Code and Related Materials.* West, a Thomson business, 2007, 2008.

HESSE. Gregory G. KINVIG. Cameron W. *Best Interest of Creditors test: why those math classes weren't a total waste after all.* American Bankruptcy Institute Journal. 32. March 2008.

HOJNACKI, Mark W.; MORROW, Thomas A.; KREATSCHMAN, Timothy J. *A simplified Approach to the Best-Interests Test in Complex Bankruptcies.* ABI Journal. Turnaround Topics. 2003. American Bankruptcy Institute.

LEXIS PRACTICE ADVISOR. *Liquidation Analysis: est Interest of Creditors Test.* Reviewed on 04.16.2019.

MOREIRA, Alberto Camiña. *Abuso do credor e do devedor na recuperação judicial.* In: CEREZETTI, Sheila C. Neder; MAFFIOLETI, Emanuelle Urbano (coord.). *Dez anos da Lei nº 11.101/2005; estudos sobre a lei de recuperação e falência.* São Paulo. Almedina, 2015.

NOWAK, Jessica. *The Power Struggle: Shareholders Rights in Brazilian Corporate Bankruptcy.* University of Miami School of Law Institutional Repository. Extraído de: https://repository.law.miami.edu/umiclr.

PACHECO. José da Silva. Processo de *Falência e Concordata – Comentários à Lei de Falências. Doutrina – Prática – Jurisprudência.* 6ª edição. Forense. Rio de Janeiro. 1995.

RECUPERAÇÃO JUDICIAL

ROBERTS, Michael T. *The Bankruptcy discount: profting at the expense of others in Chapter 11.* ABI Law Review. Vol. 21:157.

SACRAMONE, Marcelo Barbosa. *A Alteração da Lei de Gerson.* https://www.migalhas.com.br/InsolvenciaemFoco/121,MI274707,51045-A+alteracao+da+Lei+de+Gerson. Acessado em 12/08/2019, às 22:37.

SACRAMONE, Marcelo Barbosa. *O fim da recuperação judicial.* Extraído de https://www.migalhas.com.br/InsolvenciaemFoco/121,MI311643,71043--O+fim+da+recuperacao+judicial. Acessado em 05.10.2019, às 13;10.

SALERNO. Thomas J. *The impact of potential avoidance actions on the 'best interests of creditors test' in contested plan confirmation.* American Bankruptcy Institute Journal. September, 1997. 16-SEP Am. Bank: Inst. J. 32.

SCARBERRY, Mark. KLEE, Kenneth. NEWTON, Grant. Nickles. *Business Reorganization in Bankruptcy: Cases and Materials* (American Casebook Series).Third Edition. Thomson West. 2001.

TABB, Charles Jordan. *The Law of Bankruptcy.* Westbury, New York. The Foundation Press, Inc. 1997.

STONG, Elizabeth S.; KORNBERG, Alan K; DERROUGH, Willian Q.; HAZAN, Scott L.; MILLER, Bret H and MORRIS, Frederick. *Interest in Interst: Issues Concerning the Treatment of Interests in Bankruptcy.* American Bankruptcy Institute. Extraído de www.law.abi.org. Acessado em agosto de 2019.

TIMOTHY. C.G. FISCHER, Jocelyn Martel. *Does it matter how bankruptcy judges evaluate the creditors' best-interest test?* American Bankruptcy Law Journal. Fall, 2007. 81 Am. Bank: L.J. 497.

TOLEDO. Paulo Fernando Campos Salles de. *O Plano de Recuperação Judicial e o Controle Judicial de Legalidade.* in RDB 60/218. 2013.

WESTLAW. §28:20. *Best interest of creditors test.* 3 Bankruptcy Desk Guide. August 2019 Update.

7
Uma Análise Comparativa do Direito de propor o Plano de Recuperação Judicial à Luz das Legislações Americana e Brasileira

ANDRÉ MORAES MARQUES
RAFAEL NICOLETTI ZENEDIN

1. O processo de reorganização regido pelo Capítulo 11 do Código de Falências dos Estados Unidos

O Código de Falências dos Estados Unidos[1] é uma lei federal que estabelece as regras relativas a processos de insolvência (recuperação e liquidação ou falência) de pessoas físicas e jurídicas e Municípios que são conduzidos por juízos de falências norte-americanos. O referido Código também prevê regras de cooperação entre os juízos norte-americanos e os juízos de outros países em casos de insolvência transnacionais.

O Código de Falências norte-americano é divido em diversos capítulos. O Capítulo 7, por exemplo, rege os processos de falência ou liquidação. Por outro lado, o Capítulo 11 contempla regras específicas do processo de reorganização de sociedades empresárias.

Um processo de reorganização regido pelo Capítulo 11 do Código de Falências dos Estados Unidos pode ser ajuizado por diversas razões, normalmente combinadas, incluindo para (i) afastar medidas de cobrança e expropriação e, portanto, proteger o patrimônio e as operações da companhia; (ii) alterar a estrutura de capital, inclusive por meio de conversão de

---

[1] O Código de Falências dos Estados Unidos também é referido como Título 11 do Código dos Estados Unidos.

RECUPERAÇÃO JUDICIAL

dívidas que não poderão ser pagas em participação societária; (iii) suspender e endereçar litígios que oprimem a companhia, especialmente litígios coletivos; (iv) rescindir contratos bilaterais de trato sucessivo onerosos; (v) questionar determinados pagamentos, garantias ou transferências considerados fraudulentos; (vi) facilitar a alienação de ativos relevantes sem sucessão de obrigações; (vii) obter financiamentos que em outras situações seriam contratualmente proibidos; e (viii) reestruturar suas obrigações em um processo que envolve todos os seus ativos, todas as suas dívidas e seus credores.[2]

Após o ajuizamento do processo de reorganização regido pelo Capítulo 11 do Código de Falências dos Estados Unidos[3], espera-se que a companhia estabilize suas operações e elabore um plano de recuperação para a reestruturação de sua estrutura de capital. A suspensão automática (*automatic stay*) de medidas de cobrança contra a companhia tem um papel fundamental nessa etapa do processo porque permite que o devedor tenha proteção para continuar suas operações, elaborar e negociar um plano de reorganização.

Também é fundamental nesse momento do caso, a obtenção de financiamentos (*DIP financings*) para permitir que a companhia possa pagar todas as relevantes despesas decorrentes do processo (advogados, consultores, administradores e outros) e continuar operando até que o plano seja aprovado e homologado. Outro recurso importante do qual dispõe o

---

[2] "*Chapter 11 debtors file for bankruptcy relief for many reasons, often combined: to stave off foreclosure or obtain a breathing spell from other debt collection devices; to revise an unworkable capital structure, such as by converting unserviceable debt to equity and/or eliminating 'out of the money' debt and equity; to stay and address oppressive litigation, such as mass tort claims, on a more equitable, collective basis; to reject burdensome contracts and leases (paying the breach claims with 'tiny bankruptcy dollars') and collective bargaining agreements and retiree benefits;83 to use the avoiding powers granted by the Bankruptcy Code to recover preferential payments and avoid preferentially granted security interests or to avoid fraudulent transfers and recover fraudulently transferred property; to facilitate the sale of major assets if a prospective buyer is unwilling to purchase in an out-of-court environment made chaotic by the debtor's financial distress; to obtain financing that otherwise would have been contractually prohibited; and generally to rationally restructure their liabilities in a forum that brings together all of their assets and all of their debts and creditors. (Many of these reasons also apply to the commencement of an involuntary bankruptcy case.)*" (DRAIN, Robert D. "*A Brief Summary of the United States Bankruptcy Code, Including 'Small Businesses' and Individuals*", p. 18).

[3] De acordo com a Seção nº 303 do Código de Falências dos Estados Unidos, credores também podem ajuizar um pedido de reorganização involuntário contra o devedor desde que determinadas condições sejam satisfeitas.

devedor em reorganização é o direito de determinar se irá manter, ceder, ou rescindir contratos bilaterais de trato sucessivo (nesse último caso os valores devidos à outra parte do contrato serão considerados créditos afetados pelo processo de reorganização).

Uma vez que as operações da companhia estejam protegidas e estabilizadas, o devedor deve elaborar um plano de reorganização, que pode alterar significativamente os direitos de credores e acionistas e permitir que a companhia possa ter uma oportunidade de retomar suas atividades empresariais. Tal plano será negociado com seus credores, submetido para deliberação das partes envolvidas e, se aprovado pelas classes relevantes, poderá ser homologado pelo juízo que conduz o processo. Após a homologação judicial, a companhia emergirá do processo de reorganização[4] e o plano deverá ser cumprido. Assim, também no sistema falimentar norte--americano o plano de reorganização tem um papel central no processo de reorganização.

O plano de reorganização pode ser comparado a um contrato entre o devedor, seus credores, e demais partes envolvidas. Embora o Código de Falências dos Estados Unidos preveja determinados requisitos legais para a elaboração do plano de reorganização, há flexibilidade para os seus termos específicos.

Por exemplo, o plano pode (i) dividir os créditos e participações societárias em classes para fins de votação e definição dos termos e condições específicos de pagamento; (ii) prever a alienação de todos ou de parte dos ativos do devedor; (iii) estabelecer qual será a contraprestação que todos os créditos e participações societárias receberão, o que pode incluir dinheiro, crédito ou participação societária na companhia reorganizada, outros direitos, ou nenhuma contraprestação; e (iv) novas regras de governança corporativa.

Idealmente, um plano deve prever contraprestações aos seus credores e acionistas ao mesmo tempo em que preserva as atividades empresariais em benefício dos empregados e demais partes interessadas (e.g., Estado e comunidade beneficiada pela companhia).

---

[4] Não há no Código de Falências dos Estados Unidos um período de supervisão judicial após a homologação do plano, tal como previsto no artigo 61 da Lei nº 11.101/05 (LRF).

RECUPERAÇÃO JUDICIAL

2. Breve síntese da evolução histórica da legitimidade para apresentar um plano de reorganização no Direito Norte-Americano

Antes do atual Código de Falências dos Estados Unidos ser promulgado em 1978, os regimes falimentares norte-americanos eram regidos pelo Ato de Falências (*Bankruptcy Act*) de 1898, que sofreu diversas alterações até 1978. No processo regulado pelo Capítulo XI do Ato de Falências, o devedor tinha exclusividade permanente para apresentar seu plano de reorganização e os credores poderiam então decidir aprovar ou rejeitar o plano (nesse último caso para forçar a falência do devedor) mas não poderiam apresentar e impor ao devedor um plano de reorganização alternativo ou concorrente[5]. Como será melhor descrito abaixo, essa estrutura é semelhante à atual estrutura do processo de recuperação judicial previsto na Lei nº 11.101/05 ("LRF").

Por outro lado, o processo regido pelo Capítulo X do mesmo Ato de Falências adotava uma estrutura em que todas as partes interessadas (e não apenas o devedor) tinham o direito de apresentar um plano. Esse modelo, portanto, retirava do devedor o direito de controlar os rumos da reorganização. Os devedores passaram a evitar ajuizar tal procedimento[6].

Durante a elaboração do Código de Falências de 1978, o Congresso norte-americano reconheceu que a perda completa da exclusividade pelo devedor retiraria a motivação dos administradores da empresa em recuperação para continuarem as operações, ante o risco concreto de perda do controle da empresa em um futuro próximo[7]. Ademais, a inexistência

---

[5] *"Who then should be in control of the reorganization process in Chapter 11? Who should be permitted to propose plans on which creditors and interest holders will vote? One approach would be to give the debtor a permanent exclusive right to file plans; creditors could then reject the debtor's proposals and thus force eventual liquidation but could not force a plan of reorganization on the debtor. That approach, the one taken under the old Bankruptcy Act's chapter XI, would force the creditors to agree to the debtor's plan or else face the loss of the going concern value of the business".* (SCARBERRY, Mark S.; KLEE, Kenneth N.; NEWTON, Grant W.; NICKLES, Steve H. "Business Reorganization in Bankruptcy: Cases and Materials", 4th Edition, West Publishing Co., 2012, p. 818)

[6] *"Another approach would be to give every party in interest an equal right to file a plan. That approach, much like the approach taken under the old Bankruptcy Act's chapter X, would take away from the debtor the right to control the direction of the reorganizaiton. The prospect of losing control would cause the debtors to put off filing petitions – probably for so long that their businesses would typically be too depleted to be reorganized by the time they filed bankruptcy petitions".* (SCARBERRY, Mark S.; KLEE, Kenneth N.; NEWTON, Grant W.; NICKLES, Steve H. "Business Reorganization in Bankruptcy: Cases and Materials", 4th Edition, West Publishing Co., 2012, p. 818)

[7] *"Congress recognized, however, that eliminating exclusivity altogether would be ill-advised. It might remove the incentive of existing management – which is often crucial to the debtor's reorganization*

UMA ANÁLISE COMPARATIVA DO DIREITO DE PROPOR O PLANO DE RECUPERAÇÃO...

de exclusividade para a propositura de um plano de recuperação aumentaria os custos para todos os envolvidos. Isto porque haveria maior complexidade processual causada pela apresentação de planos simultâneos e alternativos. Entendeu-se recomendável o esforço legislativo, tanto para manutenção do devedor no controle da negociação do plano ao menos por um determinado período, quanto para a simplificação do processo.

Nesse contexto, o legislador norte-americano optou por adotar uma solução intermediária no Código de Falências de 1978[8], a "exclusividade limitada".

Em linhas gerais, no sistema de "exclusividade limitada" e tal como explicado mais amiúde no capítulo abaixo, o devedor, em regra, e por um prazo específico (que pode ser reduzido ou estendido), tem o direito exclusivo de apresentar e obter aprovação de um plano de reorganização. Após tal período, os credores passam a também poder apresentar planos alternativos ou concorrentes.

Assim, a limitação à exclusividade da lei norte-americana se daria pelo critério temporal e, excepcionalmente, pela apreciação de justa causa de eventual pedido de redução ou extensão do período de exclusividade formulado por parte interessada.

Inicialmente não havia no Código de Falências de 1978 qualquer limite temporal ou limitação ao número de prorrogações por justa causa dos prazos de exclusividade. Com o passar do tempo, viu-se que a aplicação do referido Código mostrou-se deveras favorável à postergação indefinida do período de exclusividade, relegando a perda da legitimidade exclusiva do devedor a casos esparsos, de devedores negligentes ou de manifesta má-fé. Os processos de insolvência norte-americanos tornaram-se então um ambiente

---

prospects – to manage the debtor during the chapter 11 case because disaffected creditors or shareholders could file a plan at any time to bring in new owners and dislodge it. The absence of exclusivity, and the prospect of one or more competing plans filed at the inception of a case, could also lead to chaos. Recognizing the utility of permitting a DIP to act as an "honest broker" for a negotiated solution during the initial stages of a case, Congress opted for limited exclusivity in section 1121". (DOUGLAS, Mark G. "Assessing the Impact of the New Chapter 11 Exclusivity Deadline". Disponível em: <https://www.jonesday.com/en/insights/2007/01/assessing-the-impact-of-the-new-chapter-11-exclusivity-deadline>)

[8] *"When it enacted the Bankruptcy Code, Congress decided to take a middle approach, giving the debtor the exclusive right to file a plan for a limited period of time – a period of time designed to give the debtor a fair opportunity to propose and confirm a plan of reorganization".* (SCARBERRY, Mark S.; KLEE, Kenneth N.; NEWTON, Grant W.; NICKLES, Steve H. "Business Reorganization in Bankruptcy: Cases and Materials", 4th Edition, West Publishing Co., 2012, p. 818)

RECUPERAÇÃO JUDICIAL

propício ao exercício indiscriminado de posição privilegiada pelos devedores na negociação do plano de recuperação, visto que na prática apenas eles teriam legitimidade para a proposição ou alteração do plano nos casos em decorrência das constantes extensões do período de exclusividade.

Tal situação motivou a reforma ao Código de Falências de 1978 ocorrida em 2005 por força do *Bankruptcy Abuse Prevention and Consumer Protection Act of 2005* (BAPCPA). O BAPCPA teve por objetivo, dentre outros, evitar abusos no exercício do direito de exclusividade por parte dos devedores.

Para tanto, o legislador norte-americano impôs um limite temporal às prorrogações por justa causa do período de exclusividade. Tal reforma incentivou os devedores a construírem mais rapidamente um consenso em torno do plano, que a partir de então deveria ser proposto em não mais que 18 (dezoito) meses, e a solicitarem e obterem as aprovações relevantes em não mais do que 20 (vinte) meses (ambos os prazos contados a partir da data do ajuizamento do pedido).

3. A apresentação do plano de reorganização pelo devedor no processo de reorganização regido pelo Capítulo 11 do Código de Falências dos Estados Unidos – Período de Exclusividade

No processo de reorganização regido pelo Capítulo 11 do Código de Falências dos Estados Unidos, o devedor tem a primeira oportunidade de apresentar um plano de reorganização (ou de liquidação) e espera-se que ele lidere o processo de elaboração e negociação do plano. Normalmente, antes de apresentar um plano o devedor negocia os seus termos com os credores e demais partes interessadas para que o plano tenha boas chances de ser aprovado.

A seção nº 1121 (a) do Código de Falências dos Estados Unidos[9] prevê que o devedor pode apresentar um plano de reorganização (ou de liquidação) a qualquer momento em um processo de reorganização.

A fim de permitir que o devedor tenha tempo para elaborar e negociar um plano com os credores e demais interessados, a seção nº 1121 (b) do mesmo Código[10] confere ao devedor, em regra, um prazo de exclusivi-

---

[9] "(...) *(a) The debtor may file a plan with a petition commencing a voluntary case, or at any time in a voluntary case or an involuntary case*". (U.S. Code, Title 11, Chapter 11, Section 1121(a))
[10] "*(b) Except as otherwise provided in this section, only the debtor may file a plan until after 120 days after the date of the order for relief under this chapter*". (U.S. Code, Title 11, Chapter 11, Section 1121(b))

UMA ANÁLISE COMPARATIVA DO DIREITO DE PROPOR O PLANO DE RECUPERAÇÃO...

dade para apresentação do plano durante 120 (cento e vinte) dias contados a partir do início do processo de reorganização[11]. Durante tal período de exclusividade nenhuma outra parte interessada poderá apresentar um plano de reorganização.

Se o devedor apresentar um plano durante os primeiros 120 (cento e vinte) dias do caso, o período de exclusividade é automaticamente estendido por mais 60 (sessenta) dias, ou seja, pelos primeiros 180 (cento e oitenta) dias do caso, nos termos da seção 1121(c) (3) do Código de Falências Norte-Americano. Durante esse período adicional, o devedor poderá continuar negociando o plano para obter o apoio necessário dos credores para aprovação do plano sem o risco de enfrentar a concorrência de um plano alternativo apresentado por uma das partes interessadas no caso.

Ademais, o período de exclusividade do devedor pode ser reduzido ou estendido pelo juízo da reorganização mediante pedido fundamentado de uma parte interessada durante o período de exclusividade. Tal pedido será então apreciado após a intimação das demais partes interessadas e a realização de uma audiência. Entre os possíveis fundamentos para a extensão do prazo de exclusividade estão o tamanho do devedor, a complexidade de sua estrutura de capital e a dificuldade enfrentada na operação de seu negócio[12], a necessidade de tempo suficiente para negociar o plano, a existência de progresso de boa-fé em direção à reorganização e nas negociações com os credores, o tempo já decorrido desde o início do caso e se o devedor tem pago as dívidas em seus respectivos vencimentos[13].

---

[11] O prazo de exclusividade de 120 dias é contado a partir da uma "order for relief". Em um processo de reorganização voluntário, a própria petição inicial é considerada equivalente a uma "order for relief", ao passo que em um processo de reorganização involuntário, a "order for relief" é uma decisão judicial acolhendo o pedido de reorganização involuntário depois que o devedor tenha tido a oportunidade de se manifestar sobre o pedido de reorganização involuntária.

[12] *"The bankruptcy court may, and often does, grant a debtor's motion to extend these periods for cause, such as the debtor's size, the complexity of its capital structure, and the difficulty of its underlying business problems, but the exclusive periods may not be extended beyond 18 months and 20 months, respectively, after the start of the bankruptcy case."* (DRAIN, Robert D. *"A Brief Summary of the United States Bankruptcy Code, Including 'Small Businesses' and Invididuals"*, p. 20).

[13] *"The Bankruptcy Code does not define "cause" for an extension or termination of exclusivity. Numerous court decisions, however, have identified factors to consider in deciding whether to extend or terminate a debtor's exclusivity period. These factors include: the size and complexity of the case; the necessity of sufficient time to negotiate and prepare adequate information: the existence of good faith progress toward reorganization; whether the debtor is paying its debts as they come due; whether the debtor has demonstrated*

RECUPERAÇÃO JUDICIAL

Entretanto, o prazo original de 120 (cento e vinte) dias não pode ser estendido por mais de 18 (dezoito) meses contados a partir do início do processo de reorganização e o prazo de exclusividade de 180 (cento e oitenta) dias (na hipótese de apresentação do plano nos primeiros 120 dias) não pode ser alongado por mais de 20 (vinte) meses após o início do processo.

Na prática, os devedores pedem extensões do período de exclusividade com frequência e tais pedidos são comumente concedidos, especialmente quando o processo não é litigioso e o devedor parece estar fazendo progresso.

4. A apresentação do plano de reorganização pelos credores ou outras partes interessadas no processo de reorganização regido pelo Capítulo 11 do Código de Falências dos Estados Unidos

Diferentemente do que prevê a Lei nº 11.101/05 (LRF), a seção nº 1121(c) do Código de Falências dos Estados Unidos prevê que, em algumas circunstâncias, qualquer outra parte interessada além do devedor, incluindo um credor, o *trustee*[14], um detentor de participação societária, comitês de credores ou de detentores de participações societárias, também poderá apresentar um plano concorrente ou alternativo de reorganização ou liquidação se determinadas condições forem satisfeitas.

As condições essenciais a serem preenchidas para que outra parte interessada além do devedor também tenha o direito de apresentar um plano concorrente ou alternativo são as seguintes: (i) a nomeação de um *trustee*,

---

reasonable prospects for filing a viable plan; whether the debtor has made progress in negotiating with creditors; the length of time the case has been pending; whether the debtor is seeking the extension to pressure creditors; and whether unresolved contingencies exist. See, e.g., In re Adelphia Commc'ns Corp., 352 B.R. 578, 587-90 (Bankr. S.D.N.Y. 2006) (reviewing the nine factors and granting an extension)" (KAPLAN, Gary L. *"Evaluating Who May File A Ch. 11 Plan"*. Disponível em: <https://www.friedfrank. com/siteFiles/Publications/Evaluating%20Who%20May%20File%20A %20Ch.%2011%20 Plan.pdf>. Acesso em: 8.10.2019)

[14] De acordo com o Código de Falências de 1978, Capítulo XI, seções 1.104 a 1.106, o *trustee* pode ser nomeado pelo juízo falimentar após requerimento de parte interessada ou de órgão supervisor (*U.S. Trustee*), notificação do devedor e audiência. Um *trustee* deve ser nomeado sempre que houver "causa" (cause), o que inclui prática de crime, fraude, desonestidade, incompetência ou má-administração na condução dos negócios do devedor, ou quando houver interesse de detentores de determinados direitos sobre a empresa. O *trustee* é responsável pelo gerenciamento dos ativos e operação dos negócios do devedor e, se o caso, pela apresentação de um plano de reorganização.

o que implica a transferência do controle do caso das mãos do devedor; ou (ii) a não apresentação pelo devedor de um plano antes do término do prazo de 120 (cento e vinte) dias a partir do início do caso (exceto na hipótese de extensão desse prazo); ou (iii) a não apresentação pelo devedor de um plano que tenha sido aceito pelas classes de credores afetadas no âmbito do plano antes do prazo de 180 (cento e oitenta) dias contado a partir do início do caso (exceto na hipótese de extensão desse prazo).

Convém mencionar ainda que mediante pedido fundamentado de uma parte interessada, o juízo da reorganização também pode encerrar o período de exclusividade. Entre os possíveis fundamentos para tal medida estão o atraso injustificado do devedor na formulação do plano, recusa do devedor em negociar de boa-fé e a deterioração do negócio do devedor[15]. Assim, encerrado o período de exclusividade, qualquer parte interessada pode apresentar um plano concorrente ou alternativo.

Caso mais de um plano apresentado preencha os requisitos previstos no Código de Falências dos Estados Unidos (e.g., um plano apresentado pelo devedor e outro por um credor), tais planos serão apresentados simultaneamente e competirão entre si pelos votos dos credores. Ato contínuo, o juízo da reorganização decidirá que plano será homologado considerando as preferências dos credores e detentores de participações societárias[16][17].

Nesse contexto, o sistema do Código de Falências dos Estados Unidos concede uma razoável exclusividade ao devedor mas estabelece flexibilidade por meio de algumas válvulas de escape, as quais permitem, em situações excepcionais, que terceiros apresentem um plano concorrente.

---

[15] "On motion of a party in interest, the court also may terminate the exclusive periods for cause, including the debtor's unreasonable delay in formulating a plan or refusal to negotiate in good faith or simply because of the continued deterioration of the debtor's business; and the exclusive periods terminate automatically upon the appointment of a chapter 11 trustee." (DRAIN, Robert D. "A Brief Summary of the United States Bankruptcy Code, Including 'Small Businesses' and Invididuals", p. 20).

[16] "(...) (c) Notwithstanding subsections (a) and (b) of this section and except as provided in section 1127(b) of this title, the court may confirm only one plan, unless the order of confirmation in the case has been revoked under section 1144 of this title. If the requirements of subsections (a) and (b) of this section are met with respect to more than one plan, the court shall consider the preferences of creditors and equity security holders in determining which plan to confirm." (U.S. Code, Title 11, Chapter 11, Section 1129(c))

[17] "If more than one plan meets all the rules of Chapter 11, then § 1129(c) directs the bankruptcy judge to consider the 'preferences of the creditors and equity security holders in determining which plan to confirm'". (BAIRD, Douglas G. "Elements of Bankruptcy", 6th Edition, Foundation Press, INC., 2014, p. 21);.

Trata-se de uma alternativa adicional construtiva para maximizar valor e permitir que os credores e demais partes interessadas tenham opções melhores do que a alternativa tradicional existente no sistema Norte-Americano (e no Brasileiro, como se verá abaixo) de rejeitar o plano e forçar a falência ou liquidação da empresa.

Ao tratarem sobre esse assunto, Richard J. Cooper, Francisco L. Cestero e Daniel J. Soltman[18] observaram que os direitos conferidos aos credores de oposição aos pedidos dos devedores de extensão do período de exclusividade, de apresentação de pedidos para encerramento do período de exclusividade e, finalmente, de apresentação de planos alternativos ou concorrentes, são pontos importantes de alavancagem nas negociações de planos de reorganização. Tais direitos têm sido frequentemente muito úteis na elaboração de planos mais justos e equilibrados e também para permitir reorganizações mais rápidas e bem-sucedidas.

Os mesmos autores indicaram ainda que, ao contrário do que muitos esperavam, o direito conferido aos credores de proposição de planos de reorganização não tornou irrelevantes os planos de reorganização propostos pelos devedores. Nos Estados Unidos, planos apresentados pelos devedores ainda são a regra e a legislação protege os devedores que negociam em boa-fé e cumprem suas obrigações.

5. A apresentação do plano de recuperação judicial pelo devedor no âmbito do processo de recuperação judicial brasileiro - inexistência de previsão de apresentação de plano alternativo por credores ou outros interessados na Lei n° 11.101/05 (LRF)

Tal como o Código de Falências dos Estados Unidos, a LRF também mantém, via de regra, o devedor ou seus sócios e administradores na condução da atividade empresarial durante o processo de recuperação judicial.

---

[18] *"In practice, the ability of creditors to object to the debtor's motion(s) to extend exclusivity, file motions to terminate exclusivity and submit competing plans of reorganization have all been important leverage points in plan negotiations, which have frequently proven helpful in fostering the development of fair and equitable plans of reorganization, and perhaps more pertinent to the case at hand, fast and successful reorganizations"* (COOPER, Richard J.; CESTERO, Francisco L.; SOLTMAN, Daniel J. "Insolvency Reform in Brazil: An Opportunity Too Important to Squander". In. Pratt's Journal of Bankruptcy Law – January 2018, pp. 29-42. Disponível em: <https://www.clearygottlieb.com/news-and-insights/publication-listing/~/media/61aaf0d5e1c44b9da0d1c2c73dbc4d25.ashx>. Acesso em: 9.10.2019).

UMA ANÁLISE COMPARATIVA DO DIREITO DE PROPOR O PLANO DE RECUPERAÇÃO...

O legislador brasileiro adotou o modelo em que o devedor tem o direito exclusivo permanente de apresentar e modificar o plano de recuperação judicial. Ao contrário da legislação norte-americana atual, não há na LRF qualquer previsão autorizando, mesmo em caráter excepcional, que credores ou demais partes interessadas apresentem um plano de recuperação judicial alternativo ao plano de recuperação apresentado pelo devedor.

O plano de recuperação deve ser apresentado pelo devedor no prazo improrrogável de 60 (sessenta) dias contados da publicação da decisão que deferir o processamento da recuperação judicial, sob pena de convolação em falência[19]. Contudo, o plano pode ser modificado antes ou até mesmo durante a assembleia-geral de credores. Assim, embora o devedor tenha o prazo de 60 (sessenta) dias para apresentar o plano, na prática o plano apresentado nesse prazo é muito diferente daquele que é levado à assembleia-geral de credores para deliberação.

Assim como ocorre no sistema norte-americano, o plano constitui, em essência, um contrato plurilateral[20], com múltiplas obrigações. O artigo 53 da LRF estabelece que o plano de recuperação judicial deverá conter: (i) discriminação detalhada dos meios de recuperação a serem utilizados pelo credor; (ii) demonstração da viabilidade econômica do devedor; e (iii) laudo econômico-financeiro e de avaliação dos bens e ativos do devedor, subscrito por profissional legalmente habilitado ou empresa especializada. De acordo com a LRF, o devedor é livre para escolher os meios de recuperação que serão incluídos no seu plano de recuperação judicial.

Ao credor que discordar do plano proposto pela devedora caberá em primeiro lugar apresentar objeção ao plano, em princípio, no prazo de 30 (trinta) dias contados a partir da publicação do edital informando os credores sobre o recebimento do plano (artigo 55 da LRF). A ausência de objeções ao plano de recuperação judicial implica a sua aprovação tácita (artigo 58 da LRF), sem necessidade de convocação de assembleia-geral de

---

[19] Conforme previsto nos artigos 53 e 61 da LRF.

[20] *"[O] plano é um negócio de cooperação celebrado entre devedor e credores, homologado pelo juiz. No que diz respeito ao negócio de cooperação, assemelha-se ao contrato plurilateral; no que diz respeito à homologação, pode-se considerar forma de garantia do cumprimento das obrigações assumidas, com o que reduzem custos de transação dada a coercitividade que dela, homologação, resulta"* (FRANCO, Vera Helena de Mello; SZTAJN, Rachel, Falência e recuperação da empresa em crise, Rio de Janeiro, Editora Elsevier, 2008. p. 234).

RECUPERAÇÃO JUDICIAL

credores. Contudo, caso pelo menos um credor apresente objeção ao plano (artigo 56 da LRF), deve-se convocar uma assembleia-geral de credores.

Um outro prazo imposto pela LRF ao devedor é o prazo de 150 (cento e cinquenta) dias, contados desde o deferimento do processamento da recuperação judicial, para a realização da assembleia-geral de credores para deliberar sobre o plano de recuperação. Entretanto, diferentemente do que ocorre no sistema americano, o devedor em recuperação judicial não está obrigado a aprovar e nem mesmo a deliberar o plano de recuperação judicial durante esse período. É comum que a assembleia sequer seja instalada em primeira convocação e, mais comum ainda, que a assembleia seja suspensa até que o devedor tenha conseguido concluir as negociações para obter o apoio necessário para a aprovação do plano de recuperação judicial.

Assim, embora a LRF preveja prazos para apresentação do plano e para a realização de uma assembleia-geral de credores para deliberação sobre o plano, na prática tais prazos têm exercido pouca pressão sobre o devedor, que geralmente apresenta um plano pouco desenvolvido e negociado no prazo legal e tem a liberdade de propor uma, algumas ou até mesmo diversas suspensões da assembleia-geral de credores para que possa prosseguir com as negociações e finalizar o plano a ser votado. Os credores tendem a aprovar tais suspensões tendo em vista que a alternativa seria a decretação da falência do devedor.

Nesse contexto, na prática, o devedor tem grande liberdade temporal para propor e aditar o plano de recuperação e negociar a aprovação do plano com seus credores. É comum ainda o juízo da recuperação judicial deferir a extensão do prazo de 180 (cento e oitenta) dias de suspensão de ações de execuções previsto no artigo 6º LRF quando o plano não é aprovado durante esse prazo inicial.

Assim, não há no sistema Brasileiro uma oportunidade para os credores em algum momento apresentarem um plano alternativo ou concorrente para deliberação. Além de apresentarem objeção ao plano (para evitarem a aprovação tácita do plano e forçarem a realização de uma assembleia-geral de credores), os credores podem negociar alterações ao plano, inclusive durante a assembleia-geral de credores. Contudo, tais alterações somente são incorporadas ao plano se o devedor consentir.

Caso o devedor decida não acatar os pedidos de alteração do plano de recuperação judicial, a única alternativa disponível aos credores é votar pela rejeição do plano (e consequente falência do devedor) durante a assembleia-geral de credores (artigo 56, §3º, da LRF).

A rejeição do plano pelo credor dissidente, contudo, revela-se uma alternativa muito limitada, tendo em vista que, em primeiro lugar, o plano de recuperação judicial pode ser aprovado sem o consentimento do credor desde que sejam atingidos determinados quóruns previstos na LRF. Em segundo lugar, mesmo que prevaleça a vontade do credor de rejeição do plano, o resultado será a decretação da falência, com enorme perda de valor para todos os envolvidos, inclusive para os credores. Isso porque a empresa não gerará mais qualquer valor para pagamento dos credores e o processo de alienação dos ativos e pagamento dos credores reduz o valor dos ativos e é extremamente lento.

Dessa forma, a rejeição do plano (principal alternativa disponível para os credores que discordem do plano), mesmo quando bem-sucedida, tende a não gerar resultados positivos para os credores na medida em que costuma haver grande perda de valor e dificuldade de recuperação relevante do crédito em um cenário de falência.

6. Necessidade de reforma da Lei nº 11.101/05 (LRF) para permitir a apresentação de plano concorrente pelos credores após um período de exclusividade

A LRF conferiu amplos benefícios e poderes aos devedores em relação ao processo de recuperação judicial. Em primeiro lugar, diferentemente do que ocorre no processo de falência, só o devedor tem legitimidade para ajuizar um pedido de recuperação judicial. Assim, os credores não podem forçar o devedor a passar por um processo de recuperação judicial.

Além disso, após a decisão que defere o processamento da recuperação judicial o devedor goza de um período de 180 (cento e oitenta) dias de (i) suspensão de ações de cobrança e de execução relativas a créditos sujeitos à recuperação judicial; e de (ii) proteção contra a retomada de bens de capital essenciais a sua atividade empresarial objeto de alienação fiduciária e de arrendamento mercantil. Embora o artigo 6º, §4º, da LRF preveja que tal prazo de 180 (cento e oitenta) dias é improrrogável e que em hipótese nenhuma pode ser excedido, na prática, tal prazo tem sido estendido a pedido do devedor sem maiores dificuldades.

Ademais, o devedor possui amplo controle sobre o processo de recuperação judicial. Os sócios e acionistas mantêm, em regra, o controle e a

RECUPERAÇÃO JUDICIAL

gestão da sociedade empresária em recuperação judicial. Mesmo que o passivo exceda muitas vezes o ativo da sociedade empresária e os credores quirografários não recebam pagamento integral de seus créditos, os sócios e acionistas normalmente continuam detendo sua participação societária intacta[21]. Outrossim, os deveres fiduciários dos sócios, acionistas e administradores jamais são alterados para levar em consideração diretamente os interesses dos credores.

E o devedor tem ainda uma prerrogativa central ao processo de recuperação judicial: a exclusividade na apresentação e modificação do plano de recuperação judicial. Os credores não podem apresentar um plano concorrente e seus pedidos de modificação dos termos do plano são incorporados apenas se o devedor os aceitar.

Por outro lado, o principal poder conferido pelo legislador aos credores é o poder de rejeitar o plano e forçar a decretação da falência do devedor[22]. Embora tal poder, em tese, seja muito relevante, na prática ele tem se mostrado extremamente limitado. Isso porque a falência do devedor na vasta maioria dos casos traz enorme prejuízo também aos credores. Em um processo de falência, os credores sujeitos à recuperação judicial tendem a recuperar muito pouco (isto quando conseguem recuperar algo) dos seus respectivos créditos em razão da desvalorização dos ativos do devedor, lentidão do processo, existência de credores com prerrogativas sobre ativos ou com preferência legal no recebimento.

Richard Cooper J. Cooper, Francisco L. Cestero e Daniel J. Soltman apontam que talvez a maior razão pela qual o Brasil continua sendo uma jurisdição mais favorável aos devedores do que aos credores seja o direito

---

[21] Isso é diferente do sistema falimentar norte americano, onde vige a "Absolute Priority Rule". Segundo tal norma, em resumo, para um plano ser imposto à classe dos credores quirografários dissidente (i) os créditos detidos pelos credores da classe dos credores quirografários devem ser integralmente pagos; ou (ii) nenhum outro grupo de interessados que tenha interesses subordinados aos credores quirografários (e.g., sócios ou acionistas) deve receber qualquer distribuição em decorrência de crédito ou interesses existentes antes do ajuizamento do processo de reorganização.

[22] Outra prerrogativa conferida pelo legislador aos credores foi a possibilidade de formar um comitê de credores para fiscalização. Entretanto, são raríssimos os casos em que um comitê de credores é formado. Isso se deve a diversas razões, notadamente a possibilidade de responsabilização pessoal dos membros do comitê e a necessidade de os credores arcarem com os principais custos necessários para a atuação do comitê.

exclusivo do devedor de apresentar um plano de recuperação judicial ao longo de todo o processo de recuperação judicial.[23]

Os mesmos autores entendem que, em um cenário de alteração da LRF, o legislador deveria reconsiderar o direito de exclusividade perene do devedor de apresentar um plano de recuperação judicial porque, dentre outras razões, o direito dos credores de apresentar um plano alternativo tem-se provado uma ferramenta muito eficiente para muitos sistemas de recuperação ao redor do mundo.

Nesse contexto, é necessário alterar a LRF para conferir aos credores direitos e mecanismos mais eficientes em um processo de recuperação judicial. Dentre tais alterações, a prioridade seria conferir aos credores a possibilidade de apresentação de um ou mais planos alternativos ao plano do devedor em recuperação judicial após um determinado período de exclusividade, caso o devedor não tenha obtido o apoio necessário para aprovar seu plano de recuperação judicial.

Tal alteração não traria necessariamente um poder maior aos credores. Os credores já têm o poder de rejeitar o plano de recuperação judicial e ver decretada a falência do devedor e passariam a ter um outro poder menor de apresentar um plano alternativo ou concorrente em determinadas circunstâncias. Assim como no sistema norte-americano, os credores poderiam intervir de forma mais intensa no processo em situações excepcionais em que as negociações relativas ao plano não estejam progredindo de forma satisfatória.

A mera possibilidade de os credores apresentarem plano alternativo tornaria o processo mais eficiente porque faria com que o devedor propusesse plano mais próximo à sua efetiva capacidade de pagamento de dívidas, evitando-se o cenário atual de muitos casos em que o devedor apresenta um primeiro plano de recuperação judicial extremamente agressivo para

---

[23] *"The debtor's exclusive right to propose a plan, when combined with the unpalatable nature of the Brazilian liquidation procedure and the erosion of creditor protections during the pendency of the recuperação judicial proceeding, has clearly tilted the restructuring landscape even further in the favor of the debtor and its shareholders. (...) Any reforms should squarely address the imbalance of power that currently exists in favor of debtors in recuperação judicial proceedings, as only this will create the adequate framework to promote and accelerate effective reorganizations"* (COOPER, Richard J.; CESTERO, Francisco L.; SOLTMAN, Daniel J. "Insolvency Reform in Brazil: An Opportunity Too Important to Squander". In. Pratt's Journal of Bankruptcy Law – January 2018, pp. 29-42. Disponível em: <https://www.clearygottlieb.com/news-and-insights/publication-listing/~/media/61aaf0d5e1c44b9da0d1c 2c73dbc4d25.ashx>. Acesso em: 9.10.2019)

só então negociar por diversos meses plano mais próximo à sua efetiva capacidade de pagamento. Ademais, o devedor estaria mais propenso a ser transparente e compartilhar mais informações com os credores desde o início do processo na medida em que saberia que os credores poderiam ter acesso mais amplo a informações na hipótese de decidirem apresentar plano concorrente ou alternativo.

O receio de potenciais abusos por parte dos credores no exercício de eventual direito de apresentação de planos alternativos não se mostra uma justificativa relevante às críticas feitas às propostas de mitigação de tal exclusividade no Brasil.

Isso porque os custos de transação para a elaboração de um plano alternativo serão muito elevados e seria em poucos casos que os credores estariam dispostos a assumi-los. Os credores provavelmente deverão devotar muito tempo, energia e recursos para contratar assessores financeiros e jurídicos e elaborar e negociar um plano alternativo. Ademais, a apresentação de plano alternativo tenderia a estender ainda mais o processo com potenciais prejuízos ao devedor, aos credores e demais partes envolvidas. Somado aos fatores acima, os credores invariavelmente deverão também levar em consideração o risco de o plano alternativo não ser cumprido, com a consequente falência futura do devedor (que geraria prejuízos também para os credores).

Assim, mesmo após a criação da prerrogativa de apresentação de plano alternativo também pelos credores, os credores provavelmente continuarão preferindo que o devedor, ciente do risco de apresentação de plano alternativo, apresente e negocie dentro do período de exclusividade plano que lhes seja aceitável. Em princípio, só em situações em que haja grande diferença entre o plano apresentado pelo devedor e a pretensão dos credores é que os credores optarão por incorrer nos relevantes custos de transação para elaboração e negociação de plano alternativo. Além disso, é possível que os credores, ao terem acesso a informações adicionais do devedor, passem a apoiar o plano apresentado pelo devedor ou voltem a negociar o próprio plano do devedor.

É fundamental, contudo, que o direito dos credores à apresentação de plano alternativo seja devidamente regulado. Por exemplo, o plano alternativo deve satisfazer todos os requisitos aplicáveis ao plano de recuperação judicial apresentado pelo devedor (artigo 53, incisos I, II e III da LRF).

No mesmo sentido, é necessário definir um quórum mínimo de credores para legitimar a apresentação de plano alternativo (quórum de proposição).

Poder-se-ia utilizar, por exemplo, o mesmo quórum mínimo de credores previsto na LRF para a convocação de assembleia-geral de credores: 25% (vinte e cinco por cento) do valor total dos créditos de uma determinada classe (artigo 36, § 2º).

Quanto ao prazo da exclusividade, o devedor poderia ter um prazo de 120 (cento e vinte) dias, contados do deferimento do processamento da recuperação judicial, de exclusividade para apresentar e obter aprovação de seu plano de recuperação judicial. O legislador poderia então dispensar o prazo para apresentação de objeções ao plano determinando a realização de assembleia-geral de credores (ou meio alternativo de aprovação do plano) em qualquer caso, podendo os credores apresentarem objeção ao plano a qualquer momento, inclusive em assembleia.

Neste cenário, caso o devedor não obtenha aprovação do plano em tal prazo de 120 (cento e vinte) dias, os credores que satisfaçam o quórum acima poderiam manifestar seu interesse em apresentar plano alternativo. Nesse caso, tais credores poderiam apresentar o plano alternativo em um prazo adicional, por exemplo, de 60 (sessenta) dias. O prazo de exclusividade do devedor poderia ser prorrogado uma única vez por no máximo 60 (sessenta) dias mediante aprovação pela assembleia-geral de credores, nos termos do artigo 42 da LRF. Caso os credores manifestem interesse em propor plano alternativo ou aprovem o prazo adicional de exclusividade, o prazo de suspensão de ações de cobrança e de execuções de 180 (cento e oitenta) dias poderia ser prorrogado por um curto espaço de tempo.

Ademais, é necessário conferir aos credores amplo acesso às informações financeiras e operacionais do devedor, ainda que em algumas circunstâncias os credores sejam obrigados a firmar acordos de confidencialidade para evitar a divulgação de informações confidenciais que possam prejudicar as operações do devedor ou conferir vantagens a concorrentes.

Na hipótese de apresentação de um ou mais planos alternativos, todos os planos apresentados poderiam ser levados a votação pela assembleia-geral de credores. Em qualquer caso, ficariam preservados os direitos de voz e voto dos credores que apresentarem o plano alternativo colocado em votação. Caso mais de um plano seja aprovado pelos credores (podendo inclusive um novo plano apresentado pelo devedor ser aprovado na mesma ocasião), prevaleceria o plano aprovado pelo maior número de classes de credores (nos termos do artigo 41 da LRF). Em caso de empate com base em tal critério, prevaleceria o plano aprovado pelo maior valor de créditos

RECUPERAÇÃO JUDICIAL

presentes na assembleia-geral de credores. Em caso de empate também nesse critério, prevaleceria o plano aprovado pelo maior número de credores presentes na assembleia-geral de credores. Caso haja empate também nessa última hipótese, caberia ao juízo da recuperação judicial homologar um dos planos aprovados levando em consideração os princípios previstos no artigo 47 da LRF. Se nenhum dos planos propostos for aprovado pelos credores nos termos da LRF, o juiz decretaria, então, a falência do devedor.

7. Projeto de alteração da LRF em relação à possibilidade de apresentação de plano alternativo de recuperação judicial pelos credores - a redação atual do substitutivo ao Projeto de Lei nº 6.229/2005 (PL nº 6229)

As discussões sobre possível modificação à Lei nº 11.101/05 continuam sendo travadas no âmbito do Poder Legislativo brasileiro. A versão mais recente do substitutivo ao projeto de lei nº 6.229/2005 ("PL nº 6229")[24], por exemplo, propõe mudanças ao artigo 56 da LRF, com alteração do parágrafo 4º e a inclusão de quatro parágrafos adicionais (parágrafos 5º a 8º), de modo a criar um modelo de exclusividade mitigada para apresentação de plano de recuperação judicial.

Em linhas gerais, o novo parágrafo 4º do artigo 56 da LRF pelo PL nº 6229 prevê que se o plano de recuperação judicial for rejeitado, o administrador judicial submeterá à votação da própria assembleia-geral de credores a concessão de prazo de 30 (trinta) dias para apresentação pelos credores de plano de recuperação concorrente (ou alternativo). Tal concessão de prazo deverá ser aprovada por credores que representem mais da metade dos créditos presentes em assembleia (parágrafo 5º).

De acordo com o parágrafo 6º do artigo 56 da LRF proposto pelo PL nº 6229, o plano de recuperação judicial proposto pelos credores será posto em votação caso satisfeitas determinadas condições, incluindo: (i) o não preenchimento dos requisitos do critério alternativo para aprovação do plano do devedor previsto no artigo 58, parágrafo 1º, da LRF; (ii) a inclusão no plano dos termos previstos no artigo 53, incisos I, II e III da LRF; (iii) o apoio de credores que representem mais de um terço dos créditos totais sujeitos à recuperação judicial; (iv) a não imputação, aos sócios do devedor de obrigações novas, não previstas em lei ou em contratos anteriormente

[24] Disponibilizada aos autores em 9.10.2019.

178

celebrados; (v) a isenção das garantias pessoais prestadas pelos sócios em relação aos créditos a serem novados; e (vi) a não imposição, aos sócios do devedor, de sacrifício do seu capital maior do que aquele que decorreria da liquidação na falência.

Caso os requisitos para apresentação de plano alternativo não sejam cumpridos ou o plano proposto pelos credores seja rejeitado, o juiz convolará a recuperação judicial em falência (parágrafo 8º).

Finalmente, o PL nº 6229 prevê no parágrafo 7º do artigo 56 da LRF que caso haja suspensão da assembleia geral de credores convocada para fins de votação do plano de recuperação judicial, esta deverá ser encerrada no prazo de até 30 (trinta) dias, contados a partir da sua instalação.

8. Alterações necessárias ao PL nº 6229 com relação à possibilidade de apresentação de plano alternativo de recuperação judicial pelos credores

As alterações propostas pelo PL nº 6229 ao artigo 56 da LRF representam uma evolução na medida em que conferem aos credores a possibilidade de apresentar plano alternativo ou concorrente em relação ao plano do devedor. Contudo, em linha com o exposto nos capítulos acima, entendemos que o PL nº 6229 deve ser modificado e aprimorado em alguns aspectos.

Em primeiro lugar, o PL nº 6229 estabelece a assembleia-geral de credores que rejeita o plano como marco inicial para a deliberação sobre a concessão de prazo de 30 (trinta) dias para apresentação pelos credores de plano de recuperação concorrente. Isso significa, na prática, que o devedor terá um prazo de exclusividade incerto porque não se sabe quando ocorrerá a assembleia-geral de credores que rejeitará o plano. Na pratica, é provável que tal prazo seja longo, na medida em que a assembleia que delibera o plano tem ocorrido com frequência muito depois de 150 (cento e cinquenta) dias após o deferimento do processamento da recuperação judicial.

Assim, o ideal seria que o projeto estabelecesse um prazo fixo – por exemplo de 120 (cento e vinte) dias, conforme indicado acima – para o devedor apresentar e obter aprovação de plano de recuperação judicial, sendo que tal prazo poderia ser prorrogado uma única vez por até 60 (sessenta) dias. Dessa forma, mesmo que não haja assembleia-geral de credores para deliberar sobre o plano do devedor, os credores já poderiam elaborar, apresentar e negociar plano de recuperação judicial alternativo.

RECUPERAÇÃO JUDICIAL

Por outro lado, o prazo de 30 (trinta) dias previsto no substitutivo para os credores apresentarem plano de recuperação concorrente é excessivamente curto. Se o devedor, que tem todas as informações relevantes, tem um prazo de 60 (sessenta) dias para elaborar plano de recuperação judicial, é necessário que os credores tenham ao menos o mesmo prazo para elaborar o plano alternativo ou concorrente. Assim, vê-se, de um lado, que o PL 6229 confere prazo de exclusividade incerto ao devedor (provavelmente longo), enquanto que, de outro, o prazo conferido aos credores é muito curto.

Ademais, há um excesso de etapas e formalidades no PL nº 6229 para que um plano alternativo seja finalmente aprovado: (i) rejeição do plano proposto pela devedora em assembleia-geral de credores; (ii) aprovação, em assembleia, pela maioria dos créditos presentes, da concessão de prazo para apresentação pelos credores de plano de recuperação concorrente; (iii) apoio de ao menos 1/3 (um terço) do total de créditos sujeitos à recuperação judicial[25] ao plano proposto para que ele possa ser votado; e, finalmente, (iv) aprovação do plano de recuperação judicial concorrente.

As muitas etapas tornarão o processo muito complexo e dificultarão excessivamente a apresentação de plano alternativo pelos credores. O melhor seria permitir que após um período de exclusividade – e.g., de 120 (cento e vinte) dias –, os credores que satisfaçam um quórum definido – e.g., 25% (vinte e cinco por cento– do valor total dos créditos de uma determinada classe) possam apresentar plano alternativo no prazo de 60 (sessenta) dias. Nesse cenário, haveria apenas uma deliberação da assembleia-geral de credores sobre os planos alternativos.

O PL 6229, ademais, não prevê qualquer critério para votação dos planos alternativos e definição sobre qual plano deve prevalecer caso mais de um plano seja aprovado pelos credores. Tais definições são necessárias porque é possível que o devedor apresente um novo plano para competir com um plano alternativo ou que os credores apresentem mais de um plano alternativo. Nesse cenário, é possível também que mais de um plano seja aprovado na medida em que os planos concorrentes deveriam

---

[25] Tal quórum também parece muito alto, sendo que o mais adequado seria um quórum menor, como, por exemplo, o mesmo quórum mínimo de credores previsto na Lei nº 11.101/05 para a convocação de assembleia-geral de credores: 25% (vinte e cinco por cento) do valor total dos créditos de uma determinada classe (artigo 36, § 2º).

ser votados separadamente. Os critérios de desempate poderiam ser aqueles já apontados acima.

Um ponto que certamente deve ser alterado no PL nº 6229 é a condição para apresentação de plano alternativo de isenção das garantias pessoais prestadas pelos sócios em relação aos créditos a serem novados. O que a LRF prevê é que tanto em cenário de aprovação como em cenário de rejeição do plano de recuperação judicial (e decretação da falência), o credor mantém as garantias pessoais. Nesse sentido, se, até mesmo em um cenário extremo de rejeição do plano do devedor e conversão da recuperação judicial em falência, o credor não é obrigado a abrir mão da garantia pessoal outorgada pelo sócio, não é razoável exigir que, em cenário de apresentação de plano alternativo, lhe seja imposta tal liberação de garantias pessoais.

Assim, não há qualquer razão para a liberação das garantias pessoais prestadas pelos sócios na hipótese de apresentação pelos credores de plano alternativo. A título de exemplo, não há qualquer regra semelhante no sistema falimentar Norte-Americano. Tal previsão legal criaria um desincentivo completamente desnecessário e injustificado à apresentação de plano alternativo dos credores.

Conclusões

Como se viu acima, a possibilidade de apresentação de plano de reorganização alternativo ou concorrente pelos credores já foi regulada no Código de Falências dos Estados Unidos de 1978, conforme modificado pelo BAPCPA. Tendo como opções conferir exclusividade perene ou não conferir qualquer exclusividade ao devedor para apresentação de plano de reorganização, o Código de Falências Norte-Americano adotou uma solução intermediária, em que o devedor, em regra, e por um prazo específico (que pode ser reduzido ou estendido), tem o direito exclusivo de apresentar, negociar e obter aprovação de um plano de reorganização. Após tal período determinado, os credores passam a poder apresentar planos alternativos ou concorrentes.

Em 2005, o Código de Falências de 1978 foi reformado pelo BAPCPA para impor limites às extensões por justa causa do período de exclusividade do devedor e, portanto, impedir que o período de exclusividade fosse estendido de forma excessiva. O direito dos credores de propor planos de reorganização não tornou irrelevantes os planos de reorganização propos-

RECUPERAÇÃO JUDICIAL

tos pelos devedores (que continuam sendo a regra), mas contribuiu para processos de reorganização mais eficientes e bem-sucedidos tendo em vista o maior equilíbrio nas negociações dos planos de reorganização. No sistema falimentar Brasileiro, ainda há um grande desequilíbrio entre os poderes e prerrogativas de credores e devedores no processo de recuperação judicial. Enquanto devedores têm uma vasta gama de poderes e prerrogativas, o principal poder dos credores é a rejeição do plano de recuperação judicial para forçar a quebra do devedor. Contudo, tal poder tem se mostrado extremamente limitado porque a falência do devedor na vasta maioria dos casos traria enorme prejuízo também aos credores.

Nesse contexto, é necessário alterar a Lei n° 11.101/05 para conferir aos credores a possibilidade de apresentação de um ou mais planos alternativos ao plano do devedor em recuperação judicial após um determinado período de exclusividade em que o devedor não tenha obtido o apoio necessário para aprovar seu plano de recuperação judicial. A mera possibilidade de os credores apresentarem plano alternativo tornaria o processo mais eficiente porque faria com que o devedor propusesse plano mais próximo à sua efetiva capacidade de pagamento de dívidas e compartilhasse mais informações com os credores desde o início do processo.

É fundamental, contudo, que o direito dos credores à apresentação de plano alternativo seja devidamente regulado. Nesse sentido, é importante que o plano alternativo seja apresentado apenas após um prazo fixo e estabelecido em lei – e.g., de 120 (cento e vinte) dias, contados do deferimento do processamento da recuperação judicial –, de exclusividade para o devedor apresentar e obter aprovação de seu plano de recuperação judicial (podendo tal prazo de exclusividade ser estendido por, por exemplo, mais 60 dias). Uma vez esgotado o prazo de exclusividade apontado acima, credores detentores de parcela dos créditos estipulada em lei – por exemplo, de 25% (vinte e cinco por cento) do valor total dos créditos de uma determinada classe – poderiam manifestar seu interesse em apresentar plano alternativo e teriam então um prazo adicional de 60 (sessenta) dias, tal como o prazo conferido por lei ao devedor).

É inegável que o atual texto do substitutivo do PL n° 6229 representa uma evolução nessa matéria, ao conferir aos credores a possibilidade de apresentar plano alternativo. Entretanto, tal texto deve ser aprimorado porque, dentre outras razões: (i) mantém a exclusividade do devedor por prazo incerto (e provavelmente longo); (ii) prevê prazo muito curto para

182

os credores apresentarem plano alternativo (apenas 30 (trinta) dias); (iii) exige muitas etapas até o que plano alternativo seja aprovado; (iv) não prevê qualquer critério para definição sobre qual plano deve prevalecer caso mais de um plano seja aprovado pelos credores; e (v) exige, em oposição ao sistema da LRF, que os credores liberem as garantias pessoais detidas contra os sócios do devedor para poderem aprovar plano alternativo. Implementados tais ajustes, entendemos que o PL nº 6229 contribuirá de forma mais significativa para o necessário equilíbrio entre os poderes e prerrogativas conferidos pela LRF a credores e devedores para tornar os processos de recuperação judicial mais eficientes, céleres e justos.

os credores apresentarem plano alternativo (apenas 30 (trinta) dias); (iii) exige muitas etapas até que o plano alternativo seja aprovado; (iv) não prevê qualquer critério para definição sobre qual plano deve prevalecer caso mais de um plano seja aprovado pelos credores; e (v) exige, em oposição ao sistema da LRF, que os credores liberem as garantias pessoais detidas com a os sócios do devedor para aprovar plano alternativo. Implementados tais ajustes, entendemos que o PL n.º 6229 contribuirá de forma mais significativa para o necessário equilíbrio entre os poderes e prerrogativas conferidos pela LRF a credores e devedores para tornar os processos de recuperação judicial mais eficientes, céleres e justos.

8
Cram Down no Direito Norte-Americano e no Direito Brasileiro

RENATA MARTINS DE OLIVEIRA AMADO

Introdução

A Lei nº 11.101/2005 ("LRF") introduziu no ordenamento jurídico brasileiro a recuperação judicial, que consiste na possibilidade de um devedor convocar seus credores sujeitos a tal procedimento para negociarem um plano de recuperação. O plano de recuperação é apresentado pelo devedor e, se aprovado e homologado, novará as dívidas nos termos estabelecidos em tal instrumento, concedendo, assim, oportunidade para que a empresa em dificuldades supere sua crise econômico financeira e mantenha a geração de riquezas e os postos de trabalho, finalidade visada pelo princípio da preservação da empresa insculpido no art. 47 da LRF.

Especificamente em relação à votação do plano de recuperação judicial em Assembleia Geral de Credores, a LRF, em seu art. 41, divide os credores em quatro classes (a saber, classe I: credores trabalhistas ou de acidentes de trabalho, classe II: credores com garantia real, classe III: credores quirografários, com privilégio especial, com privilégio geral e subordinado e classe IV: credores microempresa ou empresa de pequeno porte). Para a aprovação de um plano, é necessária a votação favorável nas quatro classes ou em todas classes existentes na recuperação específica, sendo que, para tanto, o plano deve receber voto positivo pela maioria em termos de cabeça dos credores presentes ao conclave para as classes I e IV e maioria em termos de cabeça e valor dos credores presentes para as classes II e III (arts. 45 e 58 da LRF).

RECUPERAÇÃO JUDICIAL

O § 1º do art. 58 da LRF prevê uma forma alternativa de aprovação do plano pelo magistrado, conhecida por *cram down*, que necessita de quatro requisitos cumulativos, a saber: (i) aprovação do plano pela maioria dos credores em termos de valor presente à Assembleia Geral de Credores (requisito este que é uma inovação da legislação nacional), (ii) aprovação na maioria das classes votantes, (iii) 1/3 de votos favoráveis ao plano na classe dissidente (outra inovação da legislação brasileira) e (iv) inexistência de tratamento desigual entre os credores da classe dissidente (requisito do § 2º do mesmo artigo, que se assemelha ao *unfair discrimination* que será tratado no próximo capítulo).

Cram down em sua tradução literal é colocar o plano "goela abaixo" dos credores dissidentes. É uma alternativa à decretação de falência que decorreria da não aprovação do plano nos quóruns previstos em lei[1]. É uma maneira, portanto, de o juiz, verificados os requisitos legais, impor o plano aos credores da classe contrária a ele.

O presente artigo pretende tratar dessa forma alternativa de aprovação do plano de recuperação judicial, comparando como o ordenamento jurídico brasileiro e o ordenamento jurídico norte-americano tratam o instituto. Verificar-se-á que no Brasil o *cram down* foi importado de uma forma descuidada, de modo que são corretas algumas das críticas que lhe têm sido endereçadas.

Será analisada também a maneira como o Poder Judiciário brasileiro tem tratado este instituto, sendo certo que a verificação que se pretende fazer passará pela análise da divisão de classes de credores em recuperações judiciais brasileiras e americanas e como nossas cortes têm visto questões correlatas, como, por exemplo, o voto de credores na classe dissidente formada por apenas um credor.

---

[1] Apenas à título de referência, registra-se que o Substitutivo de Plenário ao Projeto de Lei n. 6.229 de 2005 de relatoria do deputado Hugo Leal, que visa alterar a LRF ("Substitutivo"), prevê, na versão atual de setembro de 2019, na redação ao art. 56 a inclusão de outra alternativa à falência e que pode ocorrer após a constatação de que o plano de recuperação judicial não foi aprovado nos quóruns original e alternativo: a apresentação de plano de recuperação judicial pelos credores, desde que verificados os requisitos previstos nos parágrafos que o Substitutivo pretende incluir em tal artigo.

1. *Cram down* no ordenamento jurídico norte-americano

Como se sabe, grande parte da legislação brasileira de insolvência de 2005 foi inspirada no *Bankruptcy Act* de 1978 dos Estados Unidos da América, estando entre os mecanismos importados a recuperação judicial em si, inspirada pelo *Chapter 11*, e o instituto do *cram down*.

Nos Estados Unidos da América, para que um plano de recuperação judicial seja considerado aprovado, é necessária a votação favorável de todas as classes afetadas. Nas classes, em regra, o quórum de aprovação é de 2/3 dos créditos em termos de valor e 1/2 dos credores em termos de cabeça[2].

O § 1122 do *Bankruptcy Code*, tratando da classificação de interesses ou créditos, estabelece que um plano pode alocar um crédito/interesse em uma classe específica apenas se tal crédito/interesse é substancialmente similar aos créditos/interesses de tal classe. Ademais, prevê que, por conveniência administrativa, créditos pequenos podem ser alocados em uma classe própria.

Ao assim determinar, quer-se garantir que na formação das classes o plano tenha relativa liberdade para dispor sobre a alocação dos credores, desde que observado o tratamento igualitário entre eles. Sobre o ponto, Sheila Christina Neder Cerezetti afirma que "além de apontar para a importância de reunir apenas credores com interesses análogos, é necessário garantir que os essencialmente parecidos não sejam alocados em grupos distintos apenas com a finalidade de justificar a atribuição de tratamento diverso a semelhantes". Visa-se, assim, uma proteção que tem em consideração dois olhares: "proibição de aproximação de diferentes e obrigatória agregação de iguais".

Segundo a professora, tudo isto "incita a elaboração de propostas que contemplem tratamento equitativo ou ao menos razoavelmente benéfico a uma ampla gama de participantes, já que a discriminação de um dado grupo levaria à provável rejeição do plano pelo mesmo grupo e as dificuldades, usualmente, intransponíveis de superação deste veto."[34]

---

[2] Cf. § 1126 (c) do Bankruptcy Code.

[3] "As classes de credores como técnica de organização de interesses: Em defesa da alteração da disciplina das classes na recuperação judicial", in Direito das empresas em crise: problemas e soluções, sob coordenação de Paulo Fernando Campos Salles de Toledo e Francisco Satiro, IBR/Quartier Latin, São Paulo, 2012, pp. 365/385, p. 377/378.

[4] No mesmo sentido, em parecer publicado na Revista de direito mercantil, industrial, econômico e financeiro, v. 45, n. 142, "Recuperação judicial: sociedades anônimas; debêntures;

RECUPERAÇÃO JUDICIAL

Os tribunais americanos estão acostumados com a classificação de credores em classes distintas, sendo duas as teses defendidas para tanto: a classificação permissiva (segundo a qual, a separação em classes permite que o interesse dos credores respectivos seja efetivamente representado na votação do plano) e a classificação restritiva (para a qual créditos que não sejam efetivamente similares podem ter classes distintas). Seja lá como for a tese, é expressamente combatido por tais cortes o uso de divisão em classes apenas e tão somente para permitir a aprovação do plano via *cram down*[5].

O *cram down* está previsto no § 1129(b) do capítulo 11 do *Bankruptcy Code*. Para a aplicação do instituto, deve haver pedido expresso do devedor e os seguintes requisitos: ao menos uma classe prejudicada tenha aceitado o plano, o plano não promova tratamento discriminado indevido e o plano seja justo e equitativo.

O tratamento norte-americano ao *cram down* está em sintonia com as orientações divulgadas pela Uncitral[6] para legislações de insolvência, as

---

assembléia geral de credores; liberdade de associação; boa-fé objetiva; abuso de direito; *cram down; par condicio creditorum"*, pp. 263/281, abr./jun. 2006, p. 270, temos a opinião de Paulo Fernando Campos Salles de Toledo tratando do direito norte-americano "os credores (bem como os sócios e acionistas da devedora) podem ser classificados em diversas classes, desde que seus créditos ou direitos sejam substancialmente similares ('substantially similar') a todos os demais da classe. Ou seja, a flexibilidade do sistema possibilita que os credores sejam divididos em classes configuradas de um modo tal que equivalem, na verdade, às classes e subclasses antes referidas. Pois bem: no direito norte-americano o plano, para ser homologado judicialmente, deve necessariamente, além de preencher outros requisitos, ter sido aprovado por todas as classes de credores. Só não precisarão aprová-lo as classes que não tenham sido afetadas ('impaired') pelo plano. Todas as demais, respeitadas as múltiplas divisões em que tenham sido alocados os credores e titulares de direitos de sócio (ou seja, as classes e subclasses, caso se adotasse a nomenclatura antes anunciada) devem ter aceitado o plano."

[5] Neste sentido, Sheila Christina Neder Cerezetti, "O papel dos credores no *Bankruptcy Code"*, Revista de direito mercantil, industrial, econômico e financeiro, v. 48, n. 151/152, p. 164-186, jan./dez. 2009, p. 175/176.

[6] O *guideline* para legislações de insolvência da Uncitral, acerca do *cram down*, afirma: "Where such provisions are incorporated into the insolvency law, the law also generally includes conditions that are aimed at protecting the interests of those dissenting classes of creditors. These conditions include that the requisite approvals of the plan have been obtained and that the approval process was properly conducted; that creditors will receive at least as much under the plan as they would have received in liquidation proceedings; that the plan does not include provisions contrary to the insolvency law or to other relevant law; that administrative claims and expenses will be paid in full, except to the extent that the holder of such a claim

CRAM DOWN NO DIREITO NORTE-AMERICANO E NO DIREITO BRASILEIRO

quais fazem menção às regras do *best interest of creditors* e da *absolute priority rule* como sugestões de testes para uso do *cram down*.

Paulo Fernando Campana Filho, Sheila Christina Neder Cerezetti, Renata Yumi Miyazaki e Carolina Soares João Batista, em artigo coletivo[7], trataram com precisão da questão acerca da análise vertical e da análise horizontal, que são necessárias em um cenário de *cram down* no ordenamento jurídico norte-americano.

Na análise horizontal, verifica-se se não há um tratamento desigual e indevido entre credores de mesma hierarquia na classe dissidente. Em outras palavras, faz-se o exame do elemento *unfair discrimination*, o qual não está positivado no ordenamento jurídico norte-americano, de modo que é uma tarefa do julgador analisar este conceito aberto.

Sheila Cerezetti e outros, em seu artigo coletivo, afirmam que "a análise da existência de discriminação justificada envolve necessariamente a apreciação pelo magistrado da divisão dos créditos parecidos em classes distintas. Isso significa que a atuação do juiz quando da utilização do 'cram down' é bastante profunda e abrange estudos detalhados das previsões estabelecidas no plano de reorganização."[8]

Por análise vertical, entende-se a comparação que deve ser feita entre diferentes classes de credores com o objetivo de constatar se os elementos *fair and equitable* estão presentes especificamente em relação à classe dissidente. Com esta averiguação, quer-se garantir que prioridades de recebimento previstas em lei estão sendo observadas e que também credores em classes superiores não estão recebendo mais do que deveriam.

Especificamente sobre análise do *fair and equitable* é importante mencionar que, conforme lição de David G. Epstein, o § 1129(b)2 prevê três testes diferentes para verificar se um plano respeita tal requisito, depen-

---

or expense has agreed to different treatment; and that the claims of classes of creditors that do not support a plan are treated under the plan in accordance with the rank accorded to them under the insolvency law (in other words, that creditors in that class will be paid in full, whether in money or property, such as stock or other securities, before a junior rank is paid)". (http://www.uncitral.org/pdf/english/texts/insolven/05-80722_Ebook.pdf, p. 226).

[7] "A prevalência da vontade da assembléia-geral de credores em questão: o *cram down* e a apreciação judicial do plano aprovado por todas as classes", *in* Revista de direito mercantil, industrial, econômico e financeiro, v. 45, n. 143, p. 202-242, jul./set. 2006.

[8] Op. cit, p. 207/208.

dendo do tipo de classe dissidente (classe com garantia real, classe quirografária ou classe de interesse de propriedade). [9]

Resumindo a questão, na obra coletiva supra referida de Sheila Cerezetti e outros afirma-se que: "de forma geral, em relação aos detentores de 'secured claims', o plano é considerado 'fair and equitable' se (i) o credor mantiver sua garantia sobre o bem, ainda que vendido a terceiro, e receber pagamento diferido de, no mínimo, seu crédito garantido; (ii) caso o bem seja vendido livre e desimpedido, a garantia recair sobre o valor resultante da venda, observando-se os itens (i) e (iii); ou (iii) o credor receber valor indubitavelmente equivalente ao seu crédito. A mesma exigência é preenchida em relação à classe de 'unsecured claims', se (i) o credor receber ou retiver um valor equivalente, na data do plano, ao valor do seu crédito, ou (ii) se nenhum detentor de 'claim' ou 'interest' pertencente a classe inferior receber ou retiver qualquer valor em razão de seu crédito. Por fim, o plano é 'fair and equitable' com relação à classe de 'interests', se (i) cada detentor de 'interests' receber ou retiver valor equivalente, na data do plano, ao maior dentre (a) a 'fixed liquidation preference' a que teria direito, (b) o preço fixo de resgate ou (ii) se nenhum detentor de 'interest' pertencente a classe inferior receber ou retiver qualquer valor em razão de seu 'interest'"[10].

Da análise do *fair and equitable*, advém um outro elemento: a *absolute priority rule*, que consiste na regra de que um credor de classe inferior (*junior class*) não pode receber antes que todos os credores de classes superiores (*senior class*) tenham recebido. Este é um elemento relevantíssimo nos Estados Unidos da América para a análise de casos envolvendo a aprovação do plano via *cram down*, contrariamente à desaprovação de uma classe sem garantia.

A regra do *absolute priority rule*, contudo, pode sofrer abrandamentos, mediante a aplicação da *gifting doctrine*. Explica-se: se uma classe inferior estiver recebendo mais que a classe imediatamente superior a ela em razão de concessões (ou melhor, presentes) feitas em seu favor por classe prioritária, não há que se cogitar de qualquer violação, visto que, no final, a classe prioritária abriu mão do valor em benefício da classe inferior.

---

[9] Nas palavras do professor: "Section 1129(b)2 sets out three different tests for determining whether a plan is 'fair and equitable' depending on whether the dissenting class is a secured claim, unsecured claim or ownership interest". (Bankruptcy and Related Law in a Nutshell, Seventh edition, Thomson West, p. 438).

[10] Op. cit., p. 208.

CRAM DOWN NO DIREITO NORTE-AMERICANO E NO DIREITO BRASILEIRO

Segundo Thiago Dias Costa, a soma da análise vertical (*fair and equitable*) e da análise horizontal (*unfair discrimination*) acaba por desempenhar o mesmo papel de análises presentes em outras legislações de insolvência relativas ao *par conditio creditorum* ou a *pari passu rule* (do Reino Unido)[11].

De todo modo, importa salientar que toda a discussão acerca destas duas análises somente é necessária nos casos de *cram down*. Em situações diversas, nas quais o plano foi aprovado por todas as classes, mesmo havendo tratamento mais benéfico de determinada classe inferior frente à classe superior, como houve um consenso e voto afirmativo a este tratamento, a lei não se preocupa em realizar, por exemplo, a análise do *absolute priority rule*, do *fair and equitable standards* e da *unfair discrimination*.[12/13]

De outro lado, como, para se aprovar o plano em uma classe não é necessária uma unanimidade, o ordenamento jurídico norte-americano coloca à disposição do credor dissidente o exercício do *best interest of creditors test*, consistente no fato de que tal credor não pode ter no plano de recuperação um tratamento pior do que teria em um cenário de falência, ao menos, é claro, que aceite isto.

Importante registrar que esta análise é feita nos Estados Unidos da América em relação a todos os planos de recuperação. Ou seja, não é um exercício exclusivo dos casos de *cram down*.

---

[11] Recuperação Judicial e Igualdade entre Credores, 1 ed., 2018, Lumen Juris, Rio de Janeiro, p. 47.

[12] No artigo coletivo citado, os autores assim tratam da questão: "Em resumo, pode-se dizer que, de acordo com o regime norte-americano, a 'unfair discrimination' e a 'fair and equitable' aplicam-se apenas nos casos de 'cram down'. Isso significa que o plano pode discriminar injustamente as classes de credores de mesma hierarquia, embora não possa discriminar credores pertencentes à mesma classe, e desrespeitar as preferencias creditórias contanto que haja a concordância todas as classes e seja observado o 'best interest of creditors' dos dissidentes. A 'unfair discrimination' e a 'fair and equitable' não são, portanto, regras absolutas, de ordem pública: a autonomia da vontade prevalece e o plano pode, respeitadas algumas garantias mínimas, distribuir os bens de qualquer forma, ainda que discriminatória e injusta, desde que todas as classes de credores concordem com isso" (p. 209).

[13] Thiago Dias Costa pontua que, "as regras relacionadas à igualdade de tratamento entre credores (*unfair discrimination* e *fair and equitable rule*) são aplicáveis exclusivamente às classes dissidentes- não sendo de observância necessária nas situações em que o plano é aprovado por todas as classes". Todavia, o autor registra que mesmo assim encontramos naquela jurisdição precedentes em que o plano de recuperação judicial, em que pese ter sido aprovado em todas as classes, foi anulado sob o argumento de violação ao tratamento igualitário entre credores da mesma classe. (Op. cit, p. 41/43).

RECUPERAÇÃO JUDICIAL

Em relação ao *best interest of creditors test*, vale salientar que muitas das vezes este exercício de comparar o tratamento dado no plano com o tratamento em um cenário de falência pode ser desafiador tanto nos Estados Unidos, como principalmente no Brasil[14], situação esta que será muito bem endereçada nesta obra coletiva no artigo de Luciana Celidonio.

De todo modo, Sheila Cerezetti e outros, no artigo supra referido, afirmam, em primeiro lugar, que "a capacidade de pagamento de no mínimo o equivalente ao que seria recebido na falência é um mecanismo de verificação da viabilidade econômica da empresa"[15]. Contudo, tal requisito isoladamente aplicado para fins de homologação do plano é considerado uma forma de se conferir força excessiva ao credor dissidente, comprometendo os outros interesses envolvidos no processo, entre eles o de preservação da empresa e o interesse da própria maioria que votou a favor do plano.[16] Os autores entendem, assim, que o *unfair discrimination* poderia representar vantagens sobre *best interest of creditors*[17], exemplificando que "os credores (..) podem ser fornecedores do devedor e decidir abrir mão de parte dos seus créditos para que se beneficiem da continuidade do funcionamento da empresas. Esses credores, assim, teriam estímulo a aprovar o plano ainda que não recebessem, de acordo com ele, valores tão altos ou tão rapidamente quanto em uma falência (...). A regra do 'unfair discrimination' (...) pressupõe que o direito a voto permita que os credores aprovem o plano que lhes for benéfico, seja por pagar mais e/ou em melhores condições do que na liquidação, seja por permitir que a empresa continue em funcionamento. A aprovação do plano pela maioria dos credores significa, nesse contexto, que o plano de recuperação é mais vantajoso para eles do que a submissão a um processo de falência."[18]

Mas, ao final, os autores concluem que a solução seria a conjugação de ambas regras de forma alternativa já que "essa aplicação alternativa eli-

[14] No Brasil, por exemplo, porque os planos de recuperação judicial usualmente não retratam com detalhe necessário a situação econômica da empresa em crise e como ficariam os credores em um cenário de falência da empresa. Ademais, porque as classes sujeitas à recuperação judicial são distintas das classes sujeitas à falência, valendo, neste ponto, registrar que a classe créditos tributários do inciso III do art. 83 da LRF, que está acima dos credores quirografários em caso de quebra, não se submete aos efeitos da recuperação judicial.

[15] Op. cit., p. 229.

[16] Op. cit., p. 230.

[17] Op. cit., p. 230.

[18] Op. cit., p. 231.

CRAM DOWN NO DIREITO NORTE-AMERICANO E NO DIREITO BRASILEIRO

mina os excessos de ambas as regras. Por um lado, ela impede que o credor minoritário que já recebe o que lhe seria pago no caso de falência se aproveite da situação favorável de outros credores na mesma posição para requerer a equiparação com eles (por meio da aplicação da regra da ausência de 'unfair discrimination') (...). Por outro lado, impossibilita que o credor minoritário impugne o recebimento de um valor inferior ao que receberia em caso de falência se a classe a que ele pertence aceitar receber na mesma proporção."[19]

Ainda acerca do *best interest of creditors test*, Arthur Miranda Cavalcanti afirma que, nos Estados Unidos, "constitui uma possibilidade, mas não uma realidade prática, visto que lá funciona mais como um meio efetivo de pressão para os credores melhor avaliarem os riscos do decreto falencial de empresa viável, do que uma alternativa de uso sistemático pelo magistrado."[20]

De todo modo, entende-se que o *best interest of creditors test* seja mais fácil de ser desenvolvido nos Estados Unidos da América porque existe uma série de proteções aos direitos dos credores que não estão previstas no ordenamento falimentar brasileiro, incluindo o fato de que os administradores da devedora e o administrador judicial possuem deveres fiduciários também frente aos credores e não apenas perante a própria companhia, o que é bem relevante para verificar os termos dos planos e o respeito aos princípios que protegem os interesses dos credores[21]. Acerca da questão

---

[19] Op. cit., p. 232.

[20] "O *Craw Down* na Recuperação de Empresas: entre o limite da atuação do poder judiciário e a efetividade da superação da crise". 2017, 136 f. Dissertação (Mestrado) – Universidade Católica de Pernambuco. Pró-reitoria Acadêmica. Coordenação Geral de Pós Graduação. Mestrado em Direito. 2017, p. 123.

[21] Os credores devem ter o direito à informação protegido em tal ordenamento. Neste sentido, David G. Epstein explica: "the bankruptcy court does not review a Chapter 11 plan before it is submitted to creditors and shareholders for vote. Instead, the bankruptcy court reviews the information provided to creditors and shareholders to insure that their judgement is an informed judgement. (...) 'Adequate information is defined in section 1125(a) as information which is 'reasonable practible' for this debtor to provide to enable a 'hypothetical reasonable investor' who is typical of the holders of the claims or interests to make an informed judgement on the plan. What constitutes 'adequate information' thus depends on the circumstances of each case or factors such as (1) the condition of the debtor's books and records, (2) the sophistication of the creditors and stockholders, and (3) the nature of the plan." (Op. cit, p. 430/431).

RECUPERAÇÃO JUDICIAL

dos deveres fiduciários dos administradores da devedora, faz-se menção ao artigo de Renato Maggio e Solano Neiva, presente nesta obra coletiva.

2. *Cram down* no ordenamento jurídico brasileiro

O *cram down* no ordenamento jurídico brasileiro está previsto no § 1º do art. 58, da LRF. Comparando o *caput* deste dispositivo legal (que utiliza a palavra "concederá") com o seu § 1º (que adota a expressão "poderá conceder"), uma primeira questão que surge é se se está diante de um poder discricionário ou de um poder dever do magistrado em relação à aprovação via *cram down*.

Marcelo Sacramone, em sua obra de comentários à LRF, fazendo referência à jurisprudência do Tribunal de Justiça do Estado de São Paulo ("TJSP")[22], afirma tratar-se de um poder dever[23]. Do lado dos que entendem que há um poder discricionário, estão Fabio Ulhoa Coelho[24] e Eduardo Foz Mange[25]. Para nós, nos parece que se está diante de um poder dever[26].

Os requisitos para a aplicação deste meio alternativo de aprovação, nos termos do § 1º do art. 58 da LRF, são: (i) "o voto favorável de credores que representem mais da metade do valor de todos os créditos presen-

---

[22] Especificamente aos AIs 558.460-4/8-00 e 0183061-44.2012.

[23] Comentários à Lei de Recuperação de Empresas e Falência, Saraiva, 2018, São Paulo, p. 260. No mesmo sentido, é a lição de Scalzilli, Spinelli e Tellechea em sua obra coletiva: "Embora uma parcela da doutrina defenda que a imposição do plano de recuperação judicial aos credores (por meio do instituto do 'cram down') deve ocorrer apenas na hipótese de a empresa demonstrar sua relevância no contexto social em que está inserida, essa interpretação não parece ser a mais adequada por razões de duas ordens. A um, porque se acredita que toda e qualquer empresa cumpre função social, por menor que seja. A dois, porque o exame do cumprimento de função social por parte da recuperanda deve ser realizado pela assembleia geral – e não pelo juiz –, na medida em que são os credores, em última análise, que sofrerão eventuais sacrifícios creditícios decorrentes de aprovação do plano. Nesse particular, a interpretação sistemática da LREF conduz à conclusão que presentes os requisitos do 'cram down' o magistrado não terá alternativa senão a concessão da recuperação judicial" (Recuperação de Empresas e Falência – Teoria e Prática na Lei 11.101/2005, Almedina, 3 ed., 2018, São Paulo, p. 469).

[24] Comentários à nova Lei de Falências e de Recuperação de Empresas, 7 ed., São Paulo, Saraiva, 2010, p. 167.

[25] Dissertação de mestrado apresentada na Pontifícia Universidade Católica de São Paulo, em 2010: "Assembleia Geral de Credores na Recuperação Judicial", p. 58.

[26] Importante notar que o Substitutivo, na redação atual, não esclarece esta questão.

CRAM DOWN NO DIREITO NORTE-AMERICANO E NO DIREITO BRASILEIRO

tes à assembleia, independentemente de classes"; (ii) "a aprovação de 2 (duas) das classes de credores nos termos do art. 45 desta Lei ou, caso haja somente 2 (duas) classes com credores votantes, a aprovação de pelo menos 1 (uma) delas"; (iii) "na classe que o houver rejeitado, o voto favorável de mais de 1/3 (um terço) dos credores, computados na forma dos §§ 1º e 2º do art. 45 desta Lei", devendo ainda (iv) "o plano não implicar tratamento diferenciado entre os credores da classe que o houver rejeitado" (o requisito do *unfair discrimination*, como visto) [27].

O dispositivo em questão não foi alterado quando da promulgação da Lei Complementar 147/2014, que criou uma quarta e nova classe de credores sujeitos à recuperação judicial e que devem votar em conjunto no conclave que deliberará o plano (a classe da micro empresa ou empresa de pequeno porte), de modo que alguns questionamentos passaram a ser feitos especificamente do modo como deveria ser tratado o requisito (iii) supra citado.

Assim, a comunidade jurídica se reuniu para a promulgação do Enunciado 79 da II Jornada de Direito Comercial regulando como ficaria o *cram down* após a adição de uma nova classe no sistema recuperacional, deixando claro que o "requisito do inc. III do § 1º do art. 58 da Lei n. 11.101 aplica-se a todas as classes nas quais o plano de recuperação judicial não obteve aprovação dos termos do art. 45 desta Lei".

Contudo, as preocupações em relação ao *cram down* brasileiro não se restringem a esta omissão, que foi esclarecida seis meses mais tarde pelo referido enunciado[28]. De fato, João Pedro Scalzilli, Luis Felipe Spinelli e Rodrigo Tellechea registram, em sua obra coletiva de comentários à LRF, que o instituto brasileiro do *cram down* sempre passou e passa por críticas, salientando que, além do instituto no Brasil ser mais complexo e gerar embaraços a seu funcionamento, aqui "a constatação de que a imposição do plano contra a vontade de uma das classes que o rejeitou depende menos de critérios relacionados à efetiva possibilidade de recuperação da empresa, e mais da obtenção de um quórum alternativo – fazendo do

---

[27] O Substitutivo (termo referenciado) pretende alterar o inciso II deste parágrafo para estipular que: "a aprovação de 3 (três) das classes de credores, nos termos do art. 45 desta Lei, ou, caso haja somente 3 (três) classes com credores votantes, a aprovação de pelo menos 2 (duas) classes, nos termos do art. 45 desta Lei ou, caso haja somente e 2 (duas) classes com credores votantes, aprovação de pelo menos 1 (uma) delas, nos termos do art. 45 desta Lei".
[28] O Substitutivo, na redação atual, nada altera acerca do ponto.

RECUPERAÇÃO JUDICIAL

mecanismo uma espécie de 'rebaixamento' do quórum inicialmente previsto pelo legislador, que, se respeitado pela jurisprudência, poderia reduzir consideravelmente a discricionariedade do juiz em busca da melhor solução para o caso concreto".[29]

Ou seja, o legislador brasileiro preocupou-se muito mais com a criação de quóruns alternativos, deixando de aproveitar a experiência do uso do instituto do *cram down* em outros países, já que, além do quórum alternativo, tão somente se preocupa com a inexistência de um *unfair discrimination* na classe que reprovou o plano, o que motiva parte das críticas que surgem ao seu regramento no Brasil.

Comparando o *cram down* brasileiro com a experiência vivenciada nos Estados Unidos, Portugal e Alemanha, o artigo coletivo de Sheila Cerezetti e outros registra que "as regras estrangeiras de recuperação de empresa estudadas não contam com nenhuma exigência de aprovação mínima no que se refere à classe dissidente. Exige-se apenas, o que no mais também está previsto na lei brasileira, que uma outra classe tenha aprovado o plano de acordo com o quórum necessário para tanto. A indicação de percentuais adicionais representa uma criação nacional, cujos benefícios, como visto, são duvidosos."[30]

Da mesma forma, Eduardo Secchi Munhoz, em obra de comentários à LRF datada de 2007 e fazendo o mesmo exercício de comparação, afirma que, além de estabelecer um quórum alternativo, o *cram down* da lei brasileira, diferentemente do que ocorre em outros países, "não abre nenhuma margem para a apreciação pelo juiz da situação econômico-financeira concreta do devedor e do eventual abuso verificado no voto de rejeição do plano manifestado por uma determinada classe"[31]. Acrescenta o autor que, além de limitar os poderes do juiz, a lei brasileira apenas prevê "a exigência de tratamento uniforme nas relações horizontais da classe que rejeitou o plano"[32], não havendo nenhuma proteção à *absolute priority rule*.

Especificamente em relação a esta última questão, o autor explora a seguinte situação que poderia ocorrer em uma situação de *cram down* no

---

[29] Op. cit, p. 467/468.

[30] Op. cit., p. 216.

[31] Comentários à Lei de Recuperação de Empresa e Falência – Lei 11.101/2005 – Artigo por Artigo, Coordenação de Francisco Satiro de Souza Junior e Antonio Sérgio A. de Moraes Pitombo, 2 ed., RT, São Paulo, 2007, p.289.

[32] Op. cit., p. 291.

Brasil: "observados os requisitos do art. 58, o juiz venha a aprovar um plano de recuperação que preveja pagamento integral à classe dos credores quirografários, mas que não assegure o mesmo tratamento à classe trabalhista, ou aos credores com garantia real, que receberiam apenas uma parcela de seus créditos, a despeito dessas classes virem em primeiro lugar em relação à primeira na ordem de classificação (art. 83)", o que seria uma violação à *absolute priority rule.*[33]

De outro lado, do jeito pelo qual é regulado o instituto do *cram down* no Brasil, que se preocupa muito mais com quóruns do que, por exemplo, o tratamento conferido aos credores, pode ser que planos que não incorram em *unfair discrimination* e sejam *fair and equitable* não consigam ser aprovados, pois, por exemplo, na classe que rejeitou plano o quórum de 1/3 de aprovação não foi atingido.

Ainda citando os desafios criados na legislação nacional, o artigo coletivo de Sheila Cerezetti e outros menciona que a análise do requisito de inexistência de tratamento desigual entre os credores da classe dissidente (*unfair discrimination*) sofre dificuldades na classe III, que, como se sabe, na atualidade, é composta por credores quirografários distintos, como os quirografários em si, os com privilégio especial, os com privilégio geral, os subordinados (todos estes em *ranks* distintos em um cenário de quebra, tal como previsto no art. 83 da LRF[34]) e ainda aqueles com valores descobertos remanescentes de credores com garantia real.[35] Em assim sendo, os autores defendem que "a dessemelhança de interesses que justifica a separação dos créditos em classes variadas para fins de falência também deve ser levada em consideração quando da criação de grupos relacionados à recuperação judicial, na medida em que abarcar direitos díspares

---

[33] Op. cit., p. 291.
[34] Acerca deste ponto, o Substituto propõe a alteração da ordem de preferência de pagamento dos créditos em falência, passando esta a ser: (i) créditos derivados da legislação do trabalho, limitados a 150 salários mínimos por credores, e os decorrentes de acidente do trabalho, (ii) créditos gravados com direito real de garantia até o limite da garantia, (iii) créditos das Fazendas Públicas, independentemente da natureza e do tempo de constituição, excetuados os créditos extraconcursais e as multas tributárias, (iv) os créditos quirografários (e aqui incluindo os com privilégio especial e com privilégio geral, tal como disposto na sugestão ao parágrafo quinto do art. 83), (v) as multas contratuais e penas pecuniárias, inclusive multas tributárias, (vi) os créditos subordinados e (vii) os juros vencidos após a decretação da falência.
[35] Op. cit., p. 218.

em um mesma classe dificulta a proteção de todos os envolvidos."[36] Com fulcro em tais constatações, os autores sugerem que a classe quirografária no processo de recuperação deveria ser vista e tratada tal como é o tratamento que lhe é conferido na falência (art. 83 da LRF).[37]

Especificamente em relação a este ponto, surge uma nova crítica à LRF em si – que acaba tendo reflexos, como se verá, no instituto do *cram down* – relativa ao modo como ela tratou a criação de classes para a recuperação judicial. São classes estanques e que podem ser compostas de credores em situações fáticas e jurídicas distintas, o que acaba trazendo questionamentos, em primeiro lugar, se não seria correto tratar no plano credores desiguais, ainda que juridicamente dentro da mesma classe, na medida desta desigualdade, prevendo, portanto, subclasses no plano com formas de pagamento específicos. Em segundo lugar, pode-se questionar se a apuração do quórum de votação apenas nas classes estanques da LRF, desprezando as subclasses do plano, não criaria,em um determinado caso concreto, uma maioria que pode não representar a opinião de credores de subclasses de tal classe.

No que se refere ao primeiro ponto, pode-se considerar na atualidade como pacífica a jurisprudência que permite a criação de subclasses no plano de recuperação para que credores que detenham uma situação fática e jurídica peculiar e especial tenham um tratamento específico e, muitas das vezes, mais benéfico no plano. Assim, é usual a criação de cláusulas específicas de pagamento para os chamados credores parceiros[38], aqueles

---

[36] Op. cit., p. 218.

[37] Eis o exemplo concedido no artigo em comento: "Tome-se como exemplo uma classe dissidente formada por credores com privilégio especial e credores quirografários. Suponha-se, ainda, que os credores com privilégio especial tenham aprovado o plano e que a discordância da classe tenha sido causada pelo voto dos credores quirografários. Nesse caso, para verificar o cabimento do 'cram down', o juiz deveria separar a classe em duas subclasses, reunindo em uma, os credores com privilégio especial e, na outra, os quirografários (conforme o art. 83, IV e VI, respectivamente). Caberia ao magistrado avaliar o tratamento igualitário concedido pelo plano não com relação à terceira classe como um todo, mas apenas dentro da subclasse dos quirografários. Assim, não haveria discriminação injusta caso houvesse homogeneidade nas condições de pagamento dos credores quirografários" (Op. cit., p. 219).

[38] O Substitutivo propõe que, no parágrafo único, do art. 67 seja previsto que "o plano de recuperação judicial poderá prever tratamento diferenciado aos créditos sujeitos à recuperação judicial pertencentes a fornecedores de bens ou serviços que continuarem a prove-los normalmente após o pedido de recuperação judicial."

que, de alguma forma, apoiam o desenvolvimento das atividades da empresa em crise econômico financeira mediante a concessão de algum serviço, produto e até dinheiro novo que seja essencial à superação da crise (art. 67 da LRF)[39].

A este respeito, o Enunciado 81 da II Jornada de Direito Comercial afirma que o princípio da paridade entre credores deve ser respeitado na recuperação judicial no que couber. Por sua vez, o Enunciado 57 da I

---

[39] Sheila Christina Neder Cerezetti, em seu artigo "As classes de credores como técnica de organização de interesses", registrou que "a necessidade de subdividir os credores em grupos decorre da ausência de completa identidade de interesses entre os credores. Muito embora se reconheça que a assembleia geral de credores, a ser formada pelos participantes das classes, envolve uma comunhão de interesses, destacando-se em especial o propósito comum de maior valorização possível do patrimônio do devedor com vistas ao pagamento dos valores devidos, não se olvida a existência de interesses bastantes específicos que influenciam a formação da vontade dos mesmos agentes. De resto, é justamente a diversidade de interesses a justificar a separação dos credores em classe que traz como reflexo a possibilidade de atribuir aos credores tratamento diferenciado, conforme a posição jurídica detida. Surge espaço, então, para a regra de que entre classes, mas não dentro delas, é possível prever pagamentos e condições dispares. Se a multiplicidade de interesses impulsiona o exercício de classificação dos credores, este deve ser feito, em respeito à máxima equidade entre as partes, com base na homogeneidade de posições jurídicas e de interesses econômicos. É possível dizer que a homogeneidade pode se referir ao aspecto subjetivo dos credores, ou seja, se o crédito é detido por instituição financeira, por fornecedor, por empregado ou por outros, e também à relevância do valor envolvido, ou ainda a natureza do crédito. O perfil de dívidas do devedor indicará a perspectiva mais apropriada a ser adotada quando da alocação dos credores em grupo." (op. cit., p. 369).

Em tal artigo doutrinário, a professora não critica a existência de planos em que os termos de pagamento a credores foram baseados "no tipo da relação que deu origem ao crédito, na existência de garantias, na relevância social do adimplemento de determinadas dívidas e no valor individual de créditos", já que nestes casos se está adotando a "técnica de divisão dos credores com base em interesses homogêneos" e se está visando uma "igualdade de resultados". Contudo, registra que tal técnica perde seus efeitos positivos em virtude da forma como a votação respectiva do plano se dá. Nas palavras da autora, "os votos continuam a ser colhidos com base na estrutura legal das classes, o que significa que a regra da maioria permanece sendo aplicada dentre participantes com interesses diversos e, portanto, ilegitimamente. O benefício que seria decorrente da concessão de tratamento igualitário entre credores semelhantes tende a se dissipar e continuam a ser permitidos planos que favorecem desregradamente os específicos credores cuja concordância é necessária para assegurar a aprovação do plano. A realidade torna-se ainda mais grave ao se perceber que o credor prejudicado não possui meios para defender sua posição creditícia, na medida em que, ao participar da mesma classe em que se incluem os credores beneficiados pelos termos do plano, seu voto dissidente não implica representatividade" (Op. cit., p. 373/374).

RECUPERAÇÃO JUDICIAL

Jornada de Direito Comercial prevê que "o plano de recuperação judicial deve prever tratamento igualitário para os membros da mesma classe de credores que possuam interesses homogêneos, sejam estes delineados em função da natureza do crédito, da importância do crédito ou de outro critério de similitude justificado pelo proponente do plano e homologado pelo magistrado".

Thiago Dias Costa, analisando este último enunciado, afirma que "por meio do Enunciado 57, permite-se que o plano de recuperação judicial preveja determinadas subclasses dentro das quatro classes de credores criadas pelo legislador. O objetivo é, exatamente, o de permitir que a heterogeneidade de interesses que compõem as classes de credores rigidamente estabelecidas pelo legislador seja eliminada ou ao menos mitigada, por meio da criação de subclasses que efetivamente dividam os credores com base na homogeneidade de seus interesses."[40] Ainda segundo o autor, a *par creditio creditorum* se equivale ao princípio da igualdade, que goza de status constitucional, de modo que o juiz deveria sempre levar em conta este aspecto no momento da homologação de planos de recuperação, podendo agir *ex officio*, inclusive no que diz respeito ao Enunciado 57[41].

Por fim, o autor registra que LRF já está preparada para trabalhar com subclasses, tal como se vê do art. 163 da LRF, ao tratar da recuperação extrajudicial e dispor que o "plano poderá abranger a totalidade de uma ou mais espécies de créditos previstos no art. 83, incisos II, IV, V, VI e VIII do caput, desta Lei, ou grupo de credores de mesma natureza e sujeito a semelhantes condições de pagamento, e, uma vez homologado, obriga a todos os credores das espécies por ele abrangidas, exclusivamente em relação aos créditos constituídos até a data do pedido de homologação"[42]. Conclui tal autor que "a solução já adotada pela LRF para a divisão de classes na recuperação extrajudicial poderia, perfeitamente, servir também para a divisão de classes na recuperação judicial. Com efeito, permitir que o próprio devedor organize seus credores em classes – com a evidente possibilidade de contraditório pelos credores e de certo nível de controle judicial – parece uma solução bastante adequada para permitir que os credores sejam efetivamente divididos conforme a homogeneidade de seus interesses."[43]

[40] Op. cit., p. 131.
[41] Op. cit., p. 183.
[42] Op. cit., p. 159.
[43] Op. cit., p. 167.

No julgamento do REsp 1.634.844-SP[44], ficou reconhecida, pelo Superior Tribunal de Justiça ("STJ"), a possibilidade de criação de subclasses (como, por exemplo, a classe de fornecedores de insumos essenciais distinta dos demais credores quirografários que não gozam desta especialidade), desde que estabelecido um critério objetivo e desde que exista interesse homogêneo entre credores, sendo certo, ainda, que o princípio da paridade de credores também deve ser respeitado na recuperação judicial.

Acerca da segunda questão acima levantada, importa mencionar que temos Sheila Cerezetti[45], Paulo Salles de Toledo e Thiago Dias Costa como alguns dos defensores de que, adotando o plano subclasses, estas deveriam votar individualmente no plano de recuperação para efetivamente estar-se diante do entendimento da maioria, devendo, portanto, esta realidade também ser replicada na questão do *cram down*.[46]

A tese acerca da necessidade de o plano ser votado conforme as maiorias das subclasses criadas em uma classe e com tratamentos distintos para representar efetivamente a maioria e impedir eventual manipulação do resultado da assembleia geral de credores vem sendo reconhecida pelo

---

[44] Eis parte do trecho da ementa respectiva: "4. A Lei de Recuperação de Empresas e Falências consagra o princípio da paridade entre credores. Apesar de se tratar de um princípio norteador da falência, seus reflexos se irradiam na recuperação judicial, permitindo o controle de legalidade do plano de recuperação sob essa perspectiva. 5. A criação de subclasses entre os credores da recuperação judicial é possível desde que seja estabelecido um critério objetivo, justificado no plano de recuperação judicial, abrangendo credores com interesses homogêneos, ficando vedada a estipulação de descontos que impliquem verdadeira anulação de direitos de eventuais credores isolados ou minoritários." (Terceira Turma, Relator Min. Ricardo Villas Bôas Cueva, DJE 15.03.2019).

[45] Sheila Christina Neder Cerezetti é a favor do controle judicial acerca das classificações criadas no plano e da existência ou não de abusividade em determinado voto. Nos dizeres da professora em seu artigo "As classes de credores como técnica de organização de interesses", "cabe a ele (magistrado) atuar para que a classificação de créditos e o alcance das maiorias necessárias em cada uma das classes obedeçam a critérios legais e contribuam para a existência de ambiente institucional equilibrado de negociação entre as partes" (Op. cit., p. 381).

[46] Para verificar detalhes deste entendimento, interessante analisar a p. 171 da obra de Thiago Dias Costa citada neste artigo. Ademais, na página 157, tal autor afirma: "a admissão da possibilidade de tratamento diferenciado entre credores, por meio da criação de subclasses, resolve o problema da forma de tratamento entre os credores (...). No entanto, a solução do problema da forma de tratamento acaba criando o problema relativo à forma de deliberação, na medida em que a lógica decisória da votação dentro de cada classe fica prejudicada. Isto, por sua vez, prejudica também a legitimidade da decisão tomada por aquela classe e, consequentemente, a decisão da própria Assembleia Geral de Credores."

juiz Paulo Furtado de Oliveira, da 2ª Vara Especializada da Comarca de São Paulo, valendo-se mencionar o caso Saraiva.

Analisando o recurso interposto pelas recuperandas em tal processo para discutir a decisão do juízo *a quo*, o TJSP reconheceu a possibilidade de o magistrado fazer uma análise prévia da legalidade do plano de recuperação e a possibilidade de credores serem alocados em subclasses. Contudo entendeu a corte estadual que a solução dada na origem de votação em cada subclasse não encontra respaldo no art. 41 da LRF e também não resolve a questão de eventual manipulação de votos.[47]

Thiago Dias Costa entende que esta seria a única possibilidade de o juiz agir sem a reforma da lei, mas de todo modo afirma que, para segurança jurídica, a questão das subclasses e voto em assembleia geral de credores não deveria ficar a cargo da jurisprudência, devendo passar pelo processo legislativo.[48]

Superado este ponto, importa mencionar que talvez exatamente em razão das críticas encontradas na doutrina acerca da forma como credores são organizados para votar o plano de recuperação judicial e acerca dos requisitos legais previstos no ordenamento jurídico para aplicação do *cram down* é que surgiram julgados não apenas tratando do voto abusivo e do conflito de interesse, como também do abrandamento dos requisitos legais.

Nas palavras do Desembargador do TJSP Francisco Loureiro (AI 2120126-89.2016.8.26.0000) "na realidade, a figura do 'cram down', tão elogiada em sua construção teórica, padece de sérios problemas de aplicação prática a serem corrigidos pelo Poder Judiciário quando constate a existência de situações iníquas".

Scalzilli, Spinelli e Telechea tratam da relevância do direito de voto dos credores, que nada mais é do que uma tutela do crédito, salientando que o mesmo deve ser realizado respeitando "certas diretrizes mínimas", exemplificando a este respeito que os ordenamentos jurídicos norte-americano e alemão se preocupam em dar coordenadas acerca do tema, já que no primeiro "o credor não pode se valer de táticas obstrutivas para extrair vantagens indevidas para sua cooperação" e no segundo "há dispositivo expresso vedando o comportamento desleal pelo credor".[49]

---

[47] AI 2104135-68.2019.8.26.0000, 2ª Câmara Reservada de Direito Empresarial, rel. Mauricio Pessoa, j. 13.08.2019.
[48] Op. cit., p. 175. Note-se que na redação atual o Substitutivo não trata da questão.
[49] Op. cit., p. 469/470.

Tais doutrinadores afirmam que credores que tenham relevância no quórum de aprovação e se recusam indevidamente a negociar estariam ferindo o princípio da boa-fé, que consiste na lealdade que se espera para a comunhão de credores.

Gabriel Saad Kik Buschinelli, em sua obra "Abuso do Direito de Voto na Assembleia Geral de Credores"[50], resume a questão do abuso do direito de voto do credor em relação ao plano de recuperação judicial classificando-o como abuso positivo e abuso negativo.[51]

Segundo Buschinelli, "o abuso positivo ocorre quando o credor se vale do seu direito de voto para a obtenção de vantagem particular estranha à sua condição de credor", exemplificando as seguintes hipótese: "exercício do voto mediante contraprestação"; "aquisição de poder de voto por meio da aquisição de créditos"; "abuso do direito de voto pelo credor quirografário que, não obstante sua condição, desfruta de garantia pessoal ou real outorgada por terceiro"; "abuso do direito de voto por meio do exercício de voto em uma classe de créditos para a obtenção de tratamento vantajoso em relação a créditos de outra classe"; "abuso do direito de voto quando o credor celebrou com o devedor negócio jurídico que estaria sujeito à revogação ou à ineficácia de falência, e, para evita-la, aceita sacrifício desproporcional proposto em plano de recuperação judicial", entre outros.

Por sua vez, "o abuso negativo ocorre quando adota comportamento obstrutivo, rejeitando um plano de recuperação judicial sem fundamento legítimo". Para tanto, deve-se verificar se o plano é viável e exequível e qual seria o tratamento do credor respectivo em um cenário de falência, o que, como visto, é difícil, muitas das vezes, de ser analisado em recuperações judiciais brasileiras.

Fatos ocorridos após a votação do plano também foram considerados para a análise da abusividade do voto, tal como registrado na obra de Cassio Cavalli e Luiz Roberto Ayoub, que, citando o AI 0168398-27.2011.8.26.0000 do TJSP, indica que o voto contrário de um credor que impediu o uso da alternativa de aprovação via *cram down* foi desconsiderado em razão de

---

[50] Quartier Latin, São Paulo, 2014, p. 176/177.
[51] Importante salientar que o Substitutivo, no art. 39, pretende incluir um parágrafo tratando que o voto será exercido pelo credor no seu interesse e de acordo com seu juízo de conveniência, podendo ser declarado nulo por abusividade somente quando manifestamente exercido para obter vantagem ilícita para si ou para outrem.

RECUPERAÇÃO JUDICIAL

posterior acordo havido entre este credor e a recuperanda nos autos de outro processo judicial.

O voto abusivo foi reconhecido em diversos casos em que existe apenas um credor em uma classe, especialmente na classe II. Marcelo Sacramone considera esta uma situação excepcionalíssima, que não permite se chegar ao requisito de aprovação de 1/3 na classe dissidente, aduzindo que "não há propriamente abuso da minoria no caso. O voto do referido credor poderá ser absolutamente válido pois poderá ser proferido conforme a consideração do seu melhor interesse enquanto credor da recuperanda. Contudo, a previsão legal (...) deve ser mitigada, diante da situação concreta não prevista em lei." A justificativa para tanto, segundo o juiz especialista, é o fato de que "o quórum alternativo de aprovação previsto no art. 58, parag. 1, da LREF procura justamente evitar que a minoria de credores, embora maioria dentro de uma única classe, impeça o prevalecimento da vontade da maioria. Tenta-se evitar que o credor, por seu voto desfavorável, provoque a decretação da falência da recuperanda em detrimento da vontade da maioria dos demais credores e de suas classes".[5253]

Verificada a existência de voto abusivo, há quem defenda que o juiz pode invalidar o voto respectivo, podendo aprovar o plano como se os requisitos do § 1 º do art. 58 da LRF tivessem sido cumpridos. Há, ainda, quem defenda que se pode responsabilizar civilmente o credor respectivo pelos danos causados, já que o voto abusivo é um abuso de direito na forma prevista no art. 187 do Código Civil.[54]

A possibilidade de abrandamento dos requisitos legais do *cram down* já foi analisada pelo STJ. No REsp 1.337.989-SP[55], cuja situação fática envolvia a rejeição do plano na classe II, composta por três credores, sendo que o único que votou a favor detinha mais de 97% dos créditos em termos de valor. Nesse caso, a corte superior decidiu o seguinte:

> "visando evitar eventual abuso do direito de voto, justamente no momento de superação de crise, é que deve agir o magistrado com sensibilidade na

[52] Op. cit., p. 262.

[53] Manoel Justino Bezerra Filho e Adriano Ribeiro Lyra Bezzerra na obra Lei de Falência na Jurisprudência (Ed. RT, São Paulo, 2010, p. 93) citam julgados do TJSP a favor (AI 627.287-4/5-00, AI 627.497-4/3-00, AI 638.631-4/1-00 e AI 649.192-4/2-00) e um contra a esta tese (AI 588.460-4/8-00).

[54] Cf. Scalzilli, Spinelli e Telechea, op. cit., p. 472 e Buschinelli, op.cit, p. 177.

[55] Quarta Turma, Rel. Min. Luis Felipe Salomão, DJe 04.06.2018.

verificação dos requisitos do 'cram down', preferindo um exame pautado pelo princípio da preservação da empresa, optando, muitas vezes, pela sua flexibilização, especialmente quando somente um credor domina a deliberação de forma absoluta, sobrepondo-se àquilo que parece ser o interesse da comunhão de credores.

(...)

A interpretação das regras da recuperação judicial deve prestigiar a preservação dos benefícios sociais e econômicos que decorrem da manutenção da atividade empresarial saudável, e não os interesses de credores ou devedores, sendo que, diante de várias interpretações possíveis, deve-se acolher aquela que busca conferir maior ênfase à finalidade do instituto da recuperação judicial."

Acerca da jurisprudência de invalidação de votos que usualmente está atrelada a credores com garantia real, Raphael Nehin Corrêa[56] resume que os fundamentos estão baseados, em regra, no fato de que o credor com garantia real detém relevância em termos de valor, mas não em termos de cabeça (aprovação quantitativa). Ademais, faz-se uma análise rasa da situação econômico financeira, baseada em dados genéricos ofertados pela recuperanda e, por fim, faz-se a afirmação simplicista de que se deve afastar a falência em atenção ao art. 47 da LRF. Ademais, o autor afirma que "na maior parte dos casos, a abusividade do voto não restou suficientemente caracterizada, pois, a nosso sentir, o credor exerceu o voto de maneira regular na defesa de seu direito de crédito. A premissa a ser adotada é que o credor não votará contrariamente aos seus legítimos interesses, em especial os financeiros. Assim, há de se presumir que, mesmo no cenário extremo da falência, o credor estará exercendo o voto em proteção aos seus interesses. E mais, incumbe à recuperanda fazer a comprovação exaustiva de que o credor excedeu manifestamente os limites da boa-fé e da finalidade econômica do voto que caracterizam abuso de direito sancionável com a supressão do voto", o que, segundo o especialista, não acontece na grande maioria dos casos.

---

[56] "Voto abusivo do credor ou abuso de direito do devedor? Uma análise crítica sobre a preservação da empresa economicamente viável em contraponto à preservação dos interesses do empresário (acionista controlador)", Revista de Direito Recuperacional e Empresa, vol. 6. Outubro/dezembro 2017.

RECUPERAÇÃO JUDICIAL

Gabriel Saad Kik Buschinelli, em sua obra "Abuso do Direito de Voto na Assembleia Geral de Credores"[57], também faz a mesma análise acerca do conteúdo decisório da jurisprudência acerca de voto abusivo em sede de recuperação judicial, tecendo como crítica os seguintes pontos: (i) "a intervenção do Estado-juiz para controle do processo de aprovação do plano não pode ocorrer com recurso direto à função social da empresa; ela reclama para sua concretização instrumentos procedimentais previsíveis", (ii) "cada credor que analisa a proposta de recuperação judicial compara aquilo que receberá na falência com aquilo que receberá na recuperação judicial. Se os credores integrantes de classes diversas receberão valores diversos na falência e na recuperação judicial, não é possível extrair da aprovação por outras classes nenhum juízo quanto ao comportamento do credor divergente. Há, nesse argumento, apenas uma redundante afirmação de que os credores que aceitaram o plano estão com ele satisfeitos"; e (iii) "as decisões afirmam que as empresas em crise eram viáveis, mas limitam-se a apontar dados genéricos referentes a perspectivas de soerguimento."

Além disso, Raphael Nehin Corrêa[58] afirma que, ao votarem contra um plano, os credores estão praticando o exercício regular de um direito já que "os credores poderão, sim, preferir a falência como mecanismo de liquidação dos ativos de empresa para pagamento do passivo concursal em vez de mantê-la em operação, inclusive, para evitar a majoração dos passivos, em prejuízo à comunhão de credores, pois esta permanecerá sob o comando de seu acionista ou sócio controlador e seus administradores, que, na quase totalidade dos casos, contribuíram para o fracasso empresarial que culminou com a crise econômico e financeira que motivou o pedido de recuperação".

Como se vê, efetivamente o *cram down* brasileiro, da forma como regulado, acabou dando azo a discussões que apenas trazem inseguranças ao sistema jurídico, o que sempre deve ser evitado, de modo que a reforma da LRF, a nosso ver, deveria necessariamente se preocupar com todos os pontos tratados neste artigo[59].

Por fim, acerca do uso da forma alternativa de aprovação de planos de recuperação judicial em nosso país, importa registrar que a utilização do

---

[57] Op. cit., p. 176/177.
[58] Op. cit.
[59] O Substitutivo, na redação atual, como se verifica, não endereçou todas as questões.

206

cram down pode ser considerado, até o momento, pífia. De fato, o Núcleo de Estudos de Processos de Insolvência da Pontifícia Universidade Católica de São Paulo ("NEPI/PUC") e Associação Brasileira de Jurimetria ("ABJ"), analisando 906 processos de recuperação judicial distribuídos na Justiça Cível do Estado de São Paulo de janeiro de 2010 a julho de 2017, apurou o seguinte: "nas (varas) especializadas, de um total de 152 processos apenas em 8 processos a aprovação do plano de recuperação judicial foi por *cram down* (...) nas varas comuns, o percentual foi ainda menor. De um total de 445 recuperações judiciais aprovadas, em apenas 14 os planos de recuperação judicial foram aprovados por *cram down*".[60]

Conclusões

A comparação das regras brasileiras e norte-americanas de formação de classes, de votação do plano de recuperação judicial e de aprovação via *cram down* bem demonstram que o Brasil se distanciou do modelo americano – seu ordenamento inspirador – nestes pontos, residindo, exatamente nesta distinção, parte das críticas atualmente presentes ao modelo do *cram down* brasileiro, que, basicamente, consiste em um método alternativo de quórum para aprovação do plano de recuperação judicial, com uma preocupação única de vedação de *unfair discrimination* entre credores da classe dissidente, desconsiderando os demais aspectos relevantes tais como o *absolute priority rule*, e o *fair and equitable standards*.

Em assim sendo, a experiência tem demonstrado que a doutrina e a jurisprudência brasileira têm se preocupado em contornar esta realidade, trazendo interpretações a favor do art. 47 da LRF e a favor do abrandamento das regras do *cram down*, incluindo a possibilidade do reconhecimento de voto abusivo.

Contudo, muitas das vezes, esta flexibilização acontece sem uma análise detalhada e cuidadosa da situação envolvendo credores, recuperanda e o plano de recuperação proposto e, ainda, em um cenário em que dificilmente se consegue saber como o crédito de determinado credor seria tratado em uma situação de quebra.

A este respeito, Cassio Cavalli e Luiz Roberto Ayoub, ao tratarem especificamente do tema *cram down*, relembram que usar o princípio da pre-

---

[60] Recuperação Judicial no Estado de são Paulo – 2 fase do Observatório da Insolvência, relatório feito sob a coordenação de Ivo Waisberg, Marcelo Barbosa Sacramone, Marcelo Guedes Nunes e Fernando Corrêa, p. 56/57.

RECUPERAÇÃO JUDICIAL

servação da empresa para o julgador interpretar os dispositivos da LRF para além de seus limites literais deve sempre ter como norte o princípio da segurança jurídica"[61], com o que efetivamente se concorda, já que a segurança jurídica é relevantíssima a qualquer lei de insolvência, devendo sempre ser o norte do aplicador do direito.

Da mesma forma, Arthur Miranda Cavalcanti, também comentando a forma alternativa de aprovação do plano, afirma que, mesmo tendo a opção nacional sido "por um controle objetivo, legalista e fechado, mas até certo modo, útil para ao menos evitar que uma minoria frustre a reorganização de uma empresa em insolvência momentânea, porém economicamente viável"[62], não se pode admitir "o uso de critérios inventivos, eminentemente subjetivos e até arbitrários, pois não se trata de intervir contra a rejeição dos credores como hipótese de ativismo judicial"[63].

Referências

BUSCHINELLI, Gabriel Saad Kik. "Abuso do Direito de Voto na Assembleia Geral de Credores", São Paulo: Quartier Latin, 2014.

CAVALCANTI, Arthur Miranda. "O *Craw Down* na Recuperação de Empresas: entre o limite da atuação do poder judiciário e a efetividade da superação da crise", 2017, 136 f. Dissertação (Mestrado) – Universidade Católica de Pernambuco. Pró-reitoria Acadêmica. Coordenação Geral de Pós Graduação. Mestrado em Direito. 2017.

CAVALLI, Cassio; AYOUB, Luiz Roberto. "A construção jurisprudencial da recuperação judicial de empresas", 2 ed., Rio de Janeiro: Forense, 2016.

CEREZETTI, Sheila Christina Neder. "As classes de credores como técnica de organização de interesses: Em defesa da alteração da disciplina das classes na recuperação judicial", *in* Direito das empresas em crise: problemas e soluções, sob coordenação de Paulo Fernando Campos Salles de Toledo e Francisco Satiro, pp. 365/385, São Paulo: IBR/Quartier Latin, 2012.

"O papel dos credores no *Bankruptcy Code*", *in* Revista de direito mercantil, industrial, econômico e financeiro, v. 48, n. 151/152, jan./dez., pp. 164-186, 2009.

FILHO, Paulo Fernando Campana; MIYAZAKI Renata Yumi; BATISTA, Carolina Soares João. "A prevalência da vontade da assembléia-geral de credores em questão: o *cram down* e a apreciação judicial do plano aprovado por todas as classes", *in* Revista de direito mercantil, industrial, econômico e financeiro, v. 45, n. 143, p. 202-242, jul./set, 2006.

COELHO, Fabio Ulhoa. "Comentários à nova Lei de Falências e de Recuperação de Empresas", 7 ed., São Paulo: Saraiva, 2010.

---

[61] A construção jurisprudencial da recuperação judicial de empresas, 2 ed., Forense, 2016, Rio de Janeiro, p. 298.

[62] Op. cit., p. 95.

[63] Op. cit., p. 97.

CORRÊA, Raphael Nehin. "Voto abusivo do credor ou abuso de direito do devedor? Uma análise crítica sobre a preservação da empresa economicamente viável em contraponto à preservação dos interesses do empresário (acionista controlador)", *in* Revista de Direito Recuperacional e Empresa, vol. 6, Outubro/dezembro, 2017.

COSTA, Thiago Dias. "Recuperação Judicial e Igualdade entre Credores", Rio de Janeiro: Lumen Juris, 2018.

EPSTEIN, David G. "Bankruptcy and Related Law in a Nutshell", Seventh edition, Thomson West.

FILHO, Manoel Justino Bezerra; BEZZERRA, Adriano Ribeiro Lyra. "Lei de Falência na Jurisprudência", São Paulo: Ed. RT, 2010.

MANGE, Eduardo Foz. "Assembleia Geral de Credores na Recuperação Judicial", Dissertação de mestrado apresentada na Pontifícia Universidade Católica de São Paulo, 2010.

MUNHOZ, Eduardo Secchi. "Comentários à Lei de Recuperação de Empresa e Falência – Lei 11.101/2005 – Artigo por Artigo", Coordenação de Francisco Satiro de Souza Junior e Antonio Sérgio A. de Moraes Pitombo, 2 ed., São Paulo: RT, 2007.

SACRAMONE, Marcelo Barbosa. "Comentários à Lei de Recuperação de Empresas e Falência", São Paulo: Saraiva, 2018.

SCALZILLI, João Pedro; SPINELLI, Luis Felipe; TELLECHEA, Rodrigo. "Recuperação de Empresas e Falência – Teoria e Prática na Lei 11.101/2005", 3 ed., São Paulo: Almedina, 2018.

SCARBERRY, Mark S., KLEE, Kenneth N., NEWTON, Grant W; NICKLES, Steve H. "Business Reorganization in Bankruptcy – Cases and Materials", Thompson West, Third Edition, 2006.

TOLEDO, Paulo Fernando Campos Salles de. "Recuperação judicial sociedades anônimas; debêntures; assembléia geral de credores; liberdade de associação; boa-fé objetiva; abuso de direito; *cram down; par condicio creditorum*", *in* Revista de direito mercantil, industrial, econômico e financeiro, v. 45, n. 142, abr./jun., pp. 263/281, 2006.

WAISBERG, Ivo; SACRAMONE, Marcelo Barbosa; NUNES, Marcelo Guedes; CORRÊA, Fernando "Recuperação Judicial no Estado de São Paulo – Segunda fase do Observatório da Insolvência", relatório feito por Núcleo de Estudos de Processos de Insolvência da Pontifícia Universidade Católica de São Paulo ("NEPI/PUC) e Associação Brasileira de Jurimetria ("ABJ").

9
O *Automatic Stay* e o *Stay Period*: um Paralelo entre o Regime Jurídico Falimentar Norte Americano e Brasileiro quanto aos Mecanismos Iniciais de Proteção dos Ativos da Empresa em Recuperação Judicial

WASHINGTON LUIZ DIAS PIMENTEL JR.

Introdução

A utilização da recuperação judicial não parece ser sempre a primeira – ou única – alternativa do empresário ou sociedade empresária para o enfrentamento de um momento crise, nem de sua reestruturação. Quando chegam a se valer de tal medida, consideram a necessidade de buscar uma solução sistêmica e concursal para tratar toda a sua contingência, bem como salvaguardar seus ativos e maximizar o valor da companhia, evitando a satisfação pontual de cada credor, o que pode comprometer a sua capacidade produtiva e de soerguimento.

Essa é, então, uma das principais ferramentas trazidas pela legislação recuperacional e falimentar, a suspensão, ainda que momentânea, das ações e execuções contra o devedor, permitindo que seja criado um ambiente mais propício à construção de uma solução negociada, envolvendo todo passivo empresarial, bem como entregando a estabilidade necessária para confecionar um plano de recuperação e reestruturação[1]. Estamos diante, então, e como já dito, de uma das mais importantes características do direito concursal[2].

---

[1] PENALVA SANTOS, Paulo; SALOMÃO, Luis Felipe. Recuperação Judicial, extrajudicial e falência: teoria e prática. 03º Edição. Rio de Janeiro. 2017. Forense. pg. 38.

[2] EPSTEIN, David G.; NICKLES, Steve H. *Principles of Bankruptcy Law*. St. Paul: Thomson/West, 2007, p. 15 apud AYOUB, Luiz Roberto; CAVALLI, Cássio. A construção jurispridencial da recuperação judicial de empresas. 03ª Edição. Rio de Janeiro. Forense. 2017. Pg. 127.

RECUPERAÇÃO JUDICIAL

Pretendemos, então, à luz dessa necessidade de proteção dos ativos dos empresários, sociedades empresárias e corporações submetidas a um processo de recuperação e reorganização judicial, entender como funcionam as legislações, brasileira e norte-americana, as especificidades de cada sistema e quais as zonas de similaridade.

O que falaremos, outrossim, sobre a suspenção das ações, no tocante às legislações brasileira e norte-americana, aplicam-se às suas sistemáticas falimentares, mas em uma dinâmica de execução concursal e liquidação das companhias, o que não é o foco do nosso trabalho, que tem como corte o ambiente de reorganização e recuperação empresarial.

Por fim, e não menos importante, refletiremos como é possível extrair melhores práticas para garantir maior efetividade à proteção inicial dos ativos do devedor em situação de crise, sobretudo quanto à sistemática brasileira que, neste instante, passa por um debate intenso sobre a alteração da lei de recuperação judicial, extrajudicial e falência.

1. Da análise comparativa do pedido de recuperação judicial regulado pela Lei 11.101/2005, a reorganização empresarial prevista no *Chapter 11* do *The U.S. Bankruptcy Code,* e o período de suspensão das ações e execuções e a proteção do ativos do devedor

1.1. Da legitimidade para pedir a recuperação e/ou reorganização judicial

Para fins de nortear o nosso raciocínio nas linhas que seguirão, elencamos esse tópico quanto à legitimidade para pedir recuperação inicial, conforme legislação brasileira, e norte-americana, para evitar confusões quanto aos institutos, tendo em vista que existe uma sensível diferença entre um sistema e outro neste particular.

A lei brasileira que regula a recuperação judicial, a extrajudicial e a falência do empresário e da sociedade empresária, a lei 11.101/2005 ("LRF"), elenca, em seu artigo 48, que é do devedor, e somente deste[3], a legitimidade para propor a recuperação judicial, não se aceitando que outro agente o faça, ainda que interessado em apresentar um solução ao estado de crise do empresário ou sociedade empresária.

As exceções insertas no parágrafo primeiro do já citado artigo 48, onde pontuam que a recuperação judicial também poderá ser requerida pelo

---

[3] COELHO, Fábio Ulhoa. Comentários à nova lei de falências e recuperação judicial de empresas. 10ª Edição. São Paulo. Saraiva. 2014. p. 169.

cônjuge sobrevivente, herdeiros do devedor, inventariante ou sócio remanescente, guardam também estrita relação com a condição do devedor e abarcam situações específicas do empresário individual ou, então, em razão da transitoriedade da unipessoalidade[4,] de modo que não modifica o racional aplicado.

Já a legislação norte-americana, o *The United States Bankruptcy Code*, em seu capítulo 3, subcapítulo 1, seções 301 e 303, onde, respectivamente, prevê o requerimentos voluntário e involuntário para submeter uma sociedade empresária e/ou corporação à reorganização, e elenca, além da figura do devedor, a do credor como parte legítima para requerer a reorganização, sendo esta última hipótese a de requerimento involuntário da reorganização.

E aqui reside o nosso interesse em especificar o microssistema de cada legislação, pois o sistema brasileiro impede que outra pessoa, senão o devedor, submeta o pedido de recuperação, ficando atrelado à este o encargo decisório, quando em paralelo, analisando a arcabouço legal norte-americano, o devedor pode se ver lançado à reestruturação e reorganização pelo seu próprio credor que, conforme veremos nas linhas a seguir, será afetado pelo *stay period*, com a consequente suspensão de suas ações ou cobranças.

1.2. Arcabouço legal do *stay period* e do *automatic stay*

Ultrapassada as linhas gerais sobre a legitimidade para propor a recuperação judicial, nos termos da legislação brasileira, e quanto a esta mesma condição para as hipóteses de requerimento voluntário e involuntário, intrínsecos ao sistema norte-americano de falência e reorganização empresarial, passemos, então, a enfrentar o cerne do presente trabalho, que é analisar, em paralelo, as suspensões das ações e execuções em face do devedor que requereu, ou está submetido a um processo de recuperação e/ou reorganização judicial.

1.2.1. *Stay period*: a suspensão das ações e execuções em face do devedor na lei brasileira

O direito brasileiro prevê essa salvaguarda momentânea, a suspensão das ações e execuções em face do devedor. A lei de recuperação judicial, extra-

---

[4] TOMAZETTE, Marlon. Curso de direito empresarial, volume 3: falência e recuperação de empresas. 03ª Edição. São Paulo. Atlas. 2014. P. 67-68.

RECUPERAÇÃO JUDICIAL

judicial e falência, em seu artigo 6º, prevê que o deferimento do processamento da recuperação judicial suspende o curso da prescrição e de todas as ações e execuções em face do devedor.

O pedido de recuperação judicial, feito pelo empresário ou sociedade empresária, nos moldes da lei federal brasileira de número 11.101/2005, quando deferido[5], suspende o curso das ações e execuções em face do devedor[67], não afetando terceiros coobrigados ao pagamento da dívida.

Essa suspensão tem como propósito a estabilização momentânea da crise enfrentada pelo devedor junto aos seus credores, permitindo a criação de um ambiente negocial mais favorável à reorganização e reestruturação da empresa[8], que viabilize o diálogo entre credor e devedor, garantido, entre eles, uma estabilidade negocial e maximizando o alcance do propósito de preservação da empresa[9].

No Brasil, ainda que o modelo legal da recuperação tenha buscado inspiração no arquétipo norte-americano[10], os efeitos da suspensão não são automáticos quando do protocolo do pedido de recuperação, mas somente após o deferimento do processamento do pedido de recuperação judicial pelo Juiz é que passa a existir a proteção do *stay period*, suspendendo as ações e execuções em face do devedor, sendo, portanto, um efeito condicionado à apreciação e deferimento do pedido, caracterizando um *conditional stay*[11].

Mas há exceções à regra de suspensão!

---

[5] AYOUB e CAVALLI (2017. Pg 127.) pontuam que a lei brasileira estabelece a condição de deferimento do pedido de recuperação judicial do devedor para que sejam suspensas as suas ações e execuções, garantindo, então, a proteção dos seus ativos. Denomina, então, o período de suspensão e proteção como *conditional stay*.

[6] Art. 6º da Lei 11.101/2005. A decretação da falência ou o deferimento do processamento da recuperação judicial suspende o curso da prescrição e de todas as ações e execuções em face do devedor, inclusive aquelas dos credores particulares do sócio solidário.

[7] A suspensão de todas as ações e execuções em face do devedor também ocorre em caso de decretação da falência do devedor, conforme prevê o *caput* do artigo 6º da Lei 11.101/2005. Como fizemos um corte para análise do ambiente da recuperação judicial, não apontamos diretamente essa informação.

[8] PENALVA SANTOS, Paulo; SALOMÃO, Luis Felipe. 2017. pg. 38.

[9] AYOUB e CAVALLI (2017. Pg 133).

[10] PERIN JUNIOR, Ecio. Preservação da Empresa na Lei de Falências. 01ª Edição. São Paulo. 2009. Saraiva. Pg.57.

[11] AYOUB, Luiz Roberto; CAVALLI, Cássio. A construção jurispridencial da recuperação judicial de empresas. 03ª Edição. Rio de Janeiro. Forense. 2017. Pg. 127.

1.2.1.1. Dos créditos excluídos da recuperação da suspensão

As ações que demandem quantias ilíquidas[12], ou seja, aquelas que se discute a existência ou valor de créditos[13], não sofrem suspensão, o processamento das execuções fiscais[14] também não sofre suspensão, corre normalmente, mas, como decidido pelo Superior Tribunal de Justiça, ficam impedidos os atos de alienação do patrimônio do devedor[15].

Quanto ao crédito tributário, AYOUB e CAVALLI (2017) trabalham, em razão do impeditivo dos atos constritivos da execução fiscal durante o período de suspensão, o conceito de suspensão indireta das execuções ficais, pois fica ao encargo do Juízo recuperacional analisar os atos que possam aviltar a preservação da empresa[16].

Há que se destacar, também, que existem credores não submetidos à recuperação, e que o *stay period* não alcança, § 3º, Art. 49, da lei 11.101/2005:

§ 3º Tratando-se de credor titular da posição de proprietário fiduciário de bens móveis ou imóveis, de arrendador mercantil, de proprietário ou promitente vendedor de imóvel cujos respectivos contratos contenham cláusula de irrevogabilidade ou irretratabilidade, inclusive em incorporações imobiliárias, ou de proprietário em contrato de venda com reserva de domínio, seu crédito não se submeterá aos efeitos da recuperação judicial e prevalecerão os direitos de propriedade sobre a coisa e as condições contratuais, observada a legislação respectiva, não se permitindo, contudo, durante o prazo de suspensão a que se refere o § 4º do art. 6º desta Lei, a venda ou a retirada do estabelecimento do devedor dos bens de capital essenciais a sua atividade empresarial.

Ainda neste ponto, quanto aos credores excluídos, é preciso destacar o final do supracitado parágrafo, onde ressalta que não será permitido, durante o *stay period*, a venda ou a retirada do estabelecimento do devedor dos bens de capital essenciais à atividade empresarial, ou seja, aqueles bens sem os quais a companhia não consegue desenvolver a sua atividade, frustrando reestruturação, são, portanto, essenciais ao processo produtivo.

---

[12] § 1º, Art. 6º da Lei 11.101/2005.

[13] MAMEDE. 2006. Pg. 76. (Apud TOMAZETTE, Marlon. 2014. Pg. 99).

[14] § 7º, Art. 6º da Lei 11.101/2005.

[15] AgRg no CC 81922/RJ (Apud AYOUB, Luiz Roberto; CAVALLI, Cássio. 2017. Pg. 141).

[16] Enunciado 74, II Jornada de Direito Comercial do CJF (Apud AYOUB, Luiz Roberto; CAVALLI, Cássio. 2017. Pg. 143).

RECUPERAÇÃO JUDICIAL

Essa excepcionalidade, por óbvio, não desnatura as posições privilegiadas dos citados credores, que estarão protegidos durante o período de suspensão, mas essa proteção, contudo, não os posiciona de forma tão vantajosa de modo que possam comprometer, ou inviabilizar, o desenvolvimento e efetiva recuperação da empresa[17].

1.2.1.2. Do prazo da suspensão

Deferido, então, o processamento da recuperação judicial, cabe ao devedor, conforme preconiza o § 3º, Art. 52 da Lei 11.101/2005, informar nas ações afetadas pela suspensão do *stay period*, por petição simples, pois, enquanto não informada a suspensão ao juízo das ações e execuções, os processos continuarão a tramitar regularmente, e todos os atos de constrição e expropriação serão válidos[18].

Outro ponto relevante quanto à suspensão é o prazo que a lei estabelece para que esta se opere. No caso de recuperação judicial[19], conforme prescritivo legal, em hipótese nenhuma excederá o prazo improrrogável de 180 (cento e oitenta) dias contado do deferimento do processamento da recuperação, restabelecendo-se, após o decurso do prazo, o direito dos credores de iniciar ou continuar suas ações e execuções, independentemente de pronunciamento judicial[20].

Neste particular, existem críticas[21] e salvaguardas em razão de inúmeros desafios que são lançados no processamento de uma recuperação judicial, o prazo de 180 (cento e oitenta dias), tratado como improrrogável, pode gerar contrassensos que, ao fim a ao cabo, fragilizam o propósito de preservação da empresa que preconiza a lei[22].

---

[17] TOMAZETTE, Marlon. 2014. Pg. 975.

[18] AYOUB, Luiz Roberto; CAVALLI, Cássio. 2017. Pg. 156.

[19] Em se tratando de processo falimentar o prazo de suspensão não se aplica. BEZERRA FILHO. Manoel Justino. Nova lei de recuperação de empresas e falências comentada. 3ª Edição. Revista dos Tribunais. São Paulo. 2005. Pg. 130. (Apud AYOUB, Luiz Roberto; CAVALLI, Cássio. 2017. Pg. 132).

[20] § 4º, Art. 6º da Lei 11.101/2005.

[21] NEGRÃO, Ricardo. A eficiência do processo judicial na recuperação de empresa. 01ª Edição. São Paulo. 2010. Saraiva. Pg. 159.

[22] Art. 47. Da Lei 11.101/2005. A recuperação judicial tem por objetivo viabilizar a superação da situação de crise econômico-financeira do devedor, a fim de permitir a manutenção da fonte produtora, do emprego dos trabalhadores e dos interesses dos credores, promovendo, assim, a preservação da empresa, sua função social e o estímulo à atividade econômica.

Não sem razão, os tribunais brasileiros vêm reconhecendo a necessidade de se flexibilizar tal prazo[23], pois o simples decurso do prazo não pode ensejar a retomada automática das execuções, ainda mais se não se atribuir a causa da demora à pessoa jurídica, seus sócios ou administradores[24].

1.2.2. O *automatic stay* e a experiência norte-americana

Já o ordenamento jurídico Norte Americano, valendo-se do *The United States Bankruptcy Code*, em seu capítulo 3, subcapítulo IV, seção 362, também prevê proteção similar, o que eles chamam de *automatic stay*, ou suspensão automática das ações de cobrança em face do devedor, Sociedades Empresariais ou Corporações, e pessoas físicas[25], que se submetem, de forma voluntária ou involuntária, a um pedido de reorganização, conforme o capítulo 11 daquela codificação[26].

Neste particular, e em um primeiro ponto de destaque, a legislação norte-americana confere proteção ao devedor no instante em que esse, voluntaria ou involuntariamente, submete-se ao processo de reorganização, ou recuperação judicial, e não quando de uma decisão judicial nesse sentido, ou então quando da notificação ou ciência do credor[27].

De forma mais contundente, qualquer ato, ainda que informal, de cobrança, é alcançado pelo *automatic stay*, ligações telefônicas e notificações formais servem como exemplo[28] do efeito da suspensão das cobranças

---

[23] AgRg no CC 127629/MT, Rel. Ministro João Otávio de Noronha, SEGUNDA SEÇÃO, julgado em 23/04/2014, DJe 25/04/2014; RCD no CC 131894/SP, Rel. Ministro Raul Araújo, SEGUNDA SEÇÃO, julgado em 26/02/2014, DJe 31/03/2014; AgRg nos EDcl no Ag 1216456/SP, Rel. Ministra Maria Isabel Gallotti, QUARTA TURMA, julgado em 12/03/2013, DJe 21/03/2013; AgRg no CC 125893/DF, Rel. Ministra Nancy Andrighi, SEGUNDA SEÇÃO, julgado em 13/03/2013, DJe 15/03/2013; CC 137051/SP, Rel. Ministro Marco Aurélio Bellizze, SEGUNDA SEÇÃO, julgado em 27/04/2015, publicado em 08/05/2015.

[24] Resp. 1.193.480/SP (Apud Tomazette, Marlon. 2014. Pg. 99).

[25] Não traremos sobre outras modalidades que o *stay period* se aplica senão reestruturação e reorganização empresarial.

[26] Como estamos tratando aqui tão somente do processo de recuperação judicial, conforme lei brasileira, e reorganização, à luz do *chapter 11*, indicamos o período de suspensão referente à esta hipótese, contudo, os pedidos pautados no *chapter 7, 11 or 13* também se valem do *automatic stay*, sendo eles, respectivamente, o pedido de liquidação ou falência, reorganização ou recuperação judicial e a reorganização da pessoa física com proventos regulares.

[27] Epstein, David G. *Bankrupcty and related law in a nutshell*. 07ª Edição. Thomson West. 2002.p.n.p.

[28] Epstein, David G. 2002.p.n.p.

em face do devedor. Importante destacar, outrossim, que assim como na legislação brasileira, o *stay period* previsto na legislação norte-americana cobre o devedor, e não terceiros.

1.2.2.1. Credores submetidos ao *stay*

A seção 362, item (a), elenca um rol de oito subparágrafos que descrevem, de forma exaustiva, as ações em que operam o *stay*, quando do processamento do pedido de reorganização, *a priori* afetando todo ato executório do credor, contudo, caso algum tipo de ação e ou credor não esteja inscrito em uma dessas previsões, não será, então, afetado pela suspensão[29].

Pode o devedor, entretanto, conforme explica WARREN (2008), requerer uma proteção judicial para suspender aquelas ações que, em um primeiro momento, não estariam abrangidas pelo seção 362 (a), mas em razão de garantir máxima efetividade ao propósito da reorganização empresarial, o sistema de Justiça tem alargado o cabimento do *stay*.

Um ponto que merece destaque é que os credores, segundo ordenamento jurídico americano, são classificados como *secured* e *unsecured creditors*, ou credores com garantia e credores sem garantia, ou credores preferenciais e quirografários, aqui estamos falando de débitos com trabalhadores, débitos junto a fornecedores, instituições financeiras, com garantias ou não, e estes estão submetidos, conforme seção 362, item (a), ao *stay*, e o que garante uma assertividade maior na organização dos credores e efetividade na proteção inicial.

EPSTEIN (2002), de modo a estabelecer um racional mais pragmático quanto à interpretação da seção 362, item (a), indica que os subparágrafos 1 e 2 abarcam a suspensão das ações, ajuizadas antes ou depois do requerimento de reorganização, que tem como escopo executar e satisfazer os créditos em desfavor do patrimônio do devedor.

Já os subparágrafos 3,4 e 5, ainda em EPSTEIN (2002), abrange, em regra, grande parte das ações e execuções promovidas pelos credores com garantia, ou *secured creditors*, que estejam perseguindo o patrimônio do devedor.

---

[29] TABB, Ch EPSTEIN, David G. 2002.p.n.p arles Jordan. *Law of Bankruptcy*. 4ª edição. 2016. West Academic Publishing. p.n.p.

O *AUTOMATIC STAY* E O *STAY PERIOD*: UM PARALELO ENTRE O REGIME JURÍDICO...

1.2.2.2. Credores não submetidos ao *stay*

A seção 362, item (b), elenca um rol de dezoito situações em que o *stay* não ocorre, ficando em destaques grandes linhas não afetas que são as exceções para continuidade das ações criminais em face do devedor, as ações e medidas de investigação e fiscalização de caráter administrativo e regulatório, e ações que reconhecem direitos retroativos. Questões envolvendo relação familiar doméstica tem tratamento não afeto pela reorganização, via de regra.

Segundo WARREN (2008), as questões afetas ao poder de polícia do Estado, ao cumprimento regulatório, à proteção ambiental, à prevenção de fraude, proteção ao consumidor, são exceções históricas e que permitem o Estado a persecução com fins de impedir abusos, bem como defender o interesse coletivo, por isso, então, essas ações não são impactadas pelo *stay*.

Outro ponto trazido pela seção 362(b), é o tratamento fiscal abarcado pelo subparágrafo 9, onde, de forma a não inviabilizar o poder fiscalizatório da autoridade tributária, é permitido que seja realizados todos os atos preparatórios para constituir o crédito tributário em desfavor do devedor, exigi-lo, sem, contudo comprometer o patrimônios e demais ativos do devedor, salvo uma flexibilização expressa do *stay*.

1.2.2.3. Da flexibilização da suspensão

Fora as exceções já elencadas referente à exceção ao *stay*, os credores, na legislação norte-americana, podem requerer o *relief from the stay*, ou o levantamento da suspensão das ações, impondo-lhe um termo final, uma anulação, modificação ou condicionante[30], observando o regramento da seção 362, subparágrafo (d), em caso de ausência de proteção adequada do ativo e/ou garantia (1), em caso de insuficiência da garantia em face do débito (2) ou em razão da inaptidão da garantia para dar efetividade ao processo de reorganização.

Para fins de verificação de ausência de proteção adequada do ativo e/ou garantia, a seção 361 especifica três métodos exemplificativos que podem indicar tal proteção, como:

(1) pagamento regulares e periódicos ao credor com garantia real para minorar os danos de uma possível depreciação ou desvalorização do ativo;

---

[30] EPSTEIN, David G. 2002.p.n.p.

RECUPERAÇÃO JUDICIAL

(2) substituição ou reforço de garantias para impedir a perda de valor real ou;

(3) outras formas de proteção, compensação ou qualquer outra medida que verifique a equivalência de valor da garantia.

A ideia da proteção adequada, segundo PERIN JUNIOR (2009), é verificar esforços do devedor para estabelecer um comportamento pautado na boa fé, demonstrando seu interesse em, realmente, tornar factível a sua reorganização e pagamento dos débitos, realizando, então, pagamento periódicos aos credores nesta condição e minorando os seus danos.

1.2.2.4. Do prazo do *automatic stay*

Outro ponto que nos parece claro é que, enquanto durar o processo de reorganização, não existindo qualquer constatação das causas de levantamento da suspensão (*relief from the stay*) previstas na seção 362(d), o prazo de validade do *automatic stay* permanece válido, muito embora não exista a ideia de permanência ou initerruptividade[31].

Questões claras para interrupção do *stay*, de outro modo, estão elencadas na seção 362(c) e suas subseções:

(1) trata sobre a finalização da causa que justificava o *stay* com a remissão das dívidas do devedor;

(2) quando a reorganização foi finalizada ou inadmitida;

(3) a submissão do devedor a um outro processo de reorganização inadmitido em um prazo de um ano ou;

(4) um devedor que tenha tido dois ou mais pedidos de reorganização inadmitidos no último ano.

EPSTEIN (2002. p.n.p). pondera que salvo essas hipóteses que podem por fim ao *stay*, existe um risco de, entre o pedido de reorganização e seu efetivo cumprimento, a suspensão das ações perdurar por longos anos, tendo vista a ausência expressa de limitador de tempo em condições regulares. TABB (2016. p.n.p.) pontua que a função do *stay* é preservar temporariamente o *status quo* do devedor, de modo a permitir uma reorganização e um pagamento dos credores de forma ordenada.

---

[31] TABB, Charles Jordan. p.n.p.

Conclusões

Por tudo que trouxemos a título de reflexão e análise comparativa, importante destacar que a ideia de preservação do ativo empresarial sob reestruturação e recuperação judicial, em seus momentos iniciais, seja com base no *automatic stay* trazido pela *Bankruptcy Code* Norte Americano, seja no *stay period*[32] insculpido na Lei 11.101/2005, é de extrema importância para maximizar as chances de sucesso do processo de reorganização das dívidas empresariais e garantia de valor para todos os credores.

Execuções de dívidas em procedimentos individuais e desconexos à dinâmica concursal, em um primeiro momento, demonstra-se extramente agressiva e ineficaz para a coletividade dos credores, ainda mais quando percebemos que legislação brasileira não abarca mecanismos adequados coordenar os direitos dos credores[33].

E vamos além, não existiria razão de ser da negociação em caso de inexistência do período de suspensão, ou podemos acreditar que um credor simplesmente pararia de perseguir o seu crédito por entender que poderia inviabilizar a continuidade da atividade do devedor, propondo, então, uma solução amigável?

Analisando as duas legislações, e compreendendo a dinâmica do processo de renegociação de dívida e enfrentamento de crise, o *stay period* oferece um equilíbrio entre as partes para negociar e chegar à melhor alternativa viável.

Algumas críticas à legislação brasileira merecem destaque, sobretudo quanto ao período de suspensão das cobranças e ações já ajuizadas. O termo inicial estabelecido pela legislação brasileira, condicionado ao despacho que defere o processamento da recuperação judicial, apresenta--se como um elemento de risco, tendo em vista que o ajuizamento do pedido de recuperação torna pública a fragilidade empresarial e, em caso de demora quando da apreciação do pedido, a conduta de alguns credores podem intensificar o risco empresarial e acentuar a vulnerabilidade patrimonial da companhia, o que entendemos ser mais eficaz o *automatic stay* da legislação norte americana, com a efetiva suspensão das execuções e cobranças a partir do momento de protocolo do pedido de reestrutura-

---

[32] Ou *conditional stay*, como preferem AYOUB e CAVALLI. 2017. Pg 127.

[33] NEGRÃO, Ricardo. A eficiência do processo judicial na recuperação de empresa. 01ª Edição. São Paulo. 2010. Saraiva. Pg.163.

ção, como já citado Epstein (2002. p.n.p.), *"after filing of a bankruptcy petition, a debtor needs immediate protection from the collection efforts of creditors"*[34].

Em uma análise comparada a legislação norte-americana, neste particular, trata de forma muita mais flexível o *automatic stay*, sem deixar de oferecer meios adequados para os credores se insurgirem em caso de abuso de direito, ou de incapacidade de reorganização, além de outras ferramentas que tornam onerosa a utilização do processo de reorganização sem o condão devolver ao mercado uma empresa competitiva e apta a desenvolver o seu trabalho.

Quanto ao tratamento e classificação dos credores submetidos ao *stay*, a simplificação da classificação e o foco em, verdadeiramente, preservar os ativos da companhia e sua geração de valor, faz um contraponto à realidade brasileira e nos coloca a refletir sobre a efetividade do enquadramento dos credores afetos com base na legislação pátria.

Outro ponto da nossa crítica à legislação brasileira está ligado à ausência de previsão de ferramentas mais flexíveis para que o Juízo da recuperação possa tratar a suspensão, ainda que os Tribunais Pátrios já tenham se encarregado de flexibilizar o prazo de 180 (cento e oitenta) dias na LRF. O substitutivo ao projeto de lei 6.299/2005, apresentado pelo Deputado Federal Hugo Legal, indica uma mudança significativa neste particular, quando altera o parágrafo 4º, Artigo 6º da LRF para estabelecer que *"Na recuperação judicial, a suspensão de que trata o caput perdurará até a data da concessão da Recuperação Judicial, nos termos do art. 58 desta lei."*.

Já a legislação paradigma sequer estabelece prazo final, o que não quer dizer que não existam condições que ponham fim ao *stay*[35], e novamente coloca instrumentos de controle para os credores, além de mecanismos para evitar os abusos de direito por parte dos devedores, compreende a dinâmica do processo organizacional e de reestruturação das empresas como um processo de mercado, permitindo que o ambiente legal seja incentivador de uma solução.

Como reflexão ao mérito do prazo de duração do *conditional stay*, indicamos o estudo do observatório da insolvência, desenvolvido pela associação brasileira de jurimetria, apontou que nas varas especializadas em recuperação judicial e falência da cidade de São Paulo, da data do deferi-

---

[34] EPSTEIN. 2002. p.n.p.
[35] Verificar item 2.2.2.4.

mento do processamento da recuperação judicial, até a votação da última assembleia, a mediana de tempo dos processos foi de 386 dias, quando a média do período chegou a 507 dias[36].

Referências

AYOUB, Luiz Roberto; CAVALLI, Cássio. A construção jurispridencial da recuperação judicial de empresas. 03ª Edição. Rio de Janeiro. Forense. 2017.

ÁVILA, Humberto. Neoconstitucionalismo: Entre a Ciência do Direito e o Direito da Ciência. Revista Eletrônica de Direito do Estado. Número 17. 2009. Disponível em https://revistas.unifacs.br/index.php/redu/article/viewFile/836/595 acessado dia 21 de mar. de 19, às 01:57 a.m.

BEZERRA FILHO, Manoel Justino. Lei de recuperação de empresas e falência: Lei 11.101/2005: comentada artigo por artigo. 13ª Edição. São Paulo: Revista dos Tribunais

CAMPINHO, Sérgio. Curso de Direito Comercial. Direito de Empresa. 14ª Edição. São Paulo. 2016. Saraiva.

COELHO, Fábio Ulhoa. Manual de Direito Comercial. Direito de Empresa. 28ª Edição. São Paulo, Revista dos Tribunais. 2016.

_____; Comentários à nova lei de falências e recuperação judicial de empresas. 10ª Edição. São Paulo. Saraiva. 2014.

EPSTEIN, David G. *Bankrupcty and related law in a nutshell*. 07 ª Edição. Thomson West. 2002.

FINCH, Vanessa; MILMAN, David. *Corporate Insolvency law: perspectives and principles*. 03ª Edição. Cambridge – UK; New York: Cambridge University Press. 2017.

LIMA MARQUES, Cláudia. Superação das antinomias pelo diálogo das fontes: o modelo brasileiro de coexistência entre o código de defesa do consumidor e o código civil de 2002. Revista da Escola Superior da Magistratura de Sergipe. Número 07. 2004. Disponível em https://core.ac.uk/download/pdf/79073279.pdf, acessado no dia 21 de março de 2019, às 03:35 a.m.

MURPHY, John Francis. The Automatic Stay in Bankruptcy, 34 Clev. St. L. Rev. 567 (1985-1986). Disponível em https://engagedscholarship.csuohio.edu/cgi/viewcontent.cgi?article=1982&context=clevstlrev, acessado no dia 04 de agosto de 2019, às 05:23 p.m.

NEGRÃO, Ricardo. A eficiência do processo judicial na recuperação de empresa. 01ª Edição. São Paulo. 2010. Saraiva.

_____; Aspectos objetivos da lei de recuperação de empresas e falências: lei 11.101, de 9 de fevereiro de 2005. 05ª Edição. São Paulo. 2014. Saraiva.

PENALVA SANTOS, Paulo; SALOMÃO, Luis Felipe. Recuperação Judicial, extrajudicial e falência: teoria e prática. 03º Edição. Rio de Janeiro. 2017. Forense.

PERIN JUNIOR, Ecio. Preservação da Empresa na Lei de Falências. 01ª Edição. São Paulo. 2009. Saraiva.

---

[36] https://abj.org.br/wp-content/uploads/2018/01/ABJ_resultados_observatorio_1a_fase.pdf, acessado em 10 de outubro de 2019, às 21:37.

RECUPERAÇÃO JUDICIAL

TABB, Charles Jordan. *Law of Bankruptcy*. 04ª Edition. 2016.West Academic Publishing.

THEODOR JÚNIOR, Humberto. A Insolvência Civil. 06ª Edição. Rio de Janeiro. 2009. Forense.

TOMAZETTE, Marlon. Curso de direito empresarial, volume 3: falência e recuperação de empresas. 03ª Edição. São Paulo. Atlas. 2014.

URY, Willian L. Negocie para vencer: instrumentos práticos e criativos para chegar ao sim. Tradução Regina Amarante. 02ª Edição, revista e atualizada. São Paulo. 2013. HSM Editora.

WARREN, Elizabeth. *Chapter 11: Reorganizing American Business*. New York. 2008. Aspen Publisher.

WEISS, Jeff. *Negociações eficazes*. Tradução Roberto Grey. Rio de Janeiro. 2018. Sextante.

10
Chapter 15 e os Desafios
da *Cross-Border Reorganization*

MARCELO LAMEGO CARPENTER
LUIS TOMÁS ALVES DE ANDRADE

Introdução

Historicamente, as taxas de juros praticadas no mercado brasileiro sempre estiveram entre as mais altas do mundo. Mesmo com a taxa Selic – sabidamente o principal instrumento de política monetária utilizado pelo Banco Central para o controle da inflação – no seu menor patamar histórico, o Brasil ainda ocupa a sexta posição no ranking das economias com as maiores taxas de juros nominais, dentre quarenta países analisados pelo Comitê de Política Monetária[1].

A existência de elevadíssimas taxas de juros no mercado brasileiro nas últimas décadas fez com que empresas brasileiras passassem a buscar meios de acessar os mercados internacionais, como forma de financiar suas atividades a um custo mais reduzido. Grupos empresariais brasileiros passaram a constituir subsidiárias estrangeiras com a finalidade específica de emitir títulos de dívida a serem oferecidos no mercado internacional e receber os recursos decorrentes dessa emissão. Na maioria dos casos, essas subsidiárias não possuem atividade operacional própria, autônoma, e se limitam a funcionar como veículo para a captação de recursos em mercados

---

[1] Pesquisa realizada pelo site MoneYou em parceria com a *Infinity Asset Management*, divulgada na reunião do Copom de 30.10.19.

estrangeiros, quase sempre por meio de títulos garantidos por seus controladores, sediados no Brasil, onde se concentra a maior parte dos ativos.

Com isso, empresas de um mesmo grupo empresarial passaram a se estabelecer em países diferentes e a se sujeitar a jurisdições próprias, impulsionando a surgimento de grupos transacionais.

O destino primeiro desses esforços de captação é, sem sombra de dúvida, o mercado norte-americano (a rigor, e mais precisamente, Nova York), porque lá se encontra a maior oferta de investidores interessados nesse tipo de investimento e de empresas e fundos de investimento especializados em investir em empresas estrangeiras. Por meio da emissão de títulos de dívida nos Estados Unidos, regulados por lei americana – em especial, pela lei do Estado de Nova York –, grupos brasileiros passaram a captar recursos em dólar, com prazos de vencimento alongados e taxas de juros menores que as praticadas no mercado brasileiro. Muito embora o devedor principal fosse, quase sempre, empresas constituídas no exterior, na maioria das vezes figuravam como devedoras solidárias as principais empresas brasileiras do grupo, incluindo-se a controladora, que respondiam pelo integral cumprimento das obrigações.

Enquanto as dívidas fossem pagas, a internacionalização das empresas e o entrelaçamento entre os diferentes países e suas jurisdições não constituiria um problema para o direito da insolvência ou concursal. No entanto, com o advento da crise financeira no Brasil, em especial a partir de 2008, esses conglomerados de empresas sujeitas a diferentes jurisdições viram-se obrigados a enfrentar processos organizados de restruturação de dívidas, dando início a relevantes questões jurídicas a serem decididas no Brasil e no exterior, como, por exemplo, a necessidade de cooperação entre diferentes jurisdições, a fim de viabilizar a solução da situação de insolvência desses grupos transnacionais[2].

Em tais casos, ao mesmo tempo em que se confrontou com a necessidade de impetração de pedidos de recuperação judicial perante o Judiciário brasileiro – porque aqui se encontrava o principal estabelecimento do devedor e seus principais ativos –, viu-se indispensável obter mecanismos legais que permitissem a colaboração do Judiciário de outros países, como

---

[2] CARPENTER, Marcelo Lamego e HENRICI, Ricardo Loretti. Recuperação judicial no Brasil de empresas estrangeiras in Aspectos Polêmicos e Atuais da Lei de Recuperação de Empresas, MENDES, Bernardo Bicalho de Alvarenga (coord.), Belo Horizonte: Editora D'Plácido, 2016. p. 525.

CHAPTER 15 E OS DESAFIOS DA *CROSS-BORDER REORGANIZATION*

forma de organizar e dar racionalidade ao processo de restruturação das dívidas das empresas que tinham no Brasil o seu principal estabelecimento. Em outras palavras, de nada adiantaria a apresentação do pedido de recuperação judicial no Brasil apenas, se também havia ativos no exterior que dependeriam da proteção dos juízes locais, diante da ineficácia de decisões brasileiras naqueles países. Ainda que não houvesse ativos relevantes no exterior, o simples fato de evitar um processo de falência nos Estados Unidos, ou mesmo em outros países, por iniciativa de credores sujeitos à jurisdição americana, já seria motivo suficiente para buscar a cooperação do Judiciário norte-americano.

A história recente do processo de recuperação judicial no Brasil mostra que esse não é um cenário hipotético. Nos últimos anos, muitos foram os casos de empresas brasileiras que se viram obrigadas a lançar mão de mecanismos que lhes permitissem obter a cooperação do Poder Judiciário norte-americano em processos de insolvência, seja para obter a proteção dos seus bens e ativos, seja para evitar a deflagração de um processo falimentar indesejado no exterior.

O "caso Varig" talvez tenha sido o primeiro caso de cooperação internacional entre o Poder Judiciário brasileiro e norte-americano, após o início da vigência da Lei n. 11.101/2005. Como se verá adiante, sem a colaboração internacional, a Varig jamais teria conseguido aprovar o seu plano de recuperação judicial. O caso da recuperação judicial do "Grupo OAS" também é emblemático porque talvez tenha sido o primeiro em que o Poder Judiciário brasileiro se deparou com decisões estrangeiras contrárias às proferidas aqui, e, mais uma vez, a existência de um processo de colaboração internacional foi fundamental para a solução do problema. Por fim, abordaremos o "caso Oi" (o maior deles, sem sombras de dúvida), ainda em andamento, no qual a colaboração entre diferentes juízes de países distintos também foi decisiva para que fosse possível a aprovação do plano de recuperação judicial.

Em todos esses casos, com exceção do "caso Varig"[3], o mecanismo utilizado para a obtenção da cooperação dos juízes norte-americanos foi o chamado "Capítulo 15" ou "Chapter 15", do Código de Insolvência dos Estados Unidos, no qual estão previstas as regras para que os juízes daquele país

---

[3] Como se verá adiante, quando do ajuizamento do caso Varig o Chapter 15 ainda não estava vigor nos Estados Unidos. Vigorava, na época, a chamada *Section 304*, que se destinava ao mesmo fim: viabilizar a colaboração das cortes norte-americanas com juízes estrangeiros.

RECUPERAÇÃO JUDICIAL

possam colaborar com juízes de outras jurisdições. Através de requerimento formulado junto à Corte americana competente, abre-se um amplo leque de possibilidades para que o juiz norte-americano possa dar efetividade a decisões tomadas em outros países, de modo a impedir, por exemplo, a execução de dívidas ou a apreensão de bens e ativos do devedor estrangeiro, localizados em território americano.

A partir de tal processo auxiliar (*"ancillary proceeding"*), iniciado nos Estados Unidos, é possível garantir a efetividade de planos de recuperação judicial aprovados no Brasil, desde que as Cortes americanas reconheçam o procedimento iniciado no exterior como o processo principal de insolvência do grupo econômico (*"main proceeding"*), de onde devem emanar as decisões que produzirão efeitos no território americano e para os credores sujeitos a essa jurisdição.

Neste artigo, procuraremos abordar a experiência enfrentada nesses casos, de modo a ilustrar a importância do Chapter 15 para o êxito dos processos de recuperação judicial brasileiros que tenham credores ou ativos localizados no exterior.

1. A Lei Modelo em *Cross-Border Insolvency* da UNCITRAL e o *Chapter 15* do Código de Insolvência dos Estados Unidos

Com o propósito de harmonizar as regras de Direito Comercial Internacional, em 1967, a Assembleia Geral das Nações Unidas constituiu a *United Nations Commission on International Trade Law* ("UNCITRAL"), voltada à criação de tratados e leis modelos que pudessem nortear as relações empresariais internacionais.

Desde a sua criação, em parceria com a *International Association of Restructuring, Insolvency and Bankruptcy Professionals* ("INSOL"), a UNCITRAL empreendeu estudos voltados à elaboração de uma lei modelo para casos de insolvência transnacional. Após longos debates, que contaram com a participação de representantes de, aproximadamente, 50 países, em 30 de maio de 1997, foi publicado o texto da *Model Law on Cross-Border Insolvency* da UNCITRAL ("Lei Modelo"), voltado a orientar e solucionar questões relativas ao foro competente, à cooperação entre juízes de diferentes países, ao processamento adequado e célere da recuperação de multinacionais, dentre outras[4].

---

[4] UNCITRAL Model Law on Cross-Border Insolvency with Guide to Enactment and Interpretation. Edição: United Nations. New York, 2014.

CHAPTER 15 E OS DESAFIOS DA *CROSS-BORDER REORGANIZATION*

A Lei Modelo parece ter se inspirado no modelo norte-americano, do chamado universalismo modificado (*"modified universalism"*), através do qual se presume a existência de uma pluralidade de processos de insolvência, iniciados em jurisdições distintas e regidos por leis próprias, que, para permitirem que se alcance um resultado satisfatório, deverão ser coordenados sob uma perspectiva mundial, buscando uma solução como se existisse apenas um único processo[5].

A adoção da Lei Modelo pelos países membros não é obrigatória. Trata-se, apenas, como o nome já indica, de um modelo ou sugestão para os legisladores em todo o mundo, no qual se procurou reunir as melhores práticas, através da experiência de diferentes atores envolvidos no processo de insolvência. Isso não impediu que a Lei Modelo fosse adotada, desde a sua elaboração pela UNCITRAL, por mais de 40 países, que promulgaram legislações nela inspiradas como, por exemplo, os Estados Unidos, Grã-Bretanha, Japão, México, entre outros. Com o tempo, a adoção da Lei Modelo passou a ser sinal de amadurecimento institucional do país; países que adotaram a Lei Modelo passaram a ser vistos como lugares mais seguros para investir, o que fez com que outros países também se interessassem pela adoção.

Nos Estados Unidos, a partir da promulgação do *The Bankruptcy Abuse Prevention and Consumer Protection Act of 2005*, foi incorporado ao Código de Insolvência americano o *Chapter 15* ("Capítulo 15"), intitulado *"Ancillary and Other Cross-Border Cases"*, em substituição à *Section 304* do mesmo diploma legal, que passou a incorporar parte da Lei Modelo da UNCITRAL. O propósito do *Chapter 15* é fornecer mecanismos efetivos de coordenação com processos de insolvência estrangeiros, por meio de cinco objetivos: 1. Promover a cooperação entre os tribunais dos Estados Unidos e interessados, com os tribunais e outras autoridades competentes dos países estrangeiros envolvidos; 2. Estabelecer uma maior segurança jurídica para o comércio e investimentos; 3. Proporcionar uma administração justa e eficiente, no caso de insolvências transnacionais, que proteja os interesses dos credores e de outras entidades interessadas, inclusive o devedor; 4. Proteger e maximizar o valor dos ativos do devedor; e 5. Facilitar a recuperação de

---

[5] WESTBROOK, Jay Lawrence, A Global Solution to Multinational Default *in* Michigan Law Review, v. 98, June/2000, p. 2329.

RECUPERAÇÃO JUDICIAL

empresas em dificuldades financeiras, protegendo, assim, investimentos e preservando empregos[6].

O *Chapter 15* permite que os juízes americanos reconheçam um processo estrangeiro de insolvência como sendo o processo principal (*"main proceedings"*), onde deverão ser tomadas as principais decisões do caso como, por exemplo, se o pedido de recuperação judicial deve ou não ser aceito, ou de que forma deverão ser alienados os seus bens no processo de falência. O reconhecimento do processo estrangeiro como sendo o processo principal dependerá da verificação do local onde está situado o principal estabelecimento comercial do devedor (ou "Center of Main Interest – COMI", para usar a expressão em inglês). De acordo com as regras aplicáveis ao *Chapter 15*, o reconhecimento de um processo estrangeiro como sendo o principal (*"foreign main proceeding"*) suspende automaticamente todos os processos em curso contra o devedor nos Estados Unidos, o que representa uma importante ferramenta para sucesso do processo de reestruturação de dívidas da empresa em recuperação[7].

Embora norteadas pelo princípio da cooperação entre juízes de diferentes jurisdições, não há como negar que as regras previstas no *Chapter 15*, na prática, tendem a beneficiar credores norte-americanos. É o que se verifica, por exemplo, na § 1521 (b)[8], que, apesar de permitir a distribuição dos bens e ativos do devedor ao representante estrangeiro do principal processo (*"main proceeding"*) de insolvência, condiciona essa distribuição à verificação de que os interesses dos credores nos Estados Unidos estejam suficientemente protegidos. Estudo empírico realizado pela Universidade de Harvard concluiu que, somente em 12% dos casos analisados, a distri-

---

[6] Model Law on Cross-Border Insolvency of the United Nations Commission on International Trade Law, G.A. Res. 52/158, U.N. Doc. A/RES/52/158 (Jan.30,1998), Preamble; e AYOUB, Luiz Roberto. A Lei de Recuperação Judicial, Extrajudicial e Falência: do caso Varig às Reflexões Contemporâneas *in* Cadernos FGV Projetos – Recuperação de Empresas, Ano 13, nº 33, Setembro 2018, p. 82.

[7] CARPENTER, Marcelo Lamego e HENRICI, Ricardo Loretti. Op. cit. p. 537.

[8] "§ 1521 (...)

(b) Upon recognition of a foreign proceeding, whether main or non-main, the court may, at the request of the foreign representative, entrust the distribution of all of part of the debtor's assets located in the United States to the foreign representative or another person, including an examiner, authorized by the court, provided that the court is satisfied that the interests of creditors in the United States are sufficiently protected."

CHAPTER 15 E OS DESAFIOS DA *CROSS-BORDER REORGANIZATION*

buição dos bens foi atribuída ao juiz estrangeiro, sem que fossem beneficiados, de qualquer maneira, os credores nos Estados Unidos[9].

Como se percebe, a conciliação dos interesses dos credores norte-americanos com os dos demais credores é um dos principais desafios daqueles que pretendem se valer do *Chapter 15* para pedir a proteção e a colaboração dos juízes americanos, em especial para dar efetividade a decisões proferidas no Brasil.

Porém, justiça seja feita, as experiências recentes de interação com juízes norte-americanos vem demonstrando que, na prática – ao menos no restrito âmbito dos casos analisados neste artigo que, embora relevantes, podem não representar uma fotografia fiel da realidade do Poder Judiciário americano, com todas as suas nuances e características –, não há uma verdadeira preocupação em beneficiar credores norte-americanos que, muitas vezes, sofrem prejuízos e descontos expressivos em consequência da aprovação dos planos de recuperação judicial no Brasil, mas sim de assegurar que esses credores não sofram tratamento discriminatório em relação aos demais credores não americanos.

O que se poderá notar, pela análise dos casos adiante apresentados, de forma mais detalhada, é que há, de fato, uma clara e genuína intenção dos juízes americanos de, através do *Chapter 15*, colaborar com juízes estrangeiros, desde que essa colaboração não implique em tratamento discriminatório injustificado aos credores daquele país.

2. O Caso VARIG

O primeiro caso de insolvência posterior à edição da Lei n. 11.101/2005, que contou com a cooperação internacional entre o Brasil e os Estados Unidos, que se tem notícia, foi o da VARIG Linhas Aéreas S.A., companhia de aviação civil que impetrou o seu pedido de recuperação judicial pouco depois da entrada em vigor da nova lei que veio para substituir o Decreto-Lei nº 7.661/45, que regulamentava a concordata.

Com efeito, em 17 de junho de 2005, a VARIG S.A., a RIO SUL LINHAS AÉREAS S.A. e a NODERSTE LINHAS AÉREAS S.A. (em conjunto apenas "VARIG") impetraram pedido de recuperação judicial perante o Tribunal de Justiça do Estado do Rio de Janeiro. Poucos dias depois, o

---

[9] LEONG, Jeremy, Is Chapter 15 Universalit or Territorialist? Empirical Evidence from the United States Bankruptcy Court Cases, Harvard University, August 29, 2010, p. 22.

RECUPERAÇÃO JUDICIAL

processamento da recuperação judicial veio a ser deferido pelo juízo da 8ª Vara Empresarial do Rio de Janeiro, ordenando-se, em consequência, a suspensão de todas as ações e execuções contra as devedoras[10].

Ocorre que havia uma importante disputa jurídica em torno da possibilidade de submeter contratos de arrendamento mercantil aos efeitos do processo de recuperação judicial, por força da regra do § 3º do art. 49 da Lei n. 11.101/2005[11]. Na verdade, a discussão travada naquele processo era se os contratos de arrendamento celebrados entre as empresas estrangeiras proprietárias de aeronaves e a VARIG poderiam ser classificados como contratos de arrendamento mercantil em razão das suas características principais. Fossem considerados como contratos de arrendamento mercantil, então não poderiam ser afetados pelo processo de recuperação judicial; caso contrário esses credores teriam de se submeter aos efeitos do processo[12].

Por entenderem que seus contratos de arrendamento de aeronaves e motores não deveriam ser afetados pelo processo da VARIG, dias depois do deferimento do pedido processamento de recuperação judicial no Brasil, a International Lease Finance Corporation e a Willis Lease Finance Corporate ingressaram, perante a Vara de Falências de Nova York, com pedido de apreensão de 20 aeronaves que se localizavam em território americano, em razão do não pagamento dos valores previstos nos respectivos contratos[13].

[10] Processo nº 2005.072887-7.

[11] "§ 3º Tratando-se de credor titular da posição de proprietário fiduciário de bens móveis ou imóveis, de arrendador mercantil, de proprietário ou promitente vendedor de imóvel cujos respectivos contratos contenham cláusula de irrevogabilidade ou irretratabilidade, inclusive em incorporações imobiliárias, ou de proprietário em contrato de venda com reserva de domínio, seu crédito não se submeterá aos efeitos da recuperação judicial e prevalecerão os direitos de propriedade sobre a coisa e as condições contratuais, observada a legislação respectiva, não se permitindo, contudo, durante o prazo de suspensão a que se refere o § 4º do art. 6º desta Lei, a venda ou a retirada do estabelecimento do devedor dos bens de capital essenciais a sua atividade empresarial."

[12] Permita-se aqui uma curiosidade sobre esse litígio: tão acirrada foi a disputa em torno da natureza jurídica dos contratos de arrendamento celebrados com a VARIG que, tempos depois, o Congresso Nacional alterou a redação do parágrafo único do art. 199 da referida lei, que passou a ter a seguinte redação: "§ 1º Na recuperação judicial e na falência das sociedades de que trata o caput deste artigo, em nenhuma hipótese ficará suspenso o exercício de direitos derivados de contratos de locação, arrendamento mercantil **ou de qualquer outra modalidade de arrendamento de aeronaves ou de suas partes.**" (grifou-se).

[13] United States Bankruptcy Court Southern District of New York *In re* (Case No. 05-1440).

CHAPTER 15 E OS DESAFIOS DA *CROSS-BORDER REORGANIZATION*

Naquela época, o *Chapter 15* ainda não havia sido promulgado e vigorava o disposto na *Section 304* do Código de Insolvência americano, que previa a possibilidade de abertura de um processo auxiliar (*"case ancillary"*) a um procedimento estrangeiro (*"foreign proceeding"*) perante as Varas de Falência americanas, com o propósito salvaguardar bens e ativos do devedor localizados nos Estados Unidos.

Foi no curso desse processo auxiliar iniciado nos Estados Unidos que o juiz norte-americano proferiu uma decisão que, na prática, estendeu para o território americano os efeitos de uma liminar que havia sido deferida no Brasil para impedir o arresto ou apreensão das aeronaves e motores objeto dos contratos de arrendamento celebrados com a VARIG, sem a qual, pode-se afirmar sem nenhum exagero, o processo de recuperação judicial não teria durado nem seis meses. Não fosse essa decisão do juiz estrangeiro, as aeronaves e motores dados em arrendamento à VARIG teriam sido arrestados pelos credores, inviabilizando a aprovação do plano de recuperação judicial, o que acabou ocorrendo mais tarde.

Digno de registro, aliás, a iniciativa do juiz norte-americano neste caso que, não apenas deferiu as medidas judiciais necessárias para dar efetividade, nos Estados Unidos, às decisões proferidas no Brasil, mas foi além e convidou a juíza responsável pelo caso no Brasil a copresidir uma audiência com ele na Corte de Nova York, o que de fato ocorreu[14]. A decisão judicial que concedeu eficácia, nos Estados Unidos, à medida liminar deferida no Brasil acabou por ser renovada por mais de 10 vezes, o que prorrogou durante diversos meses a proibição a credores estrangeiros de adotar medidas constritivas contra a VARIG nos Estados Unidos.

Em 19 de dezembro de 2005, o plano de recuperação judicial da VARIG foi, finalmente, aprovado em Assembleia Geral de Credores.

Em 20 de julho de 2006, a VARIG veio a ser arrematada em leilão pela VRG Linhas Aéreas, pelo valor de US$ 24 Milhões. Em seguida, em 28 de março de 2007, a GOL Linhas Aéreas adquiriu o controle da VARIG, pelo valor de US$ 275 Milhões, havendo a fusão da Gol com a VRG, e o surgimento da Flex Linhas Aéreas S.A., decorrente dos ativos remanescentes da VARIG[15].

---

[14] AYOUB, Luiz Roberto. Op. cit. p. 81.

[15] TORRES, Emanuela Pilé de Barros. Caso VARIG: um estudo prático dos institutos da recuperação judicial e da falência. Brasília: Conteúdo Jurídico.

RECUPERAÇÃO JUDICIAL

Muitas lições podem ser aprendidas com esse caso. A primeira e mais óbvia delas: sem a cooperação internacional, teria sido impossível levar adiante o processo de recuperação judicial da VARIG.

3. O Caso OAS

Mais recentemente, em 31.03.2015, foi distribuído à 1ª Vara de Falências e Recuperação Judicial de São Paulo o pedido de recuperação judicial das seguintes empresas integrantes do chamado Grupo OAS: OAS S.A, OAS INVESTIMENTOS S.A., CONSTRUTORA OAS S.A., OAS EMPRE-ENDIMENTOS S.A., SPE GESTÃO E EXPLORAÇÃO DE ARENAS MULTIUSO S.A., OAS INFRAESTRUTURA S.A., OAS IMÓVEIS S.A., OAS INVESTMENTS GMBH, OAS INVESTMENTS LIMITED e OAS FINANCE LIMITED (em conjunto, aqui denominados, "OAS"). As três últimas empresas (OAS INVESTMENTS GMBH, OAS INVESTMENTS LIMITED e OAS FINANCE LIMITED), eram subsidiárias estrangeiras da OAS S.A., duas delas constituídas nas Ilhas Virgens Britânicas, com a finalidade de emitir títulos de dívidas (*"bonds"*) no exterior. Os referidos títulos, como de praxe em financiamentos dessa natureza, contavam com garantias cruzadas das principais empresas brasileiras do grupo.

O processamento da recuperação judicial veio a ser deferido em relação a todas as sociedades acima mencionadas, inclusive as estrangeiras, sob o fundamento de que não haveria impedimento à inclusão de empresas constituídas no exterior, desde que tenham no Brasil o centro principal de suas atividades e sejam inequivocamente controladas e integrantes do grupo empresarial brasileiro. Na decisão que deferiu o processamento do pedido de recuperação judicial em relação às empresas estrangeiras, fez--se expressa menção ao fato de o Brasil não ter ainda adotado a Lei Modelo da UNCINTRAL para insolvências transnacionais, o que não deveria ser visto, no entender daquele magistrado, como empecilho à participação das sociedades estrangeiras no processo, especialmente quando verificado que elas atuavam apenas como instrumentos de captação de recursos no exterior, sem atividade operacional[16]. Essa decisão foi posteriormente

---

[16] "Não obstante o Brasil não tenha ainda adotado a Lei Modelo da UNCITRAL para falências transnacionais, nada impede que empresas constituídas no exterior, mas que tenham no Brasil o centro principal de suas atividades (COMI – Center of Main Interest) e sejam inequivocamente controladas e integrantes de grupo econômico empresarial brasileiro, requeiram perante a Justiça brasileira a tutela legal prevista na Lei 11.101/05. No caso, as

CHAPTER 15 E OS DESAFIOS DA *CROSS-BORDER REORGANIZATION*

confirmada, por maioria de votos, pela 2ª Câmara Reservada de Direito Empresarial do Tribunal de Justiça de São Paulo.

Em paralelo ao andamento do processo de recuperação judicial no Brasil, em abril de 2015, um dos credores estrangeiros deu início a um processo de insolvência, nas ilhas Virgens Britânicas (*"provisional liquidation"*), das sociedades OAS FINANCE LIMITED e OAS INVESTMENTS LIMITED. Ao contrário dos Estados Unidos, não havia disponível no ordenamento jurídico das Ilhas Virgens Britânicas um procedimento capaz de reconhecer a existência e a eficácia de um processo de insolvência estrangeiro. Logo, diante o inadimplemento de uma dívida constituída sob as leis daquela jurisdição, não havia alternativa que não fosse a declaração de insolvência das empresas devedoras. Foi o que, de fato, ocorreu. Comprovado o não pagamento dos *bonds* emitidos pelas sociedades estrangeiras – o que, aliás, era fato incontroverso –, a Corte das Ilhas Virgens Britânicas determinou a abertura do processo de insolvência, com a nomeação de dois liquidantes judiciais, que passariam a atuar como representantes das empresas em liquidação, com funções muito similares a de um administrador judicial nos casos de falência.

A OAS se viu numa posição contraditória e delicada, que poderia pôr em risco o êxito do seu processo de recuperação judicial: de um lado, fora deferido, no Brasil, o processamento da recuperação judicial das suas subsidiárias estrangeiras e, de outro, autorizado, nas Ilhas Virgens Britânicas, o início do processo de liquidação dessas mesmas empresas.

Para tornar ainda mais complexo o quadro, foram iniciados, nos Estados Unidos, dois processos, com base no *Chapter 15*. Credores americanos titulares de *bonds* emitidos pela OAS se valeram do *Chapter 15* para pedir a penhora de ativos da OAS e obtiveram, perante a Vara de Falências de Nova York, uma medida liminar de bloqueio de aproximadamente US$ 5,7 Milhões das contas bancárias da Construtora OAS, em Nova York[17]. Além disso, pediu-se o reconhecimento do processo de insolvência nas Ilhas Virgens Britânicas como sendo o principal processo (*"main proceeding"*) de insolvência da OAS.

---

requerentes constituídas no exterior são integralmente controladas pela OAS S.A. e atuam apenas e tão somente como instrumentos de captação de recursos no exterior, sem atuação operacional." (Processo n.º 1030812-77.2015.8.26.0100).

[17] *In re* OAS Finance Ltd., Case No. 15-11304 (SMB) (Bankr. S.D.N.Y.).

RECUPERAÇÃO JUDICIAL

Em contraposição ao pedido formulado pelos credores americanos, a OAS apresentou na Corte de Nova York, logo em seguida, o segundo pedido com fundamento no *Chapter 15*, no qual pedia que o magistrado norte-americanos reconhecesse que a recuperação judicial iniciada no Brasil deveria ser o principal processo de insolvência do grupo[18]. Obviamente que os credores americanos apresentaram toda sorte de objeções ao pedido apresentado pela OAS, sendo que os principais argumentos suscitados foram de que: (i) o representante estrangeiro (*"foreign representative"*) que teria iniciado o procedimento do *Chapter 15* não teria sido devidamente nomeado no processo de insolvência no exterior (*"foreign proceeding"*), pois não teria sido o administrador judicial da recuperação judicial quem teria ingressado com o pedido perante a Corte americana, mas sim o representante nomeado pelos diretores da OAS, em desconformidade com o disposto na § 1515(a) do *Chapter 15*; e de que (ii) o local do principal estabelecimento das subsidiárias estrangeiras ("Center of Main Interests") não seria o Brasil, já que elas não possuiriam sede no país, tampouco qualquer operação, empregados ou ativos.

Ao analisar o caso, a Corte de Nova York concluiu que o representante estrangeiro não, necessariamente, deveria ter sido nomeado no âmbito do processo de insolvência no exterior, bastando que a sua nomeação tenha sido feita pelos diretores da empresa. Com base em *affidavits* apresentados pela OAS que tratavam da lei brasileira, o juiz norte-americano entendeu que o papel exercido pelo administrador judicial no Brasil era meramente fiscalizatório, sem ingerência ou gestão nas empresas, de modo que a indicação dos diretores de um representante legal para dar início aos procedimentos nos Estados Unidos se mostrava válida e regular[19].

Com relação à verificação do local do principal estabelecimento da empresa, a Corte de Nova York entendeu que ele seria no Brasil, eis que os *bonds* que davam origem à dívida eram garantidos pelas próprias empresas brasileiras e que os fatores de risco indicados aos investidores nas respectivas escrituras levavam em consideração as atividades realizadas no Brasil. Em razão de tais fatores, a Corte americana decidiu que o local do principal estabelecimento seria o Brasil, reconhecendo o processo de

---

[18] *In re* OAS S.A., et. al., Case No. 15-10937 (SMB) (Bankr. S.D.N.Y.).
[19] BLOOM, Mark D. ARAUJO, Vitor. OAS Group: A Tale of Two Chapter Cases in the United States *in* INSOL World, Fourth Quarter, 2015, p. 8.

CHAPTER 15 E OS DESAFIOS DA *CROSS-BORDER REORGANIZATION*

recuperação judicial iniciado no país como sendo o principal processo de insolvência do grupo[20].

Também, nesse caso, as decisões proferidas no *Chapter 15* desempenharam um papel fundamental no processo de recuperação judicial brasileiro, influenciando, de forma decisiva, a atuação dos credores. É claro que as decisões proferidas no processo norte-americano não têm o condão de revogar as decisões proferidas no processo de liquidação iniciado perante a Corte de insolvência das Ilhas Virgens Britânicas, que é autônomo e independente em relação àquele. Porém, na medida em que as decisões tomadas no processo das Ilhas Virgens Britânicas não reverberaram nos Estados Unidos, reduziu-se, de forma importante, a capacidade desses credores de interferir no processo como um tudo, fazendo com que diminuísse a sua agressividade no litígio. Além disso, muitos desses credores, por serem fundos de investimento especializados em investir em processos de insolvência nos Estados Unidos, não queriam se indispor, nem contrariar as decisões proferidas pela Corte de falências de Nova York, onde constantemente litigavam.

4. O Caso Oi

Um dos mais recentes, relevantes e interessantes casos de insolvência transnacional no país é, sem dúvida, o processo de recuperação judicial do grupo de telefonia Oi, em curso perante a 7ª Vara Empresarial do Rio de Janeiro. Também, nesse caso, houve intensa disputa nas Cortes nova-iorquinas de insolvência em razão de processos lá iniciados com base no *Chapter 15*.

Em 20.06.2016, as seguintes empresas do chamado "Grupo Oi" impetraram pedido de recuperação judicial: OI S.A., TELEMAR NORTE LESTE S.A., OI MÓVEL S.A., COPART 4 PARTICIPAÇÕES S.A., COPART 5 PARTICIPAÇÕES S.A., PORTUGAL TELECOM INTERNATIONAL FINANCE B.V. e OI BRASIL HOLDINGS COÖPERATIEF U.A. (em conjunto, aqui denominadas "Oi")[21]. As duas últimas são subsidiárias estrangeiras do grupo, constituídas na Holanda, para a obtenção de financiamentos no exterior, através da emissão de títulos de dívida (*"bonds"*), que contavam com garantias de pagamento dadas pela Oi S.A. e pela Oi Móvel S.A., igualmente em recuperação judicial.

[20] BLOOM, Mark D. ARAUJO, Vitor. Op. cit., p. 10.
[21] Processo nº 0203711-65.2016.8.19.0001.

RECUPERAÇÃO JUDICIAL

Vale destacar que, antes mesmo da impetração do pedido de recuperação judicial, as sociedades estrangeiras já haviam inadimplido as obrigações assumidas nas escrituras de emissão desses títulos, o que ocasionou o vencimento antecipado dessas dívidas. Por haver sociedades constituídas na Holanda e para evitar os deletérios efeitos de uma falência, o Grupo Oi deu início, naquele país, a um processo de insolvência denominado "suspensão de pagamentos", a fim de suspender, temporariamente, o pagamento das dívidas. Nesses procedimentos foram nomeados, pela Corte holandesa, dois liquidantes judiciais para atuarem como representantes das empresas estrangeiras.

As decisões que nomearam os liquidantes judiciais holandeses reconheceram a competência da Corte de Amsterdã para o procedimento de insolvência de ambas as empresas estrangeiras do Grupo Oi acima mencionadas e concluíram que o local do seu principal estabelecimento seria na Holanda. No entanto, em 19.04.2017, o Tribunal Recursal de Amsterdã, ao verificar a incapacidade das sociedades estrangeiras de quitar as suas próprias dívidas, converteu em falência o processo de suspensão de pagamentos, nomeando dois *trustees* para atuarem como administradores das falências.

Em paralelo aos processos de insolvência no Brasil e na Holanda, a Oi também ingressou com pedido de proteção contra credores, fundamentado no *Chapter 15*, em Nova York. No referido procedimento, as devedoras requereram que a Corte americana reconhecesse o processo brasileiro (e não o holandês) como o principal processo de insolvência do grupo, com as consequências daí decorrentes, entre as quais a suspensão das execuções de dívidas em território norte-americano. A partir de uma análise do comportamento dos devedores e dos seus representantes, que realizavam todas as suas atividades no Brasil, o juiz americano concluiu que o local do principal estabelecimento do grupo seria efetivamente no Brasil, motivo pelo qual reconheceu que a recuperação judicial (e não o processo holandês) deveria ser considerada como o principal processo de insolvência, para fins do disposto no *Chapter 15*.

Depois de decretada a falência na Holanda, o *trustee* holandês de uma das subsidiárias estrangeiras da Oi, assistido por um grupo de credores *bondholders*, iniciou um novo processo de *Chapter 15*, através do qual requereu a reconsideração da decisão anterior que havia reconhecido o processo brasileiro como sendo o principal. De acordo com os argumentos apresen-

CHAPTER 15 E OS DESAFIOS DA *CROSS-BORDER REORGANIZATION*

tados, a subsidiária estrangeira estava constituída na Holanda, possuía um representante legal sediado naquele país e não exercia nenhuma atividade operacional no Brasil, o que indicaria que o local do seu principal estabelecimento somente poderia ser a Holanda.

Em 04.12.2017, a Corte de Falências de Nova York rejeitou o pedido formulado pelo *trustee* holandês de reconhecimento do procedimento de falência na Holanda como sendo o principal. De acordo a decisão, o segundo processo de *Chapter 15* seria uma tentativa de manipulação do princípio do principal estabelecimento ("COMI principle")[22], e de alterar o entendimento já manifestado no primeiro processo de *Chapter 15*, no sentido de que o local do principal estabelecimento seria no Brasil.

Após intensas disputas entre credores e devedoras, em 19 de dezembro de 2017, o plano de recuperação judicial da Oi foi finalmente aprovado.

Mais uma vez, as decisões proferidas em processos de *Chapter 15* tiveram importância fundamental para a aprovação do plano de recuperação judicial na forma como ele foi aprovado.

5. O Substitutivo de Plenário ao Projeto de Lei nº 6.229/05

Apesar da crescente utilização dos mecanismos do *Chapter 15* por grupos brasileiros nos Estados Unidos, não existe, hoje, na legislação falimentar brasileira nenhum dispositivo que regulamente as hipóteses de insolvência transnacional. Em razão disso, muitas vezes o Judiciário brasileiro se depara com situações difíceis de serem conciliadas, como, por exemplo, aquela vislumbrada no caso da recuperação judicial da Oi, em que foram nomeados *trustees* nos processos de falência das subsidiárias holandesas, para atuarem como representantes das referidas sociedades.

Embora o juiz responsável pela condução da recuperação judicial tenha autorizado a participação dos *trustees* holandeses no processo do Brasil, ao mesmo tempo, por meio de decisão liminar concedida a pedido da própria Oi, proibiu-os de alienar ou dispor do patrimônio das sociedades holandesas, inclusive aquele localizado no exterior, não obstante estivesse sujeito à jurisdição estrangeira, e apesar da própria lei holandesa lhe conferir tais atribuições.

---

[22] COOPER, Richard J., CESTERO, Francisco L., MOSIER, Jesse W. Oi S.A.: The Saga of Latin America's Largest Private Sector In-Court Restructuring *in* Pratts Journal of Bankruptcy Law, LexisNexis, July/August 2018, p. 213.

RECUPERAÇÃO JUDICIAL

Atualmente, tramita na Câmara dos Deputados, em regime de urgência, o Substitutivo de Plenário ao Projeto de Lei nº 6.229/05, que inclui o apensamento de diversos Projetos de Lei, dentre os quais, o Projeto de Lei nº 10.220/18[23], que propõe alterações à Lei nº 11.101/05 e, inclusive, inclui um capítulo específico sobre a "Insolvência Transfronteiriça". Claramente inspirado na Lei Modelo da UNCITRAL, o capítulo prevê a cooperação entre juízes e autoridades competentes do Brasil e de outros países, em casos de insolvência transnacional.

Através dos dispositivos inseridos no capítulo da insolvência transfronteiriça, são apresentados os conceitos de "processo principal" e de "processo não principal" e introduzido o princípio do "centro de interesse principal" do devedor, definições que se equiparam ao "main proceedings", "ancillary proceeding" e "COMI principle" previstos no *Chapter 15*. Além disso, o artigo 167-D prevê que o juízo do local do principal estabelecimento do devedor no Brasil será o competente para o reconhecimento de processo estrangeiro e para a cooperação com a autoridade estrangeira.

Não há como negar que tais dispositivos trarão maior segurança jurídica para os casos de insolvência transnacional no país, que se mostram cada vez mais frequentes perante os tribunais brasileiros, além de garantirem uma cooperação mais eficiente e coordenada entre as diferentes jurisdições em que se inserem os grupos de empresas.

Conclusões

A partir da análise de três emblemáticos casos de reorganizações de grandes grupos brasileiros, que envolveram procedimentos iniciados em múltiplas jurisdições, foi possível enxergar os desafios atualmente enfrentados por aqueles que se defrontam com processos de insolvência transnacional, sejam eles juízes, advogados ou empresários. Sem mecanismos capazes de viabilizar a cooperação entre os países, tal como previsto na Lei Modelo da UNCINTRAL, torna-se extremamente mais complexa e incerta a reestruturação de dívidas de grupos transnacionais.

Como se viu nos casos da OAS e da Oi, o simples fato de se iniciar um processo de liquidação em uma jurisdição estrangeira é capaz de gerar enorme instabilidade ao processo de recuperação judicial no Brasil, espe-

---

[23] Acessado em 09.11.2019, às 10:40: https://www.camara.leg.br/proposicoesWeb/fichadetr
amitacao?idProposicao=2174927.

CHAPTER 15 E OS DESAFIOS DA *CROSS-BORDER REORGANIZATION*

cialmente se não houver disponíveis mecanismos legais que permitam a cooperação internacional.

O *Chapter 15* do Código de Insolvência americano, portanto, pode servir como uma importante ferramenta voltada a garantir a efetividade de reestruturações iniciadas no exterior, como se demonstrou com os exemplos acima apresentados. Parece razoável supor que, diante de uma maior globalização da economia, mais e mais grupos transnacionais brasileiros se verão obrigados a lançar mão de processos auxiliares nos Estados Unidos e em outras jurisdições para dar efetividade aos seus processos de restruturação de dívidas.

Muito embora haja estudos indicando uma possível tendência das Cortes norte-americanas de privilegiar os credores americanos, a experiência no Brasil vem demonstrando que os juízes norte-americanos, em especial os da Corte de Falências de Nova York, têm dado ampla efetividade às decisões judiciais proferidas em processos principais brasileiros, desde que não haja tratamento discriminatório a credores americanos.

Ao que tudo indica, o ordenamento jurídico brasileiro dará importante passo adiante, caso sejam aprovadas as alterações inseridas no Projeto de Lei nº 10.220/2018, referentes à insolvência transfronteiriça.

11
Dinâmica do Mercado Internacional
de Créditos Secundários

MÁRCIA YAGUI[*]

Introdução

Nos ciclos de baixa da economia, os bancos costumam observar a elevação na taxa de *default*, i.e. um aumento significativo de créditos vencidos e não pagos por mais de 180 dias, os chamados créditos não performados, podres ou NPLs (*Non Performing Loans*), e um aumento também do estoque de Bens Não De Uso (BNDUs) que são ativos imobiliários ou de outra natureza decorrentes do exercício de acordos, garantias ou penhoras.

Neste cenário, a concessão de crédito é prejudicada, pois uma parte maior do patrimônio dos bancos é obrigatoriamente reservada para absorver as possíveis perdas, ao invés de ser produtivamente utilizada para novos empréstimos e investimentos. Consequentemente, isto eleva o custo do dinheiro em circulação, pois impacta diretamente na capacidade de concessão de crédito dos bancos. Em última instância, a inadimplência é um entrave para a recuperação e crescimento da economia criando um círculo vicioso.

Uma forma de remediar os efeitos negativos das carteiras de NPLs e BNDUs é a sua venda no mercado secundário.

1. Histórico

O conceito de venda de carteiras de NPLs foi estabelecido em 1989, em decorrência da Crise de Poupança e Empréstimos dos Estados Unidos que afetou bancos e principalmente as instituições de poupança e empréstimo

---

[*] A autora agradece a contribuição ao artigo e, em sua carreira, ao Antonio Cardoso Toro.

conhecidas como *thrifts*, que atuavam essencialmente no ramo de crédito imobiliário.

As *thrifts* ou *Savings and Loan* ("S&L") são geralmente menores que os bancos, tanto em número quanto nos ativos sob seu controle. Mas eles eram, no entanto, canais importantes para o mercado hipotecário dos EUA. Em 1980, havia quase 4.000 empréstimos com ativos totais de USD 600 bilhões, dos quais cerca de USD 480 bilhões eram em empréstimos hipotecários. Isso representava metade das hipotecas residenciais na época.

Além do ambiente econômico desfavorável, a desregulamentação federal das taxas de juros elevou drasticamente os custos de captação das S&Ls, cujos ativos constituíam-se de empréstimos a longo prazo. Assim, essas instituições passaram a investir cada vez mais em empréstimos para projetos de construção e desenvolvimento imobiliário e nos chamados *junk bonds* (títulos de qualidade inferior). A necessidade de competir por depósitos com as agressivas S&Ls levou a crise ao mercado bancário, que já enfrentava seus próprios problemas.

Para resolver esta situação o Congresso americano introduziu uma nova legislação (*Financial Institutions Reform, Recovery, and Enforcement Act of 1989* (FIRREA)) a fim de prover aos órgãos reguladores instrumentos de atuação preventiva. Entre outros pontos foram criados requerimentos de provisionamento e contribuição para seguros de depósitos gerando a necessidade de remarcação e principalmente a venda de créditos não performados.

Para resolver esta crise, cerca de 750 instituições financeiras foram vendidas e USD 400 bilhões em dívidas foram leiloadas ou resolvidas por um período de cinco anos pela *Resolution Trust Corporation* ("RTC") As transações ocorreram com preços entre 20% a 80% de desconto sobre o valor de face dos títulos. Os preços mais altos foram alcançados mediante o financiamento de compradores ou esquemas participativos, com vantagens compartilhadas.

A crise foi solucionada, mas custou aos contribuintes cerca de USD 37 bilhões somente para cobertura das quebras no setor bancário e USD 125 bilhões com o encerramento das atividades das S&Ls.

O desenvolvimento deste mercado levou à expansão ou estabelecimento de várias novas empresas de gestão de ativos e prestadores de serviços de cobrança, criando uma nova indústria global de serviços. Pela primeira vez, as instituições financeiras tinham uma alternativa realista e viável à política de retenção de dívidas que prevalecia até o momento.

DINÂMICA DO MERCADO INTERNACIONAL DE CRÉDITOS SECUNDÁRIOS

A RTC foi o protótipo das atuais empresas gestoras de recursos (*Asset Management Company*, "AMC") e também um modelo utilizado por outros governos para adquirir créditos de bancos comerciais em suas jurisdições. Enquanto a economia americana voltava a crescer, do outro lado do mundo iniciava-se a crise no Japão conhecida como a "década perdida" (*Ushinawareta Junen*). A economia japonesa crescia acima dos demais países desenvolvidos até 1991, alimentando bolhas especulativas de preços de ações e imóveis. Paralelamente, observava-se uma desregulamentação do setor bancário e uma frouxidão da política monetária. Enquanto a economia crescia e a indústria se desenvolvia com capital estrangeiro, os bancos japoneses tiveram acesso limitado a novas linhas de intermediação e perdiam alguns de seus maiores clientes. Na virada dos anos 90, o aperto na política monetária teve como consequência o estouro das bolhas deixando como herança um setor corporativo com elevado grau de alavancagem e de investimentos malsucedidos e um setor bancário às voltas com grande carteira de ativos não performados.

O governo japonês implementou medidas de saneamento bancário que, entre outras, visavam a absorção de créditos não performados, incorporações de bancos e cooperativas de crédito falidos e obrigação de provisão de recursos para baixa de créditos não recuperáveis.

Investidores especulativos, que já haviam experimentado retornos substanciais em títulos podres americanos, viram as semelhanças entre os cenários pós crise americana e a japonesa e voltaram suas atenções para as oportunidades de transações de NPLs que se abriam no mercado japonês.

Após a crise do Japão, seguiram-se vendas nos demais países asiáticos como Coreia, China, Tailândia e Filipinas. As oportunidades na Ásia diminuíram a partir de 2003, pois a maioria das instituições comercializou seu estoque de NPLs nos cinco anos seguintes à crise econômica e investidores de NPL iniciavam a prospecção de novas carteiras de NPLs e investimentos em plataformas na Alemanha, Índia, Rússia, México, Argentina e Brasil.

Mas foi na Europa que o mercado de fato se consolidou após a crise da sub-prime em 2008.

2. Cronologia do mercado secundário internacional:

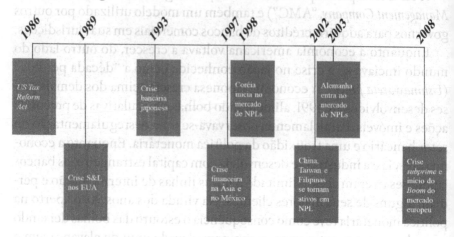

A crise financeira de 2008 expôs problemas estruturais fundamentais do modelo bancário europeu, principalmente em relação ao aumento da concentração de risco no setor imobiliário. Tecnologia e inovação estavam à frente dos fundamentos de risco subjacentes que impulsionavam o negócio principal. A combinação de um colapso cíclico do setor imobiliário, perda de confiança e uma desaceleração econômica criou um cenário perfeito para o mercado secundário de crédito.

Uma alavancagem extremamente alta em produtos financeiros estruturados questionáveis comprometeu inesperadamente a recuperabilidade de empréstimos para níveis até então inimagináveis e um grande volume de transações de carteiras de créditos não performados ocorreram na Europa desde então.

As transações concluídas na região da Europa Central e Oriental ("CEE") de carteiras de NPLs em 2016 atingiram cerca de € 7 bilhões. O pico aconteceu em 2018 com a venda agregada de € 205,1 bilhões em valor de face em 142 transações. Os países mais ativos em 2018 foram a Itália, Espanha, Irlanda e Grécia.

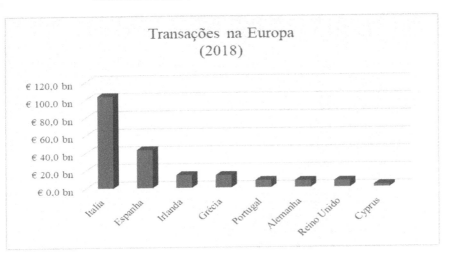

Fonte: Debtwire

Embora as carteiras de crédito créditos corporativos sejam as mais negociadas ativamente, alguns investidores voltaram seu interesse para carteiras de consumidores ("varejo"), com o objetivo de melhorar o ambiente macroeconômico e os mercados imobiliários residenciais, apesar de possíveis riscos políticos e de reputação.

Após este longo e importante período de transações, o mercado europeu atingiu a sua maturidade, com créditos em *default* em safras cada vez mais novas sendo transacionados, *spreads* cada vez menores e concorrência acirrada, criando a necessidade de desenvolvimento de um novo ciclo e expansão de novos mercados para investimento.

3. Desenvolvimento de novos mercados

O mercado de NPLs é realmente global na medida em que a maioria dos investidores investem simultaneamente em diversos países.

O número de investidores neste mercado é bastante restrito, não chegando a 50 *players* de destaque, focados em ativos não performados e carteiras imobiliárias. Esses investidores são principalmente bancos de investimentos, bancos comerciais globais e fundos especializados. Possuem características peculiares: apetite para risco, liquidez e capacidade de rápida adaptação a diferentes jurisdições. Para eles a noção fundamental sobre um empréstimo é que ele pode ser reprecificado, reavaliando um instrumento de dívida como um ativo.

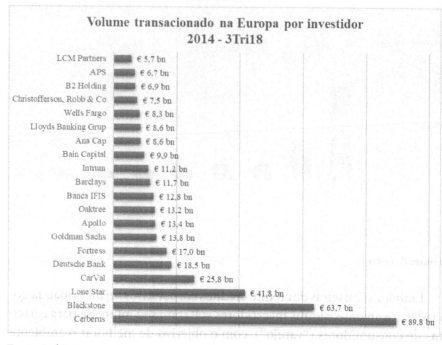

Fonte: Deloitte

Em contraste com o processo lento de desenvolvimento observado no passado, atualmente os mercados se desenvolvem e amadurecem muito rapidamente. Ao entrar em um novo mercado, investidores institucionais levam em consideração a recorrência de novas transações, que é fundamental para justificar o estabelecimento de negócios em uma determinada região, dado o alto investimento em tempo e recursos para realizar diligências, formar parcerias e entender os marcos regulatórios e fiscais do país. Para compensar estes custos, o desembolso mínimo por transação inicial está estimado entre USD 25 milhões a USD 50.

Utilizando equipes multidisciplinares e globais para transacionar carteiras, investidores tipicamente entram em novas jurisdições através da aquisição ou associação com plataformas de cobrança de crédito locais com horizonte de realização do investimento de médio a longo prazo.

Usualmente a abertura do mercado se dá através de processos que são conduzidos por assessores financeiros renomados, pois trazem aos investidores um comprometimento do vendedor com o processo (i.e. firme intenção de venda), cronograma bem definido, regras de qualificação do investidor e da oferta, contrato de compra e venda (*Sale and Purchase Agreement*, SPA) estruturado e diligencia bem coordenada. Quanto mais o processo utilizar padrões internacionais e menor for o risco de execução percebido, maior a atratividade, a competição e a chance de êxito. Não raramente estas transações são feitas com pagamento de prêmio de oportunidade.

As recomendações sobre a segmentação e formação da carteira a ser colocada no mercado são consequência de um trabalho prévio de diligência por parte do vendedor e utiliza uma série de modelos e critérios óbvios para divisão das carteiras, como por exemplo:

Natureza do devedor	Setor de atuação
• Consumidor; Varejo • Pequenas e Médias Empresas • Grandes Empresas; Corporate	• Automotiva • Imobiliária • Indústria • Varejo
Tipo de contrato	Potencial de recuperação
• Cartão de crédito • CDC • Empréstimo sindicalizado • Operações estruturadas	• Garantias • Processo legal • Tempo de vencido (*aging*) • Histórico de negociação

Outro papel fundamental do assessor financeiro é a definição do agrupamento dos ativos para a venda. O agrupamento dos créditos em carteiras ou subcarteiras ("tranches") é um dos aspectos mais importantes para os potenciais investidores, uma vez que as carteiras escolhidas sem critérios específicos como, por exemplo, constituídas por diferentes tipos de ativos, com concentração em créditos irrecuperáveis ou com mix de devedores de natureza diversa, provavelmente terão efeitos negativos sobre os preços e a eficiência das transações. Cada segmentação atrai um tipo diferente de investidor e a arte está em equilibrar as necessidades dos investidores como um todo para maximizar as realizações provenientes da carteira.

O tamanho da carteira, em termos de recuperação esperada, também influencia na quantidade de potenciais investidores. Deve-se levar em conta que uma carteira muito grande, limita a participação de pequenos inves-

RECUPERAÇÃO JUDICIAL

tidores enquanto que as muito pequenas não justificam os custos de diligência incorridos.

Uma vez tomada a decisão de ir a mercado, deve ser proceder a escolha do tipo do processo, que pode ser uma venda definitiva ("*true sale*") da carteira ou de acordos de coparticipação nos resultados ("*joint venture*").

A venda definitiva ocorre através de negociações bilaterais ou de leilões competitivos. A negociação bilateral é adequada para carteiras menores ou para os créditos individuais ("*single names*") e permite um processo rápido e de baixo custo. Por outro lado, o preço alcançado pode não ser otimizado dada a falta de competição pelo ativo. O leilão é utilizado para carteiras de maior valor de face, divididas ou não em sub carteiras. Estes processos exigem um controle muito firme quanto à simetria de informações e na comparação e equiparação das ofertas.

Acordos de coparticipação ou *joint venture* tem como prerrogativa o emprego de um investidor como servidor da carteira. É estabelecido um preço de referência para a carteira pago no início da transação e um retorno mínimo ao investidor. Ao final de um período acordado, há uma divisão dos lucros obtidos acima de uma recuperação inicialmente negociada, ou o "*profit sharing*".

Para as primeiras transações, geralmente são escolhidas carteiras de crédito corporativo, com poucos créditos com garantias contratuais, pois apresentam menor risco de execução e também permitem uma diligência detalhada, graças ao número limitado de ativos subjacentes à carteira. Estes são créditos cujo processo de recuperação é negocial, dentro ou fora de um ambiente de recuperação judicial, com expropriação de bens ou acordos estabelecendo fluxos de pagamento.

Ao considerar as carteiras de varejo, i.e. créditos concedidos à pessoa física, os investidores precisam estar mais atentos ao ambiente regulatório e político local, bem como às considerações de proteção ao consumidor, incluindo legislação relacionada a recuperação de ativos e medidas governamentais e regulatórias similares. Estas podem ter um impacto significativo na carteira, bem como sobre o potencial de recuperação futura. O desafio de aquisição e gestão deste tipo de ativo é mitigado com a cooperação ou parceria junto a uma empresa de cobrança local, adotando processos de recuperação massificados.

A chance de êxito na consagração deste mercado aumenta quando empregados alguns fatores chave de sucesso em transações internacionais de NPLs:

DINÂMICA DO MERCADO INTERNACIONAL DE CRÉDITOS SECUNDÁRIOS

- ✓ A transparência melhora a precificação;
- ✓ Investidores atribuem valores baixos aos ativos que eles não compreendem;
- ✓ Categorizar e agrupar apropriadamente os créditos maximiza o valor da carteira;
- ✓ O tamanho importa. *Players* internacionais preferem carteiras maiores; e
- ✓ Recorrência de vendas aumenta o interesse dos investidores.

Mobilizar as instituições financeiras locais também é um dos desafios no desenvolvimento de novos mercados. Dado que os créditos vencidos são, na maioria das vezes, vendidos ou monetizados com uma redução substancial sobre o valor atualizado, isso cria um dilema para as instituições: manter e esperar pela recuperação ou realizar a perda mais cedo em seu balanço e focar em novos negócios.

Ao se decidirem por manter a carteira, bancos normalmente mantêm departamentos internos de restruturação e recuperação de crédito, investem em sistemas de informação e terceirizam parte ou todos os serviços de cobrança. Os processos de recuperação acabam sendo custosos e, por vezes, a falta de agilidade e flexibilidade causada pelo conflito de interesses entre concessão e recuperação limitam a recuperabilidade do crédito.

Algumas outras questões são recorrentes em relação à resistência à venda de carteiras de créditos não performados por instituições financeiras:

(1) divulgação de políticas internas do vendedor em relação a concessão e recuperação de créditos;

(2) potenciais impactos sobre a imagem do banco em relação a práticas de cobrança não convencionais utilizadas pelo comprador; e

(3) custo de desmobilização ou justificação do custo da estrutura interna de recuperação.

Por outro lado, há um custo importante a ser considerado quando se opta pela manutenção da carteira de créditos não performados, o que acaba sendo a principal motivação para a venda. Este custo é consequência das regras de provisionamento e os índices de Basiléia, descritos a seguir.

No Brasil, a Resolução CMN nº. 2.682/99 do Conselho Monetário Nacional regulava o provisionamento de operações de arrendamento mercantil e créditos em atraso e estabelecia o risco em ordem crescente.

O art. 6º classifica os créditos em 9 níveis vai de AA a H, onde o nível de provisão requerido vai desde 0%, até 100% para os créditos H que possuem atraso superior a 180 dias ou cujo devedor é considerado insolvente.

Nível de Risco	Atraso (em dias)	Provisão (% do valor da operação)
AA	Sem atraso	0,0%
A	Sem atraso	0,5%
B	15 e 30	1,0%
C	31 e 60	3,0%
D	61 a 90	10,0%
E	91 a 120	30,0%
F	121 a 150	50,0%
G	151 a 180	70,0%
H	Acima de 180	100,0%

Ainda de acordo com esta Resolução, "Art. 7º A operação classificada como de risco nível H deve ser transferida para conta de compensação, com o correspondente débito em provisão, após decorridos seis meses da sua classificação nesse nível de risco, não sendo admitido o registro em período inferior.

Parágrafo único. A operação classificada na forma do disposto no caput deste artigo deve permanecer registrada em conta de compensação pelo prazo mínimo de cinco anos e enquanto não esgotados todos os procedimentos para cobrança."

A nova norma do *International Accouting Standards Boards* (IASB) sobre instrumentos financeiros, IFRS 9 (*International Financial Reporting Standard*), complementa a CMN nº. 2.682/99 em janeiro de 2018. A IFRS 9 tem um âmbito de aplicação maior por prever as aplicações no mercado aberto e em aplicações financeiras, títulos e valores mobiliários, outros créditos e compromisso de empréstimos. Adicionalmente, o provisionamento passa a incorporar perdas esperadas ou expectativas futuras de perdas (*"Expected Credit Losses"*, ECL). Com isso, há um número maior de créditos sujeitos ao provisionamento e uma tendência de aumento dos valores envolvidos em provisão nas instituições financeiras.

A criação da IFRS 9 foi motivada pela grande crise econômica de 2007 e 2008 nos Estados Unidos, quando o mercado financeiro constatou a necessidade de substituir o modelo de apuração de perdas incorridas por um modelo de perdas esperadas. Como os balanços dos bancos que ficaram insolventes durante o período não davam indícios de problemas, impossibilitando a tomada de decisões capazes de reverter ou minimizar o quadro, tornou-se necessário um modelo baseado na projeção de cenários econômicos e possíveis comportamentos dos ativos a partir de dados históricos.

No Brasil, todos os grandes bancos, de modo geral, estão adiantados na implementação do IFRS, já as médias e pequenas instituições deverão entrar em conformidade até janeiro de 2020, sob a orientação do Banco Central do Brasil (Bacen).

Outro importante reflexo da venda de carteiras de créditos não performados sobre as instituições financeiras se deve à melhora da situação regulatória medida através do:

1. índice de ativos ponderados pelo risco (RWA);
2. atendimento das regras de Basiléia II e III; e
3. normativa do Banco Central (Circular nº 3.809, de 25 de agosto de 2016).

Este conjunto de normas do mercado financeiro internacional prevê uma exigência de que os bancos possuam uma maior alocação de capital frente aos riscos que incorrem. Desse modo, passa-se a exigir um Patrimônio de Referência ("PR") maior. Como consequência de uma venda, a porcentagem de créditos inadimplentes no balanço das instituições financeiras diminui.

Outro importante atrativo para a venda é a liquidez imediata, seja pela a geração de caixa no curto prazo ou pela antecipação da dedutibilidade para fins fiscais. Esta liquidez gera valor uma vez alocada em investimentos de maior rentabilidade ou na concentração em oportunidades do *core business* da instituição.

Ponderados os riscos e benefícios do processo e vencida a resistência para a venda, o mercado se desenvolve e há uma estabilização dos níveis de preços. À medida em que as condições do mercado são melhor definidas, os prêmios de retorno ponderados pelo risco tendem a se ajustar para baixo e as negociações a serem concluídas mais rapidamente.

RECUPERAÇÃO JUDICIAL

4. O mercado brasileiro de NPLs

As transações no Brasil de carteiras de NPL tiveram início no final da década de 1990, concentradas em carteiras de varejo. Foram marcadas por deficiências contratuais e ofertas de baixo valor que desestimularam vendedores.

Este estigma foi quebrado com a primeira grande transação em 2006, na venda de uma carteira de créditos corporativos (*"corporate"*) pelo ABN Amro Bank de cerca de USD 500 milhões de valor de face. O processo de venda da carteira seguiu os padrões adotados internacionalmente e contou com um processo competitivo.

O trabalho de preparação da venda incluiu uma revisão integral de todos os documentos de crédito, levantamento de garantias processuais e contratuais, análise dos processos legais de cobrança e diversas discussões com potenciais investidores sobre o contrato de compra e venda da carteira.

A venda, à época, envolveu mais de 20 investidores internacionais e locais e foi concluída com um lance que incorporava um prêmio de entrada no mercado brasileiro.

Apesar do sucesso da venda de uma carteira *corporate* e diferente do observado na anteriormente na Europa, o mercado secundário de carteiras de crédito brasileiro se desenvolveu e concentrou em créditos de pessoa física originados de bancos, financeiras e varejistas.

Composta por um volume massificado de indivíduos com dívidas de até R$ 5 mil, sem garantias e não ajuizadas, a abordagem de recuperação desta carteira é massificada, utilizando agências de cobranças, políticas de desconto, campanhas de recuperação de crédito e bases estatísticas, a fim de maximizar a recuperação.

Mesmo com um mercado desenvolvido em massificado, no Brasil não há transações recorrentes de créditos derivados de serviços de utilidade pública (*"Utilities"*) como contas de água, luz, gás ou telefone. Houve em 2010 uma transação envolvendo contas de telefonia, cujo cessionário foi proibido de cobrar débitos de consumidores caso não os tivesse notificado sobre a cessão. O cessionário também foi proibido de lançar o nome de devedores em listas de inadimplentes e no caso de descumprimento, sujeito ao pagamento de multa diária de R$ 10 mil. Esta instabilidade jurídica afastou o interesse de investidores pela aquisição pura deste tipo de crédito.

O primeiro trimestre de 2010 marcou a ascensão desse mercado, com a conclusão de transações no valor total de R$ 7,5 bilhões. Conduzidas por bancos de médio e pequeno porte, os negócios envolvendo créditos não performados atingiram cerca de R$ 22 bilhões em 2011.

As plataformas de recuperação que fazem a gestão por parte dos investidores das carteiras adquiridas utilizam os seguintes modelos:

(i) Sociedade de Propósito Específico ("SPE");
(ii) Companhias Securitizadoras de Créditos Financeiros; ou
(iii) Fundos de Investimentos em Direitos Creditórios Não Padronizados (FIDC-NP).

As SPEs são constituídas como sociedades anônimas ou limitadas tendo por objeto a aquisição de determinada carteira de ativos de créditos não performados. Neste modelo, investidores aportam recursos como sócios ou cotistas dessa sociedade, sendo também possível que os investimentos ocorram por meio da aquisição de debêntures ou outros valores mobiliários de emissão da SPE.

A SPE faz a gestão da carteira, atuando diretamente ou através de prestadores de serviços na cobrança e consequente recuperação dos créditos. Na SPE, a venda de NPLs normalmente é feita através de pagamento efetuado em prestação única, não sendo comum a retrocessão, ou seja, em um processo de venda definitiva (*"True Sale"*). Caso os resultados da recuperação superem os custos da estrutura operacional montada, a SPE terá lucro, que é distribuído aos investidores sob a forma de dividendos para os investidores-sócios e como juros e amortização para os investidores-debenturistas.

A partir da edição, pelo Conselho Monetário Nacional, da Resolução nº 2.686, em 26 de janeiro de 2000, foi regulamentada uma outra opção de securitização, através das Companhias Securitizadoras, as quais são sociedades por ações, não financeiras, que objetivam adquirir esses créditos e recuperá-los diretamente ou através de empresas de cobrança especializadas, em um processo similar ao de uma SPE.

Neste modelo uma cessão de créditos a ela, como disposto na Resolução CVM nº 2.686/00, pode ser realizada com ou sem coobrigação do cedente ou de instituição ligada, cabendo a livre discussão entre as partes. O pagamento poderá ser realizado em prestações e é possível readquirir ou substituir os créditos, mediante pagamento à vista. A remuneração de investidores é similar ao das SPEs comentado anteriormente.

RECUPERAÇÃO JUDICIAL

O terceiro modelo é resultante da Instrução nº 444 da Comissão de Valores Mobiliários de 08 de dezembro de 2006, que regulamentou a securitização por meio dos fundos de investimento em direitos creditórios não-padronizados ("FIDC-NP"). O FIDC investe qualquer parcela de seu patrimônio líquido nos chamados direitos creditórios, conforme elencados no art. 1º dessa Instrução, reproduzido a seguir:

"I – que estejam vencidos e pendentes de pagamento quando de sua cessão para o fundo;

II – decorrentes de receitas públicas originárias ou derivadas da União, dos Estados, do Distrito Federal e dos Municípios, bem como de suas autarquias e fundações;

III – que resultem de ações judiciais em curso, constituam seu objeto de litígio, ou tenham sido judicialmente penhorados ou dados em garantia;

IV – cuja constituição ou validade jurídica da cessão para o FIDC seja considerada um fator preponderante de risco;

V – originados de empresas em processo de recuperação judicial ou extrajudicial;

VI – de existência futura e montante desconhecido, desde que emergentes de relações já constituídas; e

VII – de natureza diversa, não enquadráveis no disposto no inciso I do art. 2º da Instrução CVM nº 356, de 17 de dezembro de 2001."

Subsidiariamente regulados pela Instrução nº 356 da Comissão de Valores Mobiliários (ICVM 356), esses fundos somente poderão receber aplicações, bem como ter cotas negociadas em mercado secundário, quando o subscritor ou o adquirente das cotas for investidor qualificado, sendo que essas cotas devem ter valor nominal unitário de no mínimo R$ 1 milhão.

A constituição e emissão dessas cotas dependem de registro prévio na CVM, entretanto, a criação do fundo pode ser feita com dispensa de registro como permitiu a Instrução nº 476 da Comissão de Valores Mobiliários (ICVM 476) de 16 de janeiro de 2009.

Em um FIDC-NP, os créditos serão cedidos ao fundo, que passará a ser o credor desses recebíveis, administrando-os, em forma de cotas, em nome dos investidores. A preferência dos investidores pelo FIDC-NP tem como um dos principais motivos a vantagem tributária sobre os outros modelos. O Fundo é isento de tributação acerca das transações cotidianas, envolvendo a compra e venda de créditos, sendo que somente no momento de resgate das cotas os quotistas serão tributados.

Antevendo o aumento de créditos próprios e a oportunidade de aquisição de carteiras advindas de bancos de médio e pequeno porte bem como de bancos públicos e em liquidação, as principais instituições financeiras adquiriram algumas das plataformas de recuperação de crédito existentes no mercado.

O Itaú foi o primeiro a adquirir uma empresa de gestão de crédito em 2015, através da compra das quotas do banco BTG Pactual na Recovery do Brasil. Após pouco mais de um ano, o Santander adquiriu uma participação relevante na Ipanema Investimentos e por fim, o Bradesco fechou uma transação de aquisição de 65% das quotas da gestora RCB Investimentos em outubro de 2018. Este mercado ainda conta com as investidas Ativos e Emgea que fazem a gestão dos ativos do Banco do Brasil e Caixa Econômica Federal, respectivamente.

Após a venda da Recovery para o Itaú, o BTG Pactual constituiu um novo veículo de recuperação de crédito, a Enforce, gestora de créditos corporativos não performados e de carteiras imobiliárias estressadas.

A economia brasileira tem vivenciado um período que combina recessão e estagnação, e, em conjunto com os efeitos da operação Lava Jato, provocou um aumento significativo no volume de carteiras de crédito *corporate* não performado e de BNDUs. Estima-se que as carteiras de NPL ultrapassam atualmente os R$ 600 bilhões em operações de crédito vencidos e não pagos e os BNDUs estejam em níveis próximos a R$ 30 bilhões.

Dentre as instituições financeiras, bancos públicos estão sofrendo mais do que os bancos privados com os estoques de NPLs e com as mudanças impostas pela IFRS 9 e Basiléia II e III. Para auxiliar o Governo a promover liquidez, consumo e investimento na economia, os bancos públicos aumentaram sua exposição com créditos baratos e em percentuais superiores ao PIB. Alguns exemplos são as linhas de crédito imobiliário da Caixa Econômica Federal e os créditos subsidiados do Banco Nacional de Desenvolvimento Econômico e Social (BNDES).

Adicionalmente ao volume de créditos inadimplentes e impactos regulatórios, bancos públicos enfrentam dificuldades adicionais de regulamentação interna e observância do Tribunal de Contas da União (TCU) que limitam a competitividade em campanhas de renegociação de dívidas e atuações em negociações bilaterais ou em discussões de termos em Planos de Recuperação Empresarial.

RECUPERAÇÃO JUDICIAL

Por outro lado, nos bancos privados o principal impacto da crise econômica está no aumento significativo da carteira de imóveis como consequência da excussão de garantias de um número significativo de operações com alienação fiduciária e pela deterioração do setor imobiliário.

Paralelamente ao desempenho econômico do país, o mercado imobiliário brasileiro viveu mais de uma década entre picos e vales. Entre 2008 e 2011, o valor da propriedade aumentou cerca de 25%, desencadeado por baixa oferta e alta demanda. A atividade de construção disparou em todos os segmentos e empréstimos para o segmento imobiliário saíram de um patamar de R$ 80 bilhões para R$ 113 bilhões, representando um crescimento de aproximadamente 40%. No entanto, a partir de 2015, o mercado imobiliário reduziu gradualmente suas atividades tanto na construção quanto em transações, impactando negativamente os preços. No mesmo período, houve uma redução de cerca de 33% no financiamento imobiliário para cerca de R$ 75 bilhões (em 2016, a queda foi de 38% e em 2017, de 7%). Estes fatores, em conjunto com a estagnação financeira e o crescimento dos distratos, provocaram uma quebra sistêmica do setor obrigando bancos a assumirem grandes perdas e/ou ativos imobiliários como dação em pagamento ou na consolidação de garantias.

De fato, após um longo período de transações que movimentavam cerca de R$ 20 bilhões a R$ 25 bilhões por ano, em 2017 foram vendidos cerca de R$ 40 bilhões de créditos, que incluiu créditos de carteiras *corporate* e de PMEs.

5. Considerações sobre o mercado secundário de créditos corporativos

Uma carteira *corporate* normalmente é composta por créditos com exposição superior a R$ 100 mil, garantidos por penhoras ou alienação fiduciária de máquinas, imóveis e ou ações, quase sempre com o aval dos controladores da empresa e com processo de cobrança judicial em curso. Durante a diligência da carteira, investidores levam em consideração as características individuais de cada devedor (se o negócio é operacionalmente viável, se a empresa está em processo de recuperação judicial, falência ou liquidação), o potencial de recuperação de ativos e a probabilidade de êxito processual para a precificação. Como esse conjunto de informações, são estabelecidas as bases de negociação ou a estratégia legal de execução das garantias, que levarão à recuperação do investimento – tornando um *deal* de ativo ou o seu equivalente em fluxo de caixa, dentro ou fora do ambiente recuperacional.

258

DINÂMICA DO MERCADO INTERNACIONAL DE CRÉDITOS SECUNDÁRIOS

São raros os casos em que o propósito do investidor é a tomada de controle direto ou indireto da empresa devedora através da conversão dos créditos adquiridos no mercado secundário pois, diferente de outras jurisdições, há uma limitação imposta aos investidores para realizar *deals* de restruturação ou *turnaround* ao invés da recuperação pura de ativos. Nestes casos específicos, as transações acontecem através de uma negociação bilateral para a aquisição de um determinado crédito ou *sigle name*.

No modelo americano, o credor pode entrar no negócio da empresa para mudar a sua estrutura de operação e reverter o quadro financeiro negativo. A substituição da gestão da empresa e a contratação de gestores interinos (*Turnarounders*) muitas vezes é comandada por eles. Com a conversão da dívida em participação acionária, estes processos são conhecidos como *Hostile Takeovers* e são utilizados por investidores estratégicos, fundos de *Private Equity* e credores dispostos a incrementar o retorno do investimento na espera da valorização dos seus títulos como resultado do sucesso da restruturação.

Entre as questões a serem consideradas para explicar a falta de interesse por estas transações no Brasil, é que pela Lei nº 11.101/05 os credores não podem propor Planos de Recuperação Judicial ("PRJ") em concorrência com os PRJs do devedor ou apresentar emendas aos PRJs propostos pelo devedor.

No processo de insolvência americano, *Chapter 11,* os credores possuem a alternativa de propor um plano cuja aprovação passa pela mesma maioria que os planos propostos pelo devedor. Desta forma, cria-se um interesse em adquirir créditos que garantam o posicionamento estratégico do investidor para propor sua solução para a empresa, isolando o risco de liquidação que o devedor possa apresentar através de um plano mal elaborado.

Em linha com as desvantagens oferecidas aos credores no Brasil diante da impossibilidade de propor planos de recuperação, o mecanismo de conversão de dívida em participação acionária impõem um risco adicional aos investidores na aquisição de certos instrumentos financeiros no mercado secundário.

Apesar da vantagem, em tese, da conversão de dívida em ação valorizar imediatamente a empresa pelo alívio imediato do custo de endividamento de curto e longo prazo e na melhora dos índices de liquidez, este mecanismo traz algumas considerações relevantes sobre a imputação de responsabilidade aos investidores. Diferente de transações similares nos

RECUPERAÇÃO JUDICIAL

Estados Unidos, existe o risco (ainda que indireto) de responsabilização por dívidas anteriores ao seu ingresso na sociedade, a inexistência de proteção legal em caso de falência, além da falta de liquidez para transacionar as ações convertidas.

Estes riscos, aliados à responsabilidade de administradores previstas no Código Civil e na Lei nº 7.913 de 07 de dezembro de 1989, limitam a destituição e/ou substituição dos administradores das empresas por gestores interinos a pedido de credores ou novos acionistas. Esta questão representa uma importante limitação no exercício de restruturação no mercado brasileiro, independente da evolução do mercado secundário de créditos não performados.

Um outro ponto relevante a ser notado nas diferenças entre transações brasileiras e norte americanas é que a avaliação de créditos e negócios é muito mais fácil nos Estados Unidos, seja pela recorrência de transações ou pela simetria de informações.

A obtenção de informações básicas para a precificação, tais como saldo de endividamento, impostos em aberto, contingências trabalhistas e fiscais não são públicas para o grande universo de empresas em crise. Adicionalmente, a obtenção de matrículas atualizadas de imóveis, certidões de débito e acesso aos processos judiciais é limitado e custoso uma vez que nem todos os cartórios permitem consulta eletrônica. Sem o auxílio da investida, o custo de diligencia e o risco de sucessão reduzem muito a atratividade de um *deal* de restruturação.

Desta forma, mantidas as atuais limitações para a recuperação via aquisição de controle e dado o grau elevado de ativos dados em garantia a contratos, o mercado secundário de créditos corporativos deve continuar se desenvolvendo com foco em recuperação de ativos.

Traçado este cenário em que o volume acumulado de NPLs no Brasil é significativo e com a redução das oportunidades de aquisição de carteiras na Europa, percebe-se a mobilização da atenção de grandes investidores e fundos especializados para uma nova onda de transações envolvendo créditos corporativos e de BNDUs. Boa parte dos fundos internacionais, referenciados anteriormente, já possuem uma representação no Brasil e gestoras locais estão capitalizadas aguardando uma oportunidade de consolidar o mercado.

Referências

Savings and Loan Crisis (1980–1989) – Kenneth J. Robinson, Federal Reserve Bank of Dallas

European NPLs -FY18, An overview of the non-performing loan market – Debtwire report

Resolução nº 2.682 do Conselho Monetário Nacional de 21 de dezembro de 1999

Instrução nº 444 da Comissão de Valores Mobiliários de 08 de dezembro de 2006

Instrução nº 356 da Comissão de Valores Mobiliários de 17 de dezembro de 2001

Instrução nº 476 da Comissão de Valores Mobiliários de 16 de janeiro de 2009

Lei nº 7.913 de 07 de dezembro de 1989

Lei nº 11.101 de 09 de fevereiro de 2005

Performing and Non-Performing Loan Transactions Across the World (A practical Guide) edited by Simon Gottlieb Grieser & Jorg Wulfken

Optimizing Distressed Loan Books, practical solutions for dealing with non-performing loans – John Michael Sheehan

Workouts and Turnarounds II edited by Dominic DiNapoli

Full steam ahe ad, Deleveraging report 2018 Q3 – Deloitte

12

Processo de Venda sob a Seção 363 e o Mecanismo do *Stalking Horse* e Eficiência do Mecanismo de Venda de Ativos Estressados

RENATO MOURE BORANGA

Introdução

O capítulo 11 (*"Chapter 11"*) da lei americana de falências permite que as empresas em dificuldades possam utilizar dois meios para vender parte ou substancialmente todos os seus ativos: (i) venda nos termos da seção 363 da lei ("363 sale" ou "venda 363") ou (ii) dentro de um plano de recuperação nos termos da seção 1123 ("seção 1123"). O objetivo final sempre será a maximização do valor desses ativos.

No âmbito da seção 1123, a venda de ativos é realizada por processo de recuperação judicial baseado na classificação de cada classe de credor e acionista. O plano de venda é descrito aos credores e acionistas afetados em um documento em forma de prospecto e submetido a votação. A lei exige ainda, a aprovação por maioria simples do plano pelas partes afetadas, o que resulta em processo complicado e muito demorado, podendo chegar a anos.

No processo de venda 363, o devedor celebra um contrato de aquisição de ativos com um ou mais compradores que atuam como *stalking horse*. O objetivo da escolha de um *stalking horse* é que o valor inicial oferecido pelos compradores estabeleça um piso balizador para o processo de venda da companhia. Em troca, o *stalking horse* pode obter certos benefícios no processo de venda (mais detalhes abaixo).

Por esse processo, depois que o *stalking horse* é selecionado, o devedor inicia o processo tradicional de leilão, muitas vezes com a contratação de bancos de investimento que solicitam lances para os ativos. O leilão é realizado de acordo com as leis que regem este processo e, ao final do processo, ele é enviado à vara de falências para aprovação.

Inicialmente, os tribunais mostraram-se céticos em relação à venda sob a seção 363 por entenderem que a mesma poderia diminuir a proteção do plano de recuperação judicial. Os primeiros casos exigiam que o devedor provasse ser necessária a venda fora do plano de recuperação mostrando, por exemplo, que os negócios do devedor tinham fluxo de caixa insuficiente para sobreviver ao processo completo. Recentemente, porém, o processo, que pode ser concluído em menos de dois ou três meses, tornou-se o método preferido para vendas de empresas em dificuldades, cristalizando a ideia de que o método tradicional através de planos de recuperação tenha ficado no passado.

Tal estratégia, porém, tem sido objeto de controvérsias. Diferenças estruturais nos procedimentos de venda, como velocidade, divulgação reduzida de informações entre outras, dão margem a questionamentos sobre as reais motivações dos devedores (mais sobre os planos considerados "*sub rosa*" abaixo).[1]

Vendas 363/Vendas dentro de um plano de recuperação como % dos processos sob o capítulo 11 (pendente atualização até 2019)

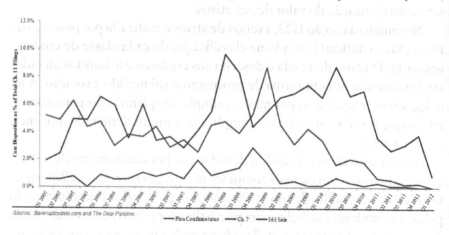

[1] FindLaw – Pathology of section 363 sales not as simple as they look

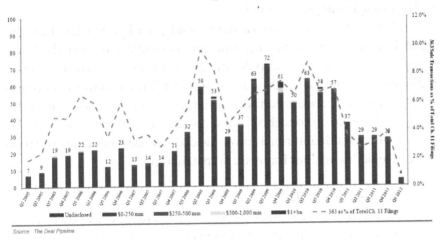

1. Contexto histórico[2]

A história remonta à lei de falências americana de 1867, que permitia a venda das propriedades de um devedor antes da conclusão do plano de recuperação. O Congresso declarou: "Quando parecer... que o patrimônio do devedor, ou qualquer parte dele, é de natureza perecível ou passível de deterioração em valor, o tribunal pode ordenar sua venda, da forma que for mais conveniente."[3]

Em 1898, a legislação não incluiu disposição específica para permitir a venda do bem de um devedor antes da conclusão do plano de recuperação. No entanto, a Ordem Geral de Falências nº XVIII manteve os requisitos para a venda quando o bem fosse perecível ou passível de deterioração em valor.[4] Nos 40 anos seguintes, a segunda vara aprovou diversos procedimentos, como o caso da venda privada de lenços de bolso de um devedor antes da conclusão do plano de recuperação, considerando que o valor dos mesmos sofreria grande redução com o final da temporada de compras natalinas. A decisão da segunda vara neste caso, como em vários outros,

---

[2] Mondaq – So You Want to Sell or Buy A Company Under Section 363 Here is How
[3] Comm. of Equity Security Holders v. Lionel Corp. (In re Lionel Corp.), 722 F.2d 1063, 1067 (2d Cir. 1983)
[4] Id. at 1066 (quoting Bankruptcy Act of 1867, § 25 (Act of March 2, 1967, 14 Stat. 517))

RECUPERAÇÃO JUDICIAL

estabeleceu que o conceito de "perecível" incluía também bens passíveis de deterioração em preço e valor. [5]

Em 1938, o Congresso americano promulgou a Lei de Chandler, que permitiu aos tribunais autorizar, desde que com causa demonstrada (*"cause shown"*) e mediante aprovação de um juiz, o arrendamento ou venda de qualquer bem do devedor.[6] Enquanto alguns tribunais continuaram permitindo vendas de ativos apenas em emergências ou quando o ativo fosse perecível, baseado no conceito de "por causa demonstrada", outros passaram a aceitar a venda anterior à aprovação do plano de recuperação quando esta estivesse "no melhor interesse do patrimônio."[7]

2. O Processo de Venda [8]

Os procedimentos para a venda 363 variam bastante, e cada vara de falências pode seguir procedimento próprio, mas, em geral, os processos seguem os passos listados abaixo:

1. Início do processo de marketing do ativo:

O devedor aborda potenciais compradores para os ativos em questão dentro de um processo organizado de venda que pode, em muitos casos, ser coordenado por um banco de investimentos. Havendo vários compradores interessados, o devedor escolhe aquele que ofereceu o maior lance para atuar como *stalking horse*. O preço deste comprador funciona como referência para os lances de outros potenciais compradores.

2. O devedor protocola o pedido junto à vara de falências:

Após a preparação do contrato de compra, o devedor solicita a aprovação judicial para a venda dos ativos em leilão autorizado pelo tribunal. O devedor também busca aprovação judicial para os procedimentos e

---

[5] Id. at 1067 (citing In re Pedlow, 209 F. 841, 842 (2d Cir. 1913))

[6] Id. (quoting Chandler Act of 1938, § 116(3), 11 U.S.C. § 516(3), as applicable to ch. X and § 313(2), 11 U.S.C. § 713(2) as applicable to ch. XI (repealed 1978))

[7] Id. (citing Fin. Assocs. v. Loeffler (In re Equity Funding Corp. of Am.), 492 F.2d 793, 794 (9th Cir. 1974); Int'l Bank of Miami v. Brock (In re Dania Corp.), 400 F.2d 833, 835-37 (5th Cir. 1968); Marathon Foundry & Mach. Co. v. Schwartz (In re Marathon Foundry & Mach. Co.), 228 F.2d 594 (7th Cir. 1955))

[8] CFI – Corporate Finance Institute – The sale of an organization's assets under Section 363 of the US Bankruptcy Code

regras a serem seguidos durante o leilão, bem como a permissão de incentivos oferecidos ao *stalking horse*. O formato do leilão visa aumentar a competitividade do processo e pode incluir itens como incrementos mínimos de lance e outros benefícios como o direito de exclusividade por um período determinado.

3. A vara de falências aprova a venda dos ativos:
A aprovação dos procedimentos pode levar até sete dias, após os quais o devedor informa aos potenciais compradores sobre o leilão. O tribunal pode estabelecer que em até 30 dias sejam feitos os lances, prazo que pode variar dependendo da natureza do ativo em questão. Na sequência, o devedor torna públicas as ofertas e, em seguida, escolhe a vencedora, de forma totalmente transparente.

4. Venda do ativo ao potencial interessado vencedor:
Após o anúncio do vencedor, o tribunal aprova a venda do ativo antes de o mesmo ser transferido. Se houver partes que se oponham à venda, elas devem declarar a suas objeções e apresentar seu caso à vara de falências. O devedor também precisa demonstrar ao tribunal que existe uma lógica industrial sólida para a venda, bem como indicar se o valor justo de mercado do ativo está aumentando ou diminuindo.

A vara de falências reserva-se o direito de aprovar ou rejeitar a venda de ativos, dependendo das questões a ela apresentadas. Uma das razões para buscar a aprovação judicial é para que o tribunal declare que a venda de ativos foi feita por um valor justo, reduzindo o risco de contestação por venda fraudulenta.

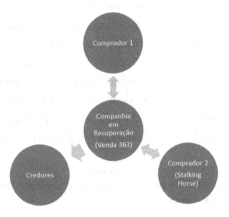

3. *Stalking horse* [9]

Tradicionalmente, os devedores preferem negociar um contrato de compra de ativos vinculante com um *stalking horse* antes do início do processo judicial com a contrapartida de determinados benefícios no processo.[10]

Um potencial comprador pode relutar em assumir o papel de *stalking horse* por diversos motivos, preferindo muitas vezes esperar o acordo negociado por outro interessado. O *stalking horse* normalmente tem mais custos do que outros potenciais compradores relacionados a negociação do acordo, execução de *due diligence* e definição de valor mínimo para os termos da transação. Para compensar seu tempo e esforço, normalmente há incentivos, sujeitos à aprovação da vara de falências, tais como reembolso de despesas, multas por desistência (*"break-up fee"*), procedimentos favoráveis e acordos de exclusividade. Tais incentivos, porém, podem entrar em conflito com a obrigação do devedor de obter o maior e o melhor valor pelos ativos. As negociações entre o devedor e o *stalking horse* devem ser equilibradas, ou a vara de falências pode não aprovar os termos propostos.

Ademais, o *stalking horse* também está sujeito a publicidade de seu acordo como parte do processo, mesmo que a vara de falências ainda não tenha aprovado os incentivos propostos. Isso cria a possibilidade para que outro potencial interessado, usando a diligência e outros esforços do *stalking horse*, aumente sua oferta pelos ativos ou até mesmo, concorde em não receber os mesmos benefícios. Tal oferta dificulta que a vara de falências aprove os incentivos para o *stalking horse*, caso outro potencial interessado ofereça a compra dos ativos com menos incentivos. Na prática, a única maneira de evitar esse resultado é exigir que o devedor obtenha aprovação prévia da vara de falências da concessão de incentivos antes que o contrato de compra com o *stalking horse* seja anunciado publicamente. Dessa forma, o acordo do devedor aos incentivos será vinculante a partir do momento da assinatura do contrato de compra até a aprovação dos incentivos. No entanto, esta tende a ser a exceção nos processos de venda 363.

Reembolso de despesas: Um dos incentivos mais comuns oferecidos aos *stalking horses* é o reembolso das despesas relacionadas à negociação do acordo. Seja com assessores jurídicos e financeiros, *due diligence* e outras relacionadas ao acordo, essas despesas geralmente têm valor limitado à

---

[9] Jones Day – Bankruptcy Sales: The Stalking Horse
[10] 43rd Annual Southeastern Bankruptcy Law Institute Seminar – 363 Sales: The Frequent Sine Quo Non of Chapter 11 Cases

quantia ou porcentagem máxima do preço de compra e podem ser sujeitas a outras restrições para não serem consideradas excessivas.

As circunstâncias em que o *stalking horse* tem direito a receber o reembolso e o momento em que o pagamento é realmente devido podem ser motivo de debate com o devedor. O mais comum é que o *stalking horse* tenha direito ao pagamento quando o devedor aceita uma "oferta maior e melhor" pelos ativos, o que sempre é objeto de negociação. O *stalking horse* desejará ser pago assim que a oferta mais alta e melhor for aceita, enquanto o devedor normalmente insistirá em que o pagamento não seja realizado até que o acordo com o novo comprador seja fechado, garantindo que o produto da venda (e não outra fonte de caixa) seja utilizada para o referido pagamento.

Multa por desistência: Multas por desistência são outra proteção usualmente oferecidas aos *stalking horse*s. Tais multas, no entanto, podem ser controversas em muitas jurisdições, e é importante estar familiarizado com a posição da jurisdição aplicável, antes de solicitá-las. As multas por desistência antecipada são mais sujeitas a questionamento do que os reembolsos de despesas, porque fornecem pagamentos de despesas ao *stalking horse* que não estão relacionadas aos valores gastos na negociação do acordo. A multa por desistência é essencialmente uma remuneração adicional ao *stalking horse* para induzi-lo a ser o potencial interessado inicial e estabelecer as bases para outros possíveis interessados em um leilão. O potencial interessado inicial estaria definindo o "piso" para o preço de compra e outros termos da transação, e a multa por desistência seria um dos incentivos oferecidos para induzir o *stalking horse* a estabelecer um "piso" mais alto. Embora as taxas de rescisão antecipada nem sempre resultem na definição de pisos mais altos, na maioria dos processos, a mesma provavelmente será solicitada por um potencial *stalking horse* e, no mínimo, a possibilidade de uma multa por desistência será incluída como parte da transação.

Se a multa por desistência for excessiva, ela poderá ser vista como um efeito inibidor na venda. Como regra geral, na maioria das jurisdições, taxas combinadas de rescisão antecipada e reembolsos de despesas acima de 3% do preço de compra estão sujeitos a um escrutínio maior. Além disso, se o comprador for detentor de informações privilegiadas do vendedor, uma multa por desistência provavelmente será sujeita a análise ainda mais rígida.

Procedimentos de leilão: Talvez, o maior incentivo a um *stalking horse*, seja a possibilidade de negociar procedimentos de leilão mais favoráveis.

RECUPERAÇÃO JUDICIAL

Em alguns casos, o devedor tentará suprimir essa vantagem, ajustando procedimentos de leilão com o comitê de credores com garantia real e outras partes relevantes antes da escolha de um *stalking horse*. A adoção de procedimentos de leilão pré-aprovados ajuda a impedir que um *stalking horse* tente alterar os procedimentos durante o processo, pois qualquer tentativa de alteração pode ser vista como uma tentativa de inibir o processo de venda e desestimular a entrada de outros potenciais interessados. Alguns juízes, no entanto, relutam em aprovar os procedimentos antes que um *stalking horse* seja identificado.

Acordos de exclusividade: Em processos tradicionais de fusões e aquisições, o comprador geralmente busca celebrar um acordo de exclusividade. Tal acordo, em um contexto de venda 363, pode conflitar com o dever fiduciário do devedor de obter o valor mais alto pelos ativos, o que normalmente requer a realização de um leilão. No entanto, não é incomum um potencial comprador conseguir períodos limitados de negociação exclusiva, enquanto tenta chegar a um contrato de compra de *stalking horse* com o devedor. O devedor pode concordar formal ou informalmente com essa exclusividade, a fim de maximizar a possibilidade de chegar a um contrato de compra. De qualquer forma, a exclusividade só é vinculante caso tenha sido aprovada pela corte.

Limitando o escopo do fiduciary out: Tradicionalmente, o mecanismo de *fiduciary out* permite ao devedor rescindir o contrato de compra com o comprador e buscar uma proposta alternativa quando isso é necessário para satisfazer o dever fiduciário do devedor de maximizar o valor da venda dos ativos. As limitações da *fiduciary out* incluem especificações contratuais sobre o que o devedor deve considerar ao determinar se uma oferta acionaria ou não tal cláusula.[11]

4. Oferta de Compra com Crédito (*Credit bidding*)[12]

Em muitos casos, uma oferta pelos credores com garantia real servindo como *stalking horse* pode ser a solução mais viável devido à fatores como: (i) a falta de potenciais interessados em desempenhar o papel do *stalking horse*, (ii) a preferência dos credores com garantia real, ou (iii) falta de

---

[11] 43rd Annual Southeastern Bankruptcy Law Institute Seminar – 363 Sales: The Frequent Sine Quo Non of Chapter 11 Cases

[12] 43rd Annual Southeastern Bankruptcy Law Institute Seminar – 363 Sales: The Frequent Sine Quo Non of Chapter 11 Cases

tempo para executar um processo seletivo de *stalking horse* (que geralmente leva mais tempo do que o processo do leilão em si). Esta opção geralmente funciona bem, pois os credores com garantia real possuem um bom nível de informação sobre suas garantias e uma visão clara de seu interesse na propriedade ou operação dos ativos que constituem estas garantias. Na posição de *stalking horse*, tais credores conseguem ter uma leitura de mercado mais precisa antes de decidirem sobre exercer ou não seus direitos de compra. Eles também podem negociar o contrato de compra dos ativos de acordo com suas próprias especificações e incluir vários recursos opcionais, tanto no contrato de compra dos ativos quanto nos procedimentos a serem adotados para o leilão, tendo assim, um maior controle sobre o processo.

Um tribunal pode, por justa causa ("cause"), recusar uma oferta com créditos por parte de um credor com garantia real.[13] Até 2014, as varas de falências geralmente limitavam justa causa a situações nas quais um credor com garantia real havia cometido irregularidades claras (ex. conluio) e eram bastante contrários aos argumentos de que o leilão com crédito deveria ser impedido, porque isso inibiria a competitividade do processo como um todo.

Em 2014, duas decisões da vara de falências do Distrito de Delaware e do Distrito Leste de Virgínia em *Free Lance-Star Publishing Co. de Fredericksburg, Va.*[14] e em *Fisker Automotive Holdings, Inc.*[15] levantaram sérias preocupações para credores com garantia real e compradores de créditos com garantia real no mercado secundário. Em *Free Lance-Star* e em *Fisker Automotive*, as respectivas varas de falências limitaram severamente a capacidade dos credores de ofertar seus créditos. Especificamente, em *Free Lance-Star*, o credor havia comprado um crédito de US$ 50.8 milhões. O devedor iniciou o processo de venda 363, o credor tentou usar seu crédito, mas em razão de objeção do devedor e do comitê de credores quirografários, a vara de falências emitiu uma ordem limitando o direito do credor a US$ 13.9 milhões e concluiu que a combinação de: (i) pouca robustez das garantias do crédito; (ii) atitude agressiva do credor em sua estratégia para comprar o ativo usando seu crédito; e (iii) impacto negativo da má-conduta do credor no processo de leilão, configuravam argumentos mais do que suficientes para limitar o valor do crédito a ser usado no leilão.

---

[13] 11 U.S.C. § 363(k)
[14] In re Free Lance-Star Publ'g Co. of Fredericksburg, 512 B.R. 798 (Bankr. E.D. Va. 2014)
[15] In re Fisker Auto. Holdings, Inc., 510 B.R. 55 (Bankr. D. Del. 2014)

RECUPERAÇÃO JUDICIAL

Da mesma forma, em *Fisker Automotive*, a vara de falências limitou o direito de um credor com garantia real de ofertar seu crédito de US$ 169 milhões aos US$ 25 milhões pagos pelo credor no momento da aquisição de tal crédito. A vara de falências identificou que existiam motivos para limitar os direitos do credor a fim de não inibir a competitividade do processo e endereçar preocupações levantadas por credores quirografários quanto a validade das garantias sobre os ativos em questão.

Os processos de *Free Lance-Star* e *Fisker Automotive* abriram novos caminhos ao interpretar amplamente a "justa causa" sob a seção 363(k) ao incluir situações em que um tribunal determinou que limitar um lance com crédito promoveria um processo de venda mais "robusto", "competitivo" e "aberto", colocando sob suspeita a estratégia de compra de ativos mediante utilização de créditos. Os tribunais haviam anteriormente limitado a "justa causa" à conduta claramente questionável de um credor e não apenas ao fato de que o leilão por crédito poderia inibir a competitividade do leilão como um todo.

Entretanto, uma decisão recente da vara de falências na questão da *Aéropostale, Inc.*[16] restaura certo conforto aos credores com garantia real que buscam creditar lances em um processo de venda 363. O tribunal abordou os argumentos dos devedores, baseando-se nos processos de *Free Lance-Star* e *Fisker Automotive*, pelos quais, lances com créditos, inibiriam a competitividade do processo de venda 363. Com relação à decisão de *Fisker Automotive*, o tribunal de *Aéropostale* observou que a inibição da competitividade em si não era suficiente para justificar a proibição da oferta com crédito e minimizou *Fisker Automotive*, observando que o tribunal de *Fisker Automotive* havia se preocupado com "outras condutas duvidosas" pelas quais o credor com garantia real da *Fisker Automotive* "insistiu em um processo injusto."

5. Planos considerados "Sub Rosa" e Padrões de Aprovação[17]
Embora o padrão para tomada de decisões de negócios (*"Business Judgment"*)[18] seja em geral respeitado e raramente resulte em improce-

---

[16] In re Aéropostale, Inc., 555 B.R. 369 (Bankr. S.D.N.Y. 2016)

[17] 43rd Annual Southeastern Bankruptcy Law Institute Seminar – 363 Sales: The Frequent Sine Quo Non of Chapter 11 Cases

[18] Com a finalidade de uniformizar o padrão, os tribunais norte-americanos elaboraram uma série de requisitos para que as companhias privadas não tenham seus atos revisados pelo Judiciário: (i) agir em boa-fé, (ii) agir no melhor interesse da empresa, (iii) agir de forma

dência do pedido de venda pela vara de falências, a questão sobre a possibilidade de um devedor poder vender substancialmente todos os seus ativos sob a seção 363(b) foi objeto de amplo debate, especificamente na quinta vara. Mesmo a venda mais cuidadosamente preparada e objetivamente incentivada não pode ser aprovada se as transações tentarem alterar os direitos e créditos das partes interessadas. O conceito de que uma venda 363(f) pode ser na verdade, um plano de recuperação disfarçado, chamado de plano Sub Rosa. Este conceito teve origem no caso *Braniff Airways, Inc.*[19], quando o tribunal concluiu que a seção 363 não pode ser usada quando as vendas de todos ou substancialmente todos os ativos do devedor pretende de fato realizar a implantação de um plano evitando as demandas do capítulo 11.

Em *Braniff*, foi reconhecido que um devedor sob o capítulo 11 não pode usar a seção 363(b) para contornar a proteção que os credores têm com a confirmação de um plano de recuperação. Se um devedor tiver autorização para implementar um plano de recuperação pela seção 363(b), os direitos dos credores nos termos do plano de recuperação podem tornar-se sem sentido. Ao mesmo tempo, existe mérito para vendas 363 fora do curso normal dos negócios e antes da aprovação de um plano de recuperação e nestas situações, a audiência da seção 363(b) não pode se tornar uma miniaudiência sobre a aprovação do plano. Equilibrando estas considerações, quando um opositor a uma venda 363(b) alega que está lhe sendo negada certa proteção porque foi solicitada a aprovação nos termos da seção 363(b) (ao invés de fazer parte de um plano de recuperação), o opositor deve especificar exatamente qual proteção lhe está sendo negada. Caso o tribunal conclua que houve dano a alguma das proteções, poderá impor medidas de proteção apropriadas, modeladas com base naquelas que atendem a um plano de recuperação.[20]

Mais recentemente, em *Gulf Coast Oil Corp.*[21] o juiz do Distrito Sul do Texas estabeleceu um teste multifatorial para determinar se um plano de venda 363(b) deva ser considerado Sub Rosa, ou seja, um plano de recuperação "disfarçado" de venda 363 com base nos seguintes fatores:

racional, (iv) não adotar decisões que dilapidem o patrimônio e (v) não decidir com base em interesses pessoais.

[19] In re Braniff Airways, Inc., 700 F.2d 935 (5th Cir. 1983)
[20] Id. at 1227
[21] In re Gulf Coast Oil Corp., 404 B.R. 407, 422-27 (Bankr. S.D. Tex. 2009)

RECUPERAÇÃO JUDICIAL

(1) evidência de necessidade de celeridade, por exemplo, natureza perecível dos ativos ou em condições de mercado adversas e iminentes;

(2) lógica industrial para a venda e razões para que o processo de venda ocorra antes da aprovação do plano de recuperação;

(3) maturidade do processo para que as partes interessadas tenham recebido notificação adequada, obtido informações apropriadas e tido a chance de se manifestar;

(4) objetividade do processo de vendas a fim de facilitar lances competitivos;

(5) intensidade da comercialização dos ativos no mercado;

(6) imparcialidade dos controladores do devedor, conferindo credibilidade a suas decisões;

(7) confirmação da venda da totalidade dos ativos e não apenas aqueles considerados como as "joias da coroa";

(8) se o comprador receberá proteções além das usuais;

(9) se há dificuldades em realizar a venda como parte da aprovação do plano;

(10) quem se beneficiará da venda;

(11) se qualquer medida especial de proteção é necessária ou possível;

(12) se a audiência sobre a proposta de venda explorou todos os diferentes pontos de vista das partes interessadas.

Embora esse padrão seja um pouco rigoroso, as vendas de praticamente todos os ativos tornaram-se rotineiras. Em outras jurisdições, incluindo foros populares como o Distrito de Delaware e o Distrito Sul de Nova York, a venda de todos os ativos sob a seção 363 é menos controversa.

Duas das vendas mais notáveis nos termos da seção 363 na década passada englobaram substancialmente todos os ativos da *Chrysler LLC* e da *General Motors Corporation*. Na *Chrysler*, a vara de falências do Distrito Sul de Nova York autorizou o processo de venda nos termos da seção 363 dos ativos da *Old Chrysler* para a *New Chrysler*. O tribunal considerou que a venda era permitida nos termos da seção 363(b) porque a *Old Chrysler* receberia mais do que o valor justo em troca da venda de ativos para a *New Chrysler*, e todos os lucros da venda seriam distribuídos de acordo com a ordem de prioridades definida no capítulo 11. Também observou que a *New Chrysler* era a única entidade disposta a ajudar a *Old Chrysler* e que a *Old Chrysler* seria forçada a uma liquidação total se o tribunal anulasse a transação. O principal argumento do tribunal ao justificar sua aprovação foi de que a transação não afetou de maneira alguma a distribuição dos lucros da venda que seguiu a ordem de prioridades definida no capítulo 11.

6. Paralelos entre a Lei Americana e a Lei Brasileira

Uma grande diferença entre os mecanismos legais norte-americanos e brasileiros é o fato de que a seção 363 permite tanto a venda por uma companhia de ativos isolados como de substancialmente todos os seus ativos, com aprovação apenas do tribunal e antes mesmo de haver um plano aprovado em assembleia.

Em contrapartida, a Lei n. 11.101/05 ("LRF"), em seu artigo 60 caput e parágrafo único estabelece as seguintes condições para que a alienação de filiais ou unidades produtivas isoladas (conhecidas por UPIs) em processo de recuperação judicial não acarrete na sucessão do adquirente nas obrigações da vendedora: (i) previsão no plano de recuperação judicial aprovado em assembleia geral de credores e homologado pelo juízo competente, e (ii) processo competitivo público, supervisionado pela corte, pelo administrador judicial, pelo Ministério Público e pelos credores.

Tal efeito é geralmente o desejado para o sucesso da venda do ativo, já que a responsabilidade por contingências e obrigações da empresa vendedora em situação de crise é comum e pode atingir os adquirentes na maioria das situações em transações de aquisição de ativos produtivos no Brasil. Ou seja, a venda nesta modalidade ocorre, apenas após toda a negociação do plano, quando o ativo já pode ter se depreciado significativamente. A lei norte-americana foca primeiramente na venda do ativo a um preço justo e apenas em um segundo momento, em como a receita vai ser distribuída dentro do contexto da recuperação. Ao inverso, o sistema brasileiro, pressupõe primeiro a obtenção da solução convencionada (no plano) entre credores e a devedora em recuperação sobre as dívidas, com as reformulações patrimonial, gerencial, organizacional, etc. para então atribuir, aí sim, a possibilidade da venda de ativos em determinada filial ou UPI.

A lei ainda prevê outra possibilidade de alienação de patrimônio ou ativos da recuperanda durante o processo de recuperação judicial para além da hipótese de aprovação do plano pelos credores e mediante mera aprovação judicial. É a possibilidade de venda de ativos "permanentes" da recuperanda, conforme dito pela LRF seu artigo 66, mediante autorização

RECUPERAÇÃO JUDICIAL

judicial uma vez reconhecida "evidente utilidade" pelo tribunal (ouvido o Comitê, na dicção da lei). Tanto a oneração quando a alienação de ativos são ambas possibilidades transacionais previstas neste dispositivo.

Esta hipótese se assemelha ao citado artigo 363 do US Bankruptcy Code, uma vez que a qualquer momento dentro do processo de recuperação judicial, e, em tese, mesmo imediatamente após seu ajuizamento, o tribunal pode autorizar a recuperanda devedora à alienação (ou oneração) de "ativos permanentes".

No entanto, operada a venda, o adquirente não se reveste da proteção do art. 60 da LRF quanto à eliminação de ônus e sucessão em contingências ou obrigações da recuperanda, já que não estariam presentes os mesmos requisitos como os de aprovação prévia em plano aprovado e procedimento de alienação judicial prevista em lei.

Em razão disso, na prática não há quase nenhuma situação onde é verificada a utilização do mecanismo de venda de ativos permanentes do art. 66 com eficácia, reduzindo-se às situações de oneração e concessão de garantias reais dos ativos durante a recuperação judicial com a finalidade de obtenção de novo financiamento (*DIP Financing*). Há consideráveis dificuldades também de o tribunal avaliar a "evidente utilidade" e autorizar de plano (ainda que ouvidos previamente os credores, na inspiração do sistema norte-americano) a venda de um ativo permanente relevante da recuperanda. Questões quanto à conveniência e oportunidade de avaliação do ativo certamente seriam de difícil solução, mas é deve-se salientar que o mecanismo de venda antecipada a qualquer momento na recuperação judicial existe no Brasil, através do artigo 66 da LRF, faltando-se apenas interesse em se enfrentar tais questões para se criarem precedentes que sustentem o desenvolvimento e a aplicação de tal solução nas recuperações judiciais no Brasil.

Vale ainda ressaltar que existe uma interpretação pela qual a LFR, embora silente, permitiria a venda de UPIs com a autorização do juiz, antes da aprovação do pano. Tal venda se beneficiaria das mesmas proteções conferidas pelo artigo 60, desde que conduzida de acordo com os métodos competitivos estabelecidos pelo art. 142.[22] Tal interpretação foi

---

[22] ELIAS, Luis Vasco (coord.); 10 Anos da Lei de Recuperação de Empresas e Falências: Reflexões sobre a Restruturação Empresarial no Brasil; São Paulo: Quartier Latin, 2015; pp. 267/281.

utilizada em oferta da Azul por ativos da Avianca Brasil, a qual acabou não sendo aceita.

Quanto ao mecanismo de *stalking horse* e *credit bidding*, a lei brasileira é omissa, mas o mecanismo tem sido usado em algumas ocasiões ao longo dos últimos anos por meio de provisões construídas nos planos de recuperação.

Em alguns casos recentes, ocorreram tais hipóteses e foram testados seus conceitos, a iniciar pela recuperação judicial do Grupo OAS, seguida pelo caso da Abengoa.

Nestes casos, houve a estipulação em plano de que determinado proponente/ofertante pudesse apresentar uma proposta de compra dos ativos organizados em UPI, na modalidade do artigo 60 da LFR, eliminando-se, assim, riscos de sucessão em contingências, sendo tal proposta aberta e conhecida de outros interessados. Os planos também previam que se seguiria o procedimento de alienação judicial previsto no artigo 142 da LRF e, ainda, em razão do conhecimento público da proposta, o plano e o respectivo edital de convocação de terceiros proponentes interessados estabeleceram que o primeiro ofertante poderia igualar ou superar qualquer outra proposta apresentada na data e forma de abertura de propostas de aquisição (especialmente instauradas na modalidade de propostas fechadas entregues em Juízo). Ao final o ofertante inicial poderia se sagrar vencedor caso houvesse outros competidores e quisesse exercer seu direito de igualar (*right to match*) ou superar (*right to top*) outras ofertas.

O caso do Grupo OAS também é um exemplo de adoção do mecanismo de *credit bidding*, uma vez que o plano de recuperação também possibilitava que certos credores apresentassem proposta de aquisição da UPI Invepar com créditos em valor equivalente ao valor mínimo de aquisição estabelecido.

Outros casos recentes são os de recuperação judicial do Grupo Libra, Grupo Infinity e Grupo Aralco, entre outros, cujos planos de recuperação judicial previam a alienação de UPIs que podiam ser diretamente adquiridas pelos credores com os créditos sujeitos aos efeitos da recuperação judicial. Tais procedimentos foram aceitos pelos tribunais, otimizando os resultados de venda de ativos (organizados sob a forma de UPI) durante o processo de recuperação judicial.

De forma geral, é possível verificar que a lei americana vem se desenvolvendo e criando precedentes significativamente há mais tempo que a lei brasileira fazendo assim, com que seus mecanismos sejam mais eficientes e com maior histórico de precedentes. A experiência no Brasil vem se consolidando mais lentamente, mas apresenta alguns avanços já testados para a ampliar a gama de instrumentos disponíveis para a venda de ativos e maior eficácia na obtenção de melhores preços e recursos financeiros para a empresa recuperanda no processo de alienação de ativos no curso de recuperação judicial.

13
Tendências para os Planos de Reestruturação no Brasil

RENATO CARVALHO FRANCO

Introdução

Este capítulo busca revisitar aspectos da evolução dos planos de reestruturação das empresas de maior porte, atravessando situações de "*distress*[1]" no Brasil, com foco nas Recuperações Judiciais, entre a promulgação da Lei 11.101/2005 de Falências e Recuperação de Empresas ("LFR") até setembro de 2019, e discutir as tendências para esses planos a partir de então. O texto, que tem uma abordagem descritiva e não dissertativa, baseia-se em experiências e interpretações do autor sobre o período e sobre as tendências. Busca tambem discorrer sobre planos de reestruturação pelo enfoque financeiro, ainda que, no ambiente de recuperações de empresas e de planos de reestruturação, as questões jurídicas convivam intensamente com as finanças, e nem sempre de forma harmoniosa. O Turnaround Management Association, TMA Brasil, patrocinador desta publicação, está desenvolvendo, à epoca do lançamento deste livro, uma base de dados estatísticos sobre as reestruturações de empresas de maior porte no Brasil. Essa importante base de dados, quando concluída, possibilitará o embasamento mais sólido das avaliações sobre os planos de reestruturação desde o início da vigência da LFR.

---

[1] O termo em inglês "*distress*" é usado frequentemente no Brasil para designar situações de crise empresarial, geralmente associadas a processos de insolvência.

RECUPERAÇÃO JUDICIAL

Planos de reestruturação descrevem, com conceitos e números, os caminhos que gestores desenham para buscar um reposicionamento estratégico, melhorar a performance operacional e financeira, ou readequar a estrutura de capital das empresas, entre outros. São desenvolvidos no curso normal dos negócios de empresas de todos os tamanhos que buscam resultados melhores, ou que pretendem solucionar casos de crise econômico-financeira e de insolvência. Os planos de reestruturação das empresas em *"distress"* são essencialmente iguais tanto nos casos de processos judiciais previstos na referida Lei, nos casos de Recuperação Judicial ("RJ") ou Extrajudicial, e nos processos sem a proteção legal – os *"work-outs"* ou negociações bilaterais. Os dois grupos de planos trazem o contexto econômico-financeiro realizado pela empresa e projeções de resultados e de geração de caixa futuros, baseados em premissas operacionais, de mercado e da economia. Em que pese a frase atribuída ao célebre economista Roberto Campos de que "no Brasil até o passado é incerto", não é na apresentação dos resultados realizados, na "Lanterna na Popa" metafórica, em alusão ao livro do mesmo economista, que mora o desafio dos planos de reestruturação. Reside na difícil missão de equilibrar as características operacionais e financeiras da empresa, sua estratégia e mercados, o futuro sempre incerto da economia brasileira, os ditames legais vigentes e instáveis, aplicados sem muita uniformidade nas diversas varas de justiça, e os anseios dos grupos de *"stakeholders"* interessados – acionistas, credores financeiros e operacionais, empregados e credores tributários, entre outros. Não é sem motivo que, no meio desta complexidade e instabilidade, vários planos de reestruturação ficam pelo caminho, fracassam, falham na entrega dos resultados pretendidos.

Descrever tendências para o desenvolvimento dos planos de reestruturação demanda uma retrospectiva histórica e a formulação de cenários para os seus elementos determinantes: i) as projeções para o ambiente econômico e de negócios, ii) as reformas previstas na lei e as novas jurisprudências, e iii) a dinâmica e o poder de barganha entre os *"stakeholders"*.

1. O contexto dos planos de reestruturação do início da vigência da Lei 11.101/2005 de Falência e Recuperação até setembro de 2019

Primeiramente, é importante notar que temos no Brasil algumas iniciativas de pesquisas e estatísticas sobre os casos de empresas em situação de insolvência e *"distress"* que ainda não possibilitam embasar conclusões

TENDÊNCIAS PARA OS PLANOS DE REESTRUTURAÇÃO NO BRASIL

sólidas sobre a evolução desses processos de forma segmentada. Essas pesquisas certamente evoluirão com o tempo, como a mencionada acima em desenvolvimento pelo TMA Brasil, mas ainda usam uma base estatística que não distingue os tamanhos das empresas de forma eficaz, onde os planos adotados, a complexidade das situações e os resultados dos processos de reestruturação diferem significativamente. A falta de profundidade nas pesquisas sobre a efetividade da LFR e de planos de recuperação, associada a publicações na imprensa baseadas em conclusões imprecisas de estudos não segmentados e incompletos, tem obscurecido o entendimento da real efetividade da LFR e dos planos de recuperação. A título de exemplo, vale destacar uma dessas matérias, facilmente acessível em pesquisa na internet, publicada por veículo de mídia de prestígio no Brasil, que trazia o título "Só 1% das empresas sai da recuperação judicial no Brasil"[2]. Não é difícil de se imaginar o provável impacto dessa publicação sobre a decisão de empresários em crise a respeito da RJ como forma de reabilitar suas empresas.

De fato, os estudos e pesquisas disponíveis ainda não respondem de forma segmentada a várias perguntas sobre o perceptível mas impreciso alto índice de insucesso das Recuperações Judiciais: Como se define o "sucesso" de uma RJ? Pela aprovação de um Plano de Recuperação Judicial? Pela verificação da continuidade econômico-financeira e operacional sustentável da empresa após dois anos ou mais? Pela "saída" da empresa da Recuperação Judicial? O que define a "saída" da empresa da RJ? O final do prazo de dois anos de cumprimento do Plano de Recuperação? A retomada produtiva dos ativos e negócios vendidos no âmbito do artigo 60[3] da LFR caracteriza o sucesso da aplicação da Lei para estes ativos e negócios? Como esses sucessos parciais devem ser tratados nas pesquisas?

Restam também dúvidas e conhecimentos organizados sobre os principais motivos desse alto índice de insucesso, caracterizado apenas de forma empírica. Seriam esses insucessos na aplicação do processo de RJ motivados pela falta de qualidade e eficácia da Lei? Vários outros fatores podem ter motivado esse fracasso, como a conjuntura econômica, a inadequação dos planos de recuperação aprovados, as repactuações em que as dívidas

---

[2] Caderno de Economia de "O Estado de São Paulo", 14 de outubro de 2013.

[3] O art. 60 da LRF possibilita a venda de Unidades Produtivas Isoladas – UPIs, na forma de ativos ou negócios da devedora, livres de contingências trabalhistas e fiscais.

permaneceram altas e caras demais, ou alongadas de menos, projeções de resultados que não se verificaram, a incapacidade das companhias em crise de renovar acesso a crédito, ou mesmo outros motivos.

Os insucessos da RJ para as pequenas empresas, para os pequenos comércios, certamente não têm as mesmas características e dinâmica do que os fracassos das Recuperações Judiciais das grandes empresas. As pesquisas não deveriam, então, segmentar os estudos em pequenas, médias e grandes empresas? Tratamos de tendências mais à frente, mas é certo que o aprofundamento e o aprimoramento dos levantamentos e estudos sobre a eficácia dos processos de insolvência no Brasil deverá ocorrer nos próximos anos, possivelmente com a previsão de medidas de incentivo a pesquisas nas reformas previstas na LFR.

2. O ambiente dos primeiros planos de reestruturação no início da Lei de Falência e Recuperação em 2005

Na esteira de incertezas e desinformação quanto à RJ como remédio para as crises empresarias, hoje (setembro de 2019) os empresários também têm fortes preconceitos quanto à efetividade da RJ para promover a recuperação de suas empresas da crise, juntando-se aos bancos credores que já temiam a Recuperação Judicial como forma de recuperação de seus créditos desde o início da vigência da LFR em 2005.

Naquele ano, o Brasil atravessava um período de instabilidade política com os efeitos do "Mensalão"[4] e as incertezas quanto à reeleição do então Presidente Luiz Inácio Lula da Silva. O país passava por um período de crescimento econômico: o Real estava valorizado (2,34 reais por Dólar em 31/12/2005), as exportações estavam em alta (superávit da balança comercial de US$ 45 bilhões – recorde até então), e a inflação ainda estava sob controle (IPCA de 5,7%). As taxas de juros, contudo, destoavam do restante dos dados econômicos, figurando entre as mais altas do mundo: a meta da taxa SELIC fechou aquele ano em 18,0%. A indústria e o comércio cresciam com a atividade econômica (PIB de 2,3% em 2005), apesar de uma desaceleração no segundo semestre de 2005, mas sofriam com os juros altíssimos para financiar seus investimentos em capital de giro, desenvolvimento de novos negócios, tecnologia, eficiência e capacidade produtiva. Aqui reside o grande desafio de planejamento econômico-financeiro no Brasil: o altís-

---

[4] Suposto esquema do Governo Brasileiro para compra de apoio de deputados.

simo custo do crédito, para o qual a exigibilidade é líquida e certa, *vis-a-vis* uma enorme volatilidade e incerteza nas projeções de atividade econômica e de retornos de investimentos, que determinam a capacidade de geração de caixa futura e de pagamento de empréstimos e financiamentos.

Em 2005, os bancos operando no Brasil já registravam lucros altos, apesar de uma concentração bancária menor e, portanto, uma concorrência maior do que a dos dias de hoje. As carteiras de empréstimos e financiamentos corporativos em 2005 não eram, e continuaram não sendo, as geradoras das maiores rentabilidades para os bancos. Os serviços e respectivas tarifas bancárias, as operações de tesouraria e câmbio, o crédito para pessoas físicas, e os cartões de crédito, entre outros, têm gerado mais rentabilidade para os bancos. Pelo lado das operações bancárias com pessoas físicas, os bancos diluem seus riscos no volume de operações, muitas com garantias de boa qualidade como o crédito consignado em folha de pagamento, pelas operações de financiamento de compra de imóveis e veículos com alienação fiduciária, e com os altos *"spreads"* dos juros do cheque especial e dos cartões de crédito, entre outros serviços e produtos. Já as carteiras de empréstimos e financiamentos corporativos desde sempre tiveram altos custos de atendimento e serviços, monitoramento e de cobrança no Brasil. Créditos corporativos enfrentam desafios de cobrança no Brasil quando deixam de performar em função da falta de segurança jurídica, o que diminui a rentabilidade dessas carteiras.

Na vigência da antiga lei de falências do Brasil ou "Concordata"[5] – a antecessora da LFR, essa falta de segurança jurídica era exacerbada pelas constantes ações jurídicas protelatórias e pela baixa remuneração ou mesmo corrosão do valor de face dos créditos vencidos pelos juros fixados pela Concordata em 1% ao mês *versus* altas taxas de inflação anuais. Pela Concordata, inexistia a obrigação do devedor de apresentar um plano de recuperação para seus credores quirografários, classe abrangida por aquele instituto legal. As condições de atualização monetária, juros e amortização dos créditos quirografários eram dadas pela lei: 40% em 12 meses e os 60% restantes em 24 meses, a juros de 1% ao mês, sem correção monetária. Com as ações jurídicas protelatórias, os devedores postergavam o pagamento dos credores quirografários que, a depender das taxas de inflação, tinham uma baixa remuneração dos seus créditos, ou mesmo uma expres-

---

[5] Decreto-lei nº 7.661, de 21 de junho de 1945.

siva perda de valor real nos anos de altas taxas de inflação. Os planos de reestruturação das empresas insolventes, e eventualmente já em Concordata, brotavam de forma *ad hoc*, e sem uma previsão ou determinação legal, principalmente como um instrumento para negociações bilaterais entre os devedores e seus maiores credores, detentores de garantias reais e, portanto, livres do alcance direto das Concordatas.

É neste ambiente, em 9 de junho de 2005, que passa a vigorar a LFR, para enterrar melancolicamente e com um legado de insucessos, a Concordata, sua predecessora. Surge com ela a obrigatoriedade de apresentação pelo devedor do Plano de Recuperação Judicial da empresa, sujeito à aprovação em assembleia pelos credores agrupados em classes.

Vale reproduzir a posição do emérito professor Rubens Requião a respeito da eficácia da Concordata e do estigma atribuído ao empresário falido: "A falência e também a concordata, na forma como se encontravam estruturadas no Dec.-lei 7.661/45, não ofereciam possibilidade de solução no sentido de propiciarem ao então comerciante, hoje empresário ou sociedade empresária, em situação de crise, a possibilidade de se recuperarem. O falido nunca foi bem visto pelos demais circunstantes, seja pelos seus credores, seja pelo próprio Judiciário. Não teria ainda desaparecido o substrato que deu origem à expressão *falliti sunt fraudatores*[6], permanecendo vivo o espírito do verbo latino *fallere*, significando *inganare, mancare ala promessa, ala parola, ala fede, cadere,* ou seja, enganar, faltar com a promessa, com a palavra, com a fé, cair."[7]

Em suma, em 2005, migramos da Concordata, em que empresários em situações de insolvência eram caracterizados como "fraudadores", onde faltava o amparo apropriado da Lei para estimular a recuperação de empresas insolventes e assegurar a devida proteção aos credores, para a nova LFR, que agora enfatizava a preservação da atividade empresarial pelos objetivos delineados no seu 47º artigo.[8] O comerciante, ou empresário, antes *"fraudatore"*, com a nova Lei perdeu os benefícios das janelas para prote-

---

[6] "Os falidos são fraudadores".

[7] Em "Nova Lei de Recuperação e Falências Comentada", pg 34, Manoel Justino Bezerra Filho, Ed. Revista dos Tribunais, 3a ed., 2005.

[8] Art. 47, Lei 11.101/2005: "A recuperação judicial tem por objetivo viabilizar a superação da situação de crise econômico-financeira do devedor, a fim de permitir a manutenção da fonte produtora, do emprego dos trabalhadores e dos interesses dos credores, promovendo, assim, a preservação da empresa, sua função social e o estímulo à atividade econômica."

lação jurídica aliadas à corrosão inflacionária sobre sua dívida quirografária, mas foi legitimado como arquiteto e proponente dos caminhos para a recuperação da sua empresa, e das condições de pagamento para o conjunto de seus credores trabalhistas, quirografários e com garantias reais, sem as condições herméticas de pagamento de principal e juros previstas na Concordata. A estes comerciantes e empresários foi reservado o direito exclusivo de propor aos seus credores um plano de recuperação técnico e de mercado para suas empresas, com o amparo do instituto da Recuperação Judicial, inserido em um processo de validação e aprovação relativamente equilibrado (Assembleias de Credores que aprovam planos de reestruturação em Recuperações Judiciais com quórum mínimo definido por classes), tutelado (Administradores Judiciais, Varas Especializadas de Falências e Comitês de Credores[9]), protegido de execuções por 180 dias (o "*stay period*") e com previsão de prazo máximo para desfecho (150 dias da data do deferimento do Pedido de Recuperação Judicial para convocação de Assembleia Geral de Credores)[10], além do insituto da Recuperação Extrajudicial (aprovação de um plano por quórum de 3/5 de credores específicos e com homologação judicial).

Ainda na sua infância, a Nova LFR é testada com o deferimento em 04 de julho de 2005 da migração de Concordata para Recuperação Judicial das subsidiárias brasileiras da Parmalat S.p.A., conglomerado multinacional de origem italiana, que tinha entrado em processo de insolvência em vários países em que operava, em decorrência de fraudes financeiras. E o teste era completo: diversas operações industriais no Brasil (laticínios, sucos, biscoitos, atomatados e legumes), credores externos por notas emitidas no exterior, atrasos junto a credores por fornecimento de leite – essenciais para a continuidade das operações, interventores judiciais na gestão da empresa, no Brasil e na matriz italiana, investigações policiais por fraude, contabilidade com atraso de quase três meses, entre outros.

No dia 22 de dezembro de 2005, o Plano de Recuperação Judicial da Parmalat Alimentos foi aprovado por 94,2% dos votos da Assembleia Geral dos Credores. Em 2 de fevereiro de 2006, o juiz Dr. Alexandre Alves Lazzarini,

---

[9] Os Comitês de Credores, previstos no Artigo 26 da LRF 11.101/2005, são facultativos nos processos de Recuperação Judicial e não se estabeleceram como uma prática usual.

[10] Na prática, alguns prazos dos processos de Recuperação Judicial desde 2005 acabaram sendo dilatados pela jurisprudência e pelas regras de contagem de dias previstas no novo Código de Processo Civil, CPC/2015.

da Primeira Vara de Recuperação e Falências de Empresas do Tribunal de Justiça de São Paulo, homologou o Plano de Recuperação da companhia.

O plano da Parmalat Alimentos foi o primeiro plano de uma grande empresa aprovado no Estado de São Paulo, desde a regulamentação da Nova Lei de Falências. Na ocasião, o ilustre Dr. Thomas Felsberg, assessor jurídico da Parmalat, comentou em nota à imprensa que "o sucesso desta primeira migração de uma concordata para o regime de recuperação judicial é um marco importante para a consolidação da Nova Lei, e a atuação do Judiciário tem sido determinante na sua aplicação".

O desenvolvimento e o desenho do plano de recuperação da Parmalat implicaram em um intenso processo criativo de soluções financeiras e jurídicas, dada a falta de jurisprudência e de experiência na aplicação da nova lei, de inúmeras interações com o Judiciário e de um longo processo de negociação com os *stakeholders* da Companhia, para explicar a natureza das propostas financeiras, das soluções jurídicas e dos conceitos do plano.[11]

Com a LFR começava naquele ano uma nova forma de tratar a insolvência, colocando credores e devedores à mesa, debruçados sobre um plano de recuperação, discutindo sua viabilidade, com projeções financeiras parametrizadas pelas reais condições de mercado e de geração de caixa para fazer frente aos passivos da devedora, buscando preservar sua continuidade, conforme os preceitos da lei. A LFR passou neste teste com a Parmalat: a Companhia emitiu ações para diluir fortemente o controlador italiano e permitir a entrada de um novo investidor, emitiu debêntures que substituíram os créditos dos credores financeiros com deságio expressivo, necessário e tecnicamente fundamentado, e com termos de pagamento condizentes com a real capacidade de geração de caixa futura da Companhia. A Parmalat também arrendou ativos produtivos para geração de caixa e preservou uma massa importante de trabalhadores diretos e indiretos. A Etti, subsidiária de atomatados e legumes da Parmalat no Brasil foi vendida na recuperação, livre de sucessão de passivos e contingências, nos primórdios da aplicação do artigo 60 da LFR, viabilizando uma fundamental capitalização da recuperanda. O caso Parmalat inaugurou práticas nas Recuperações Judiciais, como a que ganhou a alcunha de "Cláusula

---

[11] A Íntegra Associados, consultoria do autor, atuou como assessora financeira da Parmalat em sua reestruturação e recuperação judicial no Brasil. Algumas colocações sobre este caso tem como fonte arquivos da Íntegra e memórias do autor.

TENDÊNCIAS PARA OS PLANOS DE REESTRUTURAÇÃO NO BRASIL

Robin Hood", que estipulava o pagamento periódico de somas menores e iguais a todos os credores quirografários, independentemente do tamanho de suas dívidas, facilitando-se assim a quitação integral e rápida dos pequenos credores.[12] Inaugurou também a prática do voto individualizado dos detentores de Notas e Bônus emitidos no exterior nas Assembleias de Credores, resolvendo as restrições de quóruns altos de deliberação das escrituras dessas Notas e Bônus. Os adiantamentos diferenciados a fornecedores essenciais como forma de viabilizar a continuidade dos fornecimentos, e mesmo a já referida venda de uma Unidade Produtiva Isolada – UPI (a Etti, no caso) com amparo no artigo 60 da LFR, figuram entre as práticas iniciadas com o caso Parmalat.

Nos anos que se seguiram, as vendas das Unidades Produtivas Isoladas sob o artigo 60 da LFR, tornaram-se a principal ferramenta para pagar credores e capitalizar as recuperandas, e mesmo para assegurar a continuidade da atividade econômica e dos empregos relacionados aos ativos e empresas vendidos sob seus termos. Por outro lado, os empréstimos extraconcursais, os *Debtor-in-Possession Financings* – ou *DIP Financings*[13], eram uma grande promessa da LFR para viabilizar os fundamentais novos recursos para as empresas em recuperação, mas até esta data não se firmaram como fonte viável de financiamento para empresas em recuperação.

O artigo 67 da LFR prevê que "os créditos decorrentes de obrigações contraídas pelo devedor durante a Recuperação Judicial, inclusive aqueles relativos a despesas com fornecedores de bens ou serviços e contratos de mútuo, serão considerados extraconcursais, em caso de decretação de falência, respeitada, no que couber, a ordem estabelecida no art. 83[14] desta Lei". Apesar da previsão legal e da importância de novos recursos para viabilizar as recuperações, foram poucos os casos relevantes de *"DIP Financings"*, entre eles o do Frigorífico Independência, da Óleo e Gás Par-

---

[12] Posteriormente, a Lei Complementar 147/2014 – criou a Classe IV de credores enquadrados como microempresas ou empresas de pequeno porte, viabilizando termos específicos para tratar esses credores nas Recuperações Judiciais.

[13] *Debtor-in-Possession Financings* ou *DIP Financings* são termos contidos no *Chapter 11* do código de falências dos EUA e designam empréstimos concedidos a empresas após o deferimento do procedimento legal em regimes de insolvência, que detêm prioridade de pagamento em caso de liquidação do devedor.

[14] Art. 83 da Lei 10.101/2005 estabelece a classificação e a ordem de recebimento dos créditos na falência.

ticipações (antiga OGX), da Infinity Bioenergy, e da OAS pela Brookfield, este último que acabou por não se concretizar. A insegurança jurídica também prejudicou este instituto da LFR – talvez o mais importante para estimular um mercado de crédito competitivo para empresas em recuperação. Como fatores que desestimularam fortemente o *"DIP Financing"* figuram a necessidade de aprovação do *"DIP"* em assembleias de credores que só ocorreriam meses depois, e a demanda de garantias da recuperanda para as operações, geralmente via oneração de bens, que dependiam de autorização judicial[15] e que, via de regra, o devedor já não dispunha livres para esta finalidade. Outro grande desincentivo aos *"DIP Financings"* é a regulamentação do Conselho Monetário Nacional – CMN, e do Banco Central do Brasil – BACEN, que exige a classificação de risco máximo para os empréstimos junto a empresas em Recuperação Judicial, e o consequente provisionamento de 100% dos respectivos créditos, inclusive os eventuais novos na forma de *"DIP Financings"*. Ainda assim, a maioria dos planos de recuperação protocolados, e muitos destes que foram posteriormente aprovados em Assembleias de Credores e homologados, trazem previsões para *"DIP Financings"*, buscando ao menos deixar essa porta aberta para eventuais operações, mesmo que de difícil materialização.

3. A dinâmica e o contexto de desenvolvimento de planos de reestruturação a partir da LFR

Desde o início da vigência da Concordata, passando pelos primórdios da aplicação da LFR, até 2019, quando este texto foi escrito, os planos de reestruturação vêm buscando ajustar-se às condições de seus tempos e ambientes.

O equilíbrio de poder de barganha entre credores e devedores é um dos ângulos para examinar a evolução do ambiente em que foram desenvolvidos e aprovados os planos de reestruturação de empresas. O Brasil sempre foi visto como um ambiente de negócios pró-devedor no que tange às negociações e à cobrança de créditos corporativos, diferentemente dos EUA, onde a *"absolute priority rule"*, ou a "regra da prioridade absoluta", que define a ordem de pagamento de credores em caso de liquidação da empresa e deixa os acionistas por último, é clara e baliza os processo de

---

[15] O art. 66 da LRF determina que a oneração de ativo permanente estará sujeita à autorização judicial sob a análise de "evidente utilidade".

insolvência. Essa caracterização de ambiente pró-devedor no Brasil vem principalmente da histórica morosidade e insegurança jurídicas nos processos de cobrança de créditos vencidos e também, no que diz respeito à LFR, ao poder exclusivo e centralizado do devedor de elaborar o plano de recuperação da empresa, cabendo ao conjunto dos credores que compõem os quóruns de aprovação, distribuídos em classes, o poder de veto, ao não aprová-lo. Credores não podem propor, modificar ou aprovar planos que não tenham sido previamente subscritos pelo devedor. Ficam limitados a aprovar ou rejeitar o plano apresentado pelo devedor. E por vezes se requer que justifiquem o seu voto contra a aprovação do plano sob pena de desconsideração de voto por abuso de poder. Em resumo, se, de um lado, o devedor submete um plano de reestruturação inaceitável aos seus credores, pelo outro, os credores têm o poder de, ao não aprová-lo, levar a companhia à falência. E aqui está o outro elemento que faz a balança pender para o devedor no Brasil: a falência no país jamais foi eficaz como forma de recuperar créditos ou mesmo de dar sobrevida a bens produtivos.

A falência é um processo longo e incerto no Brasil, e a aplicação do *"absolute priority rule"* aqui não recai sobre um processo de liquidação de ativos eficiente, que maximize a recuperação de valor para os credores. Outro elemento que faz da falência um péssimo negócio para a recuperação de créditos corporativos é que as dívidas e contingências fiscais e trabalhistas geralmente vão se avolumando antes e durante a crise. Os bancos credores muitas vezes têm, junto a um dado cliente, um portfólio de créditos com garantias reais, alienação fiduciária, e créditos quirografários (não garantidos), e dispõem de aparatos de cobrança mais efetivos do que os credores tributários. Os créditos tributários, contudo, pela classificação de créditos na falência[16], são pagos antes dos créditos quirografários com o produto da liquidação da massa falida. A baixa liquidez e de valor de realização de ativos na falência, geralmente insuficientes para cobrir os valores dos respectivos créditos com garantia real, e a prioridade dos créditos tributários sobre os quirografários, resulta em baixas taxas de recuperação das carteiras de crédito na falência. Essa dinâmica corrobora com a máxima popular de que, "no Brasil, são os devedores que ameaçam os credores com a falência".

---

[16] Art. 83, LRF 11.101/2005.

RECUPERAÇÃO JUDICIAL

As práticas adotadas no Brasil, via de regra, não viabilizam a venda rápida da empresa em falência, ainda operando, mas sem passivos e contingências, muito embora a Lei recomende que essa forma de venda tenha prioridade (art. 140, § 1). Isso enfraquece o poder de barganha dos credores e inibe a ação de investidores estratégicos ou especializados. Ora, se de um lado o devedor submete aos seus credores em Assembleia de Credores um plano de reestruturação que o favorece em detrimento dos credores, e estes querem evitar levar o devedor à falência, a solução, que certamente não era a intenção dos idealizadores da LFR, tem sido a de suspender repetidas vezes a Assembleia de Credores para que o devedor e os credores continuem as negociações sobre o plano protocolado pela empresa. As suspensões de Assembleias de Credores passaram então a ser a regra na dinâmica de negociação dos termos dos planos de recuperação, alongando os prazos para a aprovação dos mesmos, em detrimento da retomada do curso normal das atividades empresariais da recuperanda, do início da implementação do Plano de Recuperação e do pagamento aos credores.

Se, por um lado, as cortes, a morosidade da justiça e a própria LFR fomentaram um ambiente pró-devedor nos casos de insolvência no Brasil, os bancos credores, mais fortes pela maior concentração bancária, alta rentabilidade e saúde financeira, têm reagido com a criação de áreas internas especializadas em soluções para créditos em *"distress"*, e com a adoção de estratégias de negociação e cobrança mais agressivas. Como parte dessa adaptação dos bancos maiores, que geralmente têm maior poder de influenciar os planos de reestruturação das empresas em crise, observamos uma propensão menor de aceitação de carências longas e de descontos de valor de face – os *"haircuts"*, ou da adoção de *"haircuts"* implícitos, quando os juros repactuados são próximos ou menores do que a inflação.

Especialmente após o ciclo recessivo que se iniciou no Brasil no segundo semestre de 2014, uma estratégia comumente adotada pelos bancos foi a de demandar impositivamente condições de pagamento de dívidas em processos de recuperação em montantes, prazos e juros não condizentes com as projeções de geração de caixa apresentadas pelos devedores. Talvez movidos pela expectativa de que a crise seria sempre revertida em até dois anos seguintes às negociações, os bancos credores apostavam que haveria uma segunda oportunidade mais à frente de rever as premissas de geração de caixa em ambiente econômico mais favorável. Nessa fase, e por

TENDÊNCIAS PARA OS PLANOS DE REESTRUTURAÇÃO NO BRASIL

motivos correlatos, intensificou-se a inclusão de cláusulas de *"cash sweep"* ou de "varredura do caixa" na tradução literal, nos planos de recuperação. Essas cláusulas obrigam os devedores a utilizarem a geração de caixa que exceder às projeções pactuadas nos planos para acelerar os pagamentos aos credores da recuperação judicial.[17]

Na prática, o *"cash sweep"* aproxima os credores de empresas em crise à condição de acionistas, já que seus créditos mantêm o valor de face mesmo quando o mercado os precifica a descontos expressivos, e, com a "varredura de caixa", passam a ter um benefício que se aproxima ao da renda variável: recebem mais se a companhia gerar mais caixa do que o projetado. Por outro lado, o empresário, que no Brasil comumente também é executivo da empresa, nestas circunstâncias passa à condição assemelhada à de funcionário – o "empresário CLT"[18], já que não poderá retirar dividendos por muitos anos durante o cumprimento do plano de recuperação, e não poderá dispor do caixa excedente que sua empresa conseguir gerar para investir ou empreender mais, pois o mesmo estará comprometido com o *"cash sweep"* para pagamento aos credores. Ao "empresário CLT" só resta permanecer na empresa, para controlar o seu próprio destino, pois na maioria dos casos está preso em avais aos credores e tem que lutar contra a falência, que contaminaria seu CPF – Cadastro de Pessoas Físicas da Receita Federal, pelo resto dos seus dias.

Com a regular imposição, principalmente dos grandes bancos credores, do *"cash sweep"*, da ausência de *"haircuts"* quando tecnicamente necessários, e de condições de pagamento inviáveis nos planos de reestruturação ensejando uma nova negociação da dívida mais à frente, estabeleceu-se um processo de recuperação em "filme", onde a companhia e o empresário ficam "amarrados" e reféns de seus principais credores para o futuro, e continuam debilitados aos olhos do mercado. Se o "filme" melhorar no futuro, os credores realizam mais valor sobre seus créditos – o chamado *"upside"* ou "ganho adicional", em detrimento do incentivo ao empreendedorismo do empresário, e da atratividade da empresa para novos investi-

---

[17] O *cash sweep* geralmente define prioridades de utilização da geração de caixa que exceder ao que foi projetado nos planos de reestruturação, mas restringe os níveis de investimentos em capital de giro ou em bens de capital produtivos, entre outros. O saldo, se houver, é vertido ao *cash* sweep e pago aos credores.

[18] Metáfora do autor para designar o empresário que, na condição de acionista de direito e funcionário de fato, estaria sujeito à Consolidação das Leis de Trabalho – CLT.

dores e credores. Se o "filme" piorar, geralmente acaba restando à empresa um longo período de gradual deterioração e perda de valor, culminando com a falência. Ao empresário, este fim de "filme" é desastroso no Brasil para sua imagem, seu patrimônio e para sua capacidade de voltar a empreender.

Não aparenta ser esta a dinâmica de recuperação de empresas idealizada pela LFR e sim uma dinâmica em "fotografia", pela qual a Recuperação Judicial deve retratar no plano de recuperação, de forma técnica e realista, as projeções de geração de resultados futuros da empresa, a sua estrutura de capital reconfigurada, e condições viáveis de pagamento dos credores, no momento da sua aprovação em Assembleia de Credores. Ou seja, o processo de Recuperação Judicial deveria devolver a viabilidade à empresa e condições de competir e de se desenvolver de forma sustentável, apesar dos pagamentos a credores aprovados na Assembleia. A impossibilidade de se chegar a este cenário de recuperação da empresa no momento da "fotografia", ou seja, da aprovação do plano de recuperação, tem encaminhamento previsto pela Lei: a falência.

Os fundos de investimentos em créditos corporativos em *"distress"* são outros agentes de mercado que vêm se firmando no Brasil com impactos importantes na dinâmica de equilíbrio entre credores e devedores nos processo de insolvência. O desenvolvimento do mercado secundário de créditos em atraso, ou em *distress,* com o crescimento de players voltados a essa atividade, também vem estimulando a prática de venda de créditos individuais ou de carteiras de créditos corporativos em atraso, algo que os bancos tradicionalmente evitavam. Essa prática tem reflexos importantes na dinâmica de negociação e aprovação de planos de reestruturação. Os fundos de créditos em *"distress"* compram créditos dos bancos com deságios que chegam a 95% e assumem as negociações com os devedores, representando e votando nas assembleias de credores pelo valor de face de seus créditos, geralmente com uma estratégia mais agressiva e articulada de cobrança. Buscam compor maiorias entre os principais credores para priorizar a liquidez dos seus créditos nos planos de recuperação, em lugar de maximizar os valores de recuperação, uma vez que o grande deságio no preço de compra dos créditos ocasiona uma oportunidade de rentabilidade e margem já altos na realização do crédito. Não raras vezes vendem seus créditos diretamente para os acionistas da devedora, ou para partes relacionadas destes, ainda que a utilização destes créditos para efeito de voto nas Assembleias de Credores suscite o conflito de interesses de que o art. 43 da LRF[19] busca coibir.

As fragilidades da Recuperação Judicial como ferramenta eficaz para casos de insolvência tem várias origens, como a ineficácia da falência, a exclusividade da apresentação dos planos de recuperação pela devedora, a falta de aperfeiçoamentos da LFR para agilizar a venda de ativos ou de empresas inteiras, as soluções ainda insuficientes na Lei sobre a tributação do lucro nos "*haircuts*" e do reperfilamento das dívidas fiscais, e a ausência de condições como o "*fresh start*" ou "Recomeço"[20], para reabilitar empresários. Também contribui para essas fragilidades a concentração bancária no Brasil, que dá aos grandes bancos maior poder de barganha nos processos de recuperação judicial, aliada à relutância desses bancos em aceitar "*haircuts*" e condições tecnicamente recomendáveis para pagamento de seus créditos, buscando evitar que empresários recuperem valor para os acionistas com a retomada da rentabilidade dos seus negócios, em patamares superiores aos projetados, e potencialmente maiores do que os seus.

Aqui cabe uma reflexão que envolve três elementos: os objetivos essenciais que as leis de insolvência devem buscar, o desequilíbrio pró-devedor ou pró-credor destas leis e a realidade do ambiente de negócios das empresas insolventes.

As leis de insolvência, a juízo deste autor sem graduação em direito, devem buscar prioritariamente a preservação da empresa ou de ativos produtivos, desde que estes sejam ou possam voltar a ser eficientes, e desde que a liquidação na falência não seja uma alternativa melhor de recuperação de valor para o conjunto de credores. Note-se que, neste caso, de maior recuperação de valor na falência, muito provavelmente a empresa

---

[19] Art. 43. "Os sócios do devedor, bem como as sociedades coligadas, controladoras, controladas ou as que tenham sócio ou acionista com participação superior a 10% (dez por cento) do capital social do devedor ou em que o devedor ou algum de seus sócios detenham participação superior a 10% (dez por cento) do capital social, poderão participar da assembleia-geral de credores, sem ter direito a voto e não serão considerados para fins de verificação do quorum de instalação e de deliberação.

Parágrafo único. O disposto neste artigo também se aplica ao cônjuge ou parente, consanguíneo ou afim, colateral até o 2º (segundo) grau, ascendente ou descendente do devedor, de administrador, do sócio controlador, de membro dos conselhos consultivo, fiscal ou semelhantes da sociedade devedora e à sociedade em que quaisquer dessas pessoas exerçam essas funções."

[20] Tradução do autor.

RECUPERAÇÃO JUDICIAL

já não tinha mais perspectivas viáveis de continuação e de realização de valor nas condições em que estava. Ainda a juízo do autor, essas leis devem fomentar, na prática, primeiramente a maximização da eficiência empresarial e a atividade econômica rentável, respeitando a maior recuperação de valor possível para os credores e deixando os acionistas para receberem por último – estes permanecendo como variáveis de ajuste. A lógica aqui é de que o acionista escolhe o plano de negócios do empreendimento e os gestores para executá-lo, cabendo ao credor a decisão de dar crédito, conforme sua avaliação da solidez deste mesmo plano, da competência dos gestores, do seu contexto econômico, das garantias e de outros elementos de avaliação de risco e de crédito.

Logo, recai sobre o empresário e acionista a principal responsabilidade e o maior ônus pelo plano de negócios fracassado ou pela gestão ineficiente na implementação do mesmo. Ao credor, atribui-se a responsabilidade de uma avaliação de crédito incorreta, operações mal estruturadas ou mal garantidas, ou de ações de cobrança intempestivas. Resulta que o empresário e acionista, o empreendedor, tem o poder de agir sobre o plano de negócios e sobre a atividade empresarial, enquanto que credores têm o poder circunscrito ao acompanhamento, análise e cobrança dos seus créditos. O conceito de *"absolute priority"* reflete esta divisão de direitos e obrigações: um cria um empreendimento e seu plano de negócios e aporta seus recursos como acionista, o outro empresta seus recursos a juros para alavancar o desenvolvimento daquele plano de negócios que foi desenvolvido e será executado pelo empresário e seus gestores. Como condição, estabelece-se exemplificativamente que: "se tudo der errado, o devedor liquida o crédito primeiro, e fica com o que sobrar de bens e recursos – se sobrar."

A LFR, na sua versão atual, preserva com o acionista e empreendedor o poder exclusivo de entrar com o pedido de recuperação judicial, de permanecer no comando da empresa, de continuar nomeando seus gestores e de elaborar e apresentar aos credores o plano de recuperação da empresa. Ao credor, resta o poder, pouco eficiente no Brasil, de não aprovar o plano e buscar recuperar seus créditos numa liquidação em processo de falência. Nestas circunstâncias, o devedor, empresário-acionista, tendo falhado na conceituação ou implementação do plano de negócios, tende a perder a credibilidade com seus credores para apresentar e implementar um novo plano, agora em cenário ainda mais desafiador de crise. A mesma avaliação se dá pelo mercado em geral, que restringe novos créditos às empresas em crise. Não chega a surpreender que as taxas de sucesso das recuperações judiciais sejam aparentemente baixas. Com isso, pode-se dizer que a LFR é pró-devedor, uma vez que mantém o devedor no controle do plano e da gestão da empresa em crise, e dá aos credores apenas a falência como alavanca de poder – alavanca essa ineficiente, que se diga, como alternativa de recuperação de crédito.

Talvez aí resida a principal causa dos insucessos das recuperações judiciais e dos seus planos: empresas em crise demandam renovações na gestão, nova credibilidade, novos planos e principalmente novos recursos e acesso a mercados de crédito – elementos presentes em pouquíssimas recuperações judiciais desde 2005.

Essa renovação da credibilidade e da capacidade da empresa se dá com muito maior facilidade nos processos de insolvência em que a empresa, ou parte de seus ativos ou negócios, são vendidos para investidores capacitados, capitalizados e independentes do devedor original. O artigo 60 da LRF[21], este sim tem atingido o objetivo de facilitar a preservação de negócios ou a eficiência de ativos, à medida em que os transfere, livre de sucessão de passivos e contingências, a investidores que podem desenvolvê-los. Mesmo no *Chapter 11* do Código de Falências dos EUA, equivalente à nossa Recuperação Judicial, as taxas de recuperação de empresas são decepcionantes – estimadas em cerca de 10% a 15%.[22] Não sem motivos, o código de falência e as práticas nos processos de insolvência nos EUA facilitam os processos de venda de ativos, e mesmo da totalidade dos ativos da empresa em crise, através dos instrumentos previstos na Seção 363 do *"Bankruptcy Code"*, que inclui processos de ofertas via *"Stalking Horse Bids"*, descritos abaixo, e dos acordos pré-concursais – os *"Pre-Packaged Deals"*.

A Seção 363 do *"Bankruptcy Code"* dos EUA determina que o devedor pode promover um processo de oferta dos ativos da empresa e escolher a melhor delas para que seja considerada como oferta do *"Stalking Horse Bidder"* ou do *"Ofertante de Tocaia"*[23]. Esta oferta então é considerada como o piso de preço e condições para a venda, e irá competir em leilão posterior com

---

[21] O art. 60 da LRF possibilita a venda de Unidades Produtivas Isoladas – UPIs, na forma de ativos ou negócios da devedora, livres de contingências trabalhistas e fiscais.

[22] Observação do autor: Assim como no Brasil, e surpreendentemente, não existe uniformidade nos resultados das estatísticas e estudos sobre as taxas de sucesso do *"Chapter 11"* do código de falências dos EUA para recuperar empresas.

[23] Tradução do autor.

outros ofertantes escolhidos. Em contrapartida, o Ofertante de Tocaia tem incentivos de reembolso de despesas de diligências e compensações (*"break-up fees"*) caso não se concretize a aquisição, e geralmente acaba por estar melhor posicionado para vencer o leilão. Nos *"Pre-Packaged Deals,"* ou Acordos Previamente Negociados[24], o devedor e seus credores relevantes negociam um acordo antes do protocolo do pedido sob o *"Chapter 11"*, que pode incluir a venda da empresa, agilizando a tramitação e a efetividade do procedimento de insolvência.

A combinação de procedimentos mais ágeis e eficazes previstos no Código de Falências dos EUA, como a liquidação de ativos na falência, a venda de ativos no *"Chapter 11"*, e a reabilitação dada ao empresário falido no *"Fresh Start"*, referido acima, estimulam a continuação da atividade produtiva da empresa e do espírito empreendedor do empresário que atravessaram por processos de insolvência.

As avaliações sobre a eficácia desde 2005 dos sistemas jurídicos, de mercados e de seus agentes em volta do esforço de recuperar empresas em *"distress"* no Brasil não são boas. Na ausência de pesquisas mais precisas, a observação empírica indica com eloquência que apenas uma minoria das empresas insolventes que passam por processos de Recuperação Judicial se recupera de forma sustentável. A Eneva S.A.[25] é, sem dúvida, o caso mais notório de sucesso.

A grande maioria dos demais casos continua em *"distress"* ou vai à falência (vide amostra no Quadro I, ao final do capítulo). Também empiricamente se observa que a maioria dos ativos e empresas vendidos no âmbito dos processo de insolvência, principalmente via artigo 60 da LFR, ganham nova vida e se recuperam. Vale ponderar que, se as estimativas de recuperação de empresas no *"Chapter 11"* dos EUA ficam entre 10% a 15% dos casos, como já mencionado, no Brasil – um mercado com muito menos capital disponível e agentes para financiar e investir em empresas em *"distress"*, seria de se esperar que as taxas de recuperação de empresas estivesse abaixo do patamar mínimo dos EUA, isto é, inferiores a 10%. Nesse contexto, uma postulação válida para análise seria de que as taxas viáveis de recuperação de empresas em processos de insolvência, ao menos nos EUA

---

[24] Tradução do autor.

[25] A Eneva é uma geradora de energia termoelétrica a gás e carvão que entrou em recuperação judicial em 2014. A companhia fez parte do Grupo X, do empresário Eike Batista, quando era denominada MPX.

e no Brasil, são essas mesmo, não passam dos 15% na melhor das hipóteses, e que o complemento de 85% dos ativos e operações dessas empresas deve encontrar na venda ou na falência os mecanismos para satisfazerem ao máximo possível os credores e otimizar o emprego dos meios produtivos da massa falida com processos de liquidação rápidos e eficazes – inclusive da empresa inteira. Nesse sentido, reforça-se a tese de que os processos de venda são os mecanismos mais eficazes para assegurar a continuada utilização produtiva de ativos e de empresas, tanto nas recuperações judiciais quanto no *"Chapter 11"*.

A LFR foi um grande avanço e as reformas propostas no Substitutivo ao Projeto de Lei 10.220/2018, atualmente em tramitação, certamente representarão, se aprovadas, mais um passo importante na direção de um sistema de insolvências eficaz no Brasil. Na dimensão jurídica do ambiente brasileiro de insolvência, não parece que seja a LFR e suas imperfeições o que mais contribui para os baixos índices de recuperação. A insegurança jurídica, a morosidade e a falta de uniformidade nas decisões do Judiciário – estes sim são fatores que mais prejudicam o bom andamento das recuperações.

As variáveis de ambiente de negócios e as relacionadas à economia brasileira têm que ser levadas em conta quando se pretende discorrer sobre a eficácia da LFR e dos planos de reestruturação desenvolvidos desde 2005. O Brasil desde então permanece na condição de um dos piores ambientes de negócios no mundo (109ª posição de 190 economias no ranking de facilidade de fazer negócios[26]), com complexidade de tributação, juros altíssimos, crédito corporativo concentrado em operações bancárias, difícil acesso e alto custo de capital de longo prazo para financiar investimentos, complexidade de leis e rotinas trabalhistas, insegurança jurídica, e infraestrutura de transportes, energia e saneamento ineficientes e caros, entre outros. Some-se a essas características a maior recessão na história do Brasil, com contrações no PIB de 3,8% e 3,6% em 2015 e 2016, respectivamente, e um crescimento acumulado de apenas 3,2% do 1º trimestre de 2017 ao 1º trimestre de 2019. É de se esperar que empresas debilitadas, altamente endividadas a taxas de juros altíssimas, com defasagem de investimentos em tecnologia e novos produtos e dificuldades de acesso a capital de giro, dificilmente se recuperariam de uma crise de insolvência, especialmente

---

[26] Estudo de 2018 do Banco Mundial.

RECUPERAÇÃO JUDICIAL

nesse período, sem a capitalização por um novo acionista, ou a venda da empresa ou de seus ativos para um investidor capacitado e capitalizado.

Antes de listar algumas conclusões sobre esta retrospectiva, cabe visitar dois outros elementos importantes que impactaram alguns dos principais planos de reestruturação desde 2005: os mecanismos de conversão de dívidas em capital, ou operações de *"debt to equity"*, e a consolidação substancial.

4. Os planos de reestruturação e as conversões *"debt to equity"*

A conversão de dívidas em capital produz para as empresas com alto endividamento essencialmente o mesmo efeito desejável dos descontos no valor de face da dívida – os *"haircuts"*, à medida em que atingem um dos principais objetivos que é de readequar a estrutura de capitais da empresa, reduzindo o valor de face da dívida e aumentando o capital social. É um instrumento pouco usado no Brasil e circunscrito principalmente às grandes empresas de capital aberto. Se para a empresa a conversão pode trazer enorme alívio financeiro com a redução da dívida, para os acionistas de empresas em crise e com baixo valor de mercado, geralmente significa uma forte diluição através dos baixos preços de conversão por ação, e a perda de controle acionário, na maioria dos casos. Já para os credores, poderia ser o instrumento certo para recuperar valor nos casos em que estes entendem que a dívida tem que ser reduzida, acreditam no plano de recuperação da empresa e nos gestores que o implementarão – uma oportunidade de participação direta no "filme" comentado anteriormente.

No Brasil, contudo, esta forma de recuperar valor de créditos teve pouca utilização, sendo os casos da Eneva S.A. e da Oi S.A[27]. os mais recentes e emblemáticos. Essa baixa utilização das transações de *"debt to equity"* decorre do menor universo de empresas de capital aberto em crise, e pela aversão dos credores – principalmente dos grandes bancos, em assumir riscos de sucessão de passivos, de contingências, e os relacionados, mesmo que indiretamente, à gestão de empresas em crise. A própria concessão de crédito, neste caso, pode se tornar mais difícil, uma vez que os grandes bancos têm, por *"compliance"*, a proibição de novos empréstimos para empresas em que detêm participação acionária relevante. Executivos de bancos com controle governamental (Banco do Brasil e Caixa Economica

---

[27] A Oi S.A. é uma das maiores operadoras de telefonia celular e fixa no Brasil. A companhia entrou em recuperação judicial em 2016

Federal, por exemplo) em situações de posição relevante no quadro de credores, tambem estão sujeitos a impedimentos regulatórios ou adotam posturas conservadoras para evitar possíveis sanções e punições do Tribunal de Contas da União – TCU.

No caso da Eneva S.A. a conversão de parte da dívida em participação no capital da empresa teve o apoio de um dos quatro maiores bancos credores, que já tinha uma história de investimentos em empresas, tolerância aos riscos relacionados a participações acionárias, e tinha também outros ativos de energia para capitalizar na Companhia. A cotação da ação da Eneva foi de R$ 11,00 em 5 de novembro de 2015, no momento da conversão de dívida em capital, a R$ 30,67 em 30 de setembro de 2019 – uma valorização de mais de 180%. É importante notar que o *"management"* da Eneva teve como objetivo inegociável que o plano de recuperação refletisse, em bases técnicas, condições para uma retomada sustentável das atividades da companhia, o que dependia de condições mínimas de redução de sua dívida – 60% no caso, dos quais 20% se deram por desconto no valor de face e 40% por conversão em capital, com o reperfilamento adequado do saldo da dívida.

O entendimento tecnicamente embasado dos bancos credores e dos acionistas, que aceitaram a diluição de suas posições acionárias, possibilitou esse resultado, que viabilizou a companhia já a partir da aprovação do Plano de Recuperação. Imaginemos qual teria sido o desfecho se os maiores bancos credores tivessem exigido condições inexequíveis para pagamento de seus créditos, na estratégia de depois retomar a negociação destes créditos mais à frente, em "dias melhores". A Eneva certamente não teria se reerguido, ou estaria moribunda, como tantas outras empresas que aprovaram planos de recuperação desalinhados com a real capacidade de pagamento da devedora.

Já a conversão de dívida em capital teve características diferentes no caso da Oi S.A., maior recuperação judicial no Brasil até aquele momento, com R$ 64 bilhões de dívidas totais na recuperação. Parte expressiva da dívida era composta por *"bonds"*, títulos de renda fixa emitidos no exterior, denominados em moeda estrangeira, muitos dos quais mantidos nas carteiras de grandes fundos internacionais de créditos em *"distress"*. Muitos desses fundos haviam adquirido esses *"bonds"* com altos descontos a valor de face, e já traziam no seu menu de alternativas as conversões *"debt to equity"* como forma de obter ganhos. Um longo impasse negocial entre

RECUPERAÇÃO JUDICIAL

esses fundos e o bloco de controle da companhia se deu em torno das condições de conversão e, portanto, nos níveis de diluição dos acionistas, que perderiam o controle da companhia nos cenários de preços por ação mais baixos. Disputas societárias entre os maiores acionistas da companhia foram judicializadas[28] e acabaram por travar as negociações com os credores. Uma mediação imposta pelo Juízo da recuperação ajudou a abrir o caminho para a retomada da negociação com os credores e aprovação do plano de recuperação, homologado em 8 de janeiro de 2018.

A cotação da ação ordinária da Oi S.A. (OIBR3) foi de uma banda de R$3,50 a R$4,50 nos meses que precederam a aprovação do plano para cerca de R$2,50 após a aprovação do mesmo – uma desvalorização próxima a 40%, efeito da diluição da base acionária por conta da conversão de dívidas em ações que fora aprovada no plano e viria a ocorrer nos meses subsequentes, ao longo dos quais o preço da ação seguiu em forte queda. No caso da Oi S.A., o Conselho de Administração e o comando executivo da companhia sofreram diversas alterações, inclusive por decisões judiciais, que se somaram aos desafios de governança decorrentes das disputas societárias. Essa instabilidade de governança e de comando afetou a gestão da companhia, seus esforços de reestruturação e o processo de recuperação judicial em si.

Em setembro de 2019, com nova composição societária após a conversão de dívida em capital, já se noticiava que a Oi S.A. poderia estar voltando à situação de "*distress*" e em busca de uma operação estratégica de venda ou fusão, o que sugere que os resultados projetados no plano de recuperação não estão sendo atingidos, ou não eram tecnicamente viáveis da forma como foram aprovados. Destaca-se no caso da Oi S.A. a utilização da mediação mencionada acima, para viabilizar a negociação entre os maiores acionistas e a companhia na definição dos termos do plano de recuperação, com entusiasmado apoio do Juiz da 7ª Vara Empresarial do Rio de Janeiro, MM. Dr. Fernando Cesar Ferreira Viana, como se vê na decisão por ele proferida a 2 de abril de 2018:

> "Este Juízo é um entusiasta da adoção de meios alternativos para solução de conflito, e confia que a mediação possa resolver o conflito societário. Não há dúvidas de que será melhor para todos que esse clima de instabilidade e

---

[28] A Bratel, subsidiária da acionista portuguesa Pharol e a Societé Mondiale, do empresário Nelson Tanure, travaram disputas societárias durante o processo de recuperação judicial.

desrespeito às decisões judiciais seja estancado para que o Grupo Oi possa se recuperar e sair deste processo mais fortalecido".

5. A consolidação substancial e os planos de recuperação

O polêmico tema da consolidação substancial nas recuperações de grupos econômicos tem alta dose de conteúdo legal e tem sido um elemento importante na elaboração de planos de reestruturação e suas implicações financeiras.

Recorro à definição do Dr. André Vasconcelos Roque: Na consolidação substancial de grupos econômicos "...as sociedades recuperandas não apenas têm o pedido processado conjuntamente, como sua autonomia patrimonial é excepcionalmente afastada, de maneira a unificar as listas de credores das sociedades e, consequentemente, fazer com que o seu plano de recuperação judicial seja deliberado em assembleia única, por todos os credores de todo o grupo econômico consolidado."[29]

Desde o início da vigência da LFR a caracterização ou não da consolidação substancial de um grupo de empresas gera discussões e ações na justiça entre credores e devedores. Soma-se a isso a incerteza se a competência para decidir sobre a consolidação substancial é do Juiz ou da Assembléia Geral de Credores. Talvez aqui tenhamos mais uma característica pró-devedor nos processos de Recuperação Judicial, uma vez que o devedor e seus assessores financeiros e jurídicos tem mais controle e elementos do que os credores para estudar e elaborar a estratégia de reestruturação da empresa, e buscam caracterizar o melhor cenário para o grupo de empresas em crise, seja propondo um plano de reestruturação único em consolidação substancial, ou em planos separados de apenas algumas empresas selecionadas no grupo empresarial, cabendo ao Juiz da Recuperação ou aos credores reagirem se discordarem.

O recente caso da Eternit S.A.[30], que teve seu Plano de Recuperação Judicial homologado em 30 de maio de 2019 pelo Juízo da 2ª Vara de Falências e Recuperações Judiciais da Comarca de São Paulo, exemplifica a relevância deste tema e o quanto o mesmo ainda gera questionamentos.

---

[29] Dr. André Vasconcelos Roque em "Consolidação processual e substancial na recuperação judicial: o que é isso?" 12 de fevereiro de 2019, https://www.migalhas.com.br/InsolvenciaemFoco/

[30] A Eternit S.A. é uma das principais indústrias brasileiras de telhas e coberturas do segmento de materiais de construção.

O pedido de recuperação judicial da Eternit S.A. foi protocolado em 19 de março de 2018 com a consolidação substancial de sete empresas do grupo. Antes de deferir o pedido, o Juiz de Direito, Dr. Paulo Furtado de Oliveira Filho da 2ª Vara de Falências e Recuperações Judiciais de São Paulo, pediu uma perícia prévia para comprovar que deveria haver a consolidação do grupo – inclusive com lista de credores individualizada por empresa e mútuos entre empresas.

Em 16 de abril de 2018 o Juiz Dr. Paulo Furtado deferiu o processamento do pedido, porém decidiu que as devedoras deveriam comprovar a necessidade da consolidação substancial. O plano de recuperação judicial foi protocolado em 2 de julho de 2018, com o respectivo laudo comprovando a necessidade de consolidação e, em setembro de 2018, o administrador judicial da recuperação manifestou-se a favor da consolidação. Dois bancos credores, no entanto, manifestaram-se em juízo argumentando que a consolidação substancial deveria ser pautada e decidida em Assembleia Geral de Credores. Subsequentemente o caso teve o deferimento da consolidação substancial pelo Dr. Paulo Furtado, seguido de agravo de credores e, por fim, uma decisão da Justiça de que a consolidação deveria ser matéria da Assembleia Geral de Credores, com votação individual em cada empresa do grupo.

Em Assembleia Geral de Credores da Eternit S.A. realizada em 29 de maio de 2019 foi submetida a voto primeiramente a consolidação substancial, separada por classes, conforme o artigo 45 da LRF, e por empresa, de acordo com a decisão da Justiça. Uma vez aprovada a consolidação substancial em todas as empresas, o plano de recuperação judicial consolidado foi votado, e aprovado por todas as classes.

Definições mais claras sobre a competência para decidir e os critérios que configuram a consolidação substancial dos grupos econômicos em processos de recuperação judicial devem ser objeto de especial atenção nas reformas da LFR, atualmente em discussão, de forma a reduzir as incertezas e inseguranças jurídicas.

6. Algumas conclusões sobre o histórico dos planos de reestruturação
Podemos chegar a algumas avaliações e observações com base nesta revisão do contexto dos planos de reestruturação no Brasil desde 2005 até os dias de hoje.

TENDÊNCIAS PARA OS PLANOS DE REESTRUTURAÇÃO NO BRASIL

Uma primeira observação, sujeita ao aprofundamento das iniciativas de pesquisas e estudos com melhor segmentação e interpretação, e da melhor definição do que caracteriza "sucesso", é de que os processos de recuperação judicial de empresas de maior porte e seus planos de reestruturação tiveram nesse período, e deverão continuar a ter, baixos índices de sucesso – talvez ao redor de 10% dos casos. A confirmação dessa observação reforçará a necessidade de aperfeiçoamento nos mecanismos de falência, de venda de empresas e de seus ativos em situações de insolvência, e de maior segurança jurídica para os financiamentos extraconcursais – os "DIP Financings", fundamentais no esforço de recuperação das empresas.

Outra reflexão se dá sobre a distribuição do poder decisório e de barganha entre devedores e credores. Na dinâmica atual entre os devedores, fragilizados pela crise, e seus maiores credores, em especial os grandes bancos, capitalizados e preparados, estes últimos têm prevalecido ao buscar recuperar o máximo de valor possível nas circuntâncias da crise do devedor, avançando no futuro deste – apesar de uma lei e da sua aplicação supostamente tendenciosa pró-devedores. É este avanço no futuro do credor, com mecanismos de "cash sweep" e planos que frequentemente trazem condições que, a priori, sabidamente não são factíveis, que mantêm a empresa fragilizada, o empresário e o empreendedor desestimulados e os mercados de crédito e capitais afastados. O provável fim da exclusividade do devedor na apresentação do plano de recuperação, possibilitando aos credores, após determinadas condições, apresentarem um plano alternativo, só faz aumentar a importância de que os termos de pagamento demandados pelos maiores bancos credores possibilitem não só a recuperação de seus créditos, mas também a recuperação da empresa. Sem esse preceito, é mais importante ainda que se tenha um processo de falência eficiente, que torne possível um "fresh start", um recomeço, para que o empresário possa voltar a empreender.

Os choques de interesses entre credores de diferentes tipos (com e sem garantia, com créditos pequenos ou grandes, com objetivos estratégicos junto ao devedor ou junto a outros credores, credores buscando liquidez ou preservação de valor, etc.) tambem moldou os planos de reestruturação com a força equivalente a uma média ponderada destes interesses no processo de negociação e barganha junto aos devedores.

RECUPERAÇÃO JUDICIAL

7. Tendências para os planos de reestruturação no Brasil
Como mencionado no início deste capítulo, discorrer sobre tendências para os planos de reestruturação no Brasil demanda uma análise dos elementos principais que determinam suas características: i) as projeções para o ambiente econômico e de negócios, ii) as reformas previstas na lei e as novas jurisprudências, e iii) a dinâmica e o poder de barganha entre os *"stakeholders"*.

8. As tendências no ambiente econômico e de negócios
Comecemos pelas projeções e ambiente de negócios em que ocorrem as reestruturações no Brasil. Desde a intensificação da crise econômica há cerca de 5 anos, que os planos de reestruturação de empresas têm refletido expectativas de que a economia brasileira reagiria nos dois anos seguintes, ou depois da estabilização do conturbado cenário político brasileiro e da aprovação de medidas importantes, como a reforma da previdência e a reforma tributária. Esse cenário de uma retomada robusta da economia não se confirmou e, até o terceiro trimestre de 2019, o que se viu foi uma inflexão modestamente positiva nos indicadores de atividade econômica, apesar de os juros estarem em patamares ineditamente baixos, a inflação estar sob controle, e a reforma da previdência estar bem encaminhada no Senado, após uma aprovação mais conturbada do que o esperado na Câmara dos Deputados. Hoje, setembro de 2019, o cenário político continua instável, com as próximas eleições presidenciais de 2022 já entrando em pauta, uma intermitente e crescente dissonância entre o governo do Presidente Jair Bolsonaro e o Poder Legislativo, e incertezas no âmbito de decisões do Supremo Tribunal Federal em relação a condenações em segunda instância que poderão influenciar a Operação Lava Jato[31] e a temperatura das ruas.

No Brasil de hoje, e ainda bem, as perspectivas econômicas estão, de certa forma, descoladas dos humores da política, e apontam para uma progressiva agenda de reformas e em direção a uma economia mais aberta e

---

[31] A "Operação Lava Jato" caracteriza-se por um conjunto de investigações iniciadas em março de 2014 pela Polícia Federal do Brasil para apurar esquemas de lavagem de dinheiro envolvendo bilhões de reais em desvios e propinas. O Juiz Sergio Moro, da 13ª Vara Federal de Curitiba, teve papel central na Lava Jato, mas não sem polêmicas sobre sua forma de interação com o Ministério Público na condução dos processos, principalmente aqueles relacionados ao ex-presidente Luiz Inácio Lula da Silva.

304

liberal, que deve levar o País a uma posição melhor no *ranking* de países e respectivas facilidades de se fazer negócios. À época da redação deste texto, as tendências para o ambiente econômico e de negócios sobre os planos de reestruturação são favoráveis. Pode-se antever uma gradual recuperação da economia nos próximos meses, com PIB de cerca de 1% projetado para 2019 e 1,8% em 2020.

A expectativa de manutenção das taxas de juros e de inflação em patamares baixos, com a meta da SELIC de 4,75% e IGP-M de 5,18% projetadas para 2019[32], é hoje um dos elementos de maior impacto positivo nas tendências para os planos de reestruturação de empresas no Brasil. Esses patamares de juros mais baixos desoneram os balanços das empresas em crise, livrando mais recursos para investimentos em capital de giro e bens de capital. Os agentes financeiros de crédito, na busca de volume e rendimento em função da queda nos *spreads*, devem aumentar suas ofertas de empréstimos e financiamentos para os tomadores de maior risco, inclusive, com uma possível nova chance aos *"DIP Financings"* no Brasil, caso as mudanças na LFR ajudem a dar maior segurança jurídica a esses mecanismos de financiamento de empresas em *"distress"*.

Os investidores e fundos de renda fixa também devem passar a prospectar alternativas de maior rentabilidade para suas carteiras, na ausência dos juros atrativamente altos de, por exemplo, quando a meta da taxa SELIC chegou a 14,25%, entre julho de 2015 e outubro de 2016[33]. Os custos administrativos e de recuperação de créditos inadimplentes, e a concentração bancária, fatores considerados entre os maiores responsáveis pelos juros altos no Brasil, também tendem a diminuir seus impactos, com o processo de desintermediação bancária já em curso e as reformas previstas para a LFR. Ainda no ambiente econômico e de negócios, espera-se um aumento de fusões e aquisições no Brasil por parte de investidores estrangeiros em busca das oportunidades de investimento em empresas e ativos, a preços atraentes pela situação de *"distress"* e pelo dólar apreciado em relação ao real. Os planos de reestruturação, nesse contexto, tenderão a prever maior flexibilidade na constituição e na oferta de Unidades Produtivas Isoladas – UPIs, para facilitar essa alternativa de recuperação. Independentemente do ambiente de negócios, é importante lembrar que a retomada da econo-

---

[32] Fonte: Boletim Focus, Banco Central do Brasil

[33] Fonte: Banco Central do Brasil

RECUPERAÇÃO JUDICIAL

mia encontrará no Brasil muitas empresas desorganizadas, descapitaliza-das, e com defasagens tecnológicas e competitivas relevantes em função da falta de investimentos nos anos de crise.

Os planos de reestruturação deverão refletir essa realidade, e não cená-rios otimistas de crescimento, sem levar em conta essas defasagens.

9. As reformas na LFR e os planos de reestruturação

As reformas na LFR também deverão ter um impacto importante nos pla-nos de reestruturação de empresas em crise.

Das mudanças na LFR previstas no Substitutivo ao Projeto de Lei 10.220/2018, em tramitação no momento em que este texto é escrito, pode-mos listar as seguintes, em ordem decrescente de importância e impacto nas tendências dos planos de reestruturação de empresas, na avaliação do autor, e pelo prisma financeiro:

1. Uma série de alterações visando conferir maior uniformidade e previsibilidade às decisões judiciais e a melhor definição do prazo do *"stay period"*, de forma a coibir protelações na Justiça;
2. Maior proteção e incentivo aos *"DIP Financings"*, assegurando a pre-ferência dos credores destes financiamentos no caso de falência, e facilitando a alienação de bens e direitos da devedora para finan-ciamentos via *"DIP"*;
3. Fortalecimento da não sucessão de passivos e contingências nas ven-das de ativos e operações via Unidades Produtivas Isoladas – UPIs e artigo 60 da LFR;
4. Exclusão dos descontos na dívida, os *"haircuts"*, da base de cálculo do PIS – Programa de Integração Social e COFINS – Contribuição para o Financiamento da Seguridade Social;
5. Eliminação do limite de 30% da base de cálculo para a dedução do Imposto de Renda;
6. A alternativa de apresentação pelos credores de plano para votação em Assembleia, sem a necessidade de aprovação prévia do devedor;
7. Novas previsões visando agilizar a alienação de ativos na falência, e obrigando as impugnações baseadas no valor de venda do bem a serem acompanhadas de oferta firme pelo mesmo bem;
8. Incentivo à aplicação produtiva dos recursos econômicos, ao empre-endedorismo e ao rápido recomeço (*"fresh start"*);

TENDÊNCIAS PARA OS PLANOS DE REESTRUTURAÇÃO NO BRASIL

9. Na impossibilidade do ideal de incluir os créditos tributários dentro da recuperação judicial, o Substitutivo propõe que se passe a autorizar a transação tributária fora da recuperação, juntamente com os demais credores extraconcursais;
10. Melhor definição e previsibilidade nos casos de consolidação substancial para grupos econômicos;
11. Encerramento da recuperação judicial no momento da homologação do plano de recuperação judicial, eliminando o prazo de fiscalização de dois anos e independentemente da consolidação do quadro de credores;
12. Proposta de extinção das obrigações do falido ("*fresh start*"), "limpando" o Cadastro de Pessoas Físicas – CPF do empresário para que este possa voltar a empreender;
13. Diretiva de "estimular, sempre que possível, a mediação de conflitos relacionados à recuperação judicial e à falência, respeitados os direitos de terceiros.";
14. Inclusão das conversões de dívida em capital, ou "*debt to equity*", como um dos meios de recuperação judicial – mecanismo já usado, ainda que de forma restrita e em poucos grandes casos de empresas abertas, agora também deve ganhar amparo legal mais claro;
15. Previsão de decretação de falência também nos casos de esvaziamento patrimonial da devedora e por descumprimento do pagamento de créditos parcelados junto às Fazendas Públicas;
16. Previsão da perícia prévia, rebatizada na proposta como "constatação prévia", como instrumento para diligenciar, por intermédio de técnico nomeado pelo juiz, as "reais condições de funcionamento da empresa e da regularidade documental, sendo vedado o indeferimento do processamento da recuperação judicial baseado na análise de viabilidade econômica do devedor";
17. A vedação da distribuição de dividendos a sócios ou acionistas durante processos de recuperação judicial – restrição já imposta na prática pelos credores nos planos de recuperação aprovados, e que agora deverá ganhar previsão na Lei; e
18. Proposta de criação e manutenção de bancos de dados eletrônicos nos Tribunais de Justiça, contendo dados atualizados, facilitando os estudos e levantamentos estatísticos sobre falências e recuperações judiciais e extrajudiciais.

RECUPERAÇÃO JUDICIAL

De forma geral, o Substitutivo em tramitação captura, de uma forma ou de outra, a maioria dos elementos importantes que necessitam de aprimoramento nos processo de insolvência no Brasil. Um ciclo virtuoso tende a se criar a partir da implementação de algumas das principais propostas no Substitutivo, a saber: medidas para dar maior previsibilidade e segurança jurídica, incentivos aos *"DIP Financings"*- essenciais para viabilizar a maioria das reestruturações, e reforços na proteção jurídica das vendas de ativos e operações via UPIs no artigo 60 da LFR, menor carga fiscal sobre os *"haircuts"* negociados entre os vendedores e credores, a possibilidade de os credores apresentarem planos de reestruturação alternativos, estimulando os devedores a não proporem condições não razoáveis em seus planos de recuperação, medidas para tornar a venda de ativos e da empresa mais ágil na falência, aumentando a atratividade desta alternativa para a recuperação de créditos e para assegurar a continuidade da produtividade desses ativos e empresas liquidados, associadas ao *"fresh start"* para os acionistas e empresários, que podem também ver na falência uma oportunidade de voltar a empreender sem estigmas e pendências de passivos e contingências após a falência.

A inclusão dos créditos extraconcursais na recuperação judicial, inclusive os tributários, é o tema mais polêmico da reforma da LFR e que, aparentemente por esse motivo, foi deixado de fora do Substitutivo, para não comprometer a tramitação do projeto como um todo. Condições mais efetivas possibilitando a venda de 100% da empresa em crise, e não apenas de parte via UPIs, em mecanismos semelhantes ao *"Section 363"* do *"Chapter 11"* do código de falências dos EUA, bem como previsões facilitando os *"prepacks"* para agilizar a tramitação nos processos de insolvência também poderiam ter lugar na reforma da LFR.

10. As tendências sobre a dinâmica e poder de barganha dos *"stakeholders"* nas negociações dos planos de reestruturação

Além do contexto econômico-financeiro e das reformas na lei, os planos de reestruturação estarão sujeitos a mudanças na dinâmica de negociação e no poder de barganha entre os *"stakeholders"* das empresas em crise. Passados 14 anos desde o início de vigência da LFR, esses *"stakeholders"* e demais agentes sobre os processos de insolvência no Brasil já desenvolveram um aprendizado mais aprofundado sobre as possibilidades e restrições dos planos de reestruturação das empresas em crise. Na dinâmica atual das crises nas grandes empresas no Brasil, observa-se quase sempre a presença de no mínimo um, e de usualmente três dos cinco maiores bancos privados, e de no mínimo um, e usualmente dois dos grandes bancos públicos brasileiros. É a combinação destes dois grupos que geralmente toma a liderança das negociações sobre os planos de reestruturação pelo lado dos credores. Um terceiro grupo, mais pragmático nas negociações, geralmente está presente nas maiores reestruturações: São os grandes fundos americanos e europeus de investimentos em *"bonds"* e *"notes"* de empresas brasileiras em *"distress"*. Nestes casos maiores, como na Oi S.A., estes fundos também têm papel importante na mesa de negociações.

Pouco deve mudar na dinâmica junto aos bancos públicos nas negociações de planos de reestruturação, que devem continuar a ter pouca flexibilidade para aceitar e votar a favor de descontos de dívida, conversões *"Debt to Equity"*, carências sem juros e prazos muito longos de amortização nas assembleias de credores, mesmo quando essas condições façam sentido técnico. O receio com eventuais punições do TCU – Tribunal de Contas da União, e com riscos pessoais dos diretores dessas instituições não vão desaparecer, mesmo com a recente entrada de novas lideranças nesse bancos, com experiência em grandes intituições privadas. Já os grandes bancos credores privados devem continuar atuando através de suas novas áreas com equipes dedicadas a situações especiais de créditos de empresas em *"distress"*, para tentar antecipar as negociações de soluções para créditos inadimplentes nos chamados esforços de *"early turnarounds"* ou "reestruturações antecipadas"[34], para evitar as recuperações judiciais, e eventualmente intensificar as cobranças de honorários de reestruturação sobre a sindicalização de dívidas junto a outros grandes credores, renegociadas sob sua liderança.

Nos próximos anos, o processo de desintermediação bancária deve se intensificar, reduzindo o peso dos grandes bancos privados no total do endividamento das empresas em *"distress"*, que passarão a dividir as listas de credores com detentores de títulos de crédito emitidos pelas devedoras, principalmente fundos de investimentos. Os fundos de *"distress"* tambem devem aumentar sua participação nas listas de credores, à medida que os bancos adotem cada vez mais a estratégia de vender carteiras de créditos inadimplentes, como um movimento natural de busca de maior rentabili-

[34] Livre tradução do autor.

dade que créditos dessa natureza podem dar, ainda que associados a riscos maiores. Tanto os grandes bancos credores quanto os fundos de renda fixa e de créditos em *"distress"* tendem cada vez mais a pressionar os devedores a venderem ativos, operações ou as empresas por inteiro – se isto for possível, para liquidar seus créditos, priorizando liquidez, mesmo que a descontos do valor de face dos seus créditos.

E esta tendência deve ganhar força com o aumento nas fusões e aquisições de empresas em *"distress"* esperado para os próximos anos, à medida que o crescimento da economia brasileira vá se confirmando. Já as empresas devedoras tendem a perder poder de barganha nas negociações com credores com a confirmação de algumas das reformas propostas para a LFR. A possibilidade de apresentação de um plano alternativo pelos credores talvez seja a principal destas reformas que diminuirão o poder de barganha dos devedores. Por outro lado, as melhorias na proteção legal do *"DIP Financing"* e das vendas de ativos pelo artigo 60 da LFR, se de fato fomentarem novos recursos e maior facilidade nas vendas de ativos, devem aumentar as chances de sucesso das reestruturações via recuperação judicial.

Conclusões

Os casos de sucesso de planos de reestruturação tendem a aumentar com as reformas propostas na LFR, com a confirmação da retomada da economia brasileira e com a continuação de taxas de juros e de inflação baixas. Ainda assim, a observação dos processos de insolvência no Brasil e nos EUA demonstra que, por melhor que sejam os sistemas de insolvência, os sucessos na implementação dos planos de reestruturação representam a menor parte dos casos, e que mais efetivas nas reestruturações, dentro ou fora dos processos judiciais de insolvência, são as vendas de ativos e empresas para investidores qualificados e capitalizados, que podem revitalizar esses ativos e empresas com recursos financeiros e de gestão, potencializando sua utilização de forma rentável. A falência pode e deve tornar-se uma forma eficaz de viabilizar de forma rápida essas vendas de ativos e empresas, desde que assegure ao empresário falido a possibilidade de se reerguer, de voltar a empreender e de ter um *"fresh start"*.

TENDÊNCIAS PARA OS PLANOS DE REESTRUTURAÇÃO NO BRASIL

Anexo I – Peculiaridades de casos de reestruturação selecionados			
Empresa	Ano do pedido de RJ	Peculiaridades do caso	Situação Atual
Parmalat Brasil	2004	Primeira migração da Concordata para RJ no Brasil, primeira venda sob art. 60 da LFR – Etti. A matriz italiana concluiu a saída organizada do País com a aprovação do Plano de Recuperação. As operações saneadas foram transferidas por aumento de capital, no ambito do Plano de Recuperação aprovado. Os novos acionistas consolidaram a companhia com outras empresas e ativos sob a denominação de LBR que eventualmente retornou a situação de *distress* e recuperação judicial.	Continua (*) em *Distress*.
Cia Albertina	2008	Credores impuseram a saída dos sócios da gestão e a entrada de um gestor interino.	Falida.
Infinity Bio-Energy	2009	Um dos primeiros e poucos *DIP Financings* realizados no Brasil. Os credores Amerra e Carval ficaram com a Usina Naviraí (MS) e a Amerra com a Usina Ibirapuã (BA) antes da falência.	Falida.
Cerâmica Gyotoku	2010	Plano de Recuperação anulado pelo Tribunal de Justiça de São Paulo em função das condições de pagamento da dívida: Pagamento atrelado ao faturamento e perdão do saldo da dívida depois de 18 anos.	Falida.
Centrais Elétricas do Pará S.A. (Celpa)	2012	*Haircut* em credores que perdiam o prazo para escolher uma opção de recebimento no plano.	Incorporadas em empresas saudáveis.
Rede Energia S.A.	2013	Primeira Assembleia Geral de Credores em que um comprador apresenta Plano de Recuperação alternativo.	Incorporadas em empresas saudáveis.
Óleo e Gás Participações S.A (OGX)	2013	Primeiro caso em que a Jurisprudência brasileira foi reconhecida no exterior (aceitaram a jurisprudência brasileira nas filiais Austríacas).	Continuação em operação de pequeno porte (Dommo Energia S.A.).

RECUPERAÇÃO JUDICIAL

Eneva S.A. (ex-MPX)	2014	Conversão expressiva de dívida em capital. Considerada a mais bem sucedida Recuperação Judicial no Brasil, com aprovação de plano e saída da RJ em tempo recorde.	Plenamente recuperada
Oi S.A.	2016	Utilização da mediação com o apoio do Juiz da Recuperação.	Continua (*) em *Distress*.
PDG Realty S.A.	2017	Plano de Recuperação excluiu o Patrimônio de Afetação.	Continua (*) em *Distress*.
(*) Em setembro de 2019.			

14

Em Busca do Equilíbrio de Forças: Apontamentos a partir da Experiência Norte-Americana sobre os Deveres Fiduciários de Administradores de Sociedades em Recuperação Judicial

RENATO MAGGIO
SOLANO MAGNO DEBONI NEIVA

Introdução

É possível afirmar que, nas últimas décadas, houve significativos avanços no Brasil no que diz respeito à reestruturação de dívidas e à recuperação de empresas. A despeito do avanço ocorrido, o grande teste pelo qual passou a Lei 11.101/05 ("LFRE") nos últimos anos – sobretudo em razão da severa crise econômica enfrentada pelo Brasil desde 2014 – mostra que há espaço para aperfeiçoamento[1] do nosso sistema de insolvência, tanto em aspectos legislativos, como em aspectos práticos e soluções que possam ser aplicadas visando à celeridade, eficiência e sucesso dos processos regi-

---

[1] Quanto à necessidade de aperfeiçoamento da LFRE, Paulo Fernando Campos Salles de Toledo faz a seguinte explicação: "Os agentes econômicos fazem a sua parte, uma vez que são eles os primeiros a sofrerem os impactos da regra jurídica, o que os força a buscar soluções satisfatórias e criativas, além do texto legal, mas sem contrariá-lo. Os advogados, diante disso, dão nova roupagem do Direito a essas reações, e as apresentam aos juízes. Estes, sensibilizados por esse cenário, procuram aplicar a lei de modo que suas finalidades sejam atingidas, preenchendo seus vazios e imperfeições. Chega o momento, porém, em que esses reclamos do mundo real passam a exigir respostas do legislador. É o momento de se alterar a lei, e é exatamente o que estamos vivendo quanto à Lei nº 11.101/2005". (TOLEDO, Paulo Fernando Campos Salles de. "A Necessária Reforma da Lei de Recuperação de Empresas. Revista do Advogado (Direito das Empresas Em Crise), nº 131, Ano XXXVI, outubro de 2016, p. 172).

dos pela LFRE, em especial os de recuperação judicial, que serão objeto do presente artigo.

À semelhança do que ocorreu em diversas outras jurisdições, a LFRE foi arquitetada a partir do *Bankruptcy Code* norte-americano, além da experiência retirada dos ordenamentos jurídicos de outros países[2] e da iniciativa do Banco Mundial com os *Principles and Guidelines for Effective Insolvency and Creditors Rights*[3]. Nada obstante, após o decurso de quase quinze anos desde a promulgação da LFRE, somos da opinião de que a experiência prática demonstra que alguns institutos deixaram de ser e/ou foram "importados" de forma inadequada ou insuficientes pela LFRE, sobretudo aqueles oriundos do *Bankruptcy Code*, de modo que – embora a LFRE tenha sido concebida a partir da premissa de que haveria um equilíbrio de forças entre credor e devedor nos processos de recuperação – há, no atual contexto, uma assimetria de forças entre esses agentes.

Tal entendimento decorre, dentre outros aspectos, dos seguintes fatores:

(i) ainda que os credores tenham a possibilidade de rejeitar o plano de recuperação judicial apresentado pelo devedor, a falência, em seu modelo atual, é um processo moroso e pouco transparente e, necessariamente, que implica em destruição de valor a todos os envolvidos, desincentivando (ou, na prática, mesmo impedindo) os credores, portanto, a votar de forma contrária ao plano apresentado pelo devedor[4];

---

[2] Cf.: CEREZETTI, Sheila Christina Neder, A Recuperação Judicial de Sociedade por Ações: O Princípio da Preservação da Empresa na Lei de Recuperação e Falência. São Paulo, Malheiros, 2012, pp. 151-154.

[3] Cf.: TELLECHEA, Rodrigo; SCALZILLI, João Pedro; SPINELLI, Luis Felipe. História do Direito Falimentar: Da Execução Pessoal à Preservação da Empresa. São Paulo, Almedina, 2018, pp. 143-153.

[4] Ao discorrer sobre o tema, Luiz Fernando Valente de Paiva observa o seguinte: "O legislador da LRE imaginou que haveria um equilíbrio de força entre a devedora e os credores sujeitos ao plano, uma vez que a devedora pode recursar-se a incorporar ao plano as propostas de modificações apresentadas pelos credores e estes, por sua vez, podem rejeitar o plano de recuperação proposto e levar à devedora à falência. Na prática, porém, a devedora parece ter mantido o exclusivo domínio das rédeas do processo e sabe que as consequências da falência são deletérias também para os credores, pois tende a ser um processo de destruição de valor para todos os interessados. Com isso, os credores relutam em rejeitar o plano de recuperação, dando aos devedores e sobretudo aos seus controladores um poder de fato exacerbado na rejeição de propostas de alteração ao plano formuladas por credores" (PAIVA, Luiz Fernando

EM BUSCA DO EQUILÍBRIO DE FORÇAS: APONTAMENTOS A PARTIR DA EXPERIÊNCIA...

(ii) inexiste na recuperação judicial a regra do *absolute priority rule*[5] tal como estabelecida no *Bankruptcy Code,* segundo a qual as classes mais juniores de credores não podem receber nenhum tipo de pagamento antes que as classes mais seniores tenham sido totalmente quitadas. Inclusive, essa regra é aplicável para os sócios da sociedade que se encontra em recuperação judicial no que diz respeito à manutenção de sua participação no capital social da sociedade devedora. Ou seja, os sócios apenas podem continuar participando do capital social da devedora caso os credores sejam integralmente pagos; e

(iii) a apresentação do plano de recuperação judicial é, na LFRE, uma prerrogativa exclusiva do devedor, de modo que os credores não podem apresentar um plano de recuperação alternativo, levá-lo à votação e impor o seu cumprimento ao devedor e seus acionistas, como ocorre no sistema norte-americano[6].

Valente de. Dez Anos de Vigência da Lei nº 11.101/2005: É Hora de Mudança? *In* ELIAS, Luis Vasco (coord.). 10 Anos da Lei de Recuperação de Empresas e Falências – Reflexões sobre a Reestruturação Empresarial no Brasil. São Paulo: Quartier Latin, 2015, p 260).

[5] A respeito do conceito de *absolute priority rule*, Carolina Soares João Batista, Paulo Fernando Campana Filho, Renata Yumi Miyazaki e Sheila Christina Neder Cerezetti pontuam que: "(...) o plano deve ser *fair* and *equitable* para proteger cada classe de credores contra perdas involuntárias de ordem de pagamento com relação a outras classes de prioridade distinta. Para exemplificar esse propósito da regra apresentada, pode-se mencionar que um dos requisitos para que o plano seja aprovado contra a rejeição de uma classe de *unsecured claims* é a denominada *absolute priority rule*, segundo a qual nenhum credor de classe com prioridade inferior à classe dissidente pode receber qualquer valor antes que a classe que rejeitou o plano seja paga por completo". (BATISTA, Carolina Soares João; CAMPANA FILHO, Paulo Fernando; MYAZAKI, Renata Yumi; CEREZETTI, Sheila Christina Neder. "A Prevalência da Vontade da Assembleia Geral de Credores em Questão: O *Cram Down* e a Apreciação do Plano Aprovado por Todas as Classes". Revista de Direito Mercantil, Industrial, Econômico e Financeiro. Editora Malheiros, Vol. 143, Ano XLV (Nova Série), julho-setembro/2006, p. 209).

[6] Ao comentar sobre o sistema de recuperação judicial brasileiro, Richard J. Cooper, Francisco L. Cestero, Jesse W. Mosier e Daniel J. Soltman analisam que: "Tal como em muitas jurisdições na América Latina, no Brasil os credores não podem propor seus próprios planos de recuperação em concorrência com os planos do devedor ou apresentar emendas aos planos propostos pelo devedor. Para os credores, esse é um grande problema porque, com exceção de votar contra o plano proposto pelo devedor, ou recorrer um plano aprovado, eles não têm muito como influenciar as linhas gerais do plano nem o tratamento específico que irão receber. Tanto votando contra um plano ou apresentando recurso contra um plano aprovado aumenta o risco de o devedor acabar em liquidação, resultando inevitavelmente em taxas de recuperação menores para os credores. A impossibilidade dos credores de propor planos concorrentes

Conquanto sejamos da opinião de que uma alteração legislativa visando à modificação dos pontos acima seria de grande importância no caminho para o alcance do equilíbrio das forças no âmbito dos processos de recuperação judicial, há outro ponto que é atualmente pouco explorado e que acreditamos que deveria ser objeto de maiores debates – especialmente se colocado em perspectiva o sistema norte-americano –, qual seja: os deveres fiduciários dos administradores de sociedades empresárias em recuperação judicial.

Historicamente, a maior parte das sociedades brasileiras conta com uma estrutura de controle definido[7], isto é, no qual um acionista ou grupo definido de acionistas[8]: (i) é titular de direitos de sócio que lhe asseguram, de modo permanente, a maioria dos votos nas deliberações da assembleia geral e (ii) usa efetivamente seu poder para dirigir as atividades sociais e orientar o funcionamento dos órgãos da companhia.

Como consequência, não é incomum que a administração de tais sociedades seja desempenhada pelos próprios acionistas ou por pessoas que possuam vínculos próximos com os acionistas. Nessa perspectiva, e especialmente em casos de recuperação judicial em que situações conflituosas e litígios eclodem com frequência, não são raras as ocasiões nas quais os interesses dos acionistas são privilegiados em detrimento da própria

---

contribui para a percepção geral, de forma alguma restrita à América Latina, de que, no Brasil, a participação societária (*equity*) seria um crédito efetivamente superior à dívida em processos de insolvência". (COOPER, Richard J.; CESTERO, Francisco L.; MOSIER, Jesse W.; SOLTMAN, Daniel J. "O Regime de Insolvência no Brasil: Algumas Modestas Sugestões". *In* 10 Anos da Lei de Recuperação de Empresas e Falências – Reflexões sobre a Reestruturação Empresarial no Brasil. São Paulo: Quartier Latin, 2015, p 445).

[7] Calixto Salomão Filho, ao comentar sobre o tema, aponta que: "No Brasil, é extrema a concentração acionária. De acordo com dados constantes no White Paper on Corporate Governance in Latin America, emitido pela Organização para a Cooperação e o Desenvolvimento Econômico (OCDE) em 2003, mais da metade (51%) das ações das 459 sociedades abertas pesquisadas estão em mãos de um único acionista, sendo que 65% das ações estão detidas pelos três maiores acionistas. Como indicado no estudo, esses números provavelmente subestimam a real concentração acionária existente no Brasil. Primeiro porque as empresas da amostra tendem a ser menos concentradas que as empresas menores e segundo porque muitas vezes os três maiores acionistas pertencem ao mesmo grupo econômico". (COMPARATO, Fábio Konder; SALOMÃO FILHO, Calixto. O Poder de Controle na Sociedade Anônima. 6ª Edição Revisada e Atualizada. Rio de Janeiro, Editora Forense, 2014, pp. 63-64).

[8] LSA, artigo 116.

EM BUSCA DO EQUILÍBRIO DE FORÇAS: APONTAMENTOS A PARTIR DA EXPERIÊNCIA...

sociedade e de seus *stakeholders*[9], apesar da existência de deveres fiduciários expressamente impostos pela Lei 6.404/76 ("LSA") e pela Lei 10.406/02 ("Código Civil"), assim como certas proibições previstas na LFRE.

Diante disso, o objetivo do presente artigo é abordar, a partir da experiência norte-americana, a relevância dos deveres fiduciários dos administradores de sociedades empresárias que se encontram em recuperação judicial e como esse tema pode ser explorado na construção de um sistema que possa ser caracterizado por um maior equilíbrio de forças entre devedores e credores.

1. Os Deveres Fiduciários dos Administradores na Legislação Brasileira

1.1. A Relevância dos Deveres Fiduciários

Os deveres fiduciários dos administradores de sociedades constituem tema de fundamental importância no direito societário. Tal importância advém, principalmente, em razão dos interesses que se pretende tutelar com a imposição desses deveres, quais sejam: os interesses da sociedade, de forma direta, e os interesses dos acionistas e dos demais *stakeholders* envolvidos, de forma indireta.

O interesse precípuo ao qual se vincula o administrador é o da sociedade administrada, a cujos fins ele serve, mesmo que tenha sido eleito por certos acionistas. Trata-se, com efeito, da noção de servir ao interesse social da companhia, de modo que as atribuições legais e estatutárias dos administradores sejam desempenhadas com base nos fins e o interesse da companhia, para que o seu objeto social seja desenvolvido da forma mais lucrativa possível[10].

Não por outro motivo, o artigo 154, *caput*, da LSA estabelece que *"o administrador deve exercer as atribuições que a lei e o estatuto lhe conferem para*

---

[9] De acordo com James E. Post, Lee E. Preston e Sybille Sachs, conforme citados por Sheila Christina Neder Cerezetti (CEREZETTI, Sheila Christina Neder, A Recuperação Judicial de Sociedade por Ações: O Princípio da Preservação da Empresa na Lei de Recuperação e Falência. São Paulo, Malheiros, 2012, p. 107), *"the stakeholders in a Corporation are the individuals and the constituencies that contribute either voluntarily or involuntarily, to its wealth-creating capacities and activities, and that are therefore its potential beneficiaries and/or risk bearers"*. (Redifining the Corporation: Stakeholder Management and Organizational Wealth, Standford University Press, 2002, p. 19).

[10] EIZIRIK, Nelson. A Lei das S.A. Comentada. Volume II – Arts. 121 a 188. São Paulo: Quartier Latin, 2011, p. 359.

RECUPERAÇÃO JUDICIAL

lograr os fins e no interesse da companhia, satisfeitas as exigências do bem público e a da função social da empresa".

Em outra perspectiva, Marcelo Vieira Von Adamek explica que os deveres fiduciários são fundamentais no contexto da governança corporativa das companhias modernas:

> *"Em tempos mais recentes, os deveres dos administradores novamente se tornaram assunto do momento, agora sob a pomposa expressão inglesa corporate governance – que, entre nós, foi servil e literalmente traduzida pela horripilante expressão 'governança corporativa' – sinalizando a necessidade de adotar procedimento de boa gestão societária tendentes a garantir que os administradores atuem realmente no interesse dos sócios e, atualmente, sopesem os interesses de colaboradores da empresa (stakeholders), em especial os trabalhadores. Preconiza-se, por esse movimento (de difícil definição jurídica), o reforço dos deveres fiduciários (como o de diligência e o de lealdade) e das medidas de transparência (disclosure); o aperfeiçoamento dos sistemas de informação sobre a gestão social (accountability) e dos mecanismos de fiscalização e controle (...)"[11].*

É possível definir os deveres fiduciários como normas de natureza ético-normativa, de caráter positivo e negativo[12], que buscam nortear a conduta do administrador, de modo que ele sempre procure atuar de acordo com o papel de confiança no qual está investido.

A respeito do tema, Calixto Salomão Filho faz interessante paralelo: *"Nos sistemas societários, em geral, é o administrador que tem seus deveres qualificados como fiduciários. É ele quem administra o patrimônio alheio, assumindo, portanto, funções semelhantes às do credor fiduciário nos negócios fiduciários. Daí porque ser assemelhado, em especial nos sistemas de common law, ao trustee"[13].*

---

[11] ADAMEK, Marcelo Vieira Von. Responsabilidade Civil dos Administradores de S/A e Ações Correlatas. São Paulo: Saraiva, 2009, p. 115.

[12] Sobre o tema em referência, Guilherme Frazão Nadalin explica que: "Para que o administrador (fiduciário) aja de acordo com a posição de confiança que lhe é conferida e sempre em atenção aos interesses patrimoniais da companhia e acionistas (fiduciante) – e não caia na tentação de colocar seus interesses à frente daqueles – é necessária a imposição de normas de conduta de natureza ético-normativa, positivas e negativas, a dar contornos à sua atuação. Noutras palavras, de deveres fiduciários". (NADALIN, Guilherme Frazão. A Responsabilidade Civil dos Administradores de Companhias Abertas – Artigo 159, § 6º, LSA e a *Business Judgment Rule*. Dissertação de Mestrado. São Paulo: Fadusp, 2015, p. 25).

[13] SALOMÃO FILHO, Calixto. O Novo Direito Societário. 4ª Edição, Revista e Ampliada. São Paulo: Malheiros, 2011, p. 194.

Com relação aos beneficiários desses deveres, a sociedade, como visto, é o principal deles, pois é ela quem estará diretamente sujeita a prejuízos no caso do seu descumprimento[14].

Sem prejuízo, concordamos com a visão de alguns doutrinadores, como Sheila Cerezetti[15], que entendem – pautados no funcionamento de certos ordenamentos jurídicos estrangeiros – que a atuação dos administradores também deve levar em consideração o interesse de outros grupos, o que é absolutamente condizente com o disposto no artigo 154, *caput*, da LSA.

Nessa perspectiva, pode-se dizer que os acionistas (principalmente os grupos minoritários) revelam-se também como beneficiários dos deveres fiduciários: na medida em que por serem investidores e participarem do capital social da sociedade, são agentes certamente interessados no êxito de sua atividade empresarial. Nesse ponto, é inclusive válido mencionar que a proteção conferida pelos deveres fiduciários é essencial para os acionistas minoritários, haja vista que busca impedir que esse grupo de acionistas tenha seus direitos e prerrogativas violados pelos acionistas controladores em conjunto com o administrador[16].

Também vale destacar que os demais *stakeholders* da sociedade, tais como credores, fornecedores e empregados – embora gozem de um benefício de caráter indireto – também são beneficiados pela existência dos deveres fiduciários, tendo em vista que os administradores devem observar as exigências do bem público e da função social da empresa no desempenho de suas funções[17].

---

[14] NADALIN, Guilherme Frazão. A Responsabilidade Civil dos Administradores de Companhias Abertas – Artigo 159, § 6º, LSA e a *Business Judgment Rule*. Dissertação de Mestrado. São Paulo: Fadusp, 2015, p. 24.

[15] Cf.: CEREZETTI, Sheila Christina Neder, A Recuperação Judicial de Sociedade por Ações: O Princípio da Preservação da Empresa na Lei de Recuperação e Falência. São Paulo, Malheiros, 2012, pp. 199-202.

[16] PARENTE, Flávia. O Dever de Diligência dos Administradores de Sociedades Anônimas. Rio de Janeiro: Renovar, 2005, p. 135.

[17] Ao comentar a respeito do tema, Nelson Eizirik observa o seguinte: "(...) a recomendação contida no *caput* é no sentido de que, embora os deveres fundamentais dos administradores sejam os de realizar o objeto social e maximizar os lucros, eles devem atendê-los no menor custo para a coletividade, respeitando os direitos dos trabalhadores, não poluindo, não praticando qualquer espécie de discriminação em sua política de pessoal". (EIZIRIK, Nelson. A Lei das S.A. Comentada, Volume II – Arts. 121 a 188. São Paulo: Quartier Latin, 2011, p. 359).

RECUPERAÇÃO JUDICIAL

Verifica-se, portanto, que a imposição legal dos deveres fiduciários é essencial para que o sistema societário possa funcionar de forma harmoniosa.

Por último, embora não se trate do enfoque principal deste artigo, é oportuno também mencionar que a LSA, em seu artigo 116, impõe deveres fiduciários para o acionista controlador perante os demais acionistas; as pessoas que trabalham na sociedade e a comunidade na qual ela atua, cujos direitos e interesses devem ser respeitados e atendidos na atuação do controlador.

1.2. Deveres fiduciários na legislação brasileira – o regramento da LSA e do Código Civil

No Brasil, o regramento dos deveres fiduciários dos administradores está fundamentalmente disciplinado na LSA e no Código Civil.

Diferentemente do que ocorre em outros países, nos quais o ordenamento jurídico descreve apenas as hipóteses nas quais os administradores devem ser responsabilizados (cabendo aos operadores do Direito interpretar quais são os deveres fiduciários cabíveis), o legislador brasileiro, sobretudo na LSA, buscou descrever de forma detalhada os deveres fiduciários existentes, além das situações passíveis de responsabilização[18].

Nesse sentido, a própria exposição de motivos da LSA é categórica ao tratar sobre o caráter pormenorizado da legislação brasileira:

> *"Os artigos 154 a 161 definem, em enumeração minuciosa, e até pedagógica, os deveres e responsabilidades dos administradores. É Seção da maior importância no Projeto porque procura fixar os padrões de comportamento dos administradores, cuja observância*

---

[18] Luiz Antonio de Sampaio Campos observa que: "O legislador optou por estabelecer um sistema descritivo no qual são expostos os deveres dos administradores (arts. 153 a 157), seguido de suas responsabilidades (art. 158) e, por fim, encerra a seção a prover a ação de responsabilidade, por meio da qual se dá a responsabilização dos administradores faltosos. (...) Esse Método tem a conveniência de conferir ao administrador e ao intérprete da lei um guia seguro que deve orientar a atuação dos administradores, sobre o que devem e o que não devem fazer, facilitando, por outro lado, a apuração de sua responsabilidade no caso de não-observância. Ao contrário de outros sistemas jurídicos, que trazem apenas as hipóteses de responsabilização dos administradores – o que obriga o intérprete a extrair indiretamente da norma os seus deveres, a lei brasileira é explícita ao prever de forma meticulosa os principais deveres a que estão sujeitos os administradores". (CAMPOS, Luiz Antonio de Sampaio. *In* LAMY FILHO, Alfredo; PEDREIRA, José Luiz Bulhões (coord). Direito das Companhias. Rio de Janeiro: Forense, 2009, p. 1.085).

EM BUSCA DO EQUILÍBRIO DE FORÇAS: APONTAMENTOS A PARTIR DA EXPERIÊNCIA...

constitui a verdadeira defesa da minoria e torna efetiva e imprescindível a responsabilidade social do empresário. Não é mais possível que a parcela de poder em alguns casos gigantesca, de que fruem as empresas – e, através delas, seus controladores e administradores – seja exercido em proveito apenas de sócios majoritários ou dirigentes, e não da companhia, que tem outros sócios, e em detrimento, ou sem levar em consideração, os interesses da comunidade".

Na LSA, os deveres fiduciários aplicáveis aos administradores estão descritos nos artigos 153 a 157, sendo eles, conforme destacado por Flávia Parente: *"os de diligência (artigo 153 da Lei das Sociedades Anônimas), o de cumprimento das finalidades da sociedade (artigo 154 da Lei das Sociedades Anônimas), o de lealdade (artigo 155 da Lei das Sociedades Anônimas), o de evitar situações de conflitos de interesses (artigo 156 da Lei das Sociedades Anônimas) e o de informar (artigo 157 da Lei das Sociedades Anônimas)"[19].*

No Código Civil, por seu turno, apenas o artigo 1.011, *caput*, trata sobre o tema, replicando o conteúdo do artigo 153 da LSA, no qual o dever de diligência está insculpido.

1.3. Dever de diligência, dever de lealdade e deveres correlatos

No sistema norte-americano, que foi fonte relevante para a elaboração da Secção IV da LSA, há dois deveres fiduciários basilares[20] (que norteiam a conduta dos administradores): o dever de diligência (*duty of care*) e o dever de lealdade (*duty of loyalty*), sendo que os demais deveres aplicáveis derivam destes primeiros.

No Brasil, é possível afirmar que a mesma lógica é aplicável[21], de modo que os dispositivos da LSA nos quais os deveres de diligência e lealdade estão previstos estabelecem os padrões básicos de conduta primordiais que são esperados dos administradores.

A respeito do dever de diligência, Nelson Eizirik observa:

"Constitui o mais importante e de difícil caracterização – de todos. Sua importância reside no fato de constituir, mais que um dever, a transposição de um princípio geral

---

[19] PARENTE, Flávia. O Dever de Diligência dos Administradores de Sociedades Anônimas. Rio de Janeiro: Renovar, 2005, p. 33.

[20] CARVALHOSA, Modesto. Comentários à Lei de Sociedades Anônimas – 3º Volume. 6ª Edição, Revista e Atualizada. São Paulo: Saraiva, 2014, p. 373.

[21] GATTAZ, Luciana de Godoy Penteado. A Vinculação de Membros do Conselho de Administração ao Acordo de Acionistas. São Paulo: Quartier Latin, 2019, p. 85.

de direito, que sempre acompanha a execução de qualquer obrigação, para o âmbito da gestão das companhias. Sua complexidade deriva da forma como foi inserido na Lei das S.A.: como um standard, isto é, um padrão de conduta, uma orientação flexível, cuja aferição não só varia no tempo como também deve ser verificada caso a caso"[22].

A palavra diligência significa cuidado, empenho, zelo, exatidão[23]. Trata--se, portanto, da ideia prevista no artigo 153 da LSA e no artigo 1.011, *caput*, do Código Civil, segundo o qual o administrador da companhia deve empregar, no exercício de suas funções, o cuidado e diligência que todo homem ativo e probo costuma empregar na administração de seus próprios negócios.

Sob o ponto de vista prático, o dever de diligência desdobra-se na ideia de que o administrador deve[24]:

(i) informar-se, preparar-se e qualificar-se para o exercício da função, adquirindo os conhecimentos necessários sobre a sociedade e a área de negócios na qual ela está inserida;

(ii) participar na vida da sociedade, acompanhando seus negócios sociais e estando presente nos atos em que sua presença for conveniente ou necessária;

(iii) vigiar os negócios da sociedade de forma geral e rotineira, supervisionando e fiscalizando os assuntos relacionados à sociedade e às pessoas que nela trabalhem;

(iv) buscar as informações necessárias para a tomada de decisões, o que contempla tanto aspectos legais, como negociais, e envolve a solicitação de documentos e dados aos funcionários da sociedade, bem como a obtenção de pareceres internos ou externos, conforme necessário; e

(v) investigar, de forma crítica, se as informações que lhe são passadas são de fato suficientes, corretas, precisas e confiáveis.

---

[22] EIZIRIK, Nelson. A Lei das S.A. Comentada, Volume II – Arts. 121 a 188. São Paulo: Quartier Latin, 2011, p. 349.

[23] HOUAISS, Antônio; VILLAR, Mauro de Salles. Dicionário Houaiss da Língua Portuguesa. 1ª Edição. Rio de Janeiro: Objetiva, 2009, p. 686.

[24] Cf. RIBEIRO, Renato Ventura. Dever de Diligência dos Administradores de Sociedades. São Paulo: Quartier Latin, 2006, pp. 221-231.

O dever de lealdade, por sua vez, decorre do artigo 155, *caput*, da LSA, de acordo com o qual o administrador deve servir com lealdade à companhia e manter reserva sobre os seus negócios. Adicionalmente, os incisos e parágrafos do artigo em referência estabelecem, em caráter exemplificativo, algumas condutas que são vedadas aos administradores.

Sobre o tema, José Edwaldo Tavares Borba observa que:

"[o] dever de lealdade (...) compreende a reserva que deve ser mantida sobre os negócios da companhia, assim como a não utilização, em proveito próprio ou de terceiros das oportunidades de negócio de que tenha ciência em função do cargo. Tratando-se de companhia aberta, as informações ainda não divulgadas, e que possam influir sobre a cotação dos valores mobiliários da companhia devem ficar sob completo sigilo, estando os administradores, além disso, impedidos de utilizando-as, obter vantagens para si ou para outrem, comprando ou vendendo ações em condições privilegiadas, eis que de posse de informações desconhecidas dos demais. A utilização dessas informações constitui o que se costuma chamar de insider trading, conferindo à pessoa prejudicada o direito de pleitear perdas e danos. A Lei 10.303/2001 acrescentou um parágrafo § 4º ao art. 155, que, repetindo a regra do § 1º, estendeu a proibição de utilização de utilização de informação privilegiada a qualquer pessoa que a ela tenha acesso"[25].

Ou seja, além da reserva com relação aos negócios da companhia, o administrador deve também abster-se de obter qualquer vantagem pessoal em razão das informações que recebe no exercício de seu mandato e/ou da posição que ocupa.

Outros deveres fiduciários importantes também expressamente constantes na legislação brasileira são o de não agir em conflito de interesses, previsto no artigo 156 da LSA, e o de informar, contido no artigo 157 do mesmo diploma.

Por fim, ainda que não se trate do objeto principal do presente artigo, também cumpre pontuar que os artigos 158 e 159 da LSA estabelecem, respectivamente, a extensão da responsabilidade dos administradores de sociedades por ações e o rito a ser seguido para propositura de ação de responsabilidade.

---

[25] BORBA, José Edwaldo Tavares. Direito Societário. Décima Quarta Edição. São Paulo: Atlas, 2015, pp. 406-407.

1.4. A atuação dos administradores do devedor na LFRE

Conforme será demonstrado em mais detalhes no Capítulo 3, ao contrário do que ocorre no sistema jurídico norte-americano, a LFRE, por si só, não conta com regras que tratem diretamente dos deveres fiduciários de administradores, seja com relação à própria companhia, seja com relação aos seus demais *stakeholders*, em especial, seus credores.

A despeito disso, considerando que o legislador brasileiro, de forma análoga ao que ocorre nos Estados Unidos, optou pela manutenção do devedor ou da administração por ele apontada na condução dos negócios da sociedade que se encontra em recuperação judicial como regra, há algumas normas na LFRE cuja finalidade é justamente limitar a atuação da administração do devedor, estabelecendo alguns parâmetros a serem seguidos e certas condutas vedadas, sob pena de destituição pelo juízo da recuperação judicial.

Nesse sentido, os incisos do artigo 64 da LFRE estabelecem aos administradores da recuperanda vedações importantes e que devem, em benefício dos credores, serem seguidas ao longo da condução do processo de recuperação judicial, dentre os quais destacamos as seguintes proibições:

(i) agir com dolo, simulação ou fraude contra os interesses dos credores (artigo 64, III);

(ii) efetuar despesas injustificáveis por sua natureza ou vulto, em relação ao capital ou gênero do negócio, ao movimento das operações e a outras circunstâncias análogas (artigo 64, IV, b);

(iii) descapitalizar injustificadamente a empresa ou realizar operações prejudiciais ao seu funcionamento regular (artigo 64, IV, c);

(iv) simular ou omitir créditos ao apresentar a relação de que trata o inciso III do *caput* do art. 51 desta Lei, sem relevante razão de direito ou amparo de decisão judicial (artigo 64, IV, d); e

(v) não prestar informações solicitadas pelo administrador judicial ou pelos demais membros do comitê de credores (artigo 64, V).

O artigo 65 da LFRE, por seu turno, estabelece o procedimento a ser seguido para nomeação do gestor judicial no caso de destituição da administração da recuperanda por decisão proferida pelo juízo da recuperação judicial, em razão de violação de uma das proibições previstas no artigo 64 do mesmo diploma.

Não obstante, a experiência prática mostra que as disposições dos artigos 64 e 65 são poucos aplicadas nos processos de recuperação judicial desde a promulgação da LFRE, sendo raras as situações nos quais a administração do devedor é destituída pelo juízo da recuperação judicial em razão da violação dessas regras.

Sheila Christina Neder Cerezetti, ao comentar sobre o desrespeito aos deveres fiduciários no plano prático, observa o seguinte:

> *"Não parece que esse quadro de respeito e atenção ao interesse público, à comunidade e aos trabalhadores deva ficar restrito aos casos de saúde econômico-financeira da companhia. Em verdade, os mesmos mandamentos devem ser observados durante a crise e as tentativas de remediá-la.*
>
> *Muito embora se saiba que a amplitude dos beneficiários dos deveres fiduciários estabelecidos na lei societária não seja respeitada na prática, cabe lutar para que essa realidade seja alterada e buscar que o mesmo não ocorra nas situações de dificuldades extremas que fazem com que as companhias recorram à recuperação judicial. Nesses casos, estando presentes outros personagens, como o juiz, o administrador judicial e o Ministério Público –, há que se ter esperança de que a efetividade dos deveres fiduciários alcance não apenas acionistas ou credores, mas interesses mais extensos, como os dos trabalhadores, da comunidade e dos credores"*[26].

À luz dessa realidade, o próximo capítulo abordará como o tema é tratado nos Estados Unidos.

2. Os deveres fiduciários do *debtor-in-possession*
2.1. O *Chapter 11* do *Bankruptcy Code*

As regras materiais do sistema norte-americano de insolvência decorrem do *Bankruptcy Code*, diploma de abrangência federal que foi promulgado em 1978[27] e que está dividido nos seguintes capítulos[28]: (i) *Chapter 1 – General*

---

[26] CEREZETTI, Sheila Christina Neder, A Recuperação Judicial de Sociedade por Ações: O Princípio da Preservação da Empresa na Lei de Recuperação e Falência. São Paulo: Malheiros, 2012, p. 395.

[27] De acordo com Douglas G. Baird, *"The 1978 Bankruptcy Reform Act restructured the bankruptcy courts and bankruptcy procedure. The substantive provisions of the 1978 Act put in place the Bankruptcy Code, which constitutes Title 11 of the United States Code. It has been amended periodically. The most sweeping change, enacted in 2005, added considerable complexity to the Bankruptcy Code, but its basic structure and principles remain intact. Like other titles of the United States Code, Title 11 is divided into chapters. Chapters 1, 3 and 5 contain provisions that generally apply to all bankruptcy cases. Chapter 15*

Provisions (§§ 101 – 112); (ii) Case Administration (§§ 301 – 366); (iii) Chapter 5 – Creditors, The Debtor, and The State (§§ 501 – 562); (iv) Chapter 7 – Liquidation (§§ 701 – 784); (v) Chapter 9 – Adjustment of Debts of a Municipality (§§ 901 – 946); (vi) Chapter 11 – Reorganization (§§ 1101 – 1195); (vii) Chapter 12 – Adjustment of Debts of a Family Farmer of Fisherman With Regular Annual Income (§ 1201 – 1232); (viii) Chapter 13 – Adjustment of Debts of an Individual with Regular Income (§§ 1301 – 1330) and (ix) Chapter 15 – Ancillary and Other Cross-Border Cases (§§1501 – 1532).

As regras de cunho processual, por seu turno, decorrem das chamadas *Federal Rules of Bankruptcy Procedure*, as quais são promulgadas pela Suprema Corte dos Estados Unidos (*Supreme Court of the United States*), e que estabelecem os procedimentos a serem seguidos pelo juízo concursal competente na aplicação do *Bankruptcy Code*.

Para fins deste artigo, trataremos do *Chapter 11*, que é o procedimento – dentre os acima citados – com o qual recuperação judicial guarda maior proximidade, uma vez que se trata do rito utilizado nos Estados Unidos por devedores, sejam eles indivíduos ou sociedades, para reestruturar suas dívidas e reorganizar suas atividades[29].

Um processo regido pelo *Chapter 11* tem início com o ajuizamento de uma petição perante o juízo concursal competente, localizado na área no qual o devedor possui seu domicílio ou residência, sendo que tal petição pode ser voluntária, caso seja apresentada pelo devedor, ou involuntária caso seja apresentada por credores que atendam a certos requisitos. Naturalmente, essa é petição é acompanhada por uma série de documentos, os quais estão principalmente relacionados aos ativos, passivos, contratos e finanças do devedor[30].

Mediante a apresentação da petição de início do caso, o devedor assume a condição de *debtor in possession*, conforme será detalhado no item 3.2

---

sets out the principles needed when a debtor in the United States has assets in another country, or when a foreign debtor has assets here". (BAIRD, Douglas G. Elements of Bankruptcy. Sixth Edition. Foundation Press, 2014, pp. 5-6).

[28] PUGLIESI, Adriana Valéria. Direito Falimentar e Preservação da Empresa. São Paulo, Quartier Latin, 2013, p. 45.

[29] BAIRD, Douglas G. Elements of Bankruptcy. Sixth Edition. Foundation Press, 2014, p. 239.

[30] Bankruptcy Judges Division. Administrative Office of the United States Courts. Bankruptcy Basics. Revised Third Edition, November 2011, p. 29. Disponível em: https://www.uscourts.gov/sites/default/files/bankbasics-post10172005.pdf (Último acesso em 19 de outubro de 2019).

abaixo, com a manutenção, via de regra, da administração por ele apontada na condução dos seus negócios. As atividades rotineiras do devedor também permanecem tal como antes, observado que as decisões que estiverem fora dos cursos normais dos negócios devem ser tomadas somente após notificação ao juízo concursal e realização de audiência[31].

O início do *Chapter 11* é marcado, ainda, pelo chamado *automatic stay*[32], que é período durante o qual os credores do devedor são proibidos de iniciar ou continuar ações de natureza executória, atos expropriatórios e/ou medidas visando a retomar a posse de algum bem que esteja com o devedor. A finalidade desse prazo é basicamente permitir que o devedor possa se organizar e concentrar seus esforços na elaboração do plano, sem que venha a ser acometido por desfalques patrimoniais indesejados e que poderiam comprometer seus esforços de reorganização.

Pelo *Chapter 11*, o devedor possui um prazo de cento e vinte dias a partir do início do caso para propor com exclusividade um plano de recuperação[33], observado que, caso o plano seja proposto durante esse prazo, tal período é prorrogado por sessenta dias adicionais, a fim de que o devedor possa negociar com seus credores a aprovação do plano, sem que outros planos alternativos sejam propostos pelos credores. Adicionalmente, também vale notar que o período de exclusividade pode ser prorrogado por até vinte meses a contar do início do caso pelo juízo concursal; diminuído ou automaticamente encerrado, caso um *trustee* venha a ser nomeado. Sob o ponto de vista prático, os juízos concursais normalmente estendem o período de exclusividade, principalmente em casos de grande porte, desde que o devedor esteja conseguindo gerar caixa suficiente para manter suas operações e saldar suas obrigações correntes[34].

O *Bankruptcy Code* estabelece que plano a ser apresentado deve, dentre outros aspectos, (i) dividir e classificar[35] os créditos dos credores, assim como as participações dos acionistas, em diferentes classes, de acordo com as suas características, sendo vedado que créditos ou participações que não

---

[31] *Bankruptcy Code, §363(b)(1).*

[32] *Bankruptcy Code, §362.*

[33] *Bankruptcy Code, §1121.*

[34] ADLER, Barry E; BAIRD, Douglas G.; JACKSON, Thomas H. Cases, Problems, and Materials on Bankruptcy. Fourth Edition. Foundation Press, 2007, New York, p. 679.

[35] *Bankruptcy Code, §1122.*

RECUPERAÇÃO JUDICIAL

guarem similaridade sejam classificados na mesma classe e (ii) estipular como cada uma das classes deve ser tratada[36].

Antes da votação do plano, o devedor (ou qualquer proponente do plano) deve submeter e obter aprovação pelo juízo concursal do chamado *disclosure statement*[37], que deve conter as informações necessárias e adequadas a respeito do devedor e do plano proposto para que os credores e acionistas afetados pelo plano possam analisá-lo de maneira informada. Diferentemente do que ocorre no Brasil, a votação do plano é feita por meio de cédulas, nas quais os credores declaram seu voto pela aprovação ou rejeição do plano[38].

De acordo com o critério previsto no *Bankruptcy* Code, para que o plano seja aprovado por uma classe de credores[39], ele deve obter (i) aprovação por pelo menos dois terços do valor de todos os créditos da classe e (ii) mais da metade dos credores autorizados a votar. Por outro lado, para que o plano obtenha aprovação em uma classe de acionistas[40], ele deve ser aprovado por mais de dois terços dos valores decorrentes das participações detidas por tais acionistas.

Findo o prazo para a votação do plano, uma audiência de confirmação[41] é realizada, na qual o resultado da votação é anunciado. Caso esteja em conformidade com os requisitos impostos pelo *Bankruptcy Code*[42], o plano pode

---

[36] *Bankruptcy Code, §1123.*

[37] Segundo Barry E. Adler, Douglas G. Baird and Thomas H. Jackson: *"The disclosure statement functions in bankruptcy the same way a prospectus functions outside of bankruptcy. It explains the pan to those who must vote for or against the plan".* (ADLER, Barry E; BAIRD, Douglas G.; JACKSON, Thomas H. Cases, Problems, and Materials on Bankruptcy. Fourth Edition. Foundation Press, 2007, New York, p. 680).

[38] PUGLIESI, Adriana Valéria. Direito Falimentar e Preservação da Empresa. São Paulo, Quartier Latin, 2013, p. 53.

[39] *Bankruptcy Code, § 1126 (c).*

[40] *Bankruptcy Code, § 1126 (d).*

[41] *Bankruptcy Code, § 1128.*

[42] A respeito dos requisitos para confirmação do plano, Sheila Cerezetti observa o seguinte: "De forma sucinta, os requisitos para a confirmação do plano podem ser resumidos da seguinte maneira (i) o plano deve observar os dispositivos aplicáveis do *Chapter 11*; (ii) o proponente do plano deve ser observar os dispositivos aplicáveis do *Chapter 11*; (iii) o plano deve ter sido proposto de boa-fé; (iv) todos os pagamentos relacionados à reorganização foram ou serão aprovados pelo juízo; (v) divulgação de informações sobre membros da administração do devedor após a confirmação, incluindo-se a verificação de que a nomeação ou permanência de tais membros é consistente com interesses de credores e *equity security holders*, divulgação

ser confirmado pela via regular, se obtida a aprovação por todas as classes afetadas, ou por meio do instituto do *cram down*, desde que a(s) classe(s) dissidentes (i) não sejam discriminadas de forma injusta e (ii) recebam tratamento que seja "*fair and equitable*"[43].

Mediante a confirmação do plano, as obrigações anteriores ao ajuizamento do *Chapter 11 são* substituídas pelas obrigações previstas no plano, o qual passa a vincular o devedor, seus acionistas e credores.

2.2. A figura do *Debtor-in-Possession* e seus deveres fiduciários

Uma vez iniciado o processo de reorganização pelo *Chapter 11*, o devedor torna-se o *debtor in possesion* ("DIP"), o que significa que a administração por ele apontada permanece na condução dos negócios e que ele assume um papel de natureza fiduciária, com praticamente a totalidade dos deveres, obrigações e prerrogativas que seriam aplicáveis a um *trustee* apontado no âmbito do processo.

da identidade dos *insiders* que irão trabalhar para o devedor e da natureza dos pagamentos que serão a eles feitos; (vi) as mudanças de taxas previstas no plano foram aprovadas por órgãos governamentais; (vii) satisfação do *best-interest-of-creditors test*; (viii) aceitação do plano por cada uma das classes afetadas; (ix) exigência de pagamento integral dos créditos prioritários; (x) ao menos uma das classes afetadas pelo plano deve aceitá-lo; (xi) comprovação de que o plano é *feasible*, conforme acima tratado; (xii) todas as taxas (*bankruptcy fees*) previstas na *Section* 1.930 do Título 28 foram ou serão pagos no dia em que o plano entrar em vigor e (xiii) o plano prevê a manutenção do pagamento de *retiree benefits*". (CEREZETTI, Sheila Cristina Neder "O papel dos Credores no *Bankruptcy Code*". Revista de Direito Mercantil, Industrial, Econômico e Financeiro. Vols. 151/152, Ano XLVIII (nova série), jan/dez. 2009, p. 176).

[43] Sobre os critérios para aplicação do *cram down*, Mark S. Scarberry, Kenneth N. Klee, Grant. W Newton e Steve H. Nickles observam o seguinte: "*The requirement that the plan not unfairly discriminate against the dissenting class probably means that the dissenting class must receive value approximately equal to the same percentage of its claims as other classes whose claims have equal priority. Whether deviation from that principle of equality can ever be justified, and thus not be 'unfair' discrimination is subject of some incontroversy. [...] However, it is in the 'fair' and 'equitable' requirement – with respect to dissenting classes of general unsecured claims – that chapter 11 answers the large question left unanswered above: if negotiations fail to allocate it, who will receive the excess of the going concern value of the reorganized debtor over its liquidation value? Here chapter 11 comes down on the side of the holders of claims in a dissenting class. In the end, when negotiations fail, the theory of the chapter 11 is that holders of claims in a dissenting class are entitled to the full going concern value of the debtor company ahead of the stockholders (or other interest holders), including the excess of reorganization value over liquidation value, if that much is need to provide them with full repayment. Thus chapter 11's 'fair and equitable' standard is an absolute priority rule in favor of dissenting classes of general unsecured claims*". (SCARBERRY, Mark S.; KLEE, Kenneth N.; NEWTON, Grant W.; NICKLES, Steve H. Business Reorganization in Bankruptcy – Vol. I. Fourth Edition. West, 2012, p. 39)

RECUPERAÇÃO JUDICIAL

Embora existam certas hipóteses nas quais o DIP possa ser destituído[44] e nomeado um *trustee* externo, na prática isso raramente ocorre. Segundo Sheila Cerezetti,

> *"Em raras situações o devedor é afastado da função de representante da massa e um trustee é nomeado para o cargo. Após o início do procedimento reorganizatório, mas antes da confirmação do plano, o juízo pode, mediante solicitação de uma parte interessada ou do US Trustee, nomear um trustee. Contudo, esse afastamento do devedor só pode ocorrer (i) por justa causa, incluindo-se fraude, desonestidade, incompetência ou evidente má-gestão na condução dos negócios do devedor por parte da atuação administração, seja antes ou depois do início do procedimento; ou (ii) se a nomeação for feita no interesse dos credores, de qualquer detentor de equity security. Note-se que o requisito é alternativo".[45]*

Dentre os deveres aplicáveis ao DIP, incluem-se: contabilizar; reunir e preservar os ativos, manter registros e deveres gerais de informar e responder[46].

À semelhança do que ocorre no Brasil, os administradores do DIP também têm sua conduta pautada pelos deveres de diligência, lealdade e outros deveres correlatos. A grande diferença, com relação ao sistema brasileiro, é que os deveres fiduciários existentes também são devidos, de forma expressa, aos credores, conforme já decidido pela Suprema Corte Norte Americana[47]. Ao comentar sobre o tema, Michael A. Gerber e George W.

---

[44] Pottow, John A. Fiduciary Duties in Bankruptcy and Insolvency, p. 5. Disponível em https://repository.law.umich.edu/cgi/viewcontent.cgi?referer=&httpsredir=1&article=1246&context=law_econ_current (último acesso em 19 de outubro de 2019).

[45] Cerezetti, Sheila Cristina Neder "O papel dos Credores no *Bankruptcy Code*". Revista de Direito Mercantil, Industrial, Econômico e Financeiro. Vols. 151/152, Ano XLVIII (nova série), jan/dez. 2009, p. 179.

[46] Pottow, John A. Fiduciary Duties in Bankruptcy and Insolvency. p. 31. Disponível em https://repository.law.umich.edu/cgi/viewcontent.cgi?referer=&httpsredir=1&article=1246&context=law_econ_current (último acesso em 19 de outubro de 2019).

[47] *"The concept of leaving a Debtor in possession, as a 'receivership without a receiver', was designated to obviate the need to appoint a trustee for the supervision of every small Corporation undergoing reorganization even though it appeared capable of carrying on the business during the proceeding .... But so long as the Debtor remains in possession, it is clear that the corporations bears essentially the same fiduciary obligation to the creditors as does the trustee for the Debtor out of possession. Moreover, the duties which the corporate Debtor in possession must perform during the proceeding are substantially those imposed upon the trustee. It is equally apparent that in practice these fiduciary responsibilities fall not upon the*

EM BUSCA DO EQUILÍBRIO DE FORÇAS: APONTAMENTOS A PARTIR DA EXPERIÊNCIA...

Kuny, apontam que alguns tribunais norte-americanos entendem que, no momento em que uma sociedade ingressa com o *Chapter 11*, os deveres fiduciários de seus administradores são imediatamente ampliados, de modo que, além dos acionistas, os credores também passam a ser abrangidos por tais deveres, tendo em vista que, em última análise, os credores são os donos residuais dos ativos de uma sociedade insolvente[48].

Em razão disso, no caso de descumprimento dos deveres fiduciários, os credores possuem legitimidade para ingressar, em nome da sociedade *(derivative claim)*[49], com uma ação buscando a responsabilização do administrador faltoso pelos prejuízos causados[50].

Sob o ponto de vista prático, a ampliação dos deveres fiduciários significa que todas as ações tomadas pela administração do DIP durante o curso do *Chapter 11* devem levar em consideração não apenas os interesses da companhia e de seus acionistas, como também dos credores.

Sabe-se, todavia, que qualquer processo de insolvência, incluindo os casos regidos pelo *Chapter 11*, é marcado por interesses contrapostos e muitas vezes conflitantes entre os diferentes agentes envolvidos. Dessa forma,

---

inanimate corporation, but upon the officers and managing employees who must conduct the Debtor's affairs under the surveillance of the court. If, therefore – as seems beyond dispute from the very terms of the statute – the trustee is himself a fiduciary ... logic and consistency would". (Wolf v. Weinstein, 372 U.S. 633, 649-50, 1963).

[48] GERBER, Michael A; GEORGE, W. Kuney. Business Reorganizations. Third Edition. Lexis Nexis, 2013, p. 384.

[49] De forma análoga, (i) o artigo 159, §3º da LSA estabelece que qualquer acionista poderá promover a ação de responsabilidade contra o administrador, se ela não for promovida no prazo de 3 (três) meses da deliberação da assembleia-geral de acionistas e (ii) o artigo 159, §4º da LSA estabelece que se a assembleia-geral de acionistas deliberar por não promover a ação de responsabilidade, ela poderá ser proposta por acionistas que representem 5% (cinco por cento), pelo menos, do capital social da companhia.

[50] A respeito do tema, Mark S. Scarberry, Kenneth N. Klee, Grant. W Newton e Steve H. Nickles explicam que: *"When the corporation is actually insolvent, creditors come into the picture. In at least some sense, the directors and officers then owe fiduciary duties to the creditors as a body. Creditors still are not allowed to bring direct actions for breach of a fiduciary duty, but are allowed to sue derivatively on behalf of the corporation for the harm done the corporation. [...] They are appropriate persons to bring such suits because they 'take the place of the shareholders as the residual beneficiaries of any increase in vale', and because '[t]he corporation's insolvency make creditors the principal constituency injured by any fiduciary breaches that diminish the firm's value"* (SCARBERRY, Mark S.; KLEE, Kenneth N.; NEWTON, Grant W.; NICKLES, Steve H. Business Reorganization in Bankruptcy – Vol. I. Fourth Edition. West, 2012, p. 77).

exigir que a administração do DIP sempre sirva, a todo o tempo, aos interesses de todos os envolvidos não parece ser algo lógico e factível[51].

Nessa perspectiva, a real finalidade da inclusão do credor como um dos personagens para os quais a administração do DIP possui deveres fiduciários é que ela (i) sempre atue de forma diligente nas decisões negociais a serem tomadas; (ii) se abstenha de obter qualquer vantagem indevida na gestão dos ativos que estejam sob a sua administração; (iii) faça a divulgação completa de todas as transações e suas ramificações e (iv) no momento em que surgirem conflitos entre os diferentes beneficiários dos deveres fiduciários do DIP, negocie de forma honesta e de boa-fé, considerando a posição que entende ser apropriada, com base nas particulares do caso concreto[52].

Conclusões

A LFRE não conta com disposições específicas que tratem dos deveres fiduciários. Analisando-se, todavia, as previsões dos artigos 64 e 65 da LFRE, é possível verificar que eles replicam para o campo da recuperação judicial, ainda que de forma análoga, alguns dos mesmos conceitos que decorrem dos deveres fiduciários previstos na LSA e no Código Civil, impondo à administração do devedor as obrigações de agir de forma diligente e leal, assim como de prestar informações.

Embora a existência dos dispositivos acima citados, por si só, seja positiva, a prática demonstra, como visto no Item 2.4 deste artigo, que tais dispositivos são raramente invocados nos processos de recuperação judicial. Esse aspecto, somado ao fato de que (i) a maioria das companhias brasileiras conta com uma estrutura de controle concentrado, de modo que os administradores, em muitos casos, são os próprios controladores e/ou pessoas que possuam uma relação bastante próxima com os controladores e (ii) inexistirem, no ordenamento jurídico brasileiro, certas regras presentes no *Bankruptcy Code* voltadas à proteção de credores (conforme detalhadas na Introdução deste artigo), faz com que exista um desequilíbrio de forças entre credores e devedores nos processos de recuperação judicial.

[51] GERBER, Michael A; GEORGE, W. Kuney. Business Reorganizations. Third Edition. Lexis Nexis, 2013, p. 399.
[52] GERBER, Michael A; GEORGE, W. Kuney. Business Reorganizations. Third Edition. Lexis Nexis, 2013, p. 399.

A corriqueira confusão entre os interesses sociais e os interesses dos sócios na vida corporativa de qualquer sociedade é, na realidade brasileira, especialmente danoso durante um procedimento de natureza concursal. A escassez desse debate entres os operadores do direito e principais atores da recuperação judicial acaba por reforçar o comportamento enviesado da administração da recuperanda, que atua com raras exceções como *longa manus* dos sócios da devedora (ou até mesmo, do sócio controlador), de forma deletéria aos interesses da própria atividade empresarial que se busca recuperar. Sendo esse o *standard*, o que se dirá do respeito aos interesses dos *stakeholders* mais evidentes, como credores e trabalhadores?

Em sendo essa a prática e considerando que são raros os casos em que há nomeação de um gestor judicial, nos termos previstos no artigo 65 da LFRE, acaba por faltar, na maioria dos casos, figura institucional que zele de forma efetiva pelo procedimento da recuperação judicial e a condução das atividades da recuperanda, a negociação com credores e demais *stakeholders*, promoção da transparência e para assegurar a recuperabilidade efetiva da sociedade, dentre outras atitudes e condutas importantes que não estão englobados pela redação atual do artigo 64 da LFRE.

Nesse contexto, parece-nos que a melhor compreensão dos operadores do direito e atores da recuperação judicial, como o Ministério Público, o administrador judicial, os próprios credores, e, sobretudo e fundamentalmente, o juízo da recuperação acerca da extensão dos deveres fiduciários dos administradores das recuperadas, como exploramos aqui, e com base na experiência americana, poderia, por si só, ter um efeito prático enorme no equilíbrio de forças nos processos de recuperação judicial, nos seus mais variados aspectos.

Cientes da sua responsabilidade civil perante a própria sociedade que administram, os credores da recuperanda (que, nessa ocasião, deveriam ser os maiores interessados economicamente na recuperação empresarial e, portanto, legítimos detentores dos interesses sociais) e demais *stakeholders*, é esperado que seus atos resultem em uma recuperação judicial mais transparente, efetiva e coerente.

Nesse sentido, também reconhecemos a importância de que nossos legisladores se atentem à importância do tema e que, da forma expressa que lida com os deveres fiduciários na LSA, também disciplinem tais deveres na recuperação judicial e incentivem o necessário debate sobre o tema que – embora pouco discutido – poderia ser objeto de uma alteração relevante na pavimentação do caminho para o equilíbrio de forças nos processos de recuperação judicial.

Referências

ADAMEK, Marcelo Vieira Von. Responsabilidade Civil dos Administradores de S/A e Ações Correlatas. São Paulo: Saraiva, 2009.

ADLER, Barry E; BAIRD, Douglas G.; JACKSON, Thomas H. Cases, Problems, and Materials on Bankruptcy. Fourth Edition. Foundation Press, 2007, New York.

BAIRD, Douglas G. Elements of Bankruptcy. Sixth Edition. Foundation Press, 2014.

Bankruptcy Judges Division. Administrative Office of the United States Courts. Bankruptcy Basics. Revised Third Edition, November 2011. Disponível em: https://www.uscourts.gov/sites/default/files/bankbasics-post10172005.pdf. (último acesso em 19 de outubro de 2019).

BATISTA, Carolina Soares João; CAMPANA FILHO, Paulo Fernado; MYAZAKI, Renata Yumi; CEREZETTI, Sheila Christina Neder. "A Prevalência da Vontade da Assembleia Geral de Credores em Questão: O *Cram Down* e a Apreciação do Plano Aprovado por Todas as Classes". Revista de Direito Mercantil, Industrial, Econômico e Financeiro. Editora Malheiros, Vol. 143, Ano XLV (Nova Série), julho-setembro/2006.

BORBA, José Edwaldo Tavares. Direito Societário. Décima Quarta Edição. São Paulo: Atlas, 2015.

CAMPOS, Luiz Antonio de Sampaio. *In* LAMY FILHO, Alfredo; PEDREIRA, José Luiz Bulhões (coord). Direito das Companhias. Rio de Janeiro: Forense, 2009.

CARVALHOSA, Modesto. Comentários à Lei de Sociedades Anônimas – 3º Volume. 6ª Edição, Revista e Atualizada. São Paulo: Saraiva, 2014.

CEREZETTI, Sheila Christina Neder, A Recuperação Judicial de Sociedade por Ações: O Princípio da Preservação da Empresa na Lei de Recuperação e Falência. São Paulo, Malheiros, 2012.

CEREZETTI, Sheila Cristina Neder "O papel dos Credores no *Bankruptcy Code*". Revista de Direito Mercantil, Industrial, Econômico e Financeiro. Vols. 151/152, Ano XLVIII (nova série), jan/dez. 2009.

COMPARATO, Fábio Konder; SALOMÃO FILHO, Calixto. O Poder de Controle na Sociedade Anônima. 6ª Edição Revisada e Atualizada. Rio de Janeiro, Editora Forense, 2014.

COOPER, Richard J.; CESTERO, Francisco L.; MOSIER, Jesse W.; SOLTMAN, Daniel J. "O Regime de Insolvência no Brasil: Algumas Modestas Sugestões". *In* 10 Anos da Lei de Recuperação de Empresas e Falências – Reflexões sobre a Reestruturação Empresarial no Brasil. São Paulo: Quartier Latin, 2015.

EIZIRIK, Nelson. A Lei das S.A. Comentada, Volume II – Arts. 121 a 188. São Paulo: Quartier Latin, 2011.

GATTAZ, Luciana de Godoy Penteado. A Vinculação de Membros do Conselho de Administração ao Acordo de Acionistas. São Paulo: Quartier Latin, 2019.

GERBER, Michael A; GEORGE, W. Kuney. Business Reorganizations. Third Edition. Lexis Nexis, 2013.

EM BUSCA DO EQUILÍBRIO DE FORÇAS: APONTAMENTOS A PARTIR DA EXPERIÊNCIA...

HOUAISS, Antônio; VILLAR, Mauro de Salles. Dicionário Houaiss da Língua Portuguesa. 1ª Edição. Rio de Janeiro: Objetiva, 2009.

NADALIN, Guilherme Frazão. A Responsabilidade Civil dos Administradores de Companhias Abertas – Artigo 159, § 6º, LSA e a *Business Judgment Rule*. Dissertação de Mestrado. São Paulo: Fadusp, 2015.

PAIVA, Luiz Fernando Valente de. Dez Anos de Vigência da Lei nº 11.101/2005: É Hora de Mudança? *In* ELIAS, Luis Vasco (coord.). 10 Anos da Lei de Recuperação de Empresas e Falências – Reflexões sobre a Reestruturação Empresarial no Brasil. São Paulo: Quartier Latin, 2015.

PARENTE, Flávia. O Dever de Diligência dos Administradores de Sociedades Anônimas. Rio de Janeiro: Renovar, 2005.

POTTOW, John A. Fiduciary Duties in Bankruptcy and Insolvency. Disponível em https://repository.law.umich.edu/cgi/viewcontent.cgi?referer=&httpsredir=1&article=1246&context=law_econ_current (último acesso em 19 de outubro de 2019).

PUGLIESI, Adriana Valéria. Direito Falimentar e Preservação da Empresa. São Paulo, Quartier Latin, 2013.

RIBEIRO, Renato Ventura. Dever de Diligência dos Administradores de Sociedades. São Paulo: Quartier Latin, 2006.

SALOMÃO FILHO, Calixto. O Novo Direito Societário. 4ª Edição, Revista e Ampliada. São Paulo: Malheiros, 2011.

SCARBERRY, Mark S.; KLEE, Kenneth N.; NEWTON, Grant W.; NICKLES, Steve H. Business Reorganization in Bankruptcy – Vol. I. Fourth Edition. West, 2012.

TELLECHEA, Rodrigo; SCALZILLI, João Pedro; SPINELLI, Luis Felipe. História do Direito Falimentar: Da Execução Pessoal à Preservação da Empresa. São Paulo, Almedina, 2018.

TOLEDO, Paulo Fernando Campos Salles de. "A Necessária Reforma da Lei de Recuperação de Empresas. Revista do Advogado (Direito das Empresas Em Crise), nº 131, Ano XXXVI, outubro de 2016.

HOUAISS, Antônio; VILLAR, Mauro de Salles. Dicionário Houaiss da Língua Portuguesa. 1ª Edição. Rio de Janeiro: Objetiva, 2009.

NADALIN, Guilherme Frazão. A Responsabilidade Civil dos Administradores de Companhias Abertas – Artigo 159, § 6°, LSA e a Business Judgment Rule. Dissertação de Mestrado. São Paulo: Faidap, 2015.

PAIVA, Luiz Fernando Valente de. Dez Anos de Vigência da Lei n°11.101/2005. In Hora de Mudança. In ELIAS, Luis Vasco (coord.). 10 Anos da Lei de Recuperação de Empresas e Falências – Reflexões sobre a Reestruturação Empresarial no Brasil. São Paulo: Quartier Latin, 2015.

PARENTE, Flávio. O Dever de Diligência dos Administradores de Sociedades Anônimas. Rio de Janeiro: Renovar, 2005.

POTTOW, John A. E. Incentive Duties in Bankruptcy and Insolvency. Disponível em https://repository.law.umich.edu/cgi/viewcontent.cgi?article=&context=law_... acesso em 15 de outubro de 2019).

PROENÇA, Ariana Vidotti. Direito Falimentar e Preservação da Empresa. São Paulo: Quartier Latin, 2013.

RIBEIRO, Renato Ventura. Dever de Diligência dos Administradores de Sociedades. São Paulo: Quartier Latin, 2006.

SALOMÃO FILHO, Calixto. O Novo Direito Societário. 4ª Edição. Revista e Ampliada. São Paulo: Malheiros, 2011.

SCARBERRY, Mark S.; KLEE, Kenneth N.; NEWTON, Grant W.; NICKLES, Steve H. Business Reorganization in Bankruptcy - Vol. I. Fourth Edition. West, 2012.

TELLECHEA, Rodrigo; SERVERINO, José Pedro; Luis Felipe Eduardo Duarte... – Da Recuperação Extrajudicial da Empresa. São Paulo: Almedina, 2019.

TOLEDO, Paulo Fernando Campos Salles de. "A Necessária Repersonalização do Conceito de Empresa. Revista do Advogado". Instituto dos Advogados, n° 131, Ano XXXVI, outubro de 2016.

15

O Direito Falimentar Brasileiro e o Norte-Americano: a Falência da Lei n. 11.101/2005 e o *Chapter* 7

RENATO MANGE
ISABEL PICOT

Introdução

A falência no sistema jurídico brasileiro não tem funcionado com a celeridade e resultado necessários para que haja rápida apuração de ativos e recuperação razoável de valores pelos credores. Por outro lado, os dirigentes da falida ficam vinculados durante anos ao processo e têm muitas dificuldades para retomar suas atividades e participar de novos empreendimentos.

Para entender a razão dessa morosidade e dificuldade na distribuição dos valores apurados com a realização do ativo da falida e a situação de seus dirigentes, há de se analisar: I) a realização do ativo; II) a ordem de preferência para pagamentos e III) a definição da figura do "falido". Essas as questões, que em apertada síntese, serão examinadas neste trabalho.

Adicionalmente, a experiência norte-americana de falência da sociedade empresária é objeto de análise. Como se verá, uma sociedade pode ser liquidada tanto por meio do Chapter 11, como por meio do Chapter 7. Embora este último seja o procedimento falimentar clássico, em algumas hipóteses devedores e credores encontram vantagens em proceder com a liquidação da empresa por meio do Chapter 11.

RECUPERAÇÃO JUDICIAL

1. A realização do ativo no direito falimentar brasileiro

A Lei n. 11.101 de 09 de fevereiro de 2005 normatizou as formas de realização do ativo com o objetivo de agilizar essa fase do processo e permitir a rápida liquidação dos bens trazendo liquidez para Massa Falida.

De fato, o artigo 139[1] determina que, arrecadados e discriminados os bens que compõem o ativo, sua realização deverá ser imediata. Entretanto, os problemas surgem com a arrecadação de bens que pode ser morosa e, por excesso de formalismo, demorar muito tempo. Necessário que seja padronizada a forma dos autos de arrecadação para que esse trabalho possa ser ágil e preciso na descrição dos bens.

A elaboração do auto de arrecadação, bem como a avaliação dos bens, compete ao Administrador Judicial (art. 22, Inciso III, letras "f" e "g" da Lei de Falências), o que deverá ocorrer, no dizer da Lei de Falências, ato contínuo à assinatura (pelo Administrador Judicial) do termo de compromisso (pelo qual assume suas funções). Portanto, na forma da Lei de Falências, arrecadação e avaliação dos ativos deveriam ocorrer em curto prazo.

Na prática forense, entretanto, as dificuldades surgem desde essa fase inicial do procedimento falimentar. As avaliações, muitas vezes, demandam técnicos especializados, há necessidade de manifestação da falida, credores e Ministério Público (art. 142 §7º), o que consumirá, pelo menos, 6 (seis) meses.

Em seguida deverá ser indicada a modalidade via da qual se realizará a alienação judicial dos bens. A Lei normatiza (arts. 140 a 142) como dividir o ativo (venda da empresa, filiais, unidades produtivas isoladas ou bens individualmente) e diversas formas de realizar o leilão judicial (art. 141). Há necessidade de publicação de editais, em jornais de grande circulação, com prazo de 15 (quinze) dias tratando-se de bens móveis e 30 (trinta) dias se imóveis.

Há ainda disposição legal (arts. 144 e 145) permitindo outras formas de realização do ativo que poderão ser autorizadas pelo Juiz ou propostas e aprovadas em Assembleia de Credores.

Realizadas as alienações judiciais haverá oportunidade (art. 143) para falida, credores e Ministério Público apresentarem, em 48 (quarenta e oito) horas, impugnações, que deverão ser decididas pelo Juiz em até 5 (cinco) dias.

---

[1] Art. 139 da Lei n. 11.101/2005. Logo após a arrecadação dos bens, com a juntada do respectivo auto ao processo de falência, será iniciada a realização do ativo.

Da análise dessas normas pode-se concluir que o legislador de 2005 pretendeu agilizar a realização do ativo nos processos falimentares, fixando prazos exíguos para sua realização. Na realidade, entretanto, essa fase, na maior parte dos processos falimentares, se arrasta por vários anos o que resulta em desvalorização dos ativos em prejuízo dos credores.

2. Do pagamento aos credores. A ordem de prioridade na Lei n. 11.101/2005

A história do direito falimentar brasileiro demonstra que, tanto a doutrina como a jurisprudência, sempre tiveram muita dificuldade em definir a ordem de pagamento, respeitando a hierarquia dos créditos, nos processos falimentares.

A Lei de Falências procurou, em seu artigo 149, sintetizar a ordem de preferências e pagamentos. Entretanto, as dificuldades para sua aplicação ficam evidentes da sua leitura:

> "Art. 149 – Realizadas as restituições, pagos os créditos extraconcursais, na forma do artigo 84 desta Lei, e consolidado o quadro geral de credores, as importâncias recebidas com a realização dos ativos serão destinadas ao pagamento dos credores atendendo a classificação prevista no artigo 83 desta Lei, respeitados os demais dispositivos desta Lei e as decisões judiciais que determinam reserva de importâncias".

Há diversos artigos da Lei de Falências que devem ser confrontados para que se possa apresentar a ordem de preferência e iniciar os pagamentos dos valores disponíveis na Massa Falida. A necessidade de que sejam examinados diversos artigos da Lei dificulta a elaboração da ordem de pagamentos.

Em primeiro lugar, há de se analisar quais seriam os "demais dispositivos desta Lei" aplicáveis à ordem de credores. Há aquelas dispostas no artigo 150 – despesas indispensáveis à administração da falência – que poderão ser pagas, quando ocorrerem, com o "caixa" da Massa Falida, e as previstas no artigo 151 relativas a créditos trabalhistas, estritamente salariais, devidos nos 3 (três) meses anteriores à decretação da falência, limitados ao valor de 5 (cinco) salários mínimos. Estes valores serão pagos quando houver "caixa" disponível.

Em seguida, conforme dispõe a Lei, deverão ser pagos os pedidos de restituição de bens de terceiros em poder da falida. Os conceitos da restituição estão contidos nos artigos 85 – bens de propriedade de terceiros

RECUPERAÇÃO JUDICIAL

arrecadados na falência, incluídos aqueles objeto de alienação fiduciária – e 86 que determina: i) se o bem de terceiro não existir o pagamento será em dinheiro; ii) pagamento em dinheiro de valores oriundos de adiantamento de contratos de câmbio –ACC[2]– realizados por instituição financeira anteriormente à falência; iii) devolução de valores por contratos revogados, sendo o contratante de boa-fé (art. 136). Há expressa determinação, contida no artigo 86, parágrafo único, para que sejam pagos após as verbas salariais (art. 151).

Houve oscilação na jurisprudência se deveriam ser pagos os créditos trabalhistas concursais (que não os previstos no art. 151) antes das restituições, entretanto, as decisões, na forma da lei, entendem que devem preceder aos débitos laborais. Entendimento que resultou na edição da Súmula 307 do Superior Tribunal de Justiça[3].

Superada essa discussão, devem ser pagos os credores denominados "extra concursais" na ordem fixada no artigo 84. São as obrigações surgidas após a decretação da falência: remuneração do Administrador Judicial e seus auxiliares (avaliadores por exemplo), funcionários que trabalharam para a Massa Falida (vigilância do local, manutenção de máquinas dentre outros), despesas necessárias para a realização do ativo, custas judiciais. Em resumo todas as despesas com a administração da Massa Falida.

O artigo 84, além das despesas da Massa Falida, classifica ainda como "extra concursais": as obrigações válidas surgidas durante a Recuperação Judicial (art. 67) e eventuais tributos gerados na administração da Massa Falida.

Nesse passo surge outra questão relevante: créditos gerados durante a Recuperação Judicial sem garantias deverão receber antes de créditos com garantia real (hipoteca e penhor) mas anteriores a esse processo (RJ)?

Esse tema já teve resposta da jurisprudência no sentido de prevalecer a preferência do pagamento aos créditos extraconcursais[4]. Portanto, se os créditos extraconcursais (art. 84) precedem àqueles denominados con-

---

[2] Art. 75, §3º da Lei n. 4.728/65. O contrato de câmbio, desde que protestado por oficial competente para o protesto de títulos, constitui instrumento bastante para requerer a ação executiva. (...) §3º No caso de falência ou concordata, o credor poderá pedir a restituição das importâncias adiantadas, a que se refere o parágrafo anterior.

[3] Súmula 307 – STJ. "A restituição de adiantamento de contrato de câmbio, na falência, deve ser atendida antes de qualquer crédito".

[4] STJ. REsp n. 1.399.853/SC. Relatora: Min. Maria Isabel Gallotti. Relator para Acórdão: Min. Antonio Carlos Ferreira. 4ª Turma. Julgamento em 10.02.2015. DJ em 13.03.2015.

cursais (art. 83) pode-se concluir que, desde que contidos nas hipóteses do artigo 84, deverão ser pagos anteriormente aos concursais, seja qual for classificação destes[5].

Dessa forma, os pagamentos deverão obedecer a seguinte ordem:

1. despesas da Massa Falida (art. 150);
2. créditos trabalhistas, de natureza salarial, vencidos nos 3 (três) meses anteriores à falência, limitados a 5 (cinco) salários mínimos;
3. pedidos de restituição;
4. créditos extraconcursais (art. 84);
5. créditos concursais (art. 83).

Os créditos extraconcursais (art. 84) estão assim definidos: I. Remunerações devidas ao Administrador Judicial e seus auxiliares, créditos trabalhistas por serviços prestados após a decretação da falência; II. Quantias fornecidas à Massa por credores; III. Despesas com arrecadação, realização do ativo e custas do processo de falência; IV. custas judiciais relativas a ações em que a Massa Falida tenha sido vencida; V. obrigações resultantes de créditos válidos, nos termos do artigo 67, tributos gerados após a falência, observada, a ordem do artigo 83 (para os pagamentos desse item V).

Por derradeiro, serão atendidos os credores na ordem de preferência estabelecida no artigo 83 que os divide em 8 (oito) tipos com alíneas explicativas. Em resumo: I – créditos trabalhistas até o limite de 150 salários mínimos; II – créditos com garantia real; III – créditos tributários; IV – créditos com privilégio especial; V- créditos com privilégio geral; VI – créditos quirografários; VII – créditos decorrentes de multas, inclusive tributárias; créditos subordinados (neles incluídos créditos de sócios e administradores da Falida).

Havendo empenho do Administrador Judicial, conforme forem sendo realizados os ativos da Massa Falida e após serem honradas as despesas da Massa, restituições e extraconcursais, poderão ser iniciados os pagamentos dos credores elencados no artigo 83. Dessa forma, serão pagos os credores trabalhistas (respeitado o limite de 150 salários mínimos, sendo o saldo classificado como quirografário) e os credores com garantia real (hipoteca e penhor).

---

[5] Nesse sentido a lição de Marcelo Barbosa Sacramone em Comentários à Lei de Recuperação de Empresa e Falência: Saraiva, 2018, p. 342.

RECUPERAÇÃO JUDICIAL

O problema ocorre no momento de cumprir o pagamento dos créditos tributários, que não estão sujeitos a habilitação em falência[6]. Essa norma legal permite que as execuções fiscais das Fazendas (federal, estaduais e municipais) tenham prosseguimento mesmo após a decretação da falência, com a intimação do Administrador Judicial para representar a Massa Falida nesses processos. Portanto, poderá haver dezenas ou centenas de execuções em processamento em diversas Comarcas e com processamento moroso e não havendo valor definido a ser pago.

Nessa fase processual surge a grande dificuldade para o Administrador Judicial: i) não há liquidez e definição dos valores a serem pagos em relação aos créditos tributários; ii) para seguir a sequência de pagamentos, o Administrador Judicial deverá fazer provisão para esses créditos; iii) se, posteriormente, a provisão for insuficiente o Administrador Judicial poderá ser, pessoalmente, responsável pelos valores devidos. É o que dispõe o artigo 134 do Código Tributário Nacional – CTN .

Em consequência, há o impasse do Administrador Judicial: i) inicia o pagamento dos credores abaixo do Fisco na hierarquia dos créditos e, em consequência, poderá ficar responsável caso o valor da provisão for insuficiente, ou ii) por cautela, requer ao Juiz a suspensão dos pagamentos até que haja solução para os débitos fiscais.

Por essa razão, considerando que os Administradores Judiciais não estão obrigados e não estão dispostos a arcar com o risco de responsabilização pessoal perante o fisco, as falências permanecem por muitos anos paralisadas aguardando o julgamento definitivo de inúmeras execuções fiscais nas quais será definido o valor exato a ser pago.

Há Juízes que determinam a intimação das Fazendas (federal, estaduais e municipais) que tenham créditos contra a Massa Falida a, em determinado prazo, apresentar suas habilitações de crédito para que possam receber, sob pena de se prosseguir o pagamento dos créditos subsequentes na ordem de preferência. Entretanto, se não cumprida essa determinação, as Fazendas, sob o argumento que a Lei não as obriga a habilitar o crédito, poderão vir "cobrar" da Massa Falida posteriormente. Nessa hipótese, não havendo mais recursos poderão responsabilizar o Administrador Judicial, na forma disposta no Código Tributário Nacional.

---

[6] Art. 187 da Lei n. 5.172/1966. A cobrança judicial do crédito tributário não é sujeita a concurso de credores ou habilitação em falência, recuperação judicial, concordata, inventário ou arrolamento.

342

Essa questão, em nossa análise, é a maior responsável pela paralisação dos processos falimentares que, não raro, se estendem por mais de 20 (vinte) anos.

3. A definição da figura do "falido"
a) Impedimento para o exercício de atividades empresariais
A Lei de Falências, repetindo expressões da legislação anterior (Dec-Lei n. 7.661/1945) confunde o dirigente (administrador/diretor) com a própria empresa. Essa confusão é gerada pela redação do artigo 1º da Lei que dispõe:

> "Art 1º – Esta Lei disciplina a recuperação judicial, a recuperação extrajudicial e a falência do EMPRESÁRIO e da sociedade empresária, doravante referidos como simplesmente DEVEDOR".

Destacamos EMPRESÁRIO e DEVEDOR porque são as palavras que causam a confusão. Efetivamente, atualmente não se exerce o comércio em nome individual, para essa hipótese existem as EIRELI – Empresa Individual de Responsabilidade Limitada. Portanto, a falência será sempre da empresa. A equiparação do empresário e da sociedade empresária como DEVEDOR não reflete a realidade atual. Seriam hipóteses distintas o empresário seria devedor se exercesse o comércio em nome próprio. Havendo empresa a falência será desta e não do seu dirigente.

Em razão dessa impropriedade técnica surgem dúvidas nos artigos que dispõem sobre a fase inicial da falência. A seguir analisaremos algumas dessas normas legais.

> "Art. 102 – O falido fica inabilitado para exercer qualquer atividade empresarial a partir da decretação da falência e até a sentença que extingue suas obrigações, respeitado o disposto no art. 181 § 1º desta Lei".

As Juntas Comerciais em interpretação – a nosso ver equivocada – desse artigo entendem que o dirigente da falida não poderá ser sócio ou dirigente de outra empresa enquanto não houver o encerramento da falência. Ou seja, o dirigente de empresa falida está impedido para o exercício de atividade empresarial como sócio ou dirigente de empresa. Será um cidadão "fora do comércio".

Entretanto, a parte final dessa norma, ao remeter ao artigo 181, esclarece a questão. De fato, o referido dispositivo é expresso ao dizer que são

RECUPERAÇÃO JUDICIAL

efeitos da condenação criminal a inabilitação para o exercício da atividade empresarial. Consignando, em seu parágrafo primeiro, que esse efeito não é automático, devendo ser declarado e justificado na sentença penal condenatória. Por derradeiro, determina que essa inabilitação não deve perdurar por mais de 5 (cinco) após a extinção da punibilidade.

Ante a clareza da norma essencial sua transcrição:

"Art. 181 – São efeitos da condenação por crime previsto nesta Lei:

I – A inabilitação para o exercício de atividade empresarial;

II – O impedimento pra o exercício de cargo ou função em conselho de administração, diretoria ou gerência das sociedades sujeitas a esta Lei;

III – a impossibilidade de gerir empresa por mandato ou gestão de negócio.

§ 1º – Os efeitos de que trata este artigo não são automáticos, devendo ser motivadamente declarados na sentença, e perdurarão até 5 (cinco) anos após a extinção da punibilidade, podendo, contudo, cessar antes pela reabilitação penal".

Essa é a expressa determinação contida na Lei n. 8.934/1994 – dispõe sobre o Registro Público de Empresas Mercantis e atividades afins – que em seu artigo 35 disciplina que não podem ser registrados: II – os documentos de constituição ou alteração de empresas mercantis de qualquer espécie ou modalidade em que figure como titular ou administrador pessoa que esteja **condenada** pela prática de crime cuja pena vede o acesso à atividade mercantil. (não destacado na Lei)

Nesse sentido a lição do professor Fábio Ulhoa Coelho:

"A lei veda apenas que a pessoa condenada por *crime falimentar* constitua nova sociedade ou ingresse numa existente enquanto não obtiver a reabilitação judicial (Lei 8934/94, at. 35, II)."[7]

O Magistrado e professor Marcelo Barbosa Sacramone também entende que não há inabilitação imediata dos administradores:

"Caso o falido seja pessoa jurídica, não se justifica a imposição da inabilitação aos administradores ou aos sócios de responsabilidade limitada da pessoa

---

[7] COELHO, Fábio Ulhoa. *Comentários à Nova Lei de Falências e de Recuperação de Empresas.* 1 ed. Rio de Janeiro: Saraiva, 2005, p. 292.

jurídica, os quais com ela não se confundem e não têm a falência decretada juntamente com a falência desta."[8]

No mesmo sentido o artigo 1.011 § 1º do Código Civil que dispõe que não podem ser administradores das empresas os CONDENADOS por crime falimentar.

A Lei das Sociedade por Ações – S/A – ao disciplinar os requisitos e impedimentos para os membros dos órgãos de administração da companhia é categórica ao afirmar "são inelegíveis para os cargos de administração da companhia as pessoas impedidas por lei especial, OU CONDENADAS POR CRIME FALIMENTAR"[9].

É imperiosa a conclusão: dirigentes ou sócios de empresas falidas estarão inabilitados para o exercício de atividade empresarial se e quando forem condenados por crime falimentar, desde que, na sentença, haja fundamentação a respeito desse efeito da decisão.

b) Bens dos dirigentes da falida

Outro artigo que tem gerado dúvidas é o art. 103 ao declarar que "o devedor perde o direito de administrar os seus bens ou dele dispor". Parece-nos evidente que "o devedor" é a empresa falida. Entretanto, muitas vezes, Ministério Público e Juízes de Primeiro Grau pretendem estender essa restrição ao dirigente da falida. Esta interpretação não é condizente com as disposições da Lei de Falências.

Efetivamente, se fosse consequência imediata da decretação da falência a indisponibilidade dos bens dos administradores, sócios ou acionistas controladores, não precisaria haver as disposições do art. 82 – que disciplina a apuração de responsabilidade pessoal desses. Da mesma forma, seria desnecessária a expressa previsão que, como medida cautelar, poderá

---

[8] SACRAMONE, Marcelo Barbosa. *Comentários à Lei de Recuperação de Empresas e Falência*. Rio de Janeiro: Saraiva, 2018, p. 385.

[9] Art. 147 § 1º da Lei n. 6.404/1976. Quando a lei exigir certos requisitos para a investidura em cargo de administração da companhia, a assembléia-geral somente poderá eleger quem tenha exibido os necessários comprovantes, dos quais se arquivará cópia autêntica na sede social. §1º São inelegíveis para os cargos de administração da companhia as pessoas impedidas por lei especial, ou condenadas por crime falimentar, de prevaricação, peita ou suborno, concussão, peculato, contra a economia popular, a fé pública ou a propriedade, ou a pena criminal que vede, ainda que temporariamente, o acesso a cargos públicos.

RECUPERAÇÃO JUDICIAL

o Juiz ordenar, no início da ação ordinária de apuração de responsabilidades, a indisponibilidade de bens particulares dos réus, contida em seu § 2º.

Há na legislação brasileira hipóteses em que os bens dos dirigentes se tornam indisponíveis com a decretação da falência, ou da intervenção pelo órgão fiscalizatório. A Lei n. 6.024/1974 – dispõe sobre a intervenção e liquidação extrajudicial de instituições financeiras – estabelece que seus administradores ficarão com seus bens indisponíveis (art. 36). Mas, apesar dessa drástica medida cautelar, a referida Lei determina que as responsabilidades de cada ex-administrador sejam apuradas em ação própria perante o Juízo da falência (art. 46).

A legislação anterior (Decreto-Lei n. 7.661/1945) tinha a preocupação maior com o comerciante individual e menor com as empresas. A realidade atual – muito mais empresas e praticamente inexistência de comerciante individual – não foi absorvida pelo legislador de 2005. Em consequência, permaneceu a utilização de conceitos dúbios sobre "falido" e "devedor". Essa questão histórica é objeto de comentário preciso do Professor Fábio Ulhoa Coelho:

> "Naquele tempo (da legislação de 1945) os elaboradores do texto legal elegeram o comerciante individual como a figura central da disciplina jurídica. Na reforma de 2004, não houve preocupação de alterar o foco, continuando a lei a disciplinar o instituto a partir da falência do devedor pessoa física. Isso representa uma dificuldade para o intérprete e o aplicador da Lei Falimentar. Como, na expressiva maioria das vezes, a execução concursal diz respeito a sociedade limitada ou anônima, e o texto preocupa-se mais com a falência da comerciante pessoa física, surgem mal-entendidos acerca do alcance do decreto falimentar contra sócios da falida, principalmente no assunto relacionado aos seus bens e responsabilidades.
>
> A falência de uma sociedade empresária projeta, claro, efeitos sobre seus sócios. Mas não são eles falidos e, sim, ela. Recorde-se, uma vez mais, que a falência é da pessoa jurídica, e não dos seus membros".[10]

Portanto, é necessário interpretar a Lei Falimentar considerando a empresa acima do comerciante individual. Atualmente é patente o conceito de separar a empresa dos seus dirigentes e sócios. Não se quer afir-

[10] COELHO, Fábio Ulhoa. *Comentários à Nova Lei de Falências e de Recuperação de Empresas*. 1 ed. Rio de Janeiro: Saraiva, 2005, p. 290.

mar que esses (sócios ou diretores) não tenham responsabilidade, por ações dolosas e contra a lei ou estatutos sociais, mas estas devem ser apuradas (art. 82) e não decorrem como imediata e automática consequência da decretação da falência.

Mas as impropriedades na denominação prosseguem no artigo seguinte (art. 104): "A decretação da falência impõe ao FALIDO os seguintes deveres" Segue-se longa lista de providências que, efetivamente, competem ao DIRIGENTE DA FALIDA. Essa norma permite que se pretenda interpretar que a Lei equiparou o dirigente à empresa falida, o que não nos parece ser o intuito do legislador de 2005.

Nessa longa lista de obrigações – 12 (doze) incisos com diversas alíneas –, dentre outras, há: i) informar as causas da falência; ii) apresentar os livros obrigatórios da empresa; não se ausentar do lugar onde se processa a falência; iii) prestar informações ao Juiz, Administrador Judicial, Ministério Público e credores; iv) apresentar relação de credores; v) examinar as habilitações de crédito apresentadas.

As divergências surgem nas declarações das causas da quebra – no jargão forense: "declarações do art. 104" –. De fato, a Lei dispõe, em suas alíneas, que o falido deve, dentre outras obrigações, declarar: i) alínea "e" "seus bens imóveis e os móveis que não se encontram no estabelecimento; ii) alínea "f" se faz parte de outras sociedades; iii) alínea g: "suas contas bancárias".

A interpretação dos advogados para essas disposições é no sentido de que se trata dos bens da falida (empresa) e não do seu dirigente que está prestando as declarações. Entretanto, muitas vezes os membros do Ministério Público que acompanham a diligência insistem que são os bens pessoais dos dirigentes e se eles, pessoalmente, participam de outras empresas. O impasse surge e compete ao Juiz decidir, o que, certamente, gerará recurso da parte insatisfeita.

Essas as consequências principais da Lei não ter utilizado termos precisos e definir com clareza quem efetivamente é o "falido" e "devedor", o que gera discussões desnecessárias que causam demora no procedimento falimentar.

RECUPERAÇÃO JUDICIAL

4. Aspectos relevantes da experiência norte-americana de liquidação da sociedade empresária

a) *Chapter 7 versus Chapter 11*

O objetivo primário do código de falências norte-americano é promover o máximo de retorno para os credores e, se possível, para os acionistas. Neste sentido, entende-se que a recuperação da empresa devedora será mais vantajosa para as partes envolvidas que a falência da sociedade. É neste contexto que o Chapter 11 protagoniza a atenção dos estudos e discussões, representando a possibilidade de reorganização da atividade produtiva e o perfil moderno da legislação falimentar. Quando a recuperação da empresa não é viável, ela então pode ser liquidada, o que poderá a acontecer tanto no procedimento previsto no Chapter 7, como por meio do próprio Chapter 11[11]. A diferença entre os dois procedimentos é familiar à experiência brasileira.

O Chapter 7 é a gênese do sistema falimentar. É para onde o devedor vai para morrer: o típico procedimento de liquidação da devedora (*Bankrupcty liquidation*), em que um *trustee* assume o controle da empresa (*trustee-controlled liquidation*) e, de forma similar ao modelo brasileiro, procede com a arrecadação e alienação dos seus ativos, distribuindo o produto da venda aos credores[12]. No Chapter 7, o devedor deixa o controle da atividade e dos ativos e essa é uma diferença essencial para o Chapter 11.

O Chapter 11, por seu turno, é o modelo que inspirou o legislador falimentar brasileiro no instituto da recuperação judicial da empresa previsto na Lei n. 11.101/2005. Como se sabe, diversamente do Chapter 7, é o procedimento que visa o resgate da empresa, com a reestruturação da atividade empresária (*Debtor-in-possession managed reorganisation*) por meio da aprovação de um plano de reorganização e mantido o controle da atividade empresária pela administração corrente.

Vale ainda notar que há quatro possíveis resultados identificados para o Chapter 11, entre eles a própria liquidação: sua extinção, a conversão em Chapter 7, a liquidação pela apresentação de um plano de liquidação ou a confirmação do plano de reorganização[13]. A extinção, contudo, não

[11] BERNSTEIN, Donald S.; GRAULICH, Timothy; ROBERTSON, Christopher S. In: *The Insolvency Review*. London: Law Business Research, 2017, p. 341.

[12] 11 U.S.C. § 701.

[13] WESTBROOK, Jay Lawrence; WARREN, Elizabeth. Chapter 11: Conventional Wisdom and Reality. *Law Research Paper n. 125*, University of Texas Public Law & Legal Theory, Public, 2nd Annual Conference on Empirical Legal Studies Paper, p. 25, 2007.

necessariamente representa o fracasso do processo – ao contrário, em muitos casos sinaliza que credores e devedores chegaram a um acordo após o ajuizamento do pedido[14].

A figura do "devedor" é, nos dois casos, o sujeito passivo de uma falência nos Estados Unidos (entendida falência no sentido amplo, compreendendo as diversas hipóteses de insolvência previstas no código falimentar). O devedor deve ser uma pessoa que reside, tenha domicílio, sede ou propriedade nos Estados Unidos e a pessoa pode ser uma pessoa física, uma sociedade ou outra entidade comercial[15]. Assim, qualquer pessoa que se qualifique como devedora na forma do Chapter 7, igualmente se qualifica como devedora na forma do Chapter 11[16]. Ademais, o pedido de liquidação pode ser proposto tanto pelo credor[17] como pelo devedor.

Questão que se coloca, portanto, é quando se tem lugar a reorganização da empresa, por meio do Chapter 11, ou a sua liquidação, seja com lastro no Chapter 7, seja por meio do Chapter 11. A resposta passa por pelo menos três considerações – todas elas, como se verá, alicerçadas no princípio de preservação e maximização do valor da empresa e retorno para os credores e acionistas, quando possível.

A primeira análise cuida da indagação se há, por parte do administrador da devedora, obrigação de requerer a liquidação da empresa com base no Chapter 7 ou perseguir sua reestruturação. A legislação falimentar norte-americana não obriga o administrador a requerer a falência da sociedade em um momento específico. Ao contrário, o administrador tem

---

[14] WARREN, Elizabeth; WESTBROOK, Jay Lawrence. The Success of Chapter 11: A Challenge to the Critics. In: *Michigan Law Review*, v. 107, i. 4, p. 611, Feb/2009.

[15] 11 U.S.C. §§ 101(41), 109(b)).

[16] MCELHINNEY, Tomas. J. Bankruptcy litigation framework for series llc eligibility, property of the estate and substantive consolidation. *Emory Bankruptcy Developments Journal*, v. 35, p. 163, 2019. No mesmo sentido: "When it comes to who may be a debtor, definitions count. Only a "person" may be a debtor under title 11.8 "The term 'person' includes individual, partnership, and corporation, but does not include [most] government unit[s]."9 A "corporation" includes certain associations, a joint stock company, and a business trust". (DARLING, Antonia. G.; HOTZE, Judith. C.; BLUMBERG, Jason. Basic bankruptcy. *United States Attorneys' Bulletin*, v. 66, n. 2, p. 81, 2018.). Na falência do consumidor, os requisitos para que o indivíduo possa requerer falência varia conforme a região e os aspectos de rendas, ativos e dívida. (SULLIVAN, Gary. E Fresh start to bankruptcy exemptions. *Brigham Young University Law Review*, 335-398, 2018).

[17] 11 U.S.C. § 303.

liberdade para buscar outros meios de reorganização do negócio, inclusive extrajudicialmente.

Igualmente, a lei não prevê uma fórmula clara para determinar que uma empresa está insolvente. Na lacuna, a jurisprudência aplica dois testes: o *"balance sheet test"* e o *"cash flow test"*. O primeiro leva em consideração a definição de insolvência da legislação falimentar – a condição financeira em que a soma do passivo da entidade supera todos os ativos da entidade, considerada sua justa avaliação[18]. Já o *"cash flow test"* se vale da definição de insolvência do Código Comercial (*Uniform Commercial Code*), significando insolvência nesse diploma a interrupção do pagamento das dívidas no curso regular do negócio ou a incapacidade de pagar as dívidas no seu vencimento[19]. Entende-se, então, que os administradores devem ser responsabilizados pelos danos causados à sociedade no caso do prolongamento irregular da companhia insolvente, levando ao incremento do seu endividamento, a desvalorização dos seus ativos, impedindo a preservação de valor para os credores e reduzindo suas chances de recuperação[20]. Curiosamente, Anthony Casey e Edward Morrison qualificam a típica empresa que inicia o procedimento de Chapter 11 como *"highly insolvent, with trivial expected recoveries to unsecured creditors even in the best scenarios"*[21]

O segundo ponto relevante é a opção por um ou outro caminho com base na análise do retorno obtido pelos credores em uma eventual liquidação, comparativamente à reestruturação da empresa com fundamento no Chapter 11 e, ainda, tendo em consideração simplesmente uma reorganização fora do ambiente judicial (*"liquidation analysis"*)[22]. Neste parti-

---

[18] Tradução livre do 11 U.S.C.A. § 105(32)(A).

[19] Tradução livre do U.C.C. § 1-201 (2001).

[20] Exemplificativamente: In re Global Service Group, LLC, 316 B.R. 451, 456, 43 Bankr. Ct. Dec. (CRR) 253, 53 Collier Bankr. Cas. 2d (MB) 57 (Bankr. S.D. N.Y. 2004).

[21] CASEY, Anthony Joseph; MORRISON, Edward R., Beyond Options. Handbook on Corporate Bankruptcy, B. Adler ed. (Forthcoming); *Columbia Law and Economics Working Paper n. 551.*, p.16, 2006.

[22] Elizabeth Warren e Jay Westbrook descrevem fenômeno semelhante ao sistema brasileiro, em que os credores sopesam suas posições nos diferentes cenários de insolvência da empresa: *"Each party's willingness to agree to a voluntary reorganization outside bankruptcy will be a function of that party's analysis of the position it would occupy in Chapter 11. In turn, as we have seen, analysis of the hypothetical Chapter 11 position requires analysis of the hypothetical Chapter 7 position, since the hypothetical 11 would play out in the shadow of the hypothetical 7"* (WARREN, Elizabeth; WESTBROOK, Jay Lawrence. *The Law of Debtors and Creditors*: Text, cases and problems. 6 ed. New York: Aspen Publishers, p. 365).

cular, credores ponderam a perda de valor gerada para a empresa com o afastamento da sua administração, resistindo a pedidos involuntários de falência. Por outro lado, Elizabeth Warren e Jay Westbrook reconhecem a escassez no número de pedidos de falência formulados por credores, muito especialmente os credores com garantia, que negociam a recuperação do seu crédito nas suas vias preferenciais. Os autores então situam pedidos involuntários de falência nas hipóteses em que o credor pretende se valer de previsões protetivas disponíveis para falências fundadas no Chapter 7. É o caso, por exemplo, da possibilidade de desfazimento de transações pré-falimentares, que resultaram em dissipação do patrimônio do devedor ou em favorecimento de credores[23].

Terceiro aspecto a se destacar é a possibilidade de utilização do próprio Chapter 11 para liquidar a sociedade. Nesse caso, a lei permite a apresentação de plano no Chapter 11 com a previsão de liquidação da sociedade[24]. Isso ocorre porque, em geral, os credores, comparativamente à liquidação do Chapter 7, (i) têm melhores perspectivas econômico-financeiras de retorno em um Chapter 11; (ii) encontram no procedimento do Chapter 11 oportunidade para exercer um papel mais ativo na liquidação dos ativos e distribuição do produto da alienação; (iii) têm maiores chances de promover uma liquidação mais organizada e previsível no Chapter 11[25]; (iv) têm maior flexibilidade na realização e distribuição dos ativos no Chapter 11 do que quando ancorados nas regras mais rígidas do Chapter 7[26].

Mais especificamente, o Chapter 11 é visto como uma alternativa para apresentar planos de liquidação, seja com a alienação do negócio como um todo, como *"going concern"*, seja com a liquidação da empresa de modo assemelhado a um Chapter 7, com a alienação ativo por ativo (*"piecemeal liquidation"*). Segundo Casey e Morrison, a sociedade pode ser liquidada em um Chapter 11, com a sua venda como *"going concern"*, porém ressalta que *"if a piecemeal liquidation is thought optimal, the firm should be liquidated in a Chapter 7"*[27]. Vale a observação de que, no caso da venda como *"going*

---

[23] Ibidem, p. 368.

[24] 11 U.S.C. § 1123(b)(4).

[25] WARREN, Elizabeth; WESTBROOK, Jay Lawrence. *The Law of Debtors and Creditors*: Text, cases and problems. 6 ed. New York: Aspen Publishers, p. 398

[26] Ibidem, p. 404.

[27] CASEY, Anthony Joseph; MORRISON, Edward R., Beyond Options. Handbook on Corporate Bankruptcy, B. Adler ed. (Forthcoming); *Columbia Law and Economics Working Paper n. 551.*, p.16, 2006

concern", o negócio, a atividade produtiva, os empregos são preservados, mas o controle acionário pelos acionistas da devedora é perdido[28]. Nas lições de Nancy C. Reher *et al.*:

> "As a practical matter, most Chapter 11 debtors, especially businesses, rarely seek voluntary conversion to Chapter 7. Management of a Chapter 11 debtor in business or an individual Chapter 11 debtor who have given up on reorganizing have another alternative to Chapter 7, namely, the pursuit of confirmation of a Chapter 11 plan which provides for the sale of all or substantially all of the property of the estate, and the distribution of the proceeds of the sale among holders of claims or interests. In these circumstances, the debtor in possession conducts the liquidation of the estate under a so-called liquidating Chapter 11 trustee or his professionals"[29].

Por esta razão, a prática demonstra que é muito mais comum que grandes sociedades apresentem planos de liquidação no âmbito do Chapter 11[30], como no caso da falência do grupo Enron, enquanto uma grande porcentagem dos pequenos negócios inicie ou termine em um Chapter 7[31].

A toda evidência, há ainda aquelas sociedades empresárias, em especial as de menor porte (*"small businesses"*), que encerram suas atividades sem lançar mão de procedimentos falimentares. Edward Morrison indicou que, em 2003, aproximadamente 540.000 pequenas empresas fecharam, mas apenas 34.000 (seis por cento), ajuizaram pedidos perante as cortes de falência norte-americana[32]. Ainda aponta o professor que, em muitos casos, o devedor prefere se valer de instrumentos processuais estaduais (os *"state procedures"*, com assento na legislação estadual), em que podem ser realizadas tanto a reorganização do negócio, como sua liquidação, por

---

[28] WARREN, Elizabeth; WESTBROOK, Jay Lawrence. The Success of Chapter 11: A Challenge to the Critics. In: *Michigan Law Review*, v. 107, i. 4, p. 611, Feb/2009.

[29] REHER, Nancy C. *et al. Bankruptcy Law Manual.* 5 ed. Danvers: Thomson Reuters Westlaw, 2014, v. 2, p. 891-892.

[30] Ibidem, p. 404.

[31] WESTBROOK, Jay Lawrence; WARREN, Elizabeth. Chapter 11: Conventional Wisdom and Reality. *Public Law Research Paper n. 125*, University of Texas Public Law & Legal Theory, 2nd Annual Conference on Empirical Legal Studies Paper, p. 25, 2007, p. 25.

[32] MORRISON, Edward R. Bargaining Around Bankruptcy: Small Business Workouts and State Law. *Journal of Legal Studies*, Columbia University School of Law, v. 38, p. 257, 2009.

meio de procedimentos como a excussão de ativos ou alienação da empresa para um terceiro, com vistas à distribuição do produto da venda aos credores[33].

Outras hipóteses também são indicadas pela doutrina[34] para determinar a opção pelo Chapter 11, como nos casos em que há um maior número de credores garantidos. Também se identifica que sociedades que optaram pelo Chapter 11 estão em situação de insolvência mais profunda do que aquelas que requereram Chapter 7.

Os professores Bris, Welch e Zho, em seu estudo, concluíram que *"the average Chapter 11 case retains value 78 percent better than the average Chapter 7 case"*[35]. Dados oficiais das cortes de falência dos Estados Unidos mostram, contudo, a predominância numérica de pedidos de falência de sociedades empresárias fundados no Chapter 7, relativamente aos pedidos lastreados no Chapter 11[36]. Nos doze meses que antecederam 30 de junho de 2019, foram ajuizados 14.065 pedidos de Chapter 7 e 5.968 pedidos de Chapter 11.

b) O procedimento do Chapter 7

Quanto ao procedimento previsto no Chapter 7, como se disse, um *trustee* é nomeado e a ele é passado o controle do devedor. O *trustee* pode ser indicado pelo *United States Trustee Program* ou pelos credores[37]. A corte pode ainda autorizar o *trustee* a operar a atividade empresarial por um certo período de tempo, se for do melhor interesse da massa e consistente com sua liquidação ordenada[38].

---

[33] Ibidem, p. 266.

[34] BRIS, Arturo; WELCH, Ivo; ZHU, Ning. The costs of bankruptcy: Chapter 7 Liquidation vs. Chapter 11 Reorganization. *The Journal of Finance*. v. 61, n. 3, Feb/2006, p. 1261.

[35] WARREN, Elizabeth; WESTBROOK, Jay Lawrence. *The Law of Debtors and Creditors*: Text, cases and problems. 6 ed. New York: Aspen Publishers, 2009, p. 1269.

[36] U.S. Bankruptcy Courts – Business and Nonbusiness Bankruptcy Cases Commenced, by County and Chapter of the Bankruptcy Code, During the 12-Month Period Ending June 30, 2019. Disponível em: https://www.uscourts.gov/sites/default/files/data_tables/bf_f5a_0630.2019.pdf. Acesso em 06/10/2019.

[37] BERNSTEIN, Donald S.; GRAULICH, Timothy; ROBERTSON, Christopher S. In: *The Insolvency Review*. London: Law Business Research, 2017, p. 341.

[38] 11 U.S.C. § 721.

RECUPERAÇÃO JUDICIAL

Os bens[39] são então liquidados e o resultado distribuído entre os credores[40]. A distribuição observará a hierarquia entre os credores, conforme o princípio do *absolute priority rule*, previsto na Seção 507 do código de falências:

> "*The Bankruptcy Code specifies the order in which claims are paid from the assets of a debtor's estate. Secured creditors are paid from the collateral securing their claims. Superpriority claims are generally certain types of administrative claims. Some superpriority claims prevail over secured claims while others are paid after secured claims but before priority claims. Priority claims are certain pre-petition unsecured claims that include, among other things, certain wage claims and tax claims. General unsecured claims are paid after priority claims. If there are insufficient assets to pay all claimants of a particular priority class in full, then distributions to pay claims of the same priority class are made on a pro rata basis. This means all creditors of the same priority class are treated alike. Equity does not get paid unless all creditors are paid in full*"[41].

---

[39] De acordo com Vera Helena de Mello Franco: "Atente-se que nem todos os bens do devedor poder ser arrecadados, assim a *exempt property*, abrangendo o que é necessário para a sobrevivência do devedor e de sua família. Assim o bem de família (home state) e outros previstas em lei (no 11 U.S.C. § 522(b) ou nas diversas leis locais estaduais). Há ainda a possibilidade de exoneração perante determinados débitos, o que dá ao devedor, uma vez liquidados determinados bens, liberar-se de débitos preexistentes não quitados. Excluem-se destes bens, aqueles devidos para alimentos, de apoio a crianças, empréstimos estudantis, o pagamento de taxas federais, estaduais e locais, recentes, indenizações resultantes de sentenças condenatórias, transitadas em julgado". (FRANCO, Vera Helena de Mello. O Modelo Falimentar Norte-Americano – Particularidades. Relevos aos capítulos 7, 11, 12, 13 e 15 no Bankruptcy Code. São Paulo, *Revista de Direito Empresarial*, v. 7, p. 149-171, Jan-Fev/2015).

[40] WHITE, Michelle J., *Corporate and Personal Bankruptcy Law*. Annual Review of Law and Social Science, National Bureau of Economic Research Working Paper Series, v.7, n.1, Jul/2011, p. 139-164.

[41] Rubio, C. M.; Mack, F. *Top 10 things every business lawyer should know about bankruptcy*. Business Law Today, 1-3, 2016. Bruce Grohsgal critica a falta de flexibilidade desta ordem, que, como visto, é uma das razões que direcionam as partes a se valer do procedimento do Chapter 11: "*Decisions and commentators often cite section 507 as the basis for the absolute priority rule, but the rule is not there. Section 507 merely defines ten priorities of unsecured claims, in descending order of seniority and subordination from "first" to "tenth.' Section 507 says nothing of secured claims. It also does not direct distributions to the holders of the listed unsecured priority claims. Section 507 does not refer at all to general unsecured claims or equity, and similarly says nothing of the place of those more substantial and numerous claims and interests in the distribution scheme applicable in chapter 7*". (GROHSGAL, Bruce. How absolute is the absolute priority rule in bankruptcy: The case for structured dismissals. *William and Mary Business Law Review*, v. 8, i. 3, p. 439-544., 2017).

O ajuizamento de um pedido de Chapter 7 paralisa automaticamente a maior parte das ações de cobrança contra o devedor[42], impedindo credores de iniciar ou continuar ações judiciais ou outras medidas de cobrança contra o devedor, ressalvadas algumas exceções também previstas em lei[43].

O encerramento do processo de Chapter 7 ocorre em regra com o *"discharge"* do devedor, em que é dada quitação ao devedor de obrigações que precederam o pedido, desde que não sejam verificadas uma das 12 (doze) hipóteses enumeradas na lei que impeçam o "discharge"[44].

A Lei de Falências norte-americana igualmente regula hipóteses de extinção do caso ("dismissal"), todas elas por decisão judicial, não sendo autorizada a voluntária extinção pelo devedor, exceto quando autorizado judicialmente, com discricionariedade da corte, notificação prévia aos credores e demonstração de que o pedido de extinção é no melhor interesse dos credores[45].

Outras hipóteses de extinção são previstas na lei, como a justa causa – atrasos irrazoáveis que podem prejudicar os credores, não pagamento de honorários, ausência de documentos e também na ausência de boa-fé em ajuizar o pedido[46].

Conclusões

Buscou-se demonstrar que o atual sistema falimentar brasileiro, em vigência há 15 (quinze) anos, não conseguiu atingir um de seus objetivos que é a celeridade do procedimento. Não atende aos anseios dos credores que não conseguem ter sequer uma previsão de quando, quanto e se algum valor de seus créditos poderá ser recuperado. Por outro lado, coloca os empresários (dirigentes e sócios das empresas) em situação indefinida que, muitas

---

[42] 11 U.S.C. § 362.

[43] 11 U.S.C. § 362(b).

[44] Section 727 of the Bankruptcy Code has numerous special provisions affecting the discharge in Chapter 7. Section 727(a) provides affirmatively that, except where a particular debt is excepted from discharge, the court "shall grant the debtor a discharge", unless the case falls within one of 12 enumerated situations calling for denial of discharge. Thus, a creditor's failure to file a proof of claim in the case is irrelevant with respect to discharge of the debt, although it has implications with respect to whether the creditor can receive a distribution in the case. (DREHER, Nancy C *et al. Bankruptcy Law Manual*. 5 ed. Danvers: Thomson Reuters Westlaw, 2014, v. 2, p. 677-678).

[45] Ibidem, p. 589.

[46] Ibidem, p. 593.

vezes, os impedem de exercer atividades empresarias por tempo indeterminado, quase como se fosse uma pena perpétua.

Nessa quadra que muito se debate a oportunidade de haver alterações na Lei é o momento de se discutir o procedimento falimentar para conseguir que seja mais célere e sejam bem definidas as responsabilidades das empresas falidas e àquelas atribuídas aos seus sócios e dirigentes.

Neste sentido, como se buscou abordar, o modelo norte-americano confere maior flexibilidade à liquidação da sociedade. A alternativa de se apresentar um plano de liquidação, entre os resultados admitidos no procedimento do Chapter 11, pode colher mais benefícios do que a alienação fracionada dos ativos dentro do ambiente falimentar do Chapter 7. É o caso, por exemplo, da venda da empresa como um todo como *"going concern".*

A experiência norte-americana de liquidação da empresa no Chapter 11 permite a manutenção da atividade produtiva e a manutenção dos empregos, valores encarecidos pelo sistema brasileiro, ao mesmo tempo em que, tratando-se de um *Debtor-in-possession managed reorganisation*, permitem soluções mais fluidas e consensuais entre credores e devedores. Consoante exposto, a falência no regime brasileiro impõe pesados ônus sobre a figura do falido e administradores (possíveis ações revocatórias, ações de responsabilidade dos administradores, extensão dos efeitos da falência, desconsideração da personalidade jurídica). Esses ônus, postos de lado na recuperação judicial, no mais das vezes, desincentivam o pedido de falência pelo empresário, mantendo empresas agonizando em recuperação judicial, sem uma solução satisfatória que permita a distribuição dos ativos aos credores.

Referências

BERNSTEIN, Donald S.; GRAULICH, Timothy; ROBERTSON, Christopher S. In: *The Insolvency Review*. London: Law Business Research, 2017.

BRIS, Arturo; WELCH, Ivo; ZHU, Ning. The costs of bankruptcy: Chapter 7 Liquidation vs. Chapter 11 Reorganization. *The Journal of Finance*. v. 61, n. 3, Feb/2006, p. 1253-1303.

CASEY, Anthony Joseph; MORRISON, Edward R. Beyond Options. Handbook on Corporate Bankruptcy, B. Adler ed. (Forthcoming). *Columbia Law and Economics Working Paper n. 551*, p. 16, 2006.

COELHO, Fábio Ulhoa. *Comentários à Nova Lei de Falências e de Recuperação de Empresas*. 1 ed. Rio de Janeiro: Saraiva, 2005.

DARLING, Antonia. G.; HOTZE, Judith. C.; BLUMBERG, Jason. Basic bankruptcy. *United States Attorneys' Bulletin*, v. 66, n. 2, p. 79-96, 2018.

DREHER, Nancy C *et al*. *Bankruptcy Law Manual*. 5 ed. Danvers: Thomson Reuters Westlaw, 2014, v. 2.

FRANCO, Vera Helena de Mello. O Modelo Falimentar Norte-Americano – Particularidades. Relevos aos capítulos 7, 11, 12, 13 e 15 no Bankruptcy Code. São Paulo, *Revista de Direito Empresarial*, v. 7, p. 149-171, Jan-Fev/2015.

GROHSGAL, Bruce. How absolute is the absolute priority rule in bankruptcy: The case for structured dismissals. *William and Mary Business Law Review*, v. 8, p. 439-544, 2017.

MCELHINNEY, Tomas. J. Bankruptcy litigation framework for series llc eligibility, property of the estate and substantive consolidation. *Emory Bankruptcy Developments Journal*, v. 35, p. 151-190, 2019.

MORRISON, Edward R. Bargaining Around Bankruptcy: Small Business Workouts and State Law. *Journal of Legal Studies*, Columbia University School of Law, v. 38, p. 255-325, 2009.

SACRAMONE, Marcelo Barbosa. *Comentários à Lei de Recuperação de Empresa e Falência*. Rio de Janeiro: Saraiva, 2018.

SULLIVAN, Gary E. Fresh start to bankruptcy exemptions. *Brigham Young University Law Review*, p. 335-398, 2018.

U.S. Bankruptcy Courts—Business and Nonbusiness Bankruptcy Cases Commenced, by County and Chapter of the Bankruptcy Code, During the 12-Month Period Ending June 30, 2019. Disponível em: <https://www.uscourts.gov/sites/default/files/data_tables/bf_f5a_0630.2019.pdf>. Acesso em 06 de outubro de 2019.

WARREN, Elizabeth; WESTBROOK, Jay Lawrence. *The Law of Debtors and Creditors*: Text, cases and problems. 6 ed. New York: Aspen Publishers, 2009.

WARREN, Elizabeth; WESTBROOK, Jay Lawrence. The Success of Chapter 11: A Challenge to the Critics. *Michigan Law Review*, v. 107, p. 603-642, Feb/2009.

WESTBROOK, Jay Lawrence; WARREN, Elizabeth. Chapter 11: Conventional Wisdom and Reality. *Public Law Research Paper n. 125*, University of Texas Public Law & Legal Theory, 2nd Annual Conference on Empirical Legal Studies Paper, 2007.

WHITE, Michelle J. Corporate and Personal Bankruptcy Law. *Annual Review of Law and Social Science*, National Bureau of Economic Research Working Paper Series, v.7, n.1, Jul/2011, p. 139-164.